CAF

面向发展：推动拉丁美洲金融服务的可获性

CAF－拉丁美洲开发银行

当代世界出版社

原版由 CAF 以下面的西语标题出版：

Servicio financieros para el desarrollo：promoviendo el acceso en America Latina

Serie：Reporte de Economía y Desarrollo （RED 2011）

© 2011 Corporación Andina de Fomento

保留所有权利。

© 2011 中国社科院拉丁美洲研究所出版该中文版本

中文翻译版本质量以及与原文的一致性由中国社科院拉丁美洲研究所负责。

图书在版编目（CIP）数据

面向发展：推动拉丁美洲金融服务的可获性／拉丁美洲开发银行. —北京：当代世界出版社，2012.5

ISBN 978－7－5090－0483－8

Ⅰ.①面… Ⅱ.①拉… Ⅲ.①金融—商业服务—研究—拉丁美洲 Ⅳ.①F837.3

中国版本图书馆 CIP 数据核字（2012）第 073511 号

图字：01－2012－2534 号

书　　名	**面向发展：推动拉丁美洲金融服务的可获性**
	MianXiang FaZhan：TuiDong LaDingMeiZhou JinRong FuWu De KeHuoXing
作　　者	CAF－拉丁美洲开发银行
出版发行	当代世界出版社
地　　址	北京市复兴路4号（100860）
网　　址	http://www.worldpress.org.cn
编务电话	（010）83907528
发行电话	（010）83908410（传真）
	（010）83908408
	（010）83908409
	（010）83908423（邮购）
经　　销	新华书店
印　　刷	北京九天众诚印刷有限公司
开　　本	787×1092 毫米　1/16
印　　张	25
字　　数	371 千字
版　　次	2012 年 5 月第 1 版
印　　次	2012 年 5 月第 1 次
书　　号	ISBN 978－7－5090－0483－8
定　　价	46.00 元

序 言

CAF - 拉丁美洲开发银行（CAF）执行主席

L. 恩里克·加西亚

　　对于促进经济发展和社会福利来说，金融服务的可获性是一个关键因素。一方面，它可以使每个家庭更容易获得储蓄和信贷的工具，从而使其能够更好地安排家庭支出，如耐用消费品、房产、子女教育或养老等方面的支出。就企业而言，获得信贷对于资本周转和投资来说是至关重要的。另一方面，家庭和企业还都需要获得有保障的产品，从而能以较合理的成本来应对不可预知的事件。此外，信用卡、活期储蓄、电子转账等支付技术对于简化交易方式是非常重要的，因为这样可以节约时间，而且更为安全。

　　通过这些重要的渠道，金融服务可以促进资本和人力资本的积累，增加家庭福利，提高企业生产率。然而，金融市场的发展却不是总能达到经济对它的要求。发达国家经济和发展中国家经济在金融中介服务内容以及家庭和企业的金融服务可获性方面存在很大差别。拉丁美洲在这些方面，尤其在金融服务的可获性方面，相对于其人均 GDP 水平要明显落后很多。

　　这本新的经济和发展报告（RED 2011）试图分析在拉美发展进程中金融所扮演的角色。首先，本书强调，要理解这一角色的意义，必须对衡量金融深化程度的传统方法进行补充。这些传统方法一般分为两个方面：一方面是考察中介资源的价值与相关经济的规模之间的关系；另一方面是直接考察家庭和企业金融服务可获性的情况。在 CAF——拉丁美洲开发银行（CAF）对拉美各国和各城市进行广泛调查的基础上，本报告对金融服务的不同使用范围给出了新的信息。

　　根据调查结果我们估计，拉丁美洲在金融服务可获性方面处在较低的水平。例如，在对拉美 17 个城市的调查中，只有平均 53% 的家庭在某一家金融机构中透支。而家庭获得的信贷更少，只有12.3%的家庭曾向某一家金融机构申请并正在使用一项贷款业务。在金融服务可获性方面存在的问题涉及几乎所有拉美国家，也涉及广泛的人群；尽管这些问题对于最贫困阶层而言显得尤其尖锐，但问题绝不仅限于该阶层，而是还涉及到各国的中等收入阶层甚至中高等收入阶层。这说明各个家庭在获得金融服务，尤其是最传统的信贷服务方面所面临的问题或障碍，或许是由于各国金融服务成本增加、发展缓慢而导致的。造成这些金融发展问题的原因中最突出的就是影响债务合同履约的调控和制度问题，以及过去几十年间拉美地区常出现的宏观经济不稳定和危机所造成的历史滞后效应。

本书还重点分析了微型金融机构（IMF）的发展及其对于拉美国家家庭和小企业获得金融服务所做的贡献。"小额信贷革命"的设计基于一种创新，即让那些曾被排斥在信贷服务之外的人拥有了贷款信用，它在提供金融服务方面是一个新的范例。在传统银行的基础上，IMF吸收了非正式金融机制的因素，在一定意义上它代表了市场对于传统金融体制没有惠顾到的巨大需求的反应。应当注意到，拉美微型金融模式使得IMF数量飞速增长，以金融的观点看还具有自我可持续性，尽管对最贫困客户发放的贷款占有相当高的比例，但仍不影响其自我维持。

最后，本报告还分析了一系列旨在使人们更方便地获得金融服务的公共政策构想。这些政策的背后有一个大环境，即现在已经有专门的方法更有针对性地、以更直接的方式来解决那些影响金融体系运行的市场缺陷或问题，而且能和私人银行互为补充。

在这些政策中，最突出的是信贷政策和鼓励创新的风险资本、担保立约、"保付代理"、信贷记录、建立非银行代理以及针对贫困家庭的低成本账户。国有银行，尤其是开发银行，在上述政策的实施和管理方面一直代表国家扮演着、也应该扮演着关键角色。然而，也应当看到公司治理对于国有银行的有效运作所起的重要作用。职权范围明确，调控适当，再进行有效的公司治理，这样，国有银行的公共干预才能有所成效。

CAF希望通过这本第七期经济和发展报告推动人们对金融的作用，尤其是在经济发展中如何获得金融服务等问题的争论。各项研究表明，金融市场的发展是推动经济长期增长的重要因素，随着资本（及人力资本）在企业和家庭中的重新配置，生产率会提高，金融市场也会发展起来。而现在的问题是人们依然受到种种限制，无法很好地获得金融服务，尤其是贷款服务。

我们期望 CAF 的这本新的报告对于我们拉丁美洲国家的经济和社会发展能够发挥作用。

致 谢

本报告由发展战略和公共政策部负责筹备，由莱昂纳多·维亚尔总协调，巴布罗·桑吉内迪进行学术指导和协调。

各章由下列人员负责编写：

第一章　巴布罗·桑吉内迪

第二章　阿德利亚娜·阿雷阿萨，佩德罗·罗德里格斯

第三章　巴布罗·桑吉内迪

第四章　费尔南多·阿尔巴雷斯

第五章　丹尼尔·奥尔特加

第六章　迈克尔·潘福特

莉莉娅娜·罗哈斯—苏亚雷斯担任项目顾问。

参与研究的人员有玛丽娅·安德里亚·阿古阿维拉，赖斯比娅·玛丽斯，亚历山德拉·鲁特，阿乌罗拉·斯蒂芬尼，里卡尔多·苏亚雷斯。

希梅娜·里奥斯·阿曼和珍妮弗·阿兰希比亚在玛丽娅·安德里亚·阿古阿维拉的配合下负责全书的编辑。

各章节中的某些部分是在参考特别为本书所撰写的研究材料基础上完成的。这些材料的撰写者有：玛丽娅·安赫利卡·阿尔贝拉尔斯，阿莱杭德罗·贝瑟拉，塞巴斯蒂安·加利阿尼，阿尔杜罗·加林多，马丁·德·西奥瓦尼，艾维林·格蓝迪，阿莱杭德罗·米格，里卡尔多·巴斯基尼，萨拉·贝尔曼，吉耶尔莫·贝里，马尔塞拉·梅兰德斯，厄尔内斯托·沙格罗斯基，阿莱克斯·索里斯，马丁·瓦尔迪维亚。

作者向曾为本书提出过宝贵意见的以下人士表示感谢：罗梅尔·阿塞贝多，哈维尔·阿尔瓦拉多，米格尔·阿兰戈，费尔南多·巴尔布艾诺，

马尔塞拉·贝纳维德斯，塞萨尔·卡尔德隆，路易斯·卡兰萨，卡米罗·卡萨斯，赛尔西奥·克拉维霍，吉耶尔莫·迪亚斯，马尔塞拉·艾斯拉瓦，达伊洛·埃斯特拉达，阿兰·伊塞，曼努埃尔·马拉莱特，贝阿德里斯·马卢兰达，路易斯·佩雷斯，吉耶尔莫·贝里，莉莉娅娜·罗哈斯－苏亚雷斯，路易斯·特赫里那，马克西姆·拖雷罗，维克多·特拉维尔索，埃雷奥诺拉·席尔瓦，阿莱杭德罗·索利亚诺，阿方索·萨拉特，卡洛斯·卡巴耶罗。

CAF—拉丁美洲开发银行（CAF）执行主席
L. 恩里克·加西亚

目　录

图表检索

第一章　金融服务的可获性、发展和福利[①]

一　前　言

为什么金融服务的可获性对于推动拉丁美洲经济发展和提高福利是一个重要因素呢？第一个非常重要的原因在于，金融机构的任务是吸收国内储蓄（偶而也吸收国外储蓄），目的是为企业的资本周转（流动资本）和投资（固定资本）融资。而家庭也需要贷款来进行投资或者消费（例如，子女的教育或耐用消费品的购买），这些支出的时间也许与收入和储蓄的可支配时间并不吻合。除了储蓄和信贷服务，金融体系还提供担保服务，这对于一些在资金回笼方面会遭受不利影响的投资项目尤为关键（例如，气候不稳定对农牧业生产的影响）。此外，对于家庭福利来讲也很重要，因为家庭户主及其成员都有遭遇事故和疾病的可能。最后，金融机构所提供的服务还可以使交易和支付手段便捷化。

尽管有各种不同的服务渠道，通过这些渠道金融体系可以推动固定资本和人力资本的积累，提高生产率，增加家庭的福利，但金融市场的发展并不总是能达到各个国家，尤其是发展中国家经济发展所需要的水平。发达国家经济和发展中国家经济在金融中介服务内容以及家庭和企业金融服务可获性的途径方面存在很大区别。在些这方面，尤其是在金融服务可获性的渠道方面，相对于其人均 GDP 水平，拉丁美洲要明显落后得多。

金融服务欠发达的原因是什么呢？应该强调指出，就是在最发达的国家，金融市场也会受制于源于外部的市场缺陷，包括信息不完整以及由于

---

① 本章由巴布罗·桑吉内迪负责编写。

·1·

对债务和贷款合同监管不严而导致的不当的利益诉求。这些市场缺陷为金融服务带来了额外成本，例如在贷款方面利率虚高，额度减少，期限比社会乐观预计的更短。在某些情况下，很多潜在的优质客户无法获得这些金融产品，或者由于成本太高或条件对其不利而不得不放弃对这些产品的选择。这些缺陷意味着，实际上提供信贷和其他金融服务的标准是依据企业和家庭的财富或可支配流动资产的水平来定，并兼顾项目在其实施和成熟期的资金盈利及其可行性。

总的来说，金融市场之所以运行不良，主要是因为企业和家庭从其自身资源中获得资金（内部融资）的成本远低于从市场上获得资金（外部融资）所需的成本。这说明企业和家庭所做出的投资或支出的决定更多地取决于短期内自己手中现金的可支配程度，而不是取决于投资或支出可能带来的收益。

本书的主旨是详细分析在发展过程中，尤其是在拉美国家发展过程中金融服务可获性所具有的重要意义。首先，本书强调，要理解金融在发展中所起的作用，必须对衡量金融深化程度的传统方法进行补充。在描述各国居民和企业获得金融服务的途径时会提到这些传统方法。

要对获得服务的途径进行适当的衡量并对可能存在的限制进行说明是一项艰难的任务，原因之一在于，服务的使用情况不仅反映了供给方面的问题（例如，银行分支的数量和地理分布），还反映了需求方面的问题（例如，家庭收入和储蓄能力，或者对于金融体系的信任）。因此，不使用银行账户或贷款并不一定说明家庭和企业在获得金融服务方面存在问题或受到限制，因为他们或许因为一些和市场运行不良无关的原因而主动放弃这些服务。然而，考虑到这些服务可能会给家庭和企业带来的利益（节约支付时间或为消费筹资等），因此很难得出结论，认为在金融服务使用程度低的条件下，会出现一个福利最大化和生产率最大化同时实现的局面。

衡量金融深化程度的传统方法是只关注金融居间服务量（例如，对私人部门的贷款总额）占 GDP 的比重。而我们对金融服务可获性的渠道进行研究和衡量，是要在这种传统的方法基础上做出改进。很明显，这些传统的衡量方法没有说明那些有着不同收入或社会经济条件的家庭之间，或者那些有着不同规模、属于不同部门的企业之间，在使用银行账户或信贷服务的程度上有多么大的差距。这些"巨大的"差距或许能更直接地反映金融体系中所存在的信息不完整、负面激励和外部性等问题。这些问题可能会造成许多有好项目的企业和家庭无法获得资金。

许多研究（例如，世界银行，2008；美洲发展银行，2005b）中都强调促进金融服务的可获性在推动经济发展和提高福利方面的重要性。本报告也在这方面进行了研究，并致力于提供更完整的信息，全面反映拉美各国和城市使用金融服务的各种途径。基于这个目的，CAF 在 2010 年所做的调查包含了有关这些方面的问题。调查结果与预期一致，即拉美国家居民金融服务可获性较低。

例如，在对拉美 17 个城市①的调查中，只有平均 51% 的家庭在某一家金融机构（包括微型金融机构）中透支。而家庭获得的信贷更少：只有 12.3% 的家庭曾向某一家金融机构申请并正在使用一项贷款业务。然而在这些平均数背后却掩盖着巨大的差异性。例如，在被调查的国家中，巴西和乌拉圭似乎有更高的金融服务可获性，而阿根廷和委内瑞拉最为落后，尤其是在贷款可获性方面。另一方面，在玻利维亚，随着微型金融体系获得长足发展，正规贷款工具的使用量很大（超过贷款用户的 80%），尽管该国是被调查国家中人均收入最低的国家。

几乎所有国家都存在的一个现象是，尽管随着家庭收入水平的提高，金融服务可获性也在提高，但反映两者关系的曲线斜度并不大；也就是说，金融服务可获性的提高与收入增加的关联度不高。这说明金融服务可获性问题涉及广泛的人群，而不仅仅涉及各国最贫困的阶层。例如，在各城市的中间收入阶层和中高等收入阶层（五分位中第三位群体或更高）当中有相当大的比例在金融体系中没有银行账户。就信贷而言，在被调查的城市中，最贫困的五分之一人群使用贷款的比例平均均为 8%，而最富裕的五分之一人群使用贷款的比例为 22%。这些调查结果说明，各个家庭金融服务可获性（尤其是最为传统的服务，如贷款）所面临的问题或障碍在一

---

① 布宜诺斯艾利斯，科尔多瓦，拉巴斯，圣克鲁斯，里约热内卢，圣保罗，波哥大，麦德林，基多，瓜亚基尔，利马，阿雷基帕，巴拿马城，加拉加斯，马拉开波，蒙特维迪奥和萨尔多。

定程度上或许与债务合同的监管和履行有关，或者与宏观经济不稳定有关，这些因素对一个经济体中的所有家庭（无论其收入水平高低）和企业都是有影响的。

本报告还分析了拉美地区的微型金融。正如上文所指出的，调查显示，在某些国家，如玻利维亚（和秘鲁），微型金融机构的发展在为大部分居民和企业提供金融服务方面起到了积极的作用。微型金融在拉美之所以能够得到发展，在一定程度上是因为它解决了影响金融市场的市场缺陷。

"小额信贷革命"的设计基于一种创新，即让那些曾被排斥在信贷服务之外的人拥有了贷款信用。微型金融机构（IMF）将传统银行因素和非正规金融机制结合起来，在一定程度上代表了市场对于传统金融体制没有照顾到的巨大需求的反应。其相对的灵活性、贴近客户的特点以及巨大的创新能力都使其具有优势，业务直追传统银行，前景可观。我们应当特别注意到，具有"贴近市场"（如果和亚洲模式相比则表现出较少利他主义特点）倾向的拉美微型金融模式在其发展过程中，始终使小额信贷在其业务中占有相当比重，并主要面对最贫困阶层的客户。

尽管 IMF 发放的贷款显著增加，但家庭和小型企业仍然依赖非正规融资来源（如民间放债人）。下文将进一步阐述，这一现象可能说明，尽管 IMF 在面对具有特殊性的客户时比传统银行更具灵活性，但其贷款合同与那些非正规部门相比还是比较严格的。

最后，本报告还分析了一系列旨在使人们更方便地获得金融服务的公共政策构想。事实上，政策干预在解决那些影响金融市场运行的各种缺陷方面可以发挥其功效。这些政策的背后有一个大环境，即现在已经有专门的方法更有针对性地、以直接的方式来解决那些影响金融体系的市场问题或缺陷，而且能和私人银行互为补充。国有银行，尤其是开发银行，在上述政策的实施和管理方面一直代表国家扮演着、也应该扮演着关键角色。然而，必须强调公司治理的重要性。与明确职权范围和进行全面调控一样，公司治理对于国有银行的有效运作有着非常重要的意义。

本报告通过六章的内容来阐述上述观点。第一章是介绍性的，除了概括性地介绍接下来各章所要详细分析的内容，还分析了金融服务发展和经济增长以及提高社会福利之间的关系。第二章分析拉美金融体系的近期发展状况，包括描述现有的经验和金融深化及金融服务可获性的指标。第三章详细分析企业，尤其是中小企业（PyME）获得贷款的问题，探讨有关融资限制以及消除这些限制的私人和公共策略的微观经济特点。第四章研究拉美微型金融的发展状况，分析微型金融机构为小型企业（拉美各国创造就业和收入的主要来源）提供贷款和其他金融服务的程度。第五章在运用 CAF 调查（2010a）的基础上分析家庭金融服务可获性的现状。如前所述，该调查对拉美 17 个城市的金融领域进行了全面调查，提供了新的数据。这一章还分析了为促进家庭金融服务可获性而提出的政策构想，以及这些政策对家庭福利的各个方面的影响。第六章分析了国有银行在统筹各个旨在促进金融服务可获性的政策方面所起的作用，并分析国有银行内部制度的完善对其作用的发挥如何产生积极影响。

正如上文所述，本报告的主要贡献之一是提供了关于拉美金融服务可获性的最新情况。那么，为什么要让金融体系更快地发展，从而能够提供更多服务呢？第一章接下来的内容首先将回答这个问题，并指出金融体系的发展是经济发展政策中的关键因素。然后，第一章的第二部分对之后章节将要详细分析的内容进行概括。第三部分对拉美金融市场和金融服务可获性最新发展状况进行分析判断。第四部分进一步进行概念性叙述，对可能造成拉美在该领域处于落后局面的市场缺陷和障碍进行分析。最后，第五部分分析以推广金融服务为目的的政策干预，并研究国有银行在与私人银行的合作中能发挥多大作用来实现这些政策构想。

二　金融和发展的关系

很难想象，如果没有金融体系的平行发展，不能给广大家庭和企业提供储蓄和贷款、保险、支付服务，一个经济体保持持续增长的可能性。本章这一部分首先将介绍一种观点，即金融体系的发展对经济发展起着重要的作用，并指出其促进经济发展的各种途径（促进储蓄、投资、生产率等）；然后分析关于金融和发展之间关系的实证性观点，还将特别评价这两个变量关系的偶然性。此外，还将从计量经济学的角度考察上述机制中哪个最为重要。

（一）金融和发展：概念

在吸收居民储蓄后贷款给企业（例如，建立新的创新技术公司）和家庭（例如，人力资本投资、购买耐用商品等）的投资（包括流动资本融资）项目的过程中，金融机构起着基础性作用。在将储蓄转移到更好的生产型用途或者用于家庭在人力资本或其他方面的投资过程中，银行和其他金融中介机构通过各种机制来提供附加值（Levine，2005），例如：①运用技术来降低吸收存款的成本；②收集关于新的投资机会和企业及/或好的个人客户能力的信息；③对企业和家庭投资计划的实施进行监督；④鼓励企业和家庭完成其计划并向银行支付贷款利息。必须指出的是，如果这些活动由每一位储户或投资者独自完成，其成本将会相当高。

发放贷款一般不应以企业或企业家的财富或现有资产作为衡量标准，而应以投资项目的盈利和金融可行性作为标准。这样就能鼓励向收益更高的项目进行投资，从而不仅能带来经济在资本总量上的增长，还能带来资本和投资的生产率的提高。很明显，金融体系在履行这些职能时越有效率，其对于经济总储蓄率的影响就越大，对投资数量和生产率的影响也越大。这两方面对于各国长期增长和发展水平都会产生积极影响。

除了储蓄和信贷服务，金融体系还可以降低由无法预料的事件造成的风险，这些事件虽然发生的可能性较低，但会使企业的投资项目失败（例如，气候问题对农牧业生产造成的影响，生产设施遭受火灾等），或者使家庭收入显著减少（例如，家庭户主死亡）。这些事件一旦发生，显然会对投资收益或家庭收入造成巨大影响，而这些风险的存在也会在"事前"影响企业和家庭所做出的决定。企业有可能因为存在这种风险而放弃某些投资项目，家庭或许不得不自己寻求保护措施，而做出这一决定的成本会很高。

金融机构向广大客户收取保险费以赔偿企业或家庭在特殊情况下遭受

的损失，通过这种保险业务可以分散风险。由于企业或家庭可能遭受的风险事件不会同时发生，因此这种分散风险的保险业务从经济角度来看是可行的。除了对家庭福利和投资项目生产率的影响外，保险服务的发展对于经济增长显然也起着附加作用，因为保险服务能促进储蓄并优化投资结构。

从这个意义上说，对于储户和投资者而言，高回报的投资项目应当是更加有吸引力的，因为一部分特定的风险已被保险服务化解。回报和风险之间的最佳组合比例会促进储蓄，进而改善经济中的投资资源配置，这对生产和增长肯定会产生积极影响。

最后，金融机构还可以提供另外一种同样重要的服务，就是使交易或支付方式便捷化。通过各种工具（例如，活期存款、支票、信用卡、网上支付等），金融机构可以降低交易成本，为企业和家庭简化日常收支手续。对于工作、休闲活动或者人力资本积累来说，这种节约成本的效果会在更长的时间内显现出来。

通过简化产品销售和消耗品购买的操作过程，企业可以直接节约成本（如劳动力成本）。很明显，这意味着效率和生产率的提高，从而对经济的长期生产和收入水平产生影响。

上述讨论说明，通过促进储蓄和资本积累（实际资本和人力资本），以及通过改善资源配置或提高生产率，金融发展对经济发展会带来积极影响。这些影响是通过储蓄和信贷服务以及保险和支付服务产生的。

（二）关于金融和发展之间关系的深入研究

在从概念上明确了金融发展促进经济发展的各种途径之后，接下来的问题是，关于两者之间的关系有哪些实证性论据呢？在研究哪些途径对于促进增长更为重要时，这些论据又能提供多大的帮助呢？

经验性研究中的关键一步是对金融的发展进行衡量。如何能证明一国的金融体系比另一国发达？应该使用哪一种或哪几种指标？这些指标与上文探讨的理论性概念有多大关系？在理想的情况下，对金融发展的衡量应当反映出金融机构的行为在多大程度上解决了不利选择、道德风险和外部性等问题，这些问题（正如下文所阐述的）将影响市场操作，还会导致其他问题，如信贷发放结构不合理。换句话说，应当反映出金融体系在何种程度上使经济资源得到有效配置。

因此，最好能找到反映金融体系运行质量而不是数量的变量或指标。然而，现在所使用的大部分指标都是计量性质的。所以，在业务范围和解决上述市场缺陷方面需要做出积极的改进。

衡量金融体系发展的最常用指标之一是所谓的"深度指标"，通过衡量金融机构资产总值占 GDP 的比重或者衡量向私人部门（银行部门及通过资本市场得到中介服务的部门）信贷量占 GDP 的比重来反映金融体系中介服务的数量。

图 1.1 中左图反映了 175 个国家[①]中上述指标与人均 GDP 之间的简单关系。可以看出，不同国家金融深化程度（纵轴）的区别非常明显。例如，发达国家（如美国、加拿大、法国或英国）的中介服务水平超过其GDP 的 150%，而非洲的一些贫穷国家则不到 10%。拉丁美洲在这一方面也相当落后（平均 35%）。图 1.1 中右图更详细地反映出这些国家的数据，尤其体现出拉美国家之间的差异性。例如，阿根廷、墨西哥、巴拉圭、委内瑞拉的金融深化值占其 GDP 的比重为 10% 到 20%。只有智利和巴拿马向私人部门的总信贷水平高于 80%，接近发达国家和一些亚洲新兴经济体的水平，如韩国（97%）、马来西亚（110%）和泰国（103%）。

图 1.1 反映出，金融体系发展程度与经济发展水平（由人均 GDP 衡量）之间有着重要的正向联系，这说明金融的发展对经济的长期发展起着重要的作用。此外，图中所绘回归线（指数性）表明，变量之间的关系成正比（人均收入值越高斜度越大），这或许也体现出经济增长和金融发展之间存在的良性循环。

----

① 按照一般惯例，人均 GDP 的信息按照其自然对数的形式反映，这样可以减弱对分布图中最高部分（人均 GDP 很高的国家）的外部观察效应。还有一点可能更重要，即国家间人均收入对数的区别基本反映了长期增长率之间的区别，这与金融体系发展程度的高低有关。

图 1.1　金融深化与收入水平（2005—2007 年平均数）[a/]

金融深化与收入水平—自然对数水平关系（2005—2007 年平均数）[b/c/]

金融深化与收入水平—正常水平关系（2005—2007 年平均数）[b/]

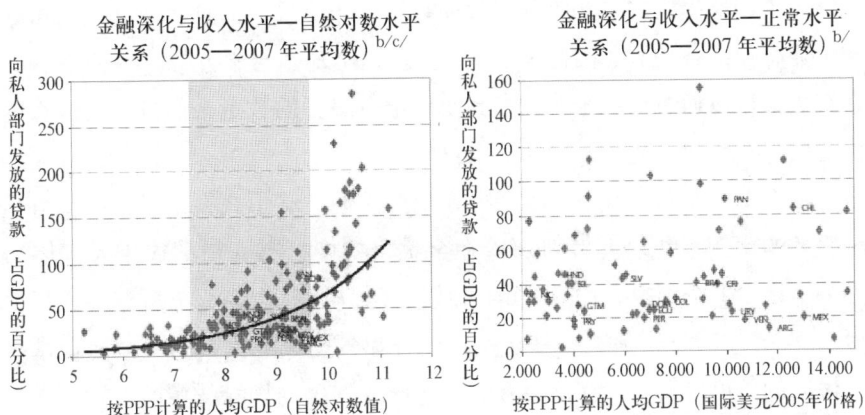

注①包括向私人部门发放的国内贷款：由私人部门提供的金融服务，如贷款，股票以外的有价证券，以及为获取资金而开设的其他账户。

②两个变量的数值是 2005—2007 年数值的平均数（左图中为平均数的对数）。

③左图中的指数趋势线相当于在两个变量的对数值中做回归线。

资料来源：根据世界银行数据（2009）计算。

图例：ARG：阿根廷；BOL：玻利维亚；BRA：巴西；CHL：智利；COL：哥伦比亚；CRI：哥斯达黎加；DOM：多米尼加；ECU：厄瓜多尔；GTM：危地马拉；HND：洪都拉斯；MEX：墨西哥；NIC：尼加拉瓜；PAN：巴拿马；PER：秘鲁；PRY：巴拉圭；SLV：萨尔瓦多；URY：乌拉圭；VEN：委内瑞拉。

　　然而，在讨论某种因果关系时也应当谨慎行事。首先，最贫穷国家和最发达国家经济发展水平的差异非常大（例如，莫桑比克的人均收入为750 美元，而加拿大为 35000 美元），因此很难想象仅仅通过一个方面，如金融市场的发展，就能解释何以存在这种差异。

　　其次，两者之间存在正关联度绝不意味着两者之间就存在因果关系。有充足的理由相信，由其他因素（如自然资源的多少、技术发展程度、贸易一体化程度等）引发的收入上的差别会带来对金融服务的更大需求。因此，金融服务是经济发展的结果，也是伴随着经济发展而发展的，但是它对经济增长并不产生独立的影响。

　　那么，在深入研究这种因果关系之前，有必要再讨论一下对金融发展的衡量问题。正如在前言中所指出的，从经济发展的视角来看，正规银行和资本市场所提供的中介服务不仅在数量上很重要，而且面向潜在的家庭和企业客户的各种服务的范围也很重要。这个范围与服务的"可获性"概念有关，可以通过计算企业和家庭使用金融服务的数量来衡量金融体系的覆盖面。

图 1.2 中左图表现了两个指标之间的关系，其中之一是成年人获得金融服务的比例（纵轴，针对那些在金融机构中拥有账户的成年人群体），另一个是 151 个国家人均 GDP 的对数值（横轴）。金融服务可获性的指标由 Beck 等（2007）估算，是在家庭调查和各国金融体系的其他变量基础上做出的。可以看出，在这一有关金融体系发展的指标与各国人均收入的平均值之间存在着正向联系。

随着金融深化程度的加深，金融服务可获性和经济发展之间的非线性（指数性）关系也变得重要，这说明随着经济水平的提高，两者之间关系的正向性也在增加。[①]这在一定程度上解释了富国和穷国在获得金融服务的水平上何以存在如此大的差别。例如，在非洲一些国家和拉美少数几个国家（包括尼加拉瓜）中，只有不到10%的居民拥有银行账户。这和经济合作与发展组织（OECD）国家接近100%的比例形成强烈对比。在图 1.2 的右图中可以更明确地看出，拉美大部分国家的这一比例在 25%—35% 之间。智利的比例相对较高为 60%。

虽然金融服务可获性和收入之间存在较强的正向关系，但图 1.2 也表明，金融服务可获性相似的国家也可能存在很大的人均收入差别。这在拉美国家中尤其突出。例如，成年人口金融服务可获性在 30% 左右的国家中，玻利维亚、危地马拉和洪都拉斯的人均收入在 4000 美元左右，而阿根廷、墨西哥、委内瑞拉的人均收入是这一数字的三倍。很明显，这说明除了人均 GDP 平均值和金融服务可获性间存在关联以外，还有其他因素（例

---

① 回归线能更好地调整金融服务可获性和人均 GDP 的自然对数（ln）之间的关系。这条线为指数性，意味着在金融服务可获性的自然对数和人均 GDP 的自然对数之间存在线性关系。第二章在对拉美和世界其他国家进行比较时，会特别考虑这种对数关系，以考察拉美金融服务可获性是否落后。

如，收入分配不公，制度和宏观经济因素）也对金融服务可获性的高低起着关键作用。[①]

图1.2 金融服务可获性与收入水平（2005—2007年平均数）

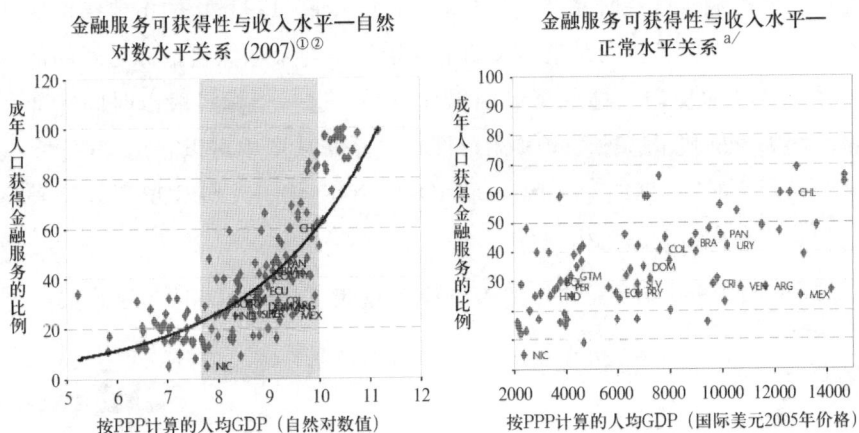

金融服务可获得性与收入水平—自然对数水平关系（2007）[①][②]

金融服务可获得性与收入水平—正常水平关系[a]

注①人均GDP值为2005—2007年平均数（左图中为平均数的对数），而获得金融服务的水平值为2007年数据。

②左图中的指数趋势线相当于在两个变量的对数值中做回归线。

资料来源：根据世界银行数据（2009）计算。

图例：ARG：阿根廷；BOL：玻利维亚；BRA：巴西；CHL：智利；COL：哥伦比亚；CRI：哥斯达黎加；DOM：多米尼加；ECU：厄瓜多尔；GTM：危地马拉；HND：洪都拉斯；MEX：墨西哥；NIC：尼加拉瓜；PAN：巴拿马；PER：秘鲁；PRY：巴拉圭；SLV：萨尔瓦多；URY：乌拉圭；VEN：委内瑞拉。

金融体系的发展对于经济增长来说是一个关键因素吗？

我们继续分析上文提到的因果关系问题。很明显，金融发展和经济发展（人均收入）之间的简单正向关系忽视了其他有可能影响长期收入水平的变量的作用。同时，正如上文所提到的，有理由假定这种作用是反向的，也就说由其他因素（如技术进步，自然资源的发现和开发，贸易一体化）导致的更快的经济增长使人们对金融服务的需求增加，而这并不意味

---

① 阿根廷和墨西哥在金融深化和金融服务可获性方面较为落后的情况说明，反复发生的宏观经济危机和银行危机对这两个国家造成了负面影响，损害了其国民对于金融体系的信心，破坏了向家庭和企业提供贷款和其他服务的条件。

着金融市场的发展对于经济长期增长能起到独立的决定作用。

大量的文献试图单独研究金融对经济发展的影响。一方面，最传统的研究是对国家层间的横向系列数据进行回归分析，试图单独研究金融发展对增长的影响。这些研究（例如，King y Levine，1993a）的主要结论体现在专栏 1.1 中，其目的是指出长期平均增长率与金融深化指标之间的部分关系。①为了避免内生性或反向因果性问题，这一指标一般以时间标准衡量。图 1.3 反映了这种简单（无条件）关系。从图中可以看出，175 个国家金融深化的初期水平（1980）和 1980—2007 年间人均 GDP 平均增长率之间确实存在显著的正相关关系。

图 1.3　1980 年金融深化和人均 GDP 增长（1980—2007 年平均数）

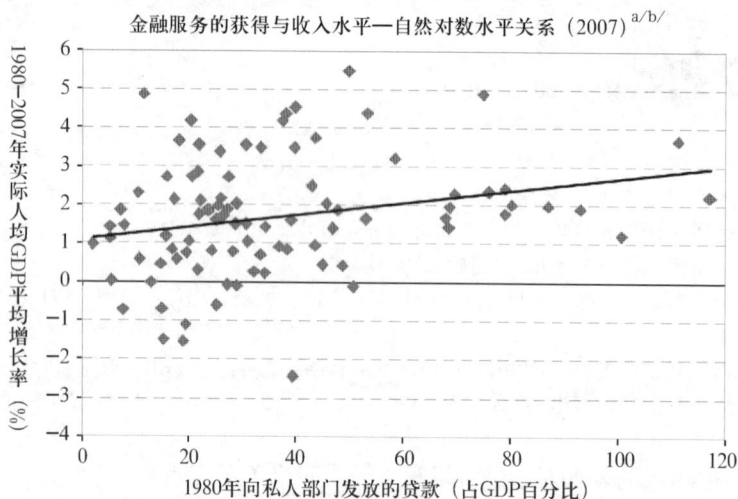

金融服务的获得与收入水平—自然对数水平关系（2007）[a/b/]

资料来源：根据世界银行（2009）和 Beck 和 Demirguc – Kunt（2009）数据计算。

对这种简单关系的分析虽然富有趣味性和启发性，但也存在许多问题。一方面，经济增长受很多其他变量影响，例如人力资本、贸易体制、

① 试图用经验主义的方法研究金融和经济增长之间关系的文献使用的是金融深化指标，以衡量各国金融市场的发展。这并不意味着这些文献认为获得金融服务的途径不重要，而是对于大多数国家和年份来说并不具备这种途径，从而无法做出可靠的估计。

制度等，我们应当对这些影响进行分别考察，以明确其中和金融发展有关的变量所造成的特别影响。另一方面，当回归分析将这些变量的影响单独来看时，还存在确定因果关系的问题。即使考察初期的金融指标，当年的金融体系中也可能加入了对未来经济发展的预期因素，或者两个变量都受预先存在的趋势影响，这会导致两者之间存在一种虚假关系（例如，技术进步速度的加快会推动收入在一个较长时期内增加，从而促进人们对金融服务需求的增加）。

解决这种内生性问题的一个办法是使用工具变量方法。这种方法应用于最近的一系列研究中（Levine，1998，1999；y Levine *et al.*，2000），专栏1.1将介绍其主要结论。这些研究基于下述观念，即在各国金融体系发展水平上存在着外生性差异（与当期收入有关）。这种差异与各国法制传统（英国、德国或法国）为债权人权利提供的保护程度有关（英国的立法对债权人最为有利，而法国的立法最不严格）。

这种差异对金融机构的发展有直接影响，因为它会影响债务人履行债务合同的积极性以及债权人督促债务人履行合同的能力。由于大部分国家的立法都起始于其殖民地，因此可以想象，其对此后的金融发展的影响，以及对近期人均 GDP 影响的外生性变化。Levine 等（2000）发现，金融中介指标的外生性变化与人均 GDP 增长率之间有着显著的正向关系，从计量的角度估计，其影响是很大的。

专栏 1.1　对国家间横截面和时间序列
数据进行的经济研究

Goldsmith（1969）是最早以经验主义方法研究金融发展对经济增长的影响的人之一。其研究成果收集了 1860—1963 年间 35 个国家的数据。他在衡量金融发展水平时使用的是传统的金融深化指标，在其中加入了银行和资本市场的内容。Goldsmith 指出，随着时间的发展，所考察的大部分国家的金融中介（占 GDP 比重）与经济活动水平之间呈现出正向关系。尽管这项研究对该现象的原因没有做出明确解释，但至少指出金融体系发展对于经济长期发展来说是一个重要因素。

King 和 Levine（1993a）试图解决 Goldsmith 研究中所存在的一些问题。他们将所考察国家的数目增加到 77 个，但该研究将所考察的年限缩短到 1960—1989 年。这两位研究者试图修正可能存在的内生性（或者说金融发展与经济发展之间的同步性）问题，将初期（1960）金融深化水平和相关变量之后的增长联系起来。研究结果表明，金融深化与人均收入增长、投资以及经济总生产率的提高有着紧密的联系（以其他决定因素的存在为条件）。所估算的系数表明其影响巨大（在因果关系问题上采取必要的谨慎态度）。例如，假定玻利维亚在 1960年将其金融深化水平从 10% 提高到当时发展中国家的平均水平（23%），那么在接下来的 30 年中每年将多增长 0.4%，1990 年其人均GDP 将比实际高出 13%。

Levine（1998 和 1999）以及 Levine 等人（2000）使用工具变量方法，试图通过明确金融发展对经济增长的因果效应来做出更准确的估计。他们将各国的法律来源（行政和贸易权利）作为工具变量。正如前面提到的，这种差异对金融机构的发展有着直接影响。Levine 等人（2000）发现，金融中介的这种外生变化与人均 GDP 增长率之间有着显著的正向关系。使用 1960—1995 年 71 个国家的横截面数据做出的计算表明，如果阿根廷把 1960—1995 年间向私人部门信贷占 GDP 的平均比重从 16% 提高到发展中国家的平均水平（25%），那么经济每年将多增长 1%。这个比例是很显著的，因为在上述时间内阿根廷年均增长率仅为 1.8%。

最后，Levine 等（2000）以及 Beck 等（2000）提出一种面板估计方法作为替代研究方法，不仅研究国家间横截面数据变化，还研究同一个国家随时间变化的数据变化，目的是明确金融发展对经济增长的影响。这种新方法的优点中最突出的一点是，它包含了国家的固有效应，从而可以控制任何一个长时间存在的并且会影响经济增长的、无法特别观察到的因素（自然资源、政治制度、文化和地理因素等）。
Levine等（2000）使用了1960—1995年77个国家的数据。考察年限被
分成七个时段，每个不超过五年。计算结果进一步证实了之前用横截
面数据研究得出的结论，表明金融发展对经济增长起着重要作用。例
如，假如墨西哥私人信贷占GDP比重由22.9%（1960—1995年平均
值）增加到27.5%（被考察的77国的平均值），那么其年均增长率会
提高0.4个百分点。

资料来源：作者撰写。

在对金融发展和经济发展之间关系进行的实证研究过程中，上文提到
的研究成果是一大进步。然而，这些研究还未能解决因果关系方面的问
题。此外，在将这两个变量联系在一起时也未探究各个不同联系的途径。
近期出现了一种新的关于金融和经济关系的数量分析方法。这种方法使用
一般均衡模型作为研究基础以进行模拟过程（"测量"），可以用计量方法
测定对正在进行金融深化的转型经济体的长期总收入的影响（Amaral y
Quintin，2010；Greenwood *et al.*，2010；y Buera *et al.*，2010）。

专栏1.2介绍了这些研究的主要结论。其优势在于，研究过程与理论
直接联系，从而可以明确所研究的重要路径。同时，在此种模拟过程中，
对影响的量化可以明确地表现为因果效应。[1]这些研究得出的主要结论为，
劳动者人均GDP增长会产生融资的可获性，并通过经济各部门和企业间的
资本配置的改善和人类智慧的提高而提高生产率。[2]

[1]　之所以如此，是因为模拟是为了在仅改变与金融发展水平有关的参数，而有关长期收入
的其他所有决定量（例如技术进步）都保持不变的情况下，评估相关变量在模型中的结果（例
如，人均收入、投资和生产率）。在各国观测到的信息难以进行测算的情况下，是很难做出假定
的。

[2]　这一结论与赫希和克莱诺（Hsieh y Klenow，2009年）所提供的事实依据相一致，他们发
现，中国、印度和美国之间在劳均产出上存在差异，这是因为中国和印度由于产业间资源配置不
合理从而导致生产率较低。

专栏 1.2　使用一般均衡模型所进行的模拟研究

Gine 和 Townsend（2004）以及 Jeong 和 Townsend（2007）是最早提出一般均衡模型并应用该模型将金融和经济发展之间的关系进行量化的学者，他们当时使用的是泰国的数据。近期，Amaral 和 Quintin（2010），Greenwood 等（2010）以及 Buera 等（2010）在对众多国家进行考察的过程中，使用这一方法对金融市场发展的长期收入的影响进行了量化。

在 Amaral 和 Quintin（2010）的模型中，个人可以自己做出选择：是成为企业家还是普通劳动者。这种选择取决于他是否具有企业家潜质及其拥有多少财富。财富因素之所以重要，是因为要具备足够的资本才能开设新企业，在获得贷款上有很多限制。该模型经过测算，目的是复制美国经济在企业规模布局和金融深化水平方面的重要特点。两位研究者考察了债务合同履约能力的变化（督促金融合同的履约所花费的成本）对于金融发展和人均收入的影响。研究表明，这种市场缺陷对经济产出有着重要影响。例如，相对于美国，阿根廷的金融深化程度较低，这在很大程度上解释了两国在劳动者人均 GDP 上存在差别的原因。

Greenwood 等（2010）使用了类似的方法，提出了一种模型，该模型表明，金融机构应当为那些拥有高收益的项目并可能被看好的潜在客户的企业提供资源，在为其发放贷款后，应当对其活动进行监督以确保获得收益。金融机构这种中介成本的高低反映在其资产和负债率的差别上。假设各企业在其"事前"资本回报上存在差别，那么由于这种中介成本的存在会产生一种可能并不乐观的企业规模结构。因为一些企业本来具有发展潜力，但其资金可获性不足；而另一些企业本来投资收益较低，却获得了过多的资金。这些研究者最初对该模型进行了测量，目的是复制美国经济在企业规模布局和各比率差别方面的特点。之后，他们又考察了多国在资产和负债率方面的不同在多大程度上能解释发展指标上的差异。他们发现，资本—产出之间的关系和生产单位的平均规模可以很好地被复制，尽管该模型只能对数据中人均收入变化的36%进行解释。

最后，Buera 等（2010）近期的一项研究对上述方法进行了扩展，试图更精确地分析出，通过资本证券的发展和平均生产率的提高，金融体系的发展在何种程度上影响长期增长。这些研究者详细介绍了在固定生产成本上存在不同技术的两个经济部门。其中一个部门（制造业部门）固定成本较高，因此其生产规模自然高于另一个部门（服务业部门），而后者的固定成本远低于前者。

这些研究者发现，模型的模拟过程能够复制数据中所显示的金融深化和劳动者人均 GDP 之间关系的2/3。此外，由于金融服务可获性差异导致的劳动者人均 GDP 的差别主要通过生产率显现出来，这种影响在各个产业中是不同的。由于缺少贷款，工业部门的生产率会降低50%，而服务业部门只会降低不到30%。这一模型可以区分对生产率的不同影响，并对资本配置不当（低生产率企业获得了与高生产率企业一样的贷款）和企业家能力配置不当（有能力但贫穷的企业家无法获得机会，而缺乏能力但富有的企业家却不让出机会）进行区分。在服务业部门，由于存在金融限制而导致的生产资本配置不当会造成生产率降低90%，而企业家能力配置不当会造成生产率降低50%以上。

资料来源：作者撰写。

最后，关于金融和经济之间的关系还有第三类实证研究。这种研究使用具有微观经济特点的信息，就工业部门和企业展开研究，对金融发展影响经济增长的一些机制进行更为详细的分析。这些研究（其主要结论在专栏1.3中介绍）部分地证实了前面分析过的一些假定，即通过改善实际资本和劳动力资本在产业部门和企业间的配置提高生产率，金融体系的发展能够影响经济增长。在这方面，Rajan 和 Zingales（1998）发现，金融体系的发展越快（一般与金融服务可获性提高正相关），其对于那些因生产规模大而对贷款的需求必然非常大的企业（例如机器设备制造企业）的影响就越大。另外，Beck 等（2005 及 2008a）近期的研究表明，金融发展对企业生产有着积极影响，对于那些因规模小而在进行外部融资时总会受到限制的企业，这种影响尤其明显。

专栏 1.3 使用微观信息对工业部门和企业所做的研究

第一份这样的研究是由 Rajan 和 Zingales（1998）完成的。他们的观点是，金融市场的发展缩小了外部融资和内部融资的成本差别，因此能够推动现有企业的发展，也能促进新企业的创建。对于那些由于技术原因而"天然地"需要大量外部融资的企业而言，这种动力尤其明显。他们使用了 36 个国家的 42 个行业数据，研究各国金融深化程度的提高与各行业附加值（或企业数量）的增加之间有多大联系，根据美国的标准（因为美国的金融摩擦程度较低），这些都是融资需求程度更高的行业。两位研究者得出了证实这一假定的结论。

Beck 等（2008a）强调金融体系发展影响经济增长的另一途径：放松限制以使小企业获得融资，从而扩大生产。他们使用了一种与 Rajan 和 Zingales（1998）类似的方法，研究那些由小企业组成的工业部门是否在金融发展程度更高的国家发展得更快。之后，他们又研究了美国的数据，确定哪些工业部门包含的小企业较多，这主要通过技术因素判断，因为美国受金融摩擦影响不大。他们使用的是按国家和工业部门收集的数据。研究发现，在金融发展程度更高的国家，由小企业组成的工业部门发展速度更快。这一结论与另一理念一致，即小企业在获得融资时面临的困难更大，而从金融市场的发展中受益也更大。

Beck 等（2005）使用各企业的数据，试图研究是否获得金融服务的程度越高，生产率的提高越快，以及这种影响对于小企业是否更为显著。为此，他们使用了 54 个国家的 4000 家企业的数据。在其中的一项研究中，他们使用个人质量指标分析了由于在获得融资方面存在困难而对企业销售造成的影响。研究表明，如果在获得信贷方面存在困难，企业的销售前景确实会受到影响。被估算的系数值表明，这些困难使企业销售增长率减少了 9% 左右。这些研究者还发现，这种影响对小企业尤其明显。

由于从这些数据中可以看出各国的不同特点，上述研究者还分析了金融体系较为发达（金融深化程度较高）的国家，融资上的障碍所造成的影响是否较小。分析结果证实了这一假定。此外，他们还提出，在获得信贷方面存在的障碍对销售的不利影响会随着金融市场的发展而减弱，这对于小企业尤为有利。特别是一国金融深化程度的提高会使小企业的销售量再增加约 9%，而对于大企业则没有任何影响。

资料来源：作者撰写。

从上文对金融和经济发展之间关系的分析中可以得出结论，有很多种方法可以说明金融市场的发展与经济长期增长之间有着正向关系。这种关系或许反映了一种因果效应，即贷款可获性及其他金融服务程度的提高会导致产出和收入的增加。有趣的是，无论是被测量的理论模型对各国所做的分析，还是使用相关企业和工业部门的数据所做的研究，都表明这种积极影响在一定程度上是源于经济生产率的提高，而生产率的改善是因为将资本（以及人力资本）重新配置到了那些拥有好项目但却存在金融服务可获性制约的企业和经济活动（如小企业的情况）。

三　拉丁美洲金融市场的发展状况如何？

上一部分的分析表明，金融体系的完善有助于促进储蓄、增加实际资本和人力资本的积累、优化资源配置从而提高生产率，这些对于经济发展都是非常重要的。接下来，我们必须具体研究拉丁美洲金融机构的发展状况。在通过已知的各种渠道促进增长方面，这些机构是如何表现的，前文图 1.1 和图 1.2 已经表明，就整体而言，拉美各国的金融深化程度和金融服务可获性都较低。因此，以被调查国家的金融发展和人均 GDP 关系的曲线为标准，拉美很多国家都处于曲线之下。这表明，相对于其较高的人均 GDP 而言，其金融发展水平不尽如人意（金融深化程度为 35%，金融服务可获性为 32%）。相比之下，OECD 国家和亚洲新兴市场国家的金融深化程度分别为 125% 和 70%，其金融服务可获性分别为 90% 和 60%。

本书第二章将运用多种金融发展指标来详细比较拉丁美洲和其他国家的情况，这些指标包含了与金融中介和深化变量相关的资本市场（证券股票、公债券和私募债券）和银行信息。关于金融服务可获性，列举了有关各公司使用信贷的数据以及有关家庭银行化的家庭调查信息。

对于近期趋势的分析表明，虽然近十年来拉美在金融深化和金融服务方面取得了一定进步，但拉美大部分国家的金融体系仍然欠发达。不仅和发达国家的金融体系相比是这样，就是和亚洲及欧洲新兴经济体相比也是这样。

在资本市场方面，证券市场流动性较差，只能满足少数企业的融资需求。因此，近期证券市场的发展是证券估值上升的结果，而不是股票交易量上升的结果。国内证券市场为公共部门融资，而很少为企业部门提供资金。银行依然在拉美各国金融体系中占据主导地位。尽管近五年来银行业有所进步，但其中介服务水平几乎未摆脱 20 多年来相对停滞状态。

金融深化程度低与金融服务可获性低相呼应。尽管企业在支付手段上得到了各种金融服务的帮助，但得到的贷款依然很少。较新兴经济体国家而言，拉美各国家庭使用定期存款账户的程度较低，贷款的可获性更低。尽管金融服务可获性问题在拉美很普遍，但各个家庭和企业受影响的程度并不相同。在银行服务可获性方面，尤其是在信贷可获性方面，小企业和贫困家庭比大企业和富裕家庭面临更大的障碍。

第二章将详细分析影响金融服务可获性的一大障碍，即高成本。例如，在拉美开立定期存款账户的费用最少占人均 GDP 的 5%。同时，维持一个定期存款账户所需的费用平均占人均 GDP 的 2%。对此，只有撒哈拉以南的非洲高于该数字。此外，如果专门考察最低收入群体的情况，那么这种服务成本与其收入之间就显得更为不平衡了。在 OECD 国家，开立活期存款账户的最低费用平均低于五分位中最低收入群体人均收入的1%，而在拉美，最高收入群体的该比例都高于此数字，拉美五分位中最低收入群体的该比例是30%，确实高得难以接受。

上述分析表明，拉美各收入群体金融服务可获性的难易程度相差很大。对此所做的研究非常有限。针对一些国家和一些年份所做的家庭调查，分析了有关金融服务可获性的问题。第二章将介绍其他方面的研究成果，研究显示五分位中的低收入群体比高收入群体确实更难获得金融服务。例如，哥伦比亚10%的最贫困人群中，只有20%已经"银行化"（拥有银行账户），而10%的最富有人群中有75%拥有银行账户。除了贫富两个极端群体的情况外，该研究还指出，拉美各国中等收入群体在金融机构中拥有账户的比例也不高。

（一）家庭的银行化指标：CAF 所做的调查

为了提供关于金融服务可获性的更精确的信息以利于进行国别比较，CAF 在其 2010 年民意调查（主要内容是关于公共服务和基础设施的使用及其质量）中加入了一系列关于金融服务使用的问题。该调查在拉美 17 个城市进行，其结果将在本书第五章中详细介绍。图 1.4 显示了被调查各国中两个城市数值的平均值（将人口作为加权数），而在巴拿马仅有巴拿马城一个城市的数值。

2010 年被调查城市的银行化的基础指标（账户趋势）平均在51%。这一数值略高于 Beck 等（2007）报告中所测算的 2007 年的38%。我们应该看到，两者相比，除了年份上存在区别外，CAF 调查的城市较少，而且更重要的是该调查只研究城市的情况，且只研究每个国家最重要的两个城市。很明显，这意味着图 1.4 中所列出的数值可以视作各国的最高数值。

图 1.4 拉美部分国家中至少拥有一个银行账户的家庭比例

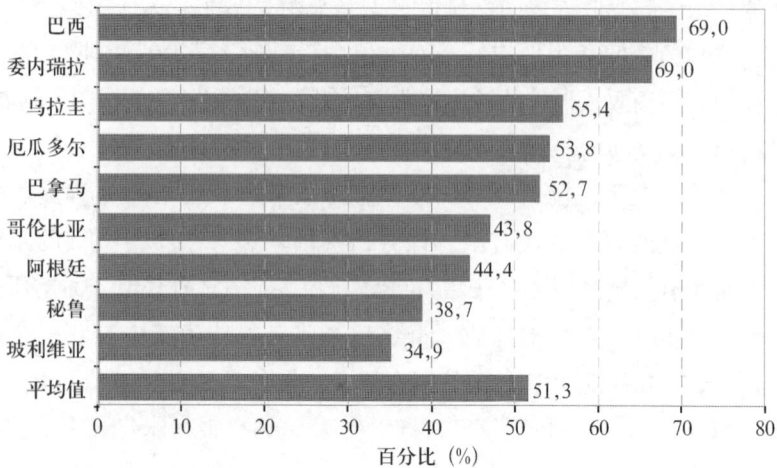

国家	百分比 (%)
巴西	69,0
委内瑞拉	69,0
乌拉圭	55,4
厄瓜多尔	53,8
巴拿马	52,7
哥伦比亚	43,8
阿根廷	44,4
秘鲁	38,7
玻利维亚	34,9
平均值	51,3

百分比（%）

资料来源：CAF（2010a）。

相比其他公共服务和基础设施而言，这些城市在金融服务可获性方面明显较低。从图 1.5 中可以看出，尽管拉美一些最重要的城市在获得自来水、交通、电力、垃圾回收等服务方面都相当便利，但在金融服务可获性方面却明显落后。

金融服务可获性与其他公共服务可获性的差别还反映在居民对贷款质量的满意度上。图 1.6 显示，在被调查的大部分国家中，居民在开设账户和获得其他金融服务方面的满意度低于对其他公共服务的满意度。从该比较中我们可以看出，要扩大金融服务面就必须应对一系列挑战，这些挑战对于金融机构来说是非常特别的，因为即使目前落后于其他基础设施服务水平的公共和私人金融机构的服务水平得到改善，这些挑战也可能依然存在。

第五章将详细分析各个水平的收入群体的银行化水平。CAF 家庭调查所收集的信息表明，收入水平与金融服务可获性之间确实存在正相关。这种正相关从图 1.7 的数据中可以看出来，该图按照收入五分位描述了各收入群体的账户趋势。然而，该图也显示出各国中并不只是最贫困群体才难以获得金融服务。可以看出，很多国家位于五分位中第三和第四位的富裕群体（中等收入和中高等收入群体）中 40%—60% 的人并未获得这些基本服务。

图 1.5　拉美部分国家获得各种服务的程度（占被调查人群的百分比）

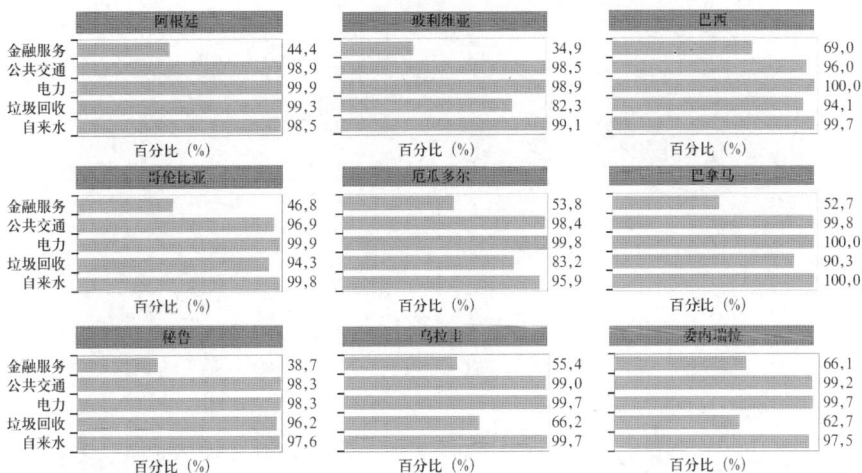

阿根廷		玻利维亚		巴西	
金融服务	44.4		34.9		69.0
公共交通	98.9		98.5		96.0
电力	99.9		98.9		100.0
垃圾回收	99.3		82.3		94.1
自来水	98.5		99.1		99.7
百分比（%）		百分比（%）		百分比（%）	

哥伦比亚		厄瓜多尔		巴拿马	
金融服务	46.8		53.8		52.7
公共交通	96.9		98.4		99.8
电力	99.9		99.8		100.0
垃圾回收	94.3		83.2		90.3
自来水	99.8		95.9		100.0
百分比（%）		百分比（%）		百分比（%）	

秘鲁		乌拉圭		委内瑞拉	
金融服务	38.7		55.4		66.1
公共交通	98.3		99.0		99.2
电力	98.3		99.7		99.7
垃圾回收	96.2		66.2		62.7
自来水	97.6		99.7		97.5
百分比（%）		百分比（%）		百分比（%）	

资料来源：CAF（2010a）。

图 1.6　拉美部分国家对各种服务的满意度（1 代表最低值，10 代表最高值）

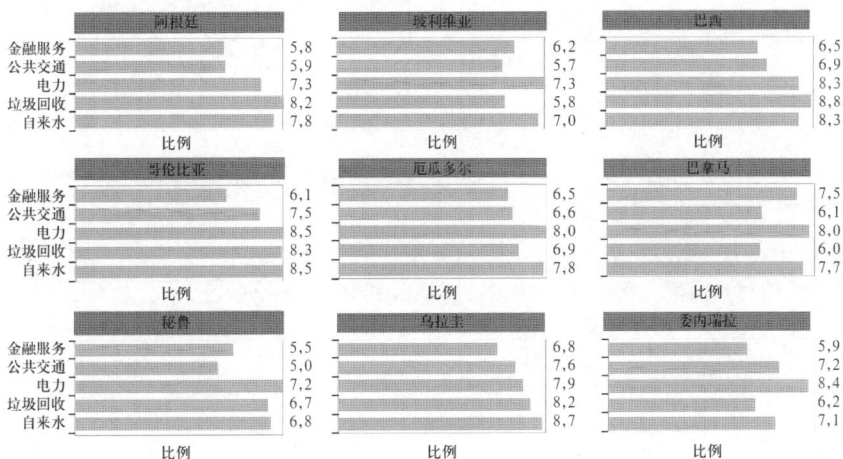

阿根廷		玻利维亚		巴西	
金融服务	5.8		6.2		6.5
公共交通	5.9		5.7		6.9
电力	7.3		7.3		8.3
垃圾回收	8.2		5.8		8.8
自来水	7.8		7.0		8.3
比例		比例		比例	

哥伦比亚		厄瓜多尔		巴拿马	
金融服务	6.1		6.5		7.5
公共交通	7.5		6.6		6.1
电力	8.5		8.0		8.0
垃圾回收	8.3		6.9		6.0
自来水	8.5		7.8		7.7
比例		比例		比例	

秘鲁		乌拉圭		委内瑞拉	
金融服务	5.5		6.8		5.9
公共交通	5.0		7.6		7.2
电力	7.2		7.9		8.4
垃圾回收	6.7		8.2		6.2
自来水	6.8		8.7		7.1
比例		比例		比例	

资料来源：CAF（2010a）。

图 1.7 拉美部分国家按收入五分位划分拥有银行账户的比例

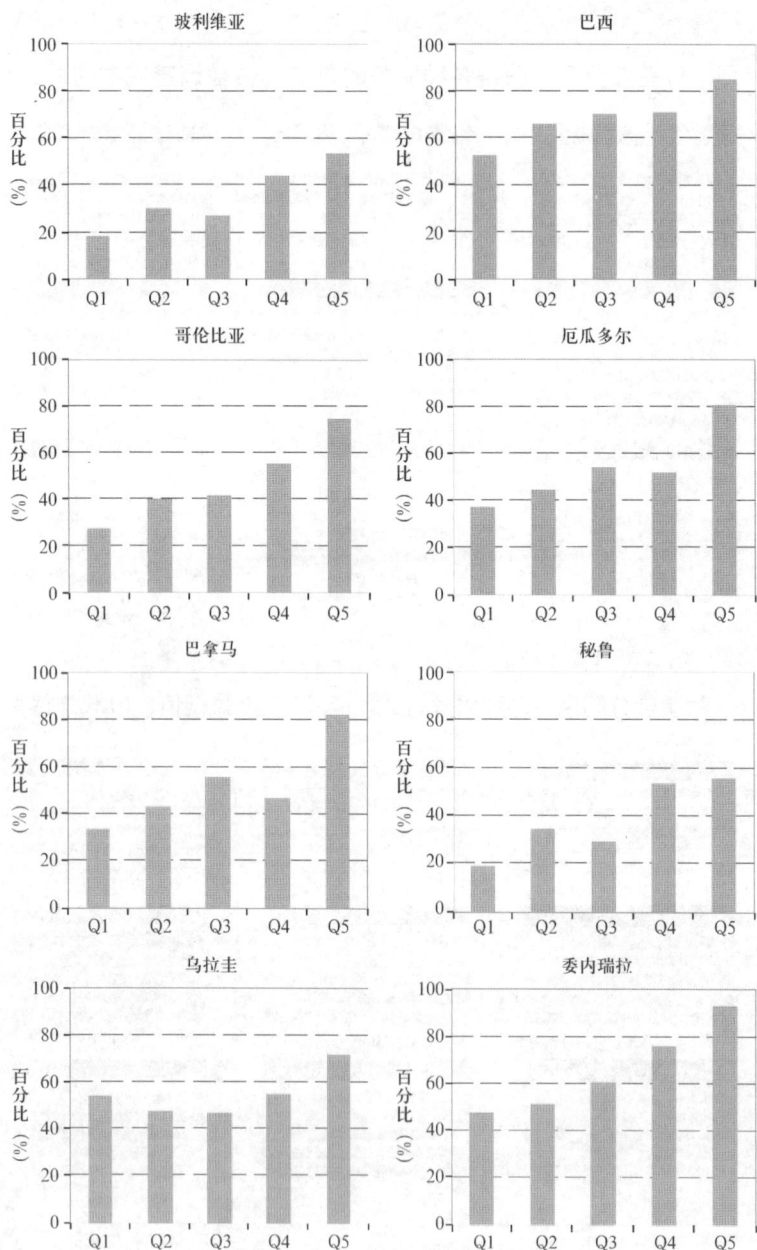

资料来源：CAF（2010a）。

这些数据表明，对金融工具使用不足并不仅是收入水平低引起的问题。图1.8所反映的信息可以更清楚地证明该观点。左图显示了拉美被调查国家中金融服务可获性和被调查人群月收入平均水平之间的关系，收入以美元表示，并按购买力平价调整（国际间可比较）。右图是与一个发达国家的金融市场进行比较，显示了美国在这方面的信息。很明显，图1.8的左图和右图都可以证明，金融服务可获性随收入水平的上升而上升。然而，对拉丁美洲而言，曲线的斜度较小（即金融服务可获性随收入水平上升的速度较慢）；美国的曲线较为陡峭。这说明在美国各收入水平群体中金融服务可获性的差别不大（只有最贫困群体无法获得该服务）。

图1.8　不同月收入（USD）[①]群体中拥有银行账户者的的比例

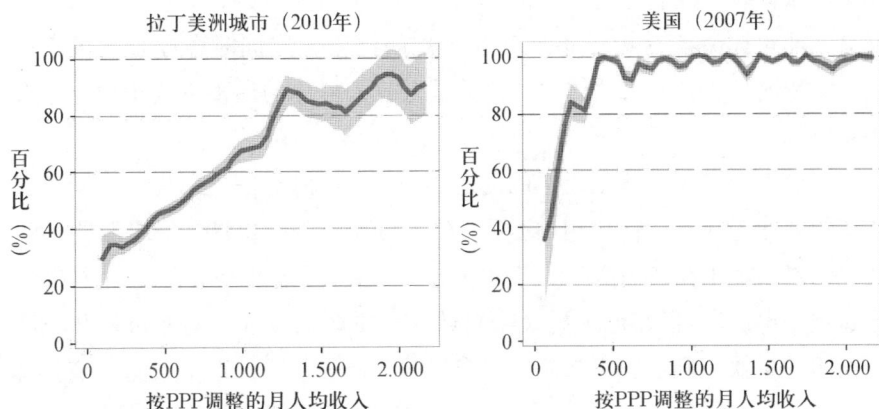

拉丁美洲城市（2010年）　　　　　美国（2007年）

注①收入按美元表示，并按购买力平价（PPP）调整。不包括月收入超过2200美元的人。

资料来源：CAF（2010a）以及美国联邦储备委员会（2007）。

然而最有趣的或许是，拉美和美国收入水平相似的群体的金融服务可获性有着非常大的差异。例如，美国月收入一千美元的家庭的银行化（在金融机构中有开放账户）程度为100%，而该比例在拉美仅为60%。此外，拉美的该平均值掩盖了其内部存在的巨大差异。第五章中将对此进行详细分析。就月收入略少于一千美元的群体而言，巴西、厄瓜多尔和乌拉圭的这一比例约为80%；阿根廷、玻利维亚、巴拿马和秘鲁略低于60%；哥伦比亚和委内瑞拉则处于中间水平。阿根廷的情况比较特别：对于月收入超过两千美元甚至达到四千美元的群体来说，上述比例依然停留在 80% 左右。这一点很清楚地表明，尽管收入是决定金融服务可获性高低的一个重要因素，但很明显各国还存在具体的国情，例如其调控手段、公共政策、宏观经济平衡等因素，都会对金融服务可获性产生重要影响。

一般而言，在金融机构中拥有一个账户是进入金融服务领域的第一步。金融服务内容非常丰富，包括从常规性或计划性的储蓄业务到消费性或生产性的贷款业务。CAF 调查也研究了家庭使用储蓄和信贷等金融服务的情况。结果表明，尽管在金融机构中拥有账户的人数有限，但超过 53% 的家庭有储蓄行为，其中 40% 的家庭是通过金融机构来进行储蓄的。超过 80% 的家庭表示他们是通过某种替代方式来进行储蓄的，如现金、耐用消费品或非正式储蓄方式。[①]正规和非正规的储蓄方式同时存在是无可争议的，它表明拉美各收入群体中，尤其是低收入群体的储蓄方式正规化还有进步空间。

与储蓄（正规和非正规）的高比例相比，居民对信贷工具（也同时存在正规和非正规）的使用相对不足。CAF 的调查表明，只有平均不足 19% 的受访者表示正在使用贷款。其融资主要来源于金融机构（贷款者中 65% 通过这一渠道），但其他正规（来自政府、供职的企业、商业机构和非政府组织的贷款）和非正规来源也不容忽视。调查显示，很多家庭（贷款者中的 21%）表示他们从家人朋友、放债人和典当行获得资金。

在微型金融较为发达的国家，如玻利维亚，正式信贷渠道（银行、微型金融机构、合作社等）被广泛使用（占贷款者的 80%），尽管在所分析国家中该国人均收入是最低的。其他国家，如巴西和乌拉圭，使用正规信贷渠道的比例也高于拉美的平均水平。另外，尽管委内瑞拉人均收入较高，但从正规金融机构获得贷款的比例却很低。

人们认为，从正规金融机构获得贷款的比例会随家庭收入增加而增加，但是图 1.9 则显示，该曲线的斜度并不大。在被调查的城市中，最低

---

① 关于使用正式储蓄方式（通过金融机构）还是使用其他替代储蓄方式的问题，有多种答案，当然很多家庭回答说他们两种方式都使用。

收入群体从正规金融机构获得贷款的平均比例略低于10%，而最高收入群体的该比例也仅略高于20%。

图1.9 拉美部分国家不同收入群体使用正规信贷工具的比例（2010 年）

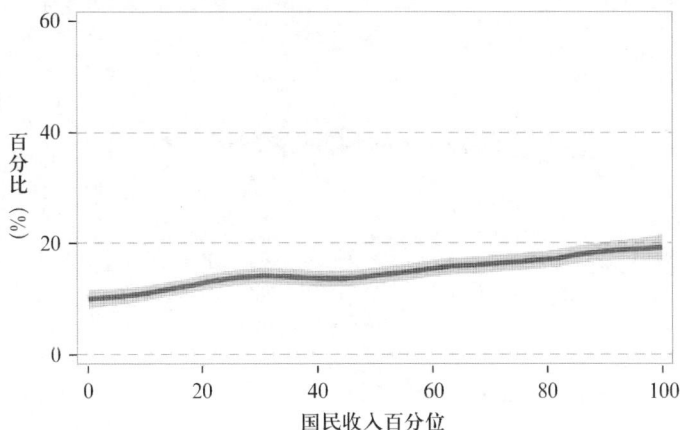

资料来源：CAF（2010a）。

有趣的是，上述结论在 CAF 于 2010 年所做调查中未涵盖的国家那里也得到了验证。图 1.10 显示了智利成年人口（25—65 岁）在信贷趋势方面的信息。这些信息的来源是 CASEN① 于 2009 年在智利所做的调查，覆盖了 73000 个家庭，能够代表全国的特点。这次调查显示，智利贷款可获性的平均比例（接近 30%）高于 CAF 于 2010 年所做调查中各城市的比例。另外，智利在金融服务可获性和金融深化方面的大部分指标也都优于拉美其他国家。然而，尽管智利人获得贷款的比例随着收入水平的上升而提高，但是提高的幅度并不大。收入最低的 10% 人群获得贷款的比例略高于 20%，而收入最高的 10% 人群的这一比例仅略高于 40%。这再次证明，拉丁美洲存在的金融服务可获性困难的问题不仅涉及各国贫困家庭，而且也涉及中等收入和中高等收入阶层。

————————

① 国家社会经济特点调查，MIDEPLAN（http：//www. mideplan. cl/casen）。

图 1.10　智利各收入群体获得金融机构贷款的趋势（2009 年）[a]

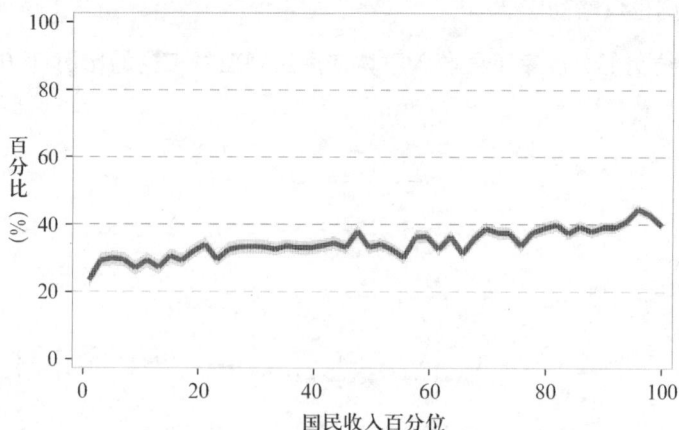

a/ 25—65 岁之间的成年人。

资料来源：MIDEPLAN（2010）。

　　金融机构所提供的另一项重要服务是保险。CAF 于 2010 年所做的调查也包含了这方面的信息。从收集到的信息中可以得出结论，拉美各国居民使用保险服务的水平较低。不到 45.8% 的城市家庭表示他们拥有一项公共医疗保险，27.1% 的家庭表示拥有一项私人保险；这也许是全国水平的最高值，因为该比例在农村地区会更低。

　　居民所面临的风险结构与其所选的保险险种结构基本一致；各个家庭首选的保险是医疗保险，这是因为在其观念中，疾病、事故、盗抢（人身安全受到威胁）是最大的风险。然而，居民使用保险的总体水平，尤其是使用与健康和劳动条件有关（还有与财产有关的，这对于低收入阶层很重要）的保险水平是相当低的。

　　上文所描述的信息显示，在拉美一些城市中各家庭金融服务可获性不足。但是，根据这些信息并不足以得出拉美在金融服务可获性方面存在问题的结论。要得出该结论，还有必要证明，金融工具使用程度低会给各国家庭和社会福利造成负面影响。贷款和储蓄服务使用不足会影响家庭储蓄的积极性，而且在突发变故（可预料或不可预料）时对家庭收入和支出

（如购买耐用消费品）无法形成缓冲作用，从而造成负面影响。第五章将提供这方面的资料，指出阿根廷是如何为大量低收入的持信用卡者放松贷款限制，从而改善其消费能力（Ardissone *et al.*, 2010）。另外，信贷可获性对人力资本的积累也很重要。在这方面，第五章中一项为本报告所做的研究得出的结论（Solís, 2010）指出，智利旨在扩大青年教育贷款的公共计划为促进青年人完成大学学业发挥了重要而积极的作用。

（二）企业金融服务可获性的情况

要评价拉美各国企业从金融体系的发展中获益的程度，就必须先弄清楚企业使用金融服务的目的何在。首先，企业最常使用的金融服务是各种支付手段，目的是简化交易过程。根据世界银行企业概览（英文缩写为ES, 2010 年 b）的数据，超过 90% 的受调查拉美企业表示拥有定期储蓄账户，该比例高于其他新兴经济体。同时，拉美各国之间在该比例上的差别并不明显（除墨西哥企业拥有定期储蓄账户的比例较低外）。此外，不同规模的企业拥有定期储蓄账户的比例也没有很大差别，尽管总体而言小企业使用该支付工具的程度较低。

从该调查结果中我们似乎可以看出，拉美正规企业在金融服务可获性方面并不存在问题，至少在某一种金融服务方面，如在使用定期储蓄账户方面不存在问题。但是，ES 的结论也指出，企业在其他金融服务可获性方面，尤其是信贷服务方面还受到很多限制。在这方面，1/3 甚至更多的企业认为缺少贷款是其业务发展的最大障碍之一。例如在巴西，受调查的企业中有一多半表示存在这一问题。如果按照企业规模来考察，我们可以发现，几乎在所有国家中，中小企业表现出的贷款难问题都比大企业突出。在大部分国家中，中小企业的贷款难度是大企业的两倍多。

衡量贷款难度的最直接、最客观的一种方法是考察企业是否在某一家金融机构中有贷款。如表 1.1 所示，ES 所做调查表明，2007 年拉美各国平均 47% 的企业在金融机构中有贷款。如果按照企业规模考察，各国中小企业获得贷款的比例均远低于同行业中大企业的比例（39% 比 68%）。与世界其他地区相比后可以看出，拉美在这方面的情况与亚洲和东欧新兴经济体国家类似。

表 1.1　在金融机构中具有信贷额度或者有贷款的企业的比例（%）

地区	企业			
	平均值	小型企业	中型企业	大型企业
亚洲新兴经济体	46	37	50	62
撒哈拉以南非洲	23	17	34	48
欧洲新兴经济体	47	40	56	67
拉丁美洲	47	39	54	68
中东和北非	28	19	32	46

资料来源：世界银行（2010b）。

但是，拉美企业在贷款方面的这一平均值掩盖了其背后的各国情况的差异。第三章中将详细提到，墨西哥是拉美中企业金融服务利用率最低的国家（受调查企业中只有 11% 在使用贷款）；而智利、巴西和秘鲁的这一比例较高（分别为 65%、69% 和 70%）；接下来是玻利维亚、哥伦比亚、厄瓜多尔和巴拿马，为 50%—56%。

很多企业，尤其是中小企业之所以不使用贷款来为其业务融资，是因为它们的贷款申请遭到拒绝，这是金融服务利用率低的一个直接原因。然而，还有一种可能就是企业宁愿选择不申请贷款。这或许是因为它们预料到会出现对其不利的局面，甚至认为申请将被拒绝，因而选择退出信贷市场。很明显，企业选择不从金融机构融资并不意味着它们不需要融资，而是因为他们在贷款上受到了限制。ES 的研究表明，退出信贷市场的现象在拉美企业中非常普遍。56.5% 的企业表示在最近一年中没有申请过贷款。而该比例在小企业（拥有 20 名雇员以下的企业）中高达 65%，在大企业中则为 42%。在被调查的国家中，墨西哥和乌拉圭的小企业不申请贷款的比例最高（分别为 88% 和 80%），而秘鲁和智利的比例最低（分别为 41% 和 50%）。

各企业认为，复杂的操作程序、高利率、苛刻的附带条件以及贷款申请会被拒绝的预期，都是其退出信贷市场的重要原因。因此，企业（尤其是中小企业）所给出的这些不去申请贷款的理由似乎证实了前面提到的假定，即企业预期会出现不利局面。

有研究认为，企业的某些特点与其项目的收益率和生产率不一定相关，但这些特点在企业使用贷款方面却起着关键的作用。De Giovanni 和 Pasquini（2010）在专为本报告撰写的关于阿根廷的文章中肯定了上述结论。第三章中将详细介绍这两位作者所得出的研究结论。他们认为，贷款申请能否被银行审批通过，企业的负债规模和负债水平是非常重要的决定因素。

与前面提及的家庭所面临的情况相似，企业贷款程度低并不一定意味着贷款可获性出现问题。应当指出，这种贷款程度低的现象正在对企业产生扭曲，尤其是中小企业所做出的决定，会在社会上造成损失。例如，企业通过低投资率和低生产创新率来创造收入、提高生产率。

可用来验证上述结论，即企业的决定受到扭曲的一个现象是，企业的投资决定在一定程度上取决于自身资源的多少。换句话说，外部融资的障碍和高成本使得"墨底格里亚尼—米勒定理"（Modigliani y Miller，1958）关于企业融资结构（债券、股票、留存利润等）不明确的假定难以成立。根据该假定，只要项目的预期净现值为正（或者说项目的预期收益率高于资金的机会成本），那么唯一影响企业投资决定的重要因素是投资收益率。但是，如果由于外部融资成本高而且还有担保限制从而导致企业不得不使用其自身资源的话，那么企业的投资决定则会在很大程度上取决于其对现金流量的支配程度。

关于贷款限制的存在及其对企业决定的影响，可以做一个非常简单的实证测试：在用来计算投资的决定因素的一系列方程式中引入与企业对内部资金（现金流）的支配有关的变量，检验这些变量是否对投资的决定起重要作用。第三章将介绍 Arbeláez 等（2010）所做的研究。他们认为，就哥伦比亚而言，尽管现金流受销售量（在出现生产率"冲击"效应时可以起调控作用）限制，但它与投资关系密切。此外，研究结果还表明，对于小企业来说这种关系更加明显，尤其在经济衰退期企业获得外部贷款较少时更为突出。

上述正规企业在贷款方面的问题对于微型企业来说更为严重。微型企业一般由低收入家庭经营，雇工很少，大部分属于经济中的非正规部门。第四章将对拉美的微型企业及其在信贷市场面临的问题进行全面分析。此外，还将分析 20 世纪 70 年代末涌现出的微型金融机构能够在多大程度上解决这些问题。

CAF 调查也把微型企业的行为作为研究对象。研究结论指出，在被调查城市中，相当比例的家庭（约 25%）的主要收入来自于微型企业的生产活动。而阿根廷、玻利维亚、秘鲁和委内瑞拉各城市的这一比例最高（约为 30%）。该调查还指出，微型家庭企业使用正规贷款的比例很低。事实上，这些企业中平均只有不到 14% 与正规金融机构签有贷款合同。有必要强调的是，该调查仅限于城市地区，而农村地区微型家庭企业从正规金融机构融资的比例应该更低。

微型金融机构（IMF）在传统银行功能的基础上加入了非正规金融机制，在一定程度上代表了市场对于传统金融体制没有惠顾到的巨大需求的反应。其相对的灵活性、贴近客户的特性以及强大的创新能力，使其从一开始在面对传统银行时就具备了优势，业务直追传统银行，前景广阔。"小额信贷革命"的设计基于一种创新，即让那些曾被排斥在信贷服务之外的人拥有了贷款额度。在提供金融服务方面，该创新意味着一场巨大的变革，其目的在于减少（或者说，授权）控制并合理地利用借款人的积极性。有趣的是，拉美微型金融模式相比亚洲模式而言具有更强的"亲市场"倾向。从金融角度看，这使其增长迅速，并具有自身稳定性，同时还能使面向最贫困阶层客户的小额信贷在其业务中占据相当比重。

然而，尽管 IMF 为微型企业提供的贷款增长迅速，但企业对非正规贷款来源（如民间放债人）的依赖仍然很严重。由于这些非正规贷款利率都非常高，因此特别受关注。正规来源和非正规来源的贷款合同区别很大，这说明两者皆不完善，因此才会同时并存。两者之间很明显的区别是灵活性——在偿还贷款问题上的灵活性。换句话说，尽管 IMF 相对于传统银行而言在处理特殊客户业务时具有灵活性，但相对于非正规贷款而言，其合同依然显得有些严格。

最后，有证据表明，由于微型企业难以获得金融服务，尤其是贷款服务，因而可能会造成一定的社会代价和福利上的损失。一方面，有研究可以证实微型企业主资本高收益的假定（Mckenzie y Woodruff, 2006；de Mel et al., 2008）；另一方面，一份专为本报告所做的研究（参见 álvarez y Meléndez, 2010）（第四章中将详细阐述）指出，小额信贷的发展会提高微型企业的生产率（雇员销售），并提高企业固定资产（资本）水平。

总而言之，从本节所列举的各项研究成果看，拉美家庭和企业在金融服务可获性方面，无论是最基础的服务（如银行账户），还是那些需要更多客户信息的服务（信贷和保险），都处于较为有限的水平。整体而言，这不能仅仅归结为拉美人均 GDP 水平低。同样，调查中的微观信息显示，各国同等收入水平的家庭或者同等规模的企业金融服务可获性存在很大的差别。另外，金融服务利用程度低还会带来社会代价，影响家庭福利，扭曲企业的生产和投资决定。这表明市场存在缺陷，使得居民金融服务可获性受到制约，效率偏低。接下来，我们将分析这些缺陷和障碍。

四　金融市场发展的主要障碍有哪些？

上一节分析了拉丁美洲各国家庭和企业金融服务可获性不足的现状。那么造成这种不足的市场缺陷是什么呢？我们有必要先从概念上了解造成这些扭曲的源头，然后才能知道采取哪些公共和私人干预措施来解决这些问题。接下来将概括介绍一些概念性资料，以说明金融体系内存在的市场缺陷，其后的一部分将讨论有关干预政策的内容。

（一）金融体系内的市场缺陷

市场缺陷影响着金融体系的发展，这些缺陷造成贷款在各企业和家庭间的分配不合理，使其他金融服务可获性的效率偏低。就企业而言，这种不合理和低效表现在外部融资成本与内部融资成本间的巨大差距上；还表现在贷款以企业的一些外在特点为标准来发放，如规模、流动资产倾向、担保有效性及其短期现金流；或者至少以投资项目的预期收益率为标准。

此外，由于会预期不利局面的出现或预期贷款申请被拒，拉美各国很多企业会决定不申请贷款或其他信贷服务。就家庭而言，由于金融服务可获性不足（如交易账户），各家庭就会因为没有合适的支付体系而不得不承担更大的代价（时间和安全方面）。同时，对储蓄、信贷和保险服务可获性不足会影响家庭储蓄的积极性，而且在突发变故（可预料或不可预料的）时对家庭收入和支出（如购买耐用消费品）无法形成缓冲作用，从而造成负面影响。

第三章所详细介绍的一些理论资料可以说明金融市场的不良运行状况，尤其是与信贷相关的状况。尽管第三章所讨论的内容主要强调企业的情况，但同时也会以同样的方式讨论家庭的情况。使金融市场运行状况出现扭曲的市场缺陷有三点：逆向选择、激励问题或道德风险和外部性。

1. 逆向选择

文献中经常被提及用来解释信贷市场运行状况不良的原因是逆向选择问题。当有关潜在贷款需求者的信息不完整（或者说信息不对称）时就会出现逆向选择的现象。该观点基于这样的假定，即企业主或家庭户主对于其企业的价值、其投资项目的质量、创造收入的能力和信守承诺的决定，都拥有完整的信息，而潜在的放债人或外部投资者（银行、保险公司和资本市场上的其他投资者）对这些信息了解得并不充分。在此情况下，这些外部投资者只能按照市场的平均水平来认定这些企业或个人借款者及其投资项目，而给予其的贷款利率和期限等条件都不如那些优质（高于平均水平的）企业及其项目，以及那些被认为更加守信的借款者所得到的贷款条件优惠。换句话说，如果这些企业或家庭想得到贷款，就要付出更高的代价，并处于较为不利的条件中。

因此，给予这些借款者的利率就会提高，贷款额度就会减少（Jaffee y Russell，1976）。这或许意味着那些拥有好项目的企业或者那些愿意并且有能力偿还债务的家庭会选择退出市场（不申请贷款），尤其是当他们用自有资金进行投资和支出时会更倾向于这样的选择。因为根据他们自己掌握的信息（这些信息无法以可信的方式转换为投资者的信息），这些项目或投资计划收益率很高，或者在经济上可行性较大。因此他们不愿意接受不利的贷款条件。

Stiglitz 和 Weiss（1981）用该论点试图表明，在这样的条件下，由于存在文献中所谓的"逆向选择"现象，因此信贷市场有可能会出现"均衡配给"。由于信息不对称，银行和其他放债人无法使用利率作为工具来区别借款者的好坏。

正如前面所述，当利率提高时，拥有好项目的企业或者有能力并且愿意偿还债务的家庭会退出市场（对于那些不可信赖的客户发生这种情况的几率较小）。这对于放债人来说，意味着无法收回债务的风险增加，而所预期的收益就会减少。于是放债人不会大幅度提高利率，以保持较高的贷款需求。在这种情况下，银行发放贷款的决定可能不会取决于企业投资项目的特点或者家庭预期收入或偿贷意愿（这些信息是无法完全被证实的），而是取决于其他变量，例如申请贷款的企业和家庭提供担保的能力，担保方式包括保证金、净资产、短期现金流等（Fazzari *et al.*，1988；Calomiris y Hubbard，1988；y Bernanke y Gertler，1987）。

2. 激励问题或道德风险

可以用来解释信贷市场运行不良的另一个理论依据是文献中所谓的"激励问题或道德风险"。它指的是与放债人或外部投资者利益背道而驰的申请贷款的企业或家庭可能采取的行动。由于缺少信息，放债人无法了解并且/或者无法证实借款人的偿债意愿。同时，在无法偿贷的情况发生时，银行和放债人执行合同的能力有限；也就是说，会有一些规定来限制企业主或家庭户主所应承担的财产责任。在有些情况下，这些规定可以不去限制放债人执行债务合同的能力以促进贷款的偿还，但是在规定执行过程中存在的制度缺失有可能会（实际上）限制这一权利的兑现。无论如何，上述这些因素会激励企业去选择风险更大的项目（这些项目的收益也许更高，因为其损失会得到限制），也会导致借款家庭不再过于努力地创造收入来偿还债务。因此我们可以设想，上述情况会带来道德风险，这对债权人的利益是有损害的，因为它会影响银行或放债人的预期收益。

因此，正如逆向选择的情况那样，为了规避因无法偿还贷款而出现的风险并弥补贷款收益下降而带来的损失，放债人会提高利率。但如果这一举措导致投资风险增加或者影响到家庭偿还贷款的积极性的话，那么它可能就不一定是最好的办法。提高利率所带来的的风险和负面影响甚至有可能会超过提高利率带来的好处（Jaffee y Stiglitz, 1990）。因此，银行或放债人有可能为了保证贷款需求增加而决定不提高利率；此外还会出现对于利率较优惠的贷款存在过多需求。这样，贷款就会通过一些与利率无关的机制进行发放，这些机制可以减少不偿贷的可能性（同时提高贷款收益率）。这些机制包括：要求用易操作的保证金提供担保，指定共同债务人等。

这些逆向选择和道德风险问题给贷款管理造成了更大的成本，因为银行和其他金融机构必须组织专门人员对申贷企业的投资项目和家庭的还贷能力进行评估，收集并监测二者发出的信息，还要建立一个平台来管理贷款的偿还，为可能出现的不偿贷的情况进行投保并支付法定分保费用等。由于这些费用中有一部分与贷款额的高低无关，所以很明显，金融机构在给中小企业或收入较低的家庭提供贷款服务时积极性就不会很高，因为这意味着每贷出一块钱需要花费更高的成本。

3. 外部性和协调问题

通过上文的分析，我们明白了金融体系要想运行良好，就需要对企业及其项目和家庭及其贷款历史等方面的信息进行收集和整理分析。收集信息对于解决上述问题是一项很重要的工作，然而这项工作依然可能会受到市场缺陷的影响。信息是公共产品，如果由私人来提供，其效果并不总是最佳的。所以一些银行就没有积极性去进行投入以获取信息并对一些潜在的借贷者进行监控，尤其是当贷款额较小的时候。此外，银行还担心自己通过收集借款者信息而证明其可信赖后，其他银行和金融机构会分享这一信息，从而不需要花费初期费用来收集信息和进行监控就可以为其提供贷款和其他服务。

在对项目或贷款进行评估时，银行或其他金融机构只会考虑项目的私人回报率，以及由此带来的贷款收益率。于是金融机构可能就不会考虑那些社会回报率高、对当地经济有着外部经济性的项目。例如，私人银行不会愿意将网点设在偏远的、较贫穷的农村地区，尽管银行的业务有助于这些地区减少贫困并为当地小企业和/或贫困家庭带来就业。同样的情况也会发生在创新活动的融资上。尽管这类活动风险更高，但也会创造较高的社会效益。另外，一些金融服务必须达到一定的最小规模才能有所收益并有针对性特殊进行；在这些服务的实施过程中会需要在所有潜在客户的决定之间进行协调，这对于私人银行来说操作起来可能会比较困难，代价也比较大（例如，建立一个信息平台来记录产业链中的"保付代理"业务）。

本节介绍了影响金融体系的市场缺陷，在这些论据的基础上我们可以得出如下结论：逆向选择和激励问题会造成金融机构在贷款业务上的私人成本增加（这是一种更大的风险）；这种成本或者说风险只能部分地通过提高贷款利率来弥补。这就意味着贷款业务会按照资产实力、担保能力、短期内赚取现金的能力等指标来安排。获得贷款的这些条件（对于市场上新出现的中小企业或者收入较低、借贷经历比较简单的家庭来说，这些条件非常苛刻）会将那些拥有高收益率且低风险项目的潜在客户排除在这一体系之外，而投资者和银行很难对这些项目做出评估。此外，信息的收集（尤其是来自小企业和/或低收入家庭的信息）还受外部性和协调问题影响，这会导致私人金融机构没有积极性去做这些工作，从而导致金融市场运行不良的问题持续下去。下一节将分析有利于解决这些问题的公共政策干预手段。

五　有助于扩大金融服务覆盖面的公共政策：政策工具以及国有银行的作用

上一节介绍了影响金融体系的市场缺陷，以及这些缺陷如何导致金融服务不足和贷款等金融服务缺乏效率。同时，在分析金融服务可获性指标时，上一节指出，这些缺陷造成金融服务可获性不足，从而影响企业的生产和投资以及家庭的福利。接下来我们就完全有理由来分析用于解决这些问题的公共干预政策。

下面首先将介绍一下近期使用过的一些旨在扩大贷款和其他金融服务在拉美企业和家庭中的覆盖面的公共政策工具；然后将探讨一下国有银行

在实施这些政策过程中应该起到怎样的作用，并强调公司治理的要素和标准的重要性及其给这些制度带来的积极影响。

（一）干预政策或工具

如何评价对金融市场所实施的各种公共干预政策或工具是否恰当？一般而言，直接用来解决那些由信息缺失或激励问题导致的市场缺陷的政策更有可能获得成功。例如，一些政策通过加强信贷记录来促进信息畅通，还有一些政策提供电子基础设施以促进债务工具二级市场的发展（如保付代理）。同时，拉美近期还出现了一种倾向：国家开始逐步停止直接发放贷款，而是通过再贴现基金或担保基金成为二级贷款人。

第三章将详细分析拉美各国这些政策的实施状况，还将介绍关于推动中小企业贷款的政策讨论。第三章分析得出的结论为，政府干预对于促进企业获得金融服务、提高企业产量和生产率来说有可能是非常有效的。接下来我们将对这方面的经验做一简要介绍。

担保基金（fondos de garantías）是一项公共制度，它与商业银行达成协议，商业银行可以利用这一制度对其发放给中小企业的一部分贷款债券进行担保。这种方式与公共部门的直接贷款相比有着明显的优势。首先，担保只针对银行贷款的一部分（50%—80%），这样私人金融机构就会主动对项目进行正确评估，并选择那些拥有基本偿付能力条件的项目。换句话说，公共部门和私人部门在这一业务中风险共担；其次，私人金融机构能够减少贷款管理成本，同时提高自身效率；再次（也可能是最重要的一点），担保制度直接解决了由于担保缺失导致的中小企业融资难的问题，为一些难以实现的高收益项目的融资提供了社会保证。

拉美担保基金的运行状况表明，在推动贷款可获性和提高企业生产率方面，该制度有时是卓有成效的。例如，智利担保基金（FOGAPE）使小企业从参与该体系的银行那里获得贷款的比例提高了14%（Larraín y Quiroz, 2006）。Arráiz 等（2010）指出，哥伦比亚国家担保基金（FNG）对企业规模（就业和产量）和平均工资都产生了积极的影响。

保付代理（factoring, 简称保理）是这样一种业务：中小企业将以其为抬头的收款票据出售给金融机构或资本市场投资者等保理商，由保理商为其收款，在扣除一定手续费和利息后，在 30～90 天的期限内将款项交给企业。如果中小企业是大企业的供货商，那么这项业务对中小企业来说显然提供了一种信用保障，将风险降到最低，因为其进货商对其构成了一定的风险。通过这项业务，中小企业就可以较容易地获得周转资本，比自己去申请贷款要方便得多。

拉美地区保理业务做得较为成功的案例之一是墨西哥的 NAFINSA。它的成功不仅体现在其业务所覆盖的企业和产业链数量多，而且体现在其业务资金量大。显然，这项业务弥补了上文所提及的市场缺陷。首先，它可以促进与中小企业合作的大企业提供相关信息，以减少不确定性，并使中小企业更容易获得资金，同时降低成本；其次，这项业务可以对同一产业链中的大企业和中小企业的决策进行协调，使其以统一的方式参与到该项业务中来，让该业务更有利于企业和银行；最后，政府通过 NAFINSA 提供公共产品，即一个可以公布企业和保理票据信息的电子平台，从而促进了竞争。

信贷记录（registros de crédito）是一种可以直接解决影响金融市场的信息不对称问题的方式，它可以为市场各方提供关于企业或家庭借贷行为的信息。当信息变得畅通时，就可以保证那些信贷记录良好的企业和家庭能以更有利的条件（期限和利率方面）获得贷款。

在一篇专为本报告撰写的文章中，Galindo 和 Micco（2010）分析了这种旨在反映企业贷款情况的信贷记录。他们发现，信贷记录的完善对于缩小大企业和小企业在银行信贷可获性方面的差距是非常重要的。

在分析了各种旨在促进信贷可获性政策后，可以得出以下结论：直接发放贷款并不一定是最好的政策（或者说不一定是最常用的方法）。最近的经验表明，上述各项政策可以更有效、更直接地解决金融市场上存在的市场缺陷。大部分情况下，公共干预要在在与私人金融部门合作的情况下进行，因为目前还无法完全、彻底地对这些政策的效果进行科学而严谨的评估。

除了上述直接干预政策外，还有其他一些起调控作用的政策，以及一些能够保护债权人和司法体系权利的基本法律。这些政策和法律同样能有效地解决负面激励问题，从而降低贷款业务的成本和风险，推动金融体系的发展，促进贷款更多地投向中小企业和/或低收入家庭。这方面的很多实例表明，在产权更为明晰、金融体系更为健全的国家，企业能够获得更多的贷款或外国投资者的资金，从而增加投资（Beck *et al.*，2005）。

在微型金融方面，政府可以推动并资助针对小企业主的培训项目，逐步设立正规的小额信贷。此外，政府还可以推动创新，在学术团体和微型金融机构（IMF）之间搭建桥梁，资助新产品的研发。政府还可以扮演"乐队指挥"的角色，协调各方的行动，制定地区渗透战略。无论如何，政府的干预应当具有整体性和长期性的特点，在这方面"哥伦比亚机遇银行"给出了很好的例子。该银行通过对私人银行的激励机制寻求金融服务的地区扩张，并简化管理手续以促进非银行代理的发展，还通过使用金融体系的有条件补贴支付网络来促进家庭的银行化。

最后，关于调控政策还必须提及：在促进金融服务和谨慎管理之间有可能存在两难政策。管理的目的是使金融机构达到资产清偿和周转的最低标准，而这些要求可能会限制最小的微型金融机构吸收存款的可能。此外，由于严格的管理会使这些金融机构失去成本较低的贷款资金来源，因此会限制其贷款能力。正如第四章所述，秘鲁在管理方面正是寻求在这两个目标之间实现一种令人满意的平衡，推动金融服务的发展，同时还不能使金融机构面临清偿风险。

（二）国有银行的作用：职权范围和公司治理

公共干预需要通过制度来管理。上文多处提到的政策以及其他政策（如低成本储蓄账户）的目的是促进家庭更好地获得金融服务，从制度的角度看，这些政策的主要实施者是国有银行。那么人们不禁要问，这是否就一定能够证明国家在银行部门中发挥着直接作用呢？国有银行是否具备某种模式使其干预更加有效呢？

经验表明（对于拉美而言尤其如此），国家直接干预金融部门并不一定是一条成功的途径。相反，公共干预总是伴随着一系列难以纠正的扭曲。一般而言，国有银行在信贷分配方面效率较低（La Porta *et al.*，2002）。此外，与私人银行相比，国有银行的商业作用不强，原因主要在于：改造成本较高，大选周期会带来政治压力以及拖欠还款指数（indices de morosidad）的高企（Micco *et al.*，2005）。

然而，上述缺陷并不能完全抹杀国有银行的积极作用。此外，国有银行具有更为广泛的职权范围，并不能只以其商业作用的大小作为绝对的衡量标准。本报告第六章将详细分析国有银行的作用，并列举一些主要论据来说明国有银行的建立和运作过程。文中承认，在国有银行的干预体系和内部制度因素（这些因素对于其权限的有效实施非常重要）中存在很大的混杂性。分析认为，人们对国有银行作用的认识是有限的，似乎还存在一定的空间来建立某种机构，并能起到开发银行的作用（例如，可以提供贷款支持创新活动或出口，促进那些有成长潜力的中小企业获得贷款），还可以建立一些机构来帮助各国欠发达地区和贫困人群获得金融服务。①

然而，就算政府接受了这种观点，准备建立一家国有银行，但还并不能保证它能成功运行，还需要具备三个条件。首先，要确立国有银行的职权范围，或者说其发展的战略目标（针对一定的市场缺陷）；其次，要确保国内现存的各种规章制度有效力；最后，要对其加强公司治理（调控者和所有者依法分离，信息透明公开，管理层独立，建立对账机制等）。这三个条件互相影响，以确保国有银行能发挥更好的作用。

首先，只有确定适当的战略目标，才能明确国有银行的作用，才能制定出专门的评估标准来衡量其运行情况。其次，只有金融规章制度以及国有金融机构所遵循的法律条令有效力并具有可行性和透明性，才能发挥有效的调控作用。最后，只有进行有效的公司治理才能协调股东（这里指国家）和银行管理层之间的利益。要实现这些条件并不容易，但是要保证公共干预能够取得成功，这些都是必要的核心条件。

---

① 最近基于2008年金融危机而提出的观点认为，国有银行可以实施反周期政策，因为在金融周期的衰退阶段，经济预期会全面恶化，而国有银行在这种情况下能发挥独立作用。在衰退阶段，信贷，尤其是给中小企业或经受经济"重压"的家庭提供信贷会具有强烈的顺周期性质，从而给他们带来负面影响。因此这种观点是非常重要的。

　　如同前面所述，关于国有银行的设想是建立开发银行，其作用是解决市场缺陷，确保金融体系良好运行，促进那些有成长潜力的中小企业更顺利地获得贷款。按照这一观点，如果只考察在金融资源分配方面私人能否获得利益，那么私人银行确实无法像国有银行那样提供许多经济活动（如研发、出口或开设新企业，这些活动如果取得成功就会对经济产生积极影响）所需的贷款。

　　因此可以得出结论，一家国有银行能够为那些具有"溢出效应"的重要项目提供资金（尽管这些项目风险更大，成长期更长）。这种通常被称为"开发银行"的机构不仅需要具备金融能力，而且需要具备调查研究能力，来考察各部门、企业和产品的具体情况，以制定具体资助方案。墨西哥的 NAFINSA 就是一家典型的以此为业务方向的国有银行。正如上文所提及的，NAFINSA 解决市场缺陷的方法是建立一个保付代理的技术平台和一个担保市场，这样中小企业就可以提前对其票据进行交易，增加其现金流。这项创新措施使得墨西哥私人银行比以往更有积极性去为企业提供服务。

　　还有一种观点认为，国家应当通过国有银行直接进行干预，因为这样才能保证所有居民都平等地获得金融服务。这种观点认为，私人银行无法满足人人平等和地区平等的原则，因为私人银行无法将其服务扩展到一些特殊的人口群体和特殊地区（如农村地区或赤贫地区）。这些地区的居民收入低，因此向他们提供金融服务成本较高、银行收益较低。

　　在这样的情况下，国家会进行干预，通过建立银行的方式来专门解决这些特殊群体的问题。尽管还没有人专门研究拉美的农村公共银行和农业公共银行的问题，但一些国家的经验表明，这种银行可能同样会面临一般国有银行都具有的政治经济问题，而且不一定能够按照其创建时所设想的那样为一些特殊群体提供服务。因此，私人金融机构（例如小额信贷金融机构或者专门针对市场的某些领域开展业务的私人银行）就具有更高的灵活性和创新性，可以更好地解决这些特殊群体的问题。

　　从深层次看，要解决上述问题，不仅要建立国有金融机构，还要结合适当的政策工具和调控手段。正如上文所提到的，"哥伦比亚机遇银行"的成功案例说明，金融资源不必全部由国有银行提供，国有银行应该寻求与私人银行互为补充。

　　然而必须指出的是，尽管从上述目的出发进行了一系列调控，但私人银行还是不一定能为那些在社会和经济方面重要的部门和市场提供服务。在一些国家，私人金融机构无法有效地为贫困人群和某些未接受服务的企业提供服务。在这样的情况下，国有银行就必须起到先锋带头作用。例如在巴西，巴西银行就曾推动非银行分支机构的发展，以实现城市和乡村最贫困人群银行化的战略目标。同样在巴西，巴西银行和联邦经济银行在所谓"简化银行账户"市场上扮演着主要推动者的角色。该类账户是为低收入群体，特别是为各种社会计划的参与者而设计的。此外，由联邦经济银行牵头，通过"我的家，我的生活"这一项目，使最弱势群体得以申请到抵押贷款，该项目将地方政府、联邦政府、建筑企业和国有银行联系在一起。必须承认，无论是在进入新的市场领域方面，还是在开发新的产品方面，国有银行有时候是可以起到重要的领导作用的。

　　上文论证了建立国有银行的必要性。但是，仅仅将其建立起来并使其职权范围明确并不能保证其取得成效，还必须建立一套内部制度来对其进行有效的管理。通过一定的公司治理规范可以实现这一目标。对国有银行进行公司治理的方针应当是保证国家以股东的身份进行运作，其主要目的是按照其经济和/或社会目标使企业价值最大化，同时不直接参与银行的日常业务；银行领导层和管理层不得损害股东即国家的利益，要按照既定的职权范围或者企业或社会目标开展工作；如果银行有小股东，则小股东应当有公平的机会获得和大股东一样的信息；独立的领导层可以使银行不受政治压力影响，促进银行的专业化管理。

　　如果实现了这些目标，公司治理就会带来一些直接的好处，其中一点就是可以改善对机构的风险评估结果，从而能使其以更低的成本更多地获得金融资源。这方面的一个案例是秘鲁的开发银行（COFIDE），为提高竞争力，该银行管理层规定必须达到风险评估机构认定的投资级别。当获得评估机构的认证具有了战略特点后，公司治理的重要性就很明显了。

　　在对拉美一些国有银行的公司治理情况进行系统衡量后发现，其平均值相对较低（不足17分，最大值50分），这说明这些国有银行的公司治理存在巨大缺陷。在建立开发银行之后还必须进行制度完善，才能使其真正实现预定的公共政策目标。

分析到此，我们可以对前面所探讨的关于促进金融服务的问题做一总结。我们的结论是，可以实施公共干预来解决那些影响金融市场运行的市场缺陷和其他问题，使企业和家庭能够更好地获得金融服务，尤其是信贷服务。在实施公共干预时，必须采取专门措施使其与私人银行形成互为补充的关系。国有银行可以代表国家在实施和管理公共干预政策方面起主要作用，但只有对其进行公司治理才能使其有效运行。职权范围要明确，调控要全面，这样才能进行有效的公共干预。在对拉美国有银行公司治理的情况进行考察后，发现存在巨大缺陷。因此，内部制度的加强应当成为国有银行发展过程中首先要重视的问题。

六　结　论

推动拉美各国广大人群和企业的金融服务可获性的改善，对于拉美经济增长和提高福利是很重要的。本章分析了如何使金融更好地促进经济发展，并给出了各国的一些相关案例。然而，尽管金融服务对经济发展能起到重要作用，但是对拉美的金融服务情况以及家庭和企业的金融服务可获性进行的各种考察却显示，拉美在这些方面处于落后地位。

CAF 对拉美 17 个城市①所进行的有关金融服务可获性的调查证明了这一结论。该调查信息显示，平均而言这些城市中只有将近一半的家庭处于银行化状态（即拥有银行账户），而获得金融机构贷款的家庭比例更低得多。然而，在被调查的城市和国家之间存在巨大差异。在微型金融机构较为发达的国家（如玻利维亚和秘鲁），正规信贷工具（家庭获得信贷的工具之一）受到更多重视。

各国都出现的一个现象是，尽管家庭的收入水平和使用金融服务的程

---

① 布宜诺斯艾利斯，科尔多瓦，拉巴斯，圣克鲁斯，里约热内卢，圣保罗，波哥大，麦德林，基多，瓜亚基尔，利马，阿雷基帕，巴拿马城，加拉加斯，马拉开波，蒙得维的亚和萨尔多。

度成正比，但两者的关系曲线斜度并不大。这说明金融服务可获性存在的问题涉及较为广泛的人群，而不是只涉及各国最贫困的人群。比如说，各城市的中等收入和中高等收入阶层中有很大一部分在金融体系中未开设银行账户，也未获得贷款。这一现象说明，各家庭在使用金融服务（尤其是最传统的信贷服务）方面所遇到的问题或者说障碍，有可能与债务合同的监管及履行问题，或者宏观经济不稳定等问题有关，这些问题对于一国所有家庭和企业来说都是普遍存在的。

对于促进一些重要人群和小企业的金融服务可获性来说，微型金融机构的发展是一个积极因素。微型金融之所以能够在拉美得到发展，是因为它让那些曾被排斥在信贷服务之外的人拥有了贷款额度。微型金融机构将传统银行元素和非正规金融机制结合起来，在一定程度上代表了市场对于传统金融体制没有惠顾到的巨大需求的反应。

微型金融相对灵活，贴近客户，创新能力强，这使其在面对传统银行时具有了一定优势，发展前景良好。然而，尽管微型金融机构给小企业发放的贷款显著增加，但人们对非正规融资来源（如民间放债人）的依赖依然严重。这说明尽管微型金融机构比传统银行更灵活，但是对于某些特殊对象而言，它的合同还是比那些非正规融资来源显得更为严格。

最后一个重要的结论是，可以实施公共干预来解决那些影响市场运行的市场缺陷和其他问题。在实施公共干预时，必须采取专门措施来直接解决市场缺陷，并在公共干预与私人银行之间建立起互相补充的关系。公共干预的重要举措有：提供鼓励创新贷款，担保立约，保付代理，信贷记录，建立非银行代理，以及为贫困家庭提供低成本账户等。国有银行，尤其是开发银行，可以代表国家在实施和管理这些干预政策过程中起到重要作用。然而，必须强调公司治理的重要性。与明确职权范围和进行全面调控一样，公司治理对于国有银行的有效运作有着非常重要的意义。

第二章 拉美金融体系概况：
进展与挑战[①]

一 前 言

上一章强调了金融体系正常运作的重要性。金融体系的发展通过减少信息不对称问题、促进交易、完善风险管理，可以消除影响经济实际储蓄和投资决定的障碍，从而促进经济增长，并提高其他各方面的福利。本章的重点是拉丁美洲金融体系的发展现状及最新动态。

大多数分析金融体系发展的实证研究均使用了"深度"这一指标，该指标是指与经济规模相关的金融中介机构的规模。[②] 其中，使用最多的指

① 本章由 Adriana Arreaza 和 Pedro Rodriguez 负责撰写。

② 见：R. W. Goldsmith, *Financial structure and development*, New Haven: Yale University Press, 1969; R. King y R. Levine, Finance and growth: Schumpeter might be right, *Quarterly Journal of Economics*, 1993, 108 (3), 717 – 737; R. King y R. Levine, Finance, entrepreneurship and growth: theory and evidence, *Journal of Monetary Economics*, 1993, 32 (3), 513 – 542; R. Atje y B. Jovanovic, Stock markets and development, *European Economic Review*, Elsevier, 1993, 37 (2 – 3), 632 – 640; A. Demirg – Kunt y R. Levine, Stock market development and financial intermediaries: stylized facts, *World Bank Economic Review*, 1996, 10, 291 – 322; R. Levine y S. Zervos, Stock markets, banks, and economic growth, *American Economic Review*, 1998, 88 (3), 537 – 558; A. Demirg – Kunt y R. Levine, Financial structure and economic growth: perspectives and lessons, En A. Demirg – Kunt y R. Levine (Eds.), *Financial structure and economic growth: A cross – country comparison of banks, markets, and development*, Cambridge: MIT Press, 2001; G. Fink, P. Haiss y S. Hristoforova, *Bond markets and economic growth* (Working Paper N°49), Vienna: Research Institute for European Affairs, 2003. R. Levine、T. Beck 也做了这方面的研究，但使用了不同的工具来研究金融体系与增长之间的内生性问题，见：R. Levine, The legal environment, banks, and long – run economic growth, *Journal of Money, Credit, and Banking*, 1998, 30 (3), 596 – 613; R. Levine, Law, finance, and economic growth, *Journal of Financial Intermediation*, 1999, 8 (1 – 2), 36 – 67; R. Levine, N. Loayza y T. Beck, Financial intermediation and growth: causality and causes, *Journal of Monetary Economics* 46, 2000, 31 – 77; T. Beck, A. Demirg – Kunt y R. Levine, *Finance, inequality and poverty: cross country evidence* (NBER Working Paper N°10.979), Cambridge: NBER, 2004.

标有：银行及其他金融中介机构的流动性负债、储蓄水平、对私人部门的信贷、证券或债券市场的流动性或资本化，及其占 GDP 的比重。

然而，金融深度的测量并不能反映出金融体系提高社会福利机制的直接信息。例如，我们无法断定融通要达到怎样的更高水平才能够减少信息不对称问题，以及消除金融服务可获性的障碍，也无法了解资金是如何在经济主体之间分配的。资金在经济主体的分配就是"可获性"，这一概念是衡量企业和家庭拥有和使用金融体系所提供的各类产品和服务（不同的保证形式或机制，如支付手段、存款账户和信贷）。

数据表明，金融深度与可获性之间呈正相关关系。[①] 可获性的扩大能够促进更多家庭和企业的经济活动。这将引导储蓄成为投资渠道，提高金融体系深化的水平。此外，随着贸易条件以及投资和证券资本流入的改善，更高程度的衍生金融深化扩大了金融中介机构的资金基础，使其将服务扩展到更多的家庭和企业。

这种相关性并不是指两者之间的直接比例关系（1∶1）。例如，虽然小额信贷的发展使越来越多的个人和小规模生产企业能够获得金融服务，但金融深化的水平并未大幅提高，因为小额信贷业务占经济规模的比重太小。虽然金融危机可能会削弱金融体系的信心，并导致金融机构降低储蓄和信贷意愿（根据其金融深化的程度），但不一定会导致无法开户或无法交易。此外，由于存在着金融市场摩擦，导致对金融服务的使用只集中在有限的家庭和企业。因此，较高的金融深度也不一定能转化为较大的金融服务可获性。

金融排斥对于一个社会来说代价很大，并会导致社会福利的损失。无法获得储蓄和信贷服务阻碍了那些能够提高社会福利的投资项目的实施，限制了资金的有效分配。此外，金融排斥还抑制了更广泛地使用支付系统，并降低了经济主体获得足够风险保障的可能性，从而增加了经济中的交易成本。

有鉴于此，最近研究的关注点从金融体系的"集约边际"（深度）转

---

① 见：L. Rojas – Suárez, *The provision of banking services in Latin America*：*obstacles and recommendations* (Working Paper N°124), Washington, D. C.：Center for Global Development, 2007.

到"广延边际"（可获性），后者是指从正规机构（银行、信用合作社、储蓄银行、非政府监管机构等）获得金融服务的经济主体的比例。"可获性"是指家庭和企业能够利用没有过多限制条件的正规金融服务的可能性（即便是在他们自己不愿意使用正规金融服务的情况下）。因此，"可获性"就是衡量金融服务潜在的范围，在一定程度上反映出金融体系通过正规融资过程将经济主体更好地纳入经济以减少信息不对称的能力。

量化可获性一般是衡量金融服务的使用。但应该注意的是，所观测到的有关金融服务使用的数据反映了供需平衡，因此，只包括了那些愿意使用金融服务的经济主体。没有使用金融服务的经济主体分为三种情况：①可获得金融服务但不使用金融服务的经济主体；②由于结构性偿债能力的原因而无法获得金融服务的经济主体，即没有资格获得信贷的经济主体（例如，生产效率很低的企业，或是没有信用记录或未履行其偿还责任的赤贫家庭）；③有能力且愿意使用金融服务，但由于市场摩擦阻碍了其获得金融服务的经济主体。应关注金融服务的可获性及金融排斥问题，使用金融服务原则上并不完全等同于可获性。因此，从衡量金融服务的使用而得出的关于可获性问题的结论，不一定能反映出公共政策干预纠正了市场失灵。但无论如何，衡量家庭和企业使用金融服务（通常是最好的方法）是了解是否存在可获性问题的第一步。[1]

然而，很少有研究从使用金融体系所提供的服务这一角度来研究金融发展。由于金融深化指标存在着差异，很难得到获得及利用金融服务的指标。为此，一些研究从金融监管机构所提供的资料（如账户号码、信用额度、机构数等）中得到可获性指标[2]。最近，还有些研究利用企业和家庭

---

① 关于这方面的讨论详见：S. Claessens, Access to financial services: A review of the issues and public policy objectives, *The World Bank Research Observer*, 2006, 21（2），207 – 240.

② 见：L. Rojas – Suárez, *The provision of banking services in Latin America: obstacles and recommendations*（Working Paper N° 124），Washington, D. C.: Center for Global Development, 2007; Federación Latinoamericana de Bancos（FELABAN），¿*Qué sabemos sobre la bancarización en América Latina?: un inventario de las fuentes de datos y literatura*，Manuscrito no publicado, FELABAN, 2007.

的调查资料，来评估金融体系的发展及其对社会福利的影响。① 然而，这些研究都面临着困难，因为在衡量企业和家庭使用金融服务方面，通常缺乏各国间的可比性调查资料和具有时间延续性的调查资料。

本章从金融深化和金融服务的可获性这两个方面来分析拉丁美洲金融体系近期的动态。最新趋势分析表明，尽管近十年拉美地区在金融深度和金融服务的可获性方面均有进展，但无论是与发达国家的金融体系相比，还是与欧洲和亚洲的新兴经济体相比，其金融体系在其功能和规模方面仍有待发展。

在资本市场方面，证券市场流动性较差，仍仅能满足少数企业的融资需求。从这个意义上说，近期股市上涨是由于股价的上升，而非股票数量的增长。国内债券市场主要向主权机构提供融资，很少向企业部门提供融资。银行体系在拉美金融体系中仍占据主导地位。尽管近五年来有所进步，但银行的融通水平才从二十余年的相对停滞中得以恢复。

拉美在金融深化方面表现不佳与较低的可获性指数是相一致的。虽然企业已经普遍获得了支付服务，但对信贷的使用还是有限的。与其他新兴经济体相比，拉美的家庭较少使用储蓄账户，甚至很难获得贷款。虽然可获性问题在拉美地区很普遍，但并不是所有的家庭和企业都受到一样的影响。小型企业和低收入家庭往往比大型企业和高收入家庭更难获得银行服务，尤其是贷款。

数据分析显示，拉美地区金融体系发展的差异很大。智利和巴拿马的金融深化程度和可获性水平是拉美地区最高的；而相对较大的国家如墨西哥和阿根廷，其金融发展水平则较低。拉美地区金融体系总体不发达以及

① 见：T. Beck y A. de la Torre, The basic analytics of access to financial services, *Financial Markets*, *Institutions and Instruments*, 2007, 16 (2), 79 – 117; L. Tejerina y G. Westley, Financial services for the poor, *Household survey sources and gaps in borrowing and saving*, (Technical Papers Series, Sustainable Development Department), Washington, D. C.: BID, 2007; G. Repetto y A. Denes, *Access to financial services in Argentina: a national survey*, (IFC Bulletin N°33), Washington, D. C.: IFC, 2007; A. Kumar, T. Beck, C. Campos y S. Chattopadhyay, *Assessing financial access in Brazil*, (World Bank Working Paper N°50), Washington, D. C.: Banco Mundial, 2005; T. Solo y A. Manroth, Access to financial services in Colombia, The "unbanked" in Bogotá, (World Bank Policy Research Working Paper N° 3. 834), Washington, D. C.: Banco Mundial, 2006; S. Djankov, A response to "Is doing business damaging business?", *Journal of Comparative Economics*, 2008, 31 (1), 595 – 619; Delphos, *Bancarización en Venezuela*, *Un enfoque de demanda*, Caracas: Instituto Delphos, 2008.

国家之间存在着较大差异的原因是什么呢？除了贫穷和不平等会影响金融体系发展之外，几十年来的银行危机、宏观经济不稳定以及糟糕的制度仍是抑制大多数拉美国家金融体系发展的重要原因。此外，在拉美，金融服务的高收费似乎也限制了金融服务的广泛使用。

金融深化及可获性的较低水平，阻碍了金融体系实现减少市场摩擦、降低交易成本，以便更好地将资金从储户手中导向资金需求方的目标。最终，这些市场摩擦在经济紧缩时期加剧，使获得信贷变得更加复杂，而此时企业和家庭更需要获得贷款。无论如何，这都导致了社会福利的损失。包括这个前言在内，本章共分五节。下一节介绍拉美的银行系统和资本市场的概况，分析拉美国家在金融体系深化方面取得的进展、在金融深化和金融服务的可获性这两方面存在的不足及其可能的原因。第三节关注的重点是，基于微观数据，评估家庭和企业对储蓄和信贷工具的使用。首先，根据调查资料和企业财务报表来分析企业对融资工具的使用，还要考察不同规模的企业对使用的资金来源是否不同（不考虑企业的其他特征）。其次，根据调查资料分析家庭对金融服务的使用，并探讨家庭的银行化水平是否可能与其特性如社会经济地位相关。第四节主要分析金融体系在整个经济周期中的表现，重点考察在经济紧缩时期，阻碍小型企业和低收入家庭获得融资的市场摩擦通常是如何加剧的。最后一节是一些思考以及从分析中得出的政策建议。

二　拉丁美洲金融体系的深化

这一部分考察拉美金融体系融通资金量的增长情况及其在何种程度上创造了新的空间和途径，以便将国内（和外国）的储蓄导向生产性活动。通过与发达国家和新兴经济体的金融体系的比较来评价拉美地区金融深化的相对水平。拉美国家之间的金融发展差异很大，但为了便于分析，我们使用了金融深化的地区平均值或总体指标。要了解金融发展的差异，就要评估各国金融体系深化的程度。

在克服了地区普遍性危机之后，20世纪90年代以来的十年中，拉美金融体系在覆盖范围、深度以及产品和服务的多元化方面均有所进展，满

足了企业和家庭的需要。在流动性充裕、低成本、风险偏好以及原料价格
上涨的外部环境下，拉美地区吸收了大量资本流入、侨汇和出口收入，扩
大了国内金融体系可利用的融通资金基础。

此外，几十年前启动的结构改革进程也有助于改善宏观经济基本面和
拉美企业的状况，减少了系统性风险，有助于金融体系在一个更加稳定的
环境中发展。[1] 另外，放松金融管制、向市场化融通进程的转变、向国际
资本市场的开放、银行业的兼并和整合进程，以及技术更新都有助于提高
效率。实施适当的审慎监管标准也有助于拉美金融体系的资本化水平和银
行流动性的逐步提高。

尽管十年来有所进展，但拉美金融深化在各方面均明显滞后。不仅滞
后于经济发达地区，也滞后于其他新兴经济体如亚洲国家（见图2.1）。

图2.1　国内金融部门占国内生产总值的比重（2007 年）[a]

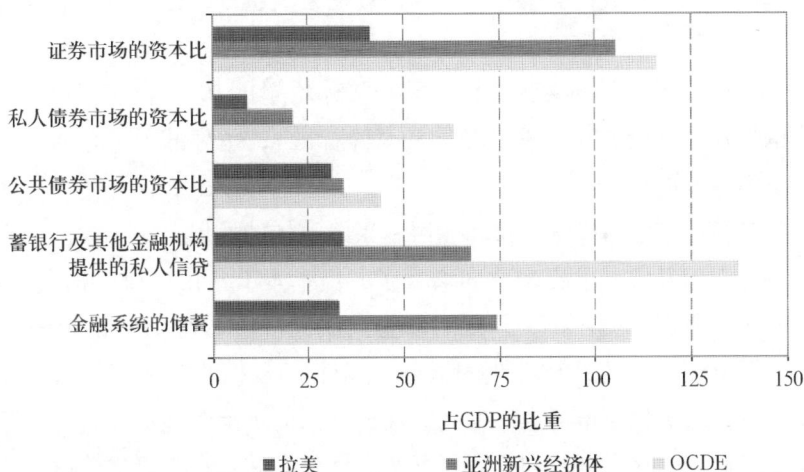

a/ 拉美国家包括：阿根廷、巴西、智利、哥伦比亚、墨西哥、秘鲁和委内瑞拉；

---

① Demirgüç – Kunt 和 Detragiache（2005 年）发现，银行危机的发生与宏观经济不平衡如高
通胀、高利率和财政赤字之间具有高度相关性。见：A. Demirgüç – Kunt y E. Detragiache, Cross –
country empirical studies of banking distress：a survey，（World Bank Policy Research Working Paper N°
3. 719），Washington, D. C.：Banco Mundial, 2005. 关于拉美金融体系面临风险的分析见：C. Tovar,
Banks and the changing nature of risks in Latin America and the Caribbean，（BIS Papers N°33），Basilea：
Bank of International Settlements, 2007.

亚洲新兴经济体包括：中国、韩国、印度、印度尼西亚、菲律宾、新加坡和泰国。

　　资料来源：作者计算，T. Beck, A. Demirgüç‐Kunt, y R. Levine, *Financial institutions and markets across countries and over time – data and analysis*（World Bank Policy Research Working Paper N° 4.943），Washington, D. C. : Banco Mundial, 2009.

　　首先，银行体系仍是企业和家庭融资的主要来源。虽然五年来，银行体系深化的水平不断提高，但仍不足以摆脱繁荣—萧条周期所导致的停滞。这意味着，银行体系在吸收和积累国内外过剩资金，并将其重新分配给需求方的能力有限。

　　拉美银行体系的基础存款不到 GDP 的 33%，而发达国家的基础存款高达 110%，亚洲新兴经济体为 73%。此外，在拉美，银行向非金融类私人部门提供的信贷总量占 GDP 的比重为 34%，而发达国家的这一比重为 137%，亚洲新兴经济体为 67%。

　　其次，在大多数拉美国家，资本市场的发展也处于起步阶段。证券市场虽有所发展，但规模仍很小，且流动性差。拉美地区的股票市值相当于 GDP 的 40%，而发达国家和亚洲新兴经济体均超过 100%。这不仅缩小了客户的投资产品范围（根据其盈利和风险标准），也降低了企业通过发行股票进行融资的机会。

　　拉美债券市场与发达国家和亚洲新兴经济体的发展差距不大。由于债券市场近期的发展，融资的空间增大了，但基本上是由主权机构所利用，很少为企业所利用。在拉美，现有的企业债券市值不到 GDP 的 10%，只有亚洲国家债务规模的 1/2 和发达国家相对债务规模的 1/6。

　　最后，拉美保险市场也不发达，理赔方面的风险管理不完善。保险消费支出滞后于 OECD 国家和亚洲新兴经济体，尤其是在人身保险方面。这表明，保险政策仍未得以有效实施，且缺乏足够的风险保障。近十年来，保险市场虽然有了较大的发展，但仍滞后于 OECD 国家和亚洲新兴经济体的保险市场（见图 2.2）。

　　保险服务的可获性问题将在第五章进行详细论述。在本章的其他部分，将详细分析拉美金融业中各个市场的发展。

图 2.2　拉美国家总的保险消费（占 GDP 的比重）

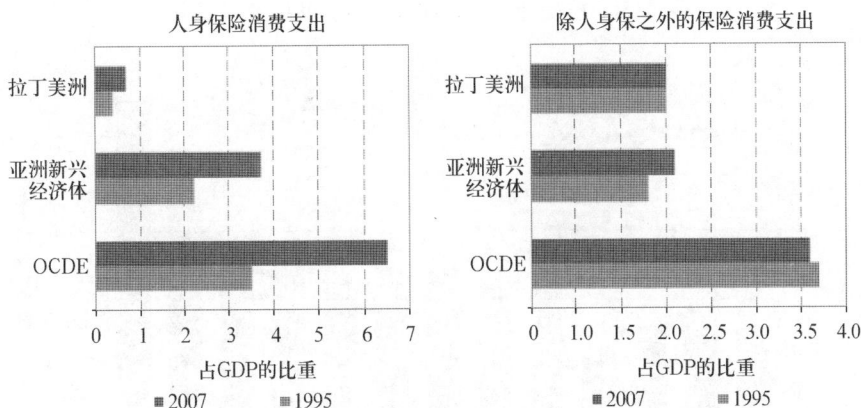

资料来源：作者计算，根据 T. Beck, A. Demirgüç – Kunt, y R. Levine, *Financial institutions and markets across countries and over time – data and analysis*（World Bank Policy Research Working Paper N° 4. 943），Washington, D. C. : Banco Mundial, 2009.

（一）拉美资本市场

与其他新兴经济体一样，近十年来，拉美的资本市场获得了很大发展，提高并改善了金融市场的效率。对于拉美的主权机构和企业部门来说，确实提高了其融资的可能性，还能更好地分散风险。融资方式主要是发行股票和债券。尽管资金来源有所增加，但受益的企业数量仍然较少，仍以大型企业为主。

1. 证券市场

如图 2.3 所示，拉美证券市场在资本化方面有所进展，但其资本化水平仍明显低于其他新兴经济体（见表 2.1）。此外，虽然股票市值占 GDP 的比重有所增加，但证券市场仍缺乏流动性。因此，流通市值占 GDP 的比重及占证券市场总市值的比重，均处于世界最低水平（见表 2.1）。

此外，自 2004 年以来，资本化的收益主要源于股票市值的增加，而不是上市公司数量的增加。2004 年以来，流入拉美地区的投资，特别是流入矿业和能源部门的投资助长了股市的表现。然而，拉美地区的上市公司数量日趋下降，上市公司主要是大型企业（见图2.3）。

图2.3　拉美上市企业的资本化水平及其数量

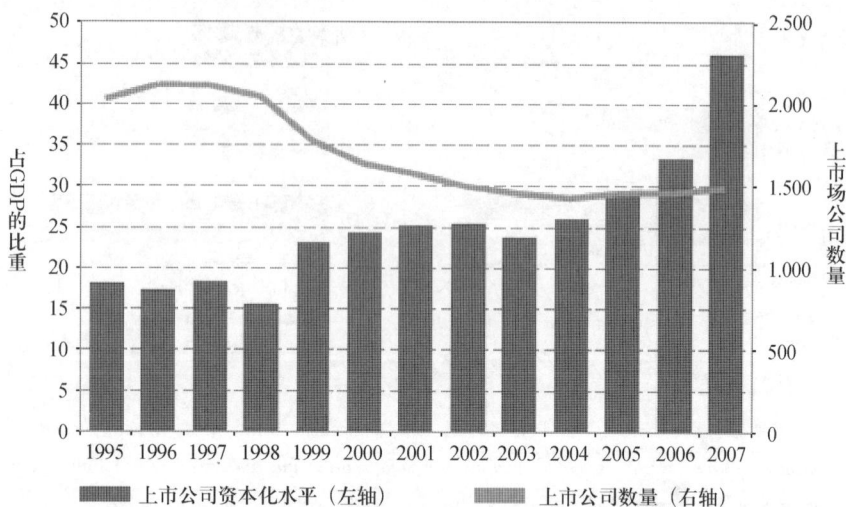

　　资料来源：作者计算，根据 Banco Mundial，*World Development Indicators* 2009，http：//data. worldbank. org/data – catalog/world – development – indicators.

表2.1　世界各地区证券市场的比较（2007年平均值）

地区	证券市场的资本化 （占 GDP 的比重）	股票流通市值 （占 GDP 的比重）	成交率 （%）a/
撒哈拉南部非洲	61	19	12
拉丁美洲	46	11	16
亚洲新兴经济体	129	114	100
欧洲新兴经济体	53	16	36
中东和北非	107	48	44
OECD	124	150	132

a/ 成交率是市场流动性指标，是指在二级市场上交易的债券占现有债券总值的比重。

　　资料来源：作者计算，根据 Banco Mundial，*World Development Indicators* 2009，http：//data. worldbank. org/data – catalog/world – development – indicators.

本报告认为，导致拉美证券市场相对不发达的原因有许多。稳定的宏观经济、国家总体发展状况均与资本市场的发展密不可分。例如，金融危机虽曾迫使企业退出证券市场（正如本世纪初阿根廷的情况），但在危机后，企业已经又回到了证券市场。

拉美证券市场的表现也与其较高的交易成本有关，这主要是由市场的不完善和不成熟造成的。[1] 在拉美一直存在着公司治理和逃税的问题，由于发行及交易股票所要求的透明度和信息披露标准，使许多企业不进入证券市场。[2] 这通常抑制了，尤其是规模较小的企业进入证券市场。

此外，金融服务的国际化降低了在国外市场发行股票的成本。这降低了大型企业（在拉美证券市场中占主导地位）在本地发行股票的需求，从而也削弱了国内证券市场发展的动力。[3]

图2.4 显示出拉美地区内部证券市场的发展也很不平衡。巴西和智利证券市场的资本化水平很高，均超过 GDP 的 100%，接近发达国家证券市场的规模。相反，巴拉圭、乌拉圭和委内瑞拉证券市场的资本化水平则很低，还不到 GDP 的 10%。

即使在拉美证券市场较发达的国家，其流动性也是很有限的。以拉美地区流动性最高的智利证券市场为例，其证券流通总市值约为 GDP 的 25%，而发达国家和亚洲新兴经济体的流通市值已超过 100%。低流动性与证券市场中许多大户（如养老金）实施长期投资策略（即购买和持有公司股份，降低了交易的可能性）有关。

---

① 见：M. Quispe – Agnoli y D. Vilán, *Financing trends in Latin America* (BIS Papers N° 36), Basilea：BIS, 2008.

② 见：A. de la Torre, J. Gozzi y S. Schmukler, Financial development in Latin America：big emerging issues, limited policy answers (World Bank Policy Research Working Paper Series N° 3. 963), Washington, D. C.：Banco Mundial, 2006.

③ 见：M. Quispe – Agnoli y D. Vilán, Financing trends in Latin America (BIS Papers N° 36), Basilea：BIS, 2008；A. de la Torre, J. Gozzi y S. Schmukler, Financial development in Latin America：big emerging issues, limited policy answers (World Bank Policy Research Working Paper Series N° 3. 963), Washington, D. C.：Banco Mundial, 2006.

图 2.4　拉美地区证券市场的资本化水平及
证券流通总市值（占 GDP 的比重）

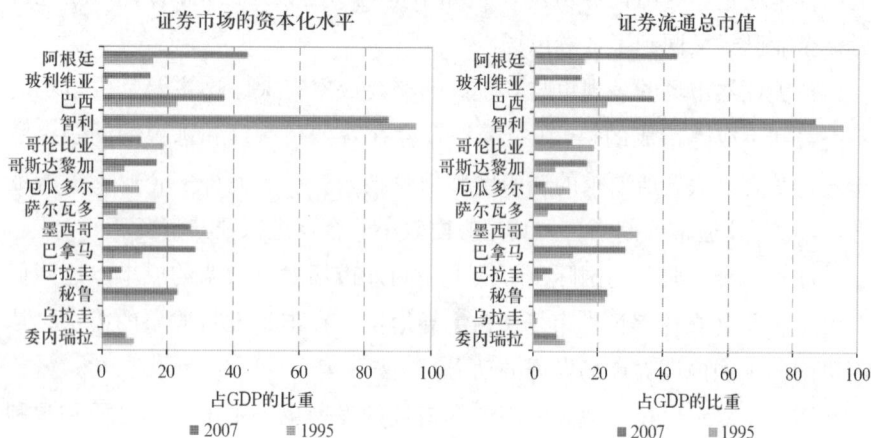

资料来源：作者计算，根据 Banco Mundial, *World Development Indicators* 2009，ht-tp：//data. worldbank. org/data - catalog/world - development - indicators.

2. 债券市场

自 20 世纪 90 年代中期以来，拉美国内债券市场有了较大发展。近十年来，债券市场总市值占 GDP 的比重差不多翻了一倍（见图 2.5）。值得一提的是，通过债券市场融资有助于减缓 2008 年全球金融危机所导致的信贷紧缩的影响。① 尽管近期有所发展，但拉美债券市场仍是有限的。拉美债券市场的总市值仍不到 GDP 的 50%，而发达国家成熟的债券市场总市值超过了 GDP 的 140%，亚洲债券市场的总市值达到 GDP 的 66%（见图 2.5）。

---

① 见：A. Jara, R. Moreno y C. Tovar, La crisis internacional y América Latina：repercusiones y políticas deRespuesta, *BIS Quarterly Review*, Junio, 2009.

图 2.5　债券市场：国内市场发行的债券总额占 GDP 的比重

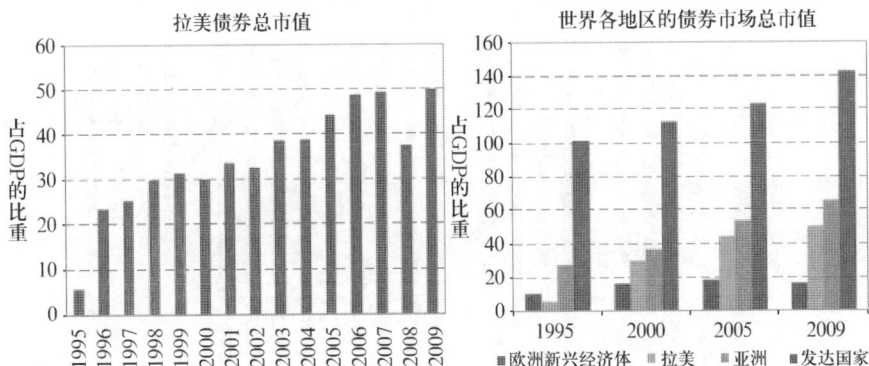

拉美债券总市值　　　　世界各地区的债券市场总市值

■ 欧洲新兴经济体　■ 拉美　■ 亚洲　■ 发达国家

资料来源：作者计算，根据 Bank for International Settlements（BIS），2010，http：//bis. org/statistics/index. htm.

此外，在拉美，无论是在本地债券市场还是国际债券市场上发行债券，主权机构都占主导地位。因此，企业部门获得融资的空间就更小了。尽管有名义上的增长，但企业债券还不到拉美债券市场上发行债券总额的 5% 和国际债券市场上发行债券总额的 20% 。这与发达国家和亚洲新兴经济体的情况形成鲜明对比，其企业债券占本地债券市场的比重均超过 10%（见图 2.6）。

拉美各国债券市场发展的差异也很大。根据世界银行的数据，2007 年巴西、智利和墨西哥的企业债券总市值约为 GDP 的 17% ，阿根廷将近 7% ；而哥伦比亚和委内瑞拉债券市场的发展主要是主权机构债券发行量的增长，而企业债券融资还不到 GDP 的 1% 。

在拉美债券市场中，企业部门的低参与率是与债券市场发展的滞后密切相关的。主权债券通常在债券市场中占主导地位；它既有利于债券市场的深化，也可作为收益率的一个参考。①

---

① S. Jeanneau y C. Tovar, Domestic bond markets in Latin America：achievements and challenges，*BIS Quarterly Review*，2006，June 51 - 64.

图 2.6　债券市场中由各类发行主体发行的债券构成

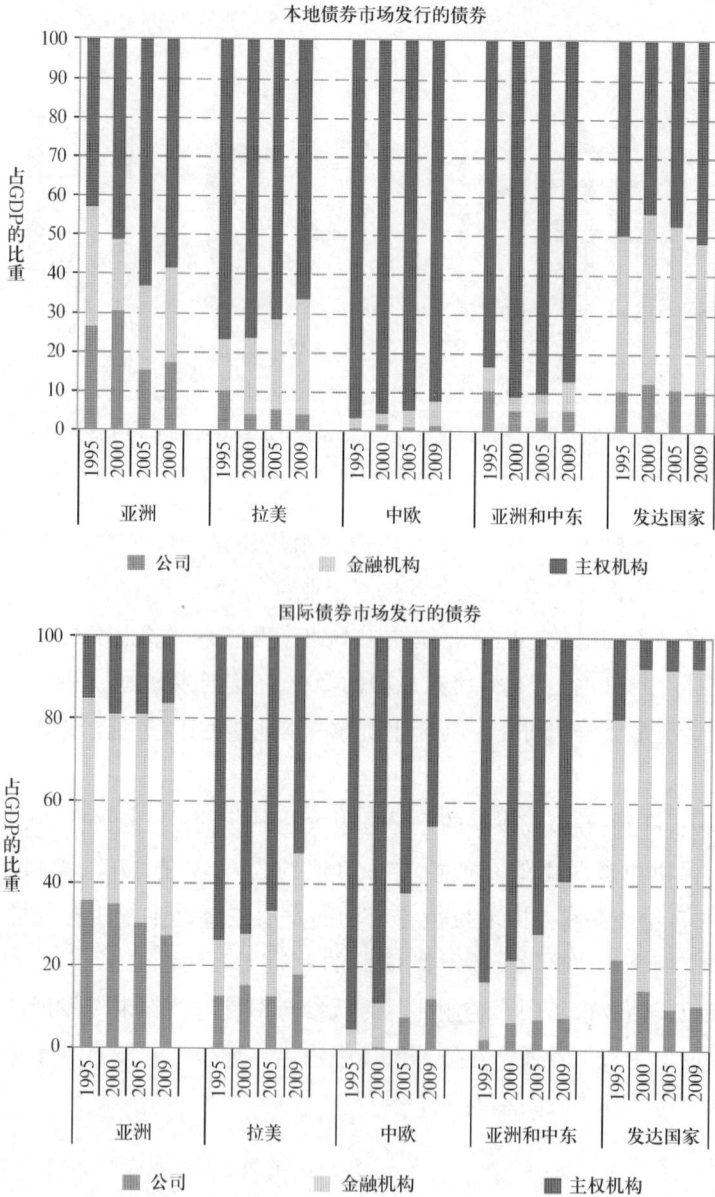

本地债券市场发行的债券

公司　　　金融机构　　　主权机构

国际债券市场发行的债券

公司　　　金融机构　　　主权机构

资料来源：作者计算，根据 Bank for International Settlements（BIS），2010，http：//
bis. org/statistics/index. htm.

　　然而，情况并非都是如此。例如，智利是企业债券市场较发达的拉美国家之一，但其政府债券市场的深化水平较低，这是因为智利拥有持续的财政盈余。此外，国内债券市场的发展也要求投资者多元化，以确保债券市场的可持续性。这可能需要改变养老基金的投资体制，并吸引国际和国内投资者的更多参与。① 外国投资者和发行机构的进入，可能有助于一些拉美国家放松规模限制，正如在一些东亚国家的情况。②

　　本报告认为，在影响企业债券市场发展的其他因素中（与证券市场的情况一样），还有诸如企业特有的公司治理问题、一级发行市场成本提高导致的低效率、阻碍二级市场流动性的监管限制（管制利率、税收等）、交易基础设施的发展缓慢，以及投资者的权益得不到保障等制度方面的因素。③

　　虽然在拉美以本币计价的主权债务重组为企业到国际债券市场融资提供了方便，但在拉美各国，企业到国际债券市场而不在国内市场融资的决策遭遇了各种障碍，包括市场细分、不完全的国内市场或主权机构主导国内债券市场。④ 另外，在国际市场上发行债券意味着，企业收入主要是当地货币，在过度的情况下，可能会导致汇率风险。

　　最后，还要指出的是，大公司在拉美债券市场占主导地位，而这些大公司却往往使用银行信贷而非发行债券作为其资金来源，这使中小企业在债券市场融资仍十分有限。

---

　　① S. Jeanneau y C. Tovar, Domestic bond markets in Latin America: achievements and challenges, *BIS Quarterly Review*, 2006, June 51 – 64.

　　② B. Eichengreen, E. Borensztein y U. Panizza, *A tale of two markets: bond market development in East Asia and Latin America* (Occassional Paper N°3), Hong Kong: Hong Kong Institute for Monetary Research, 2006.

　　③ S. Ananchotikul y B. Eichengreen, *El engranaje de los mercados de capitales latinoamericanos* (BIS Papers N°36), Basilea: Bank for International Settlements, 2008; C. Tovar y M. Quispe – Agnoli, *New financing trends in Latin America* (BIS Papers N°36), Basilea: Bank of International Settlements, 2008.

　　④ 关于拉美债券市场的发展，详见：C. Tovar y M. Quispe – Agnoli, *New financing trends in Latin America* (BIS Papers N°36), Basilea: Bank of International Settlements, 2008; S. Jeanneau y C. Tovar, Domestic bond markets in Latin America: achievements and challenges, *BIS Quarterly Review*, 2006, June 51 – 64.

（二）拉美的银行体系

由于资本市场发展有限，银行部门在拉美金融业占主导地位。用私人部门的银行信贷量占 GDP 的比重作为衡量指标，结果表明，拉美银行体系的深化水平滞后于世界其他地区（见图 2.7）。2007 年，拉美地区的这一比例为 38%，而 OECD 国家高达 164%，亚洲新兴经济体为 100%。[1]

图 2.7 世界各地区私人部门的银行信贷（占 GDP 的比重）

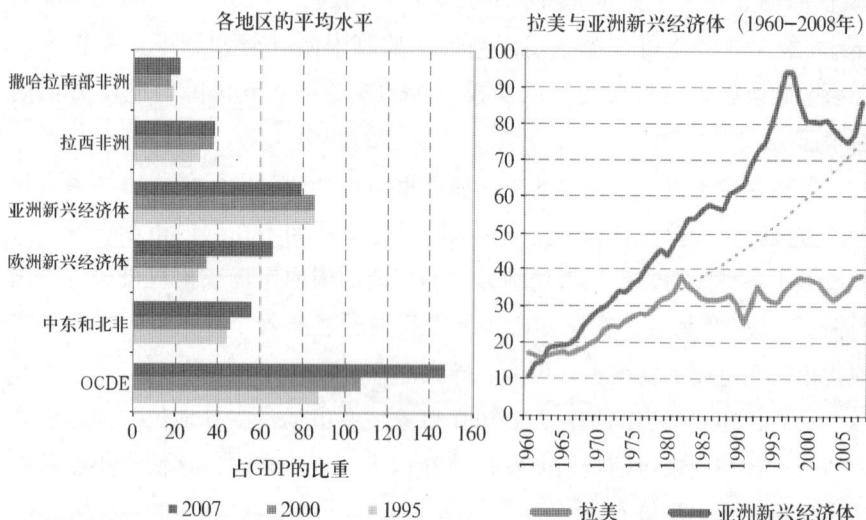

资料来源：作者计算，根据 Banco Mundial, *World Development Indicators* 2009, http://data. worldbank. org/data – catalog/world – development – indicators.

在 1960—1980 年的持续扩张后，近 30 年来，伴随着明显的繁荣—萧条周期，拉美地区私人部门的银行信贷占 GDP 的比重一直在 30% 左右。

[1] 本文使用各种方法来衡量金融体系的深度。在本章使用私人部门信贷投放量占 GDP 的比重为衡量金融深度的指标，因为它是衡量金融体系融通作用的最好指标。关于金融深度衡量指标的全球动态研究见：T. Beck y A. Demirgüç – Kunt, *Financial Institutions and Markets Across Countries and over Time：Data and Analysis* (World Bank Policy Research Working Paper N°4943), Washington, D. C.：Banco Mundial, 2009; T. Beck, A. Demirgüç – Kunt, y R. Levine, *Financial institutions and markets across countries and over time – data and analysis* (World Bank Policy Research Working Paper N° 4.943), Washington, D. C.：Banco Mundial, 2009.

而同期，亚洲国家的银行信贷则持续增长，只是由于 20 世纪 90 年代末的危机而中断（见图 2.7）。随着近期的信贷扩张，拉美地区银行体系深化的程度基本上恢复到了 20 世纪 80 年代初的水平。如果近 30 年来拉美地区金融深化的程度以 20 世纪 80 年代的速度发展，那么，如今它与亚洲新兴经济体的差距就会大大缩小。

一系列扩张周期最终导致系统性危机，中断了拉美银行体系深化的进程。事实上，在 20 世纪 70 年代至 21 世纪初，拉美地区发生金融危机的频率是世界最高的。[1] 这导致了信贷的不稳定，拉美是世界上信贷不稳定程度最高的地区。[2] 此外，各国政府对危机的反应使人们对金融部门保护储户利益的能力产生了不信任，抑制了基础存款的增加以及融通发展的潜力。[3]

如图 2.8 所示，拉美各国的银行体系发展差异也很大。例如，智利是拉美地区金融深化水平最高的国家之一，2007 年其私人部门的银行信贷占GDP 的比重接近 90%。巴拿马作为一个国际金融中心，其银行体系深化的水平也有显著的提高。

银行危机的频率和程度对一些拉美国家的经济表现当然是至关重要的。这可以从阿根廷的情况看出，它似乎受到 21 世纪初银行危机的影响，私人部门的银行信贷水平下降，2007 年其金融深化的水平远低于拉美地区的平均水平（14%）。墨西哥的情况也一样，在 20 世纪 90 年代中期的危机之后，其银行深化水平降至 25% 以下。其他一些在 20 世纪 90 年代末至21 世纪初之间发生银行危机的国家，如厄瓜多尔的情况也是如此。[4]

① Banco Interamericano de Desarrollo（BID），*Unlocking credit. The quest for deep and stable bank lending*，Economic and Social Progress in Latin America Report，Washington，D. C.：BID，2005.

② 此外，信贷不稳定与银行深化之间呈负相关关系。Banco Interamericano de Desarrollo（BID），*Unlocking credit. The quest for deep and stable bank lending*，Economic and Social Progress in Latin America Report，Washington，D. C.：BID，2005.

③ L. Rojas – Suárez，*The provision of banking services in Latin America：obstacles and recommendations*（Working Paper N°124），Washington，D. C.：Center for Global Development，2007.

④ 对拉美金融危机产生原因更深入的分析，见：Banco Interamericano de Desarrollo（BID），*Unlocking credit：The quest for deep and stable bank lending*，Economic and Social Progress in Latin America Report，Washington，D. C.：BID，2005.

图2.8　拉美国家私人部门的银行信贷（占 GDP 的比重）

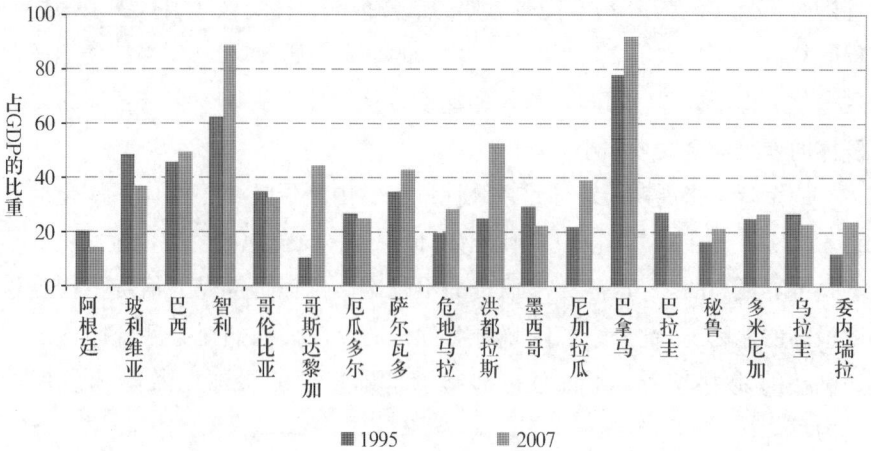

资料来源：Banco Mundial, *World Development Indicators* 2009，http：//data. world-bank. org/data – catalog/world – development – indicators.

　　将拉美与世界其他地区相比，人们不禁会问，拉美地区金融深化的较低水平是否由于该地区人均 GDP 较低导致的呢？换句话说，通过对较大样本总体情况的分析，看看拉美地区是否拥有与其经济发展水平相"匹配"的（通过银行部门）金融融通水平呢？

　　图2.9 对这一问题进行了分析。图中描述了 174 个样本国家金融深度的观测值（纵轴）和与人均 GDP 水平相应的金融深度预测值之间的关系（基于对这两个变量的简单回归，横轴）。如图所示，大多数拉美国家的金融深化水平均低于与人均 GDP 水平相应的金融深度预测值。[①] 在对拉美国家的回归分析中包括了一个虚拟变量，以此来评估拉美的金融深化水平是否显著滞后于样本国家的平均水平。尽管对某些规范变化的显著性不强，但这个虚拟变量的符号始终为负。这表明，拉美国家金融深化的滞后。

————————

　　① 在所有回归分析中，人均 GDP 经购买力平价调整，并使用各变量的对数进行计算，以减少数据间的分散性。对数转换是指，当接近样本平均值的极端值时，由于收入达到较高水平，且人均 GDP 的波动减少，因此，金融深化的收益越来越少。这将减少差异，提高了回归结果的意义。正如第一章中讨论的，由于在回归中各变量之间是指数关系，因此，分析中将金融深度作为因变量。

图 2.9　银行深化水平与收入水平（2005—2007 年的平均值）

私人部门的银行信贷：估计值与实际值（45°线）a/

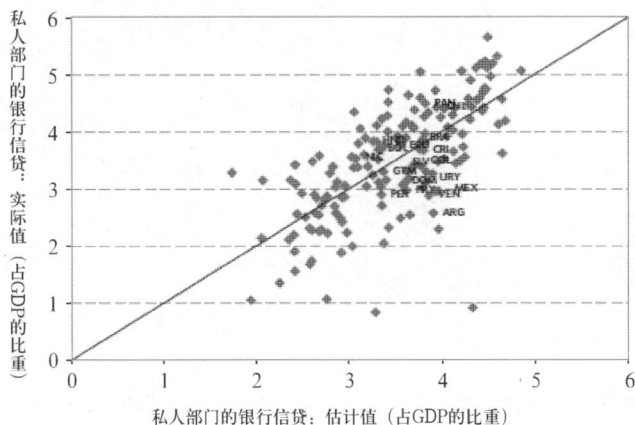

a/ 估计值是私人部门的银行信贷占购买力平价人均 GDP 的回归结果，使用的是这两个变量（2005—2007 年）平均值的对数。

资料来源：作者计算，根据 Banco Mundial, *World Development Indicators* 2009, http://data. worldbank. org/data – catalog/world – development – indicators.

早已有研究表明，除了收入水平这个因素外，还存在着其他因素，这些因素可能与拉美银行体系发展的不完善有关。其中最显著的因素应该包括拉美地区所特有的宏观经济不稳定，如前所述，它是导致一些拉美国家银行危机的原因之一。

图 2.10 所示，宏观经济不稳定这一变量的确是与金融发展水平相关联的一个因素（并不是想建立某种因果关系），这意味着拉美国家较少偏离回归线。从而表明，金融深化的低水平部分与经济不稳定现象相关，这是拉美国家的普遍特征。

除了宏观经济不稳定因素外，拉美金融体系发展滞后还存在着制度性因素。T. Beck（2007）和 L. Rojas – Suárez（2007）证明了，金融服务的范围和普及率与国家经济发展和体制呈正相关。能够保护债务人和债权人权利的国家法律框架以及政策稳定，是促进金融体系发展的共同条件。

图 2.10　金融深度与宏观经济不稳定（2005—2007 年平均值）

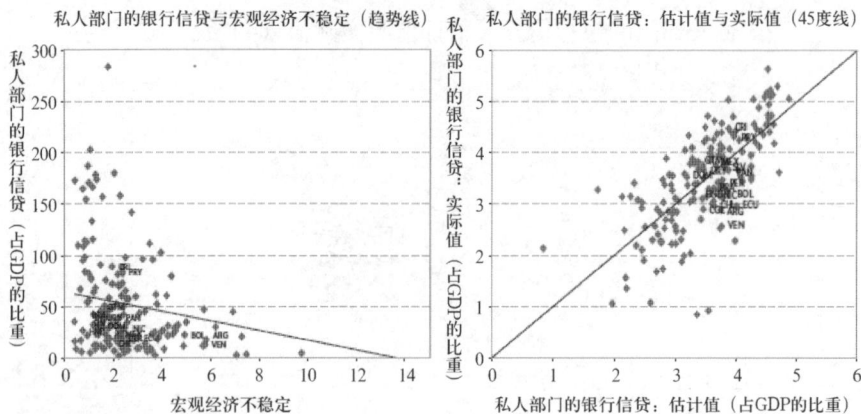

私人部门的银行信贷与宏观经济不稳定（趋势线）　　私人部门的银行信贷：估计值与实际值（45度线）

①估计值是私人部门银行信贷占购买力平价的人均 GDP 的回归结果，使用的是这两个变量（2005—2007 年）平均值的对数。用 1995—2004 年经济增长的标准差来表示宏观经济不稳定因素。

资料来源：作者计算，根据 Banco Mundial，*World Development Indicators* 2009，http：//data. worldbank. org/data－catalog/world－development－indicators.

图 2.11 将制度变量纳入分析中，与人均 GDP 和宏观经济不稳定一样，它也是影响金融深度的因素之一。如图所示，拉美国家较少偏离趋势线，这表明制度缺陷在一定程度上解释了拉美金融体系融通水平比其他国家低的原因。然而，即便影响金融发展的其他变量（宏观经济不稳定与制度因素）得到控制，其结果仍然是：大多数拉美国家的金融深化程度都低于与其人均 GDP 水平、宏观经济不稳定以及制度缺陷相应的预期金融深化水平。①

---

① 另一个可能影响金融深化的因素是收入分配不公，通过收入分配不公与获得金融服务的关系来影响金融深化。一方面，给定一个平均收入水平、较大程度的不平等和较低的金融服务的可获性，当其他条件不变，就意味着金融深化程度较低。另一方面，当存在着显著的收入差异，增加对最贫困群体的金融服务并不会导致金融深度的显著增加。下一节将详细讨论收入分配对金融服务可获性的影响。

图 2.11　金融深度、收入、宏观经济不稳定与
制度质量（2005—2007 年平均值）

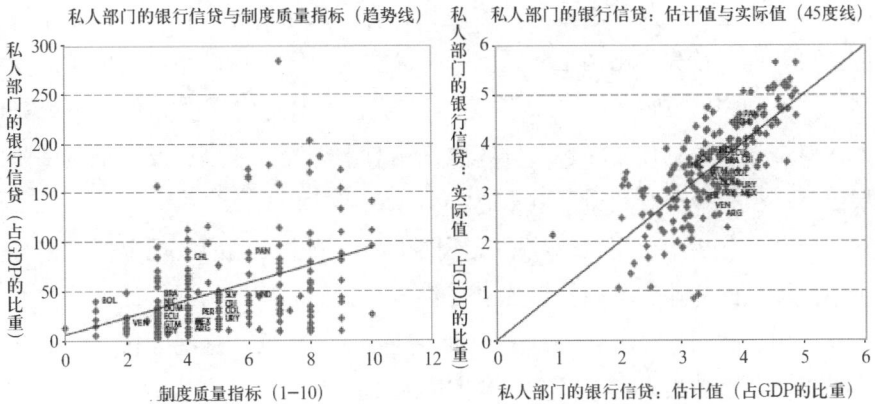

私人部门的银行信贷与制度质量指标（趋势线）

私人部门的银行信贷：估计值与实际值（45度线）

a/ 估计值是对私人部门的银行信贷（2005—2007 年平均值的对数）、人均 GDP 购买力平价（2005—2007 年平均值的对数）、宏观经济波动（用 1995—2004 年经济增长的标准偏差来表示）以及制度质量指数（2004—2007 年平均值）进行回归的结果。制度质量指数假设认为法律能够在很大程度上保护借贷人权利以促进金融通值。该指数是对各国各领域专家（律师、顾问、公务员等）进行调查得出的结果。

资料来源：作者计算，根据 Banco Mundial, *World Development Indicators* 2009, http://data. worldbank. org/data-catalog/world-development-indicators.

综上所述，虽然拉美的金融服务在供给上不断增加，且近年来金融服务逐渐多元化，但其金融体系仍相对滞后。由于拉美金融业是由银行体系为主导的，其金融深化水平较低仍令人担忧。拉美地区金融深化水平较低的部分原因是收入水平较低、宏观经济不稳定性增加，以及糟糕的制度。然而，这些变量似乎还不能充分解释拉美地区金融业相对滞后的原因。

尽管拉美地区在金融融通方面相对滞后，但事实上，拉美的银行业已经受住了 2008 年金融危机的考验，这是令人鼓舞的，因为它表明拉美国家已从过去的教训中吸取了经验。有证据表明，如今拉美地区的银行拥有更加完善的监管，资本化水平更高，而且更有效率。但不要忘了，拉美地区金融深化水平仍较低，而金融深化水平可能是未来金融融通更加有序和持续发展的基础。

三 拉美金融服务的可获性

本节的重点是从需求方（即家庭和企业）的角度考察拉美地区金融服务的可获性。首先提出两个问题：一是，拉美地区金融产品供给的发展使多少企业和家庭受益？二是，拉美地区金融体系的包容性如何？也就是说，对金融服务的使用在各个群体中是相对平等呢，还是相反，最贫困阶层以及小型企业更难获得金融服务？

本节在分析中使用微观数据（不同于上一节中使用的宏观数据）来分析不同类型的企业和不同特点的家庭对金融服务的使用情况。此外，我们选择使用金融服务需求方的数据，而非供给方的数据。这些分析方法被认为是以企业财务报表，以及企业和家庭调查问卷的数据为基础，可以反映出较真实的可获性状况，因为这些分析来源于金融服务提供商或金融监管机构的数据，如储蓄账户的数量或人均信贷量。[①]

接下来我们可以看到，数据表明拉美金融体系不发达不仅体现在金融深化上，也体现在金融服务的可获性方面。尽管近年来有所改善，但总的来看，拉美地区企业和家庭的金融服务可获性的整体水平较低，尤其是中小企业和低收入家庭。[②]

与发达国家和其他新兴经济体相比，拉美国家金融服务可获性的水平相对较低。事实上，根据家庭调查数据，在拉美拥有各类银行账户的成年人口比例仅为38%，而这一比例在亚洲新兴经济体为55%，在发达国家则高达93%。[③]

---

① 银行服务的用户通常拥有一个以上的银行储蓄账户或信贷额度。因此，在调查账户数量或人均信贷量时，可获性会在一定程度上被高估。在数据方面存在着两个的问题：一是很难获得家庭的调查数据；二是对信贷服务提供商或金融监管机构的数据进行统一编制的成本很高。

② Federación Latinoamericana de Bancos (FELABAN)，*¿Qué sabemos sobre la bancarización en América Latina?*: *un inventario de las fuentes de datos y literature*, Manuscrito no publicado, FELABAN. , 2007.

③ 这个综合性指标衡量的是，拥有任何一类银行融通账户的成人人口的百分比。对于缺乏数据的国家，该指标是对银行帐户和规模的估计数（见 P. Honohan, *Cross - country variation in household access to financial services*, Trabajo preparado para la Conferencia Access to Finance, Washington, D. C. , 2007. ），因此可能会出现估计错误。但是，如果只衡量人均账户数量，这些指标就会更真实。尽管储蓄账户数量或信贷额度这些指标可以很容易地涵盖企业和家庭的数据，但与前面的情况一样可能会有测量上的偏差。

　　图 2.12 表明，银行体系的深化与金融服务的可获性之间呈明显的正相关关系。但这种关系不是一比一的关系。左图显示，根据简单回归线，拉美国家的金融服务可获性水平低于预期的金融深化水平（使用私人部门的银行信贷占 GDP 比重这一传统指标衡量）。即使使用衡量可获性的指标如储蓄账户的数量或人均信贷量，这些结果也没有发生显著的变化。

　　即使是金融深化水平最高的拉美国家，其可获性水平也低于金融深化水平相同的其他国家。在智利，约有 40%的人没有正规金融融通账户；在巴拿马，遭受金融排斥的人口比例已超过 50%，尽管这两个国家的金融深化水平都接近发达国家。尼加拉瓜的情况则很有意思：虽然其金融深度接近地区平均水平，但只有不到 10%的成年人拥有银行账户。此外，像巴西、哥伦比亚和乌拉圭等国，虽然其可获性水平接近巴拿马，但金融深度还不到巴拿马的一半。

图 2.12　金融深度与金融服务的可获性（2007 年）

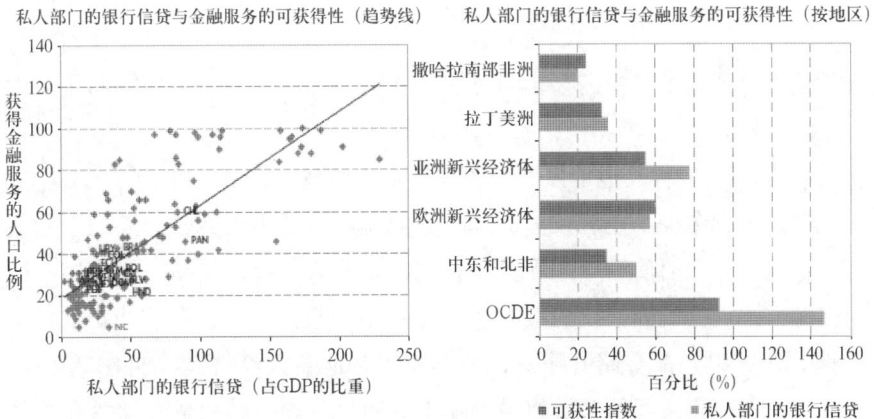

私人部门的银行信贷与金融服务的可获得性（趋势线）　　私人部门的银行信贷与金融服务的可获得性（按地区）

资料来源：作者计算，根据 Banco Mundial，*World Development Indicators* 2009，http://data. worldbank. org/data – catalog/world – development – indicators；T. Beck y A. de la Torre，The basic analytics of access to financial services，*Financial Markets*，*Institutions and Instruments*，2007，16（2）.

（一）企业对金融服务的使用

这部分的分析重点是企业，要解决两个问题。一是，要考察企业在使用金融工具尤其是信贷方面有多大程度的受益？二是，如果企业认为很难获得金融服务，那么原因是什么？

为了回答这两个问题，要利用两类有关企业方面的数据。首先，要利用世界银行编制的关于企业使用金融服务的情况调查（《企业调查》）。该调查报告收集了某一年份（主要是 2007 年）151 个国家中 10 万多个生产性企业，还包括有关企业金融环境的调查问卷模板（与本章使用的调查问卷模板一样）。[①] 这类数据可以让我们了解到企业获得和使用金融服务及其可能对企业在某个时期的投资和资本运作管理决策产生的影响。此外，还可以进行地区间的比较分析。

其次，利用拉美六个国家的上市公司的资产负债表中的数据。[②] 将时间维度纳入分析之中，以考察 1997—2009 年间企业是如何改变其负债结构的。同时，还对不同类型的企业做了区分。显然，该数据库的问题在于，只涵盖了拉美地区较少国家，同时由于限定为上市企业，也更倾向于对大企业的分析。

1. 拉美及世界其他地区的企业大样本的横截面数据分析

在衡量有多少企业从拉美地区的金融体系发展中获益时，人们不禁会问：企业为什么要使用金融服务？首先，企业为了促进交易，要使用不同的支付方式。据世界银行的《企业调查》中的数据显示，参与调查的拉美企业中 90% 以上都有储蓄账户，绝不亚于其他新兴经济体（见图 2.13）。此外，拉美国家之间的差异似乎也不十分明显，除了墨西哥在储蓄账户使用上的水平较低。虽然从企业规模来看，在储蓄账户的使用上没有明显差异，但总的来说，小型企业往往较少使用账户。

---

① 本章的分析不包括非正规企业，这将在第四章中进行分析，第四章将专门分析微型企业。

② 该数据已由 Kamil（2004）更新至 2009 年（见：H. Kamil, *A new database on currency and maturity composition of firms' financial structures in Latin America*, Manuscrito no publicado, BID, 2004.），补充的上市企业数据来源于《经济学家》中企业实体的财务报表数据。

图 2.13 拥有银行储蓄账户的企业比例（2006—2009 年平均值）

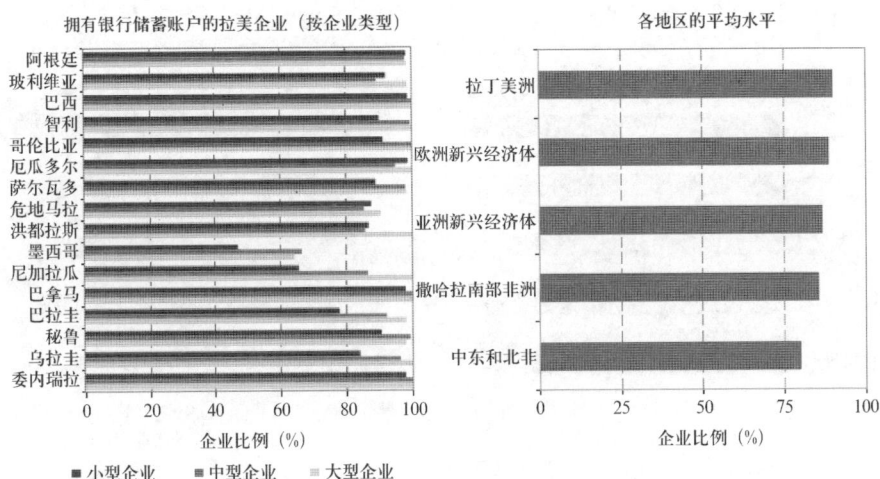

拥有银行储蓄账户的拉美企业（按企业类型）　　　　各地区的平均水平

■ 小型企业　■ 中型企业　▨ 大型企业

资料来源：作者计算，根据 Banco Mundial, Enterprise Surveys 2010, http://www.enterprisesurveys.org.

　　结果表明，拉美地区的正规企业似乎不存在金融服务的可获性问题，他们至少拥有一类金融服务即储蓄账户。然而，调查结果还显示，其他类型的金融服务仍不普及（下文将要讨论）。除了支付手段，融资无疑是金融体系向企业提供的主要服务之一。调查数据表明，尽管与欧洲和亚洲新兴经济体一样，在拉美地区企业获得储蓄账户的水平有所提高，但拉美企业则更多地通过股权融资，而较少使用银行信贷或到资本市场融资（见图 2.14）。

　　很难获得贷款对企业的财务结构造成了影响，可能使其偏离了最优的负债资产组合。总的来说，世界各国的企业都是将自有资金作为融资的主要来源，既是投资的主要来源，也是周转资金的主要来源。但是，亚洲新兴经济体的企业比拉美企业更少使用自有资金。此外，与其他地区最重要的差异在于，拉美企业与欧洲和亚洲新兴经济体的企业相比，更少利用资本市场和银行体系融资，而更多的是依赖与资金提供者之间的信任，尤其是在周转资金方面。事实上，对于拉美企业的周转资金来说，这些借贷与银行信贷几乎一样重要（见图 2.14）。[①]

图 2.14　世界各地区的投资资金及周转资金的来源（2006—2009 年平均值）

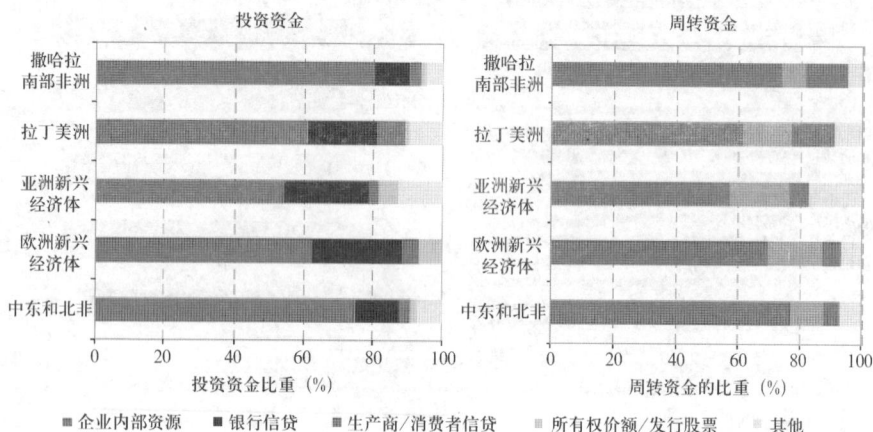

资料来源：作者计算，根据 Banco Mundial，Enterprise Surveys 2010，http：//www.enterprisesurveys.org.

　　如图 2.15 所示，不同规模的企业在融资渠道上也明显不同。大型企业拥有更多的来自金融体系的资金用于投资及周转资金。拉美地区大型企业的投资资本融资的 27.4% 来自银行信贷，而小型企业的这一比例仅为19%。在周转资金方面，大型企业使用的银行信贷（23%）差不多是小企业的（13%）近一倍。[②]

---

　　① 这一结果引人注意，如第二节所述，在拉美银行融资远比资本市场融资更盛行。
　　② 然而，利用生产者/消费者信贷进行融资，对于任何规模的企业都一样重要。无论外国企业还是本国企业，在资金结构上都没有多大差异。无论是在投资融资方面还是在周转资金方面，拉美本地企业对银行信贷的利用均比外国企业稍多，而外国企业则更多地利用自有资金，并给子公司提供信贷。这表明，在拉美本地信贷市场，外国企业并不一定取代了拉美本地企业。从部门层面上来看，数据上没有明显差异，只是出口型企业似乎比非出口型企业更普遍地利用银行信贷来进行资金周转。

图 2.15 拉美企业的投资资金和周转资金的来源（2006—2009 年平均值）

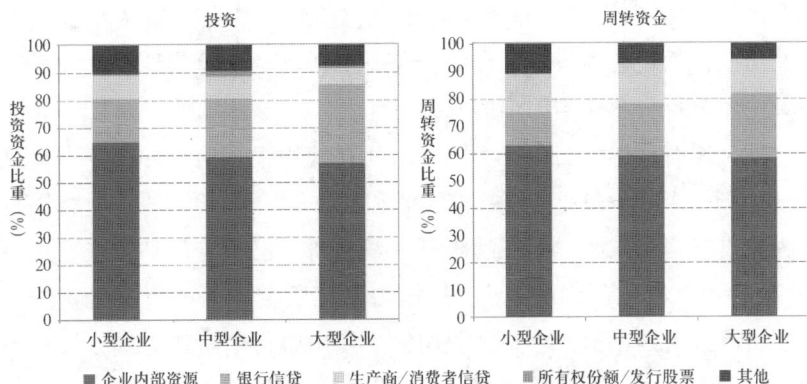

资料来源：作者计算，根据 Banco Mundial，*World Development Indicators* 2009，ht-tp：//data. worldbank. org/data – catalog/world – development – indicators.

由于银行信贷是企业重要的资金来源，因此，应该探讨一下对银行信贷使用的普及程度。图 2.16（右图）显示，在拉美使用银行信贷作为周转资金的企业比重为 36%。这一比例低于亚洲新兴经济体（38%），更低于欧洲新兴经济体（48%），但高于非洲和中东（不到 23% 的企业使用银行信贷）。

图 2.16 世界各地区使用银行信贷作为投资资金和周转资金的
企业比重（2006—2009 年平均值）

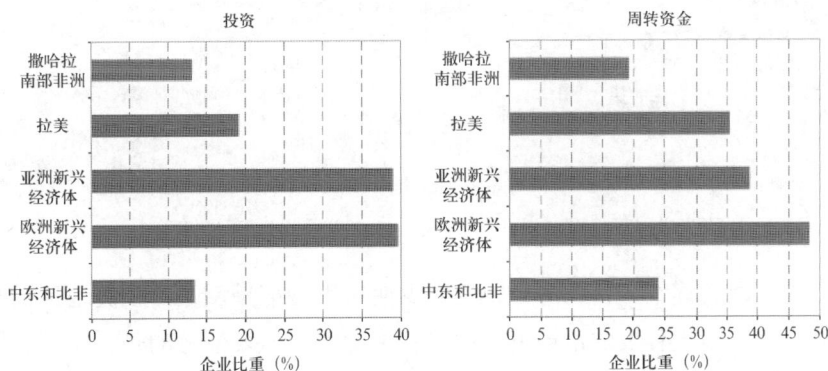

资料来源：作者计算，根据 Banco Mundial，World Development Indicators 2009，ht-tp：//data. worldbank. org/data – catalog/world – development – indicators.

在投资融资方面（见图2.16的左图），各地区之间的差异更明显。欧洲和亚洲新兴经济体40%的企业使用银行信贷作为其投资资金，而在拉美，使用银行信贷作为投资资金的企业还不到20%。这表明，在拉美长期存在着使用银行资金相当困难的问题。

此外，还有证据表明，拉美国家之间在使用银行信贷方面存在着显著差异（见图2.17）。在智利、哥伦比亚和秘鲁，约有40%的企业将银行信贷作为其投资资金来源，而在阿根廷、墨西哥、巴拉圭和乌拉圭，这一比例却还不到10%。在使用银行信贷作为周转资金方面的情况也一样。而且，在所有拉美国家里，小型企业均较少使用银行信贷作为其投资和周转资金。这些都表明，小型企业在获得信贷方面似乎面临着更大的障碍。

图2.17 拉美地区利用银行信贷作为投资和周转资金的
企业比重（2006—2009年平均）

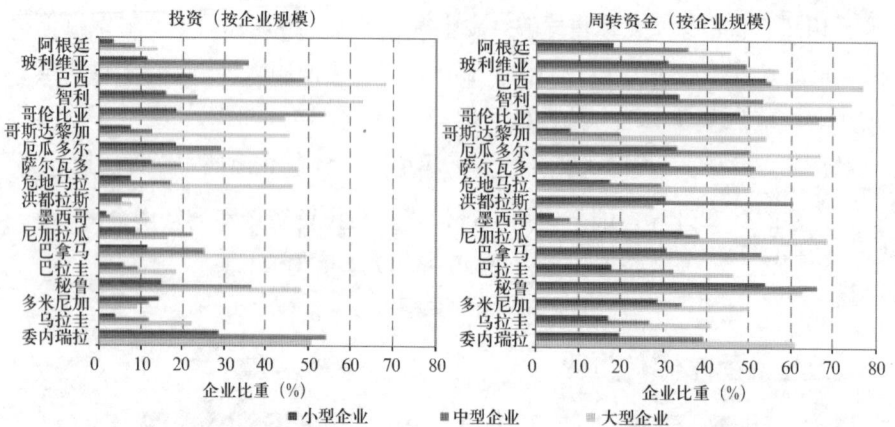

资料来源：作者计算，根据 Banco Mundial, World Development Indicators 2009, http://data.worldbank.org/data-catalog/world-development-indicators.

第三章将详细分析，中小企业较少使用银行信贷反映出拉美地区的金融体系存在多大程度的市场失灵和可获性障碍。但要注意的是，对银行资金的有限使用不应该仅仅被解释为可获性障碍问题。这种低水平的均衡可能是由于项目的盈利能力差或不确定性导致企业对资金的需求较低，亦或由于最佳资金结构促使企业去使用可替代银行信贷的其他资金。[①]

值得注意的是，上述分析仅限于正规部门企业，因为调查仅针对这些企业。但可以想象，微型企业及非正规企业的状况也差不多，而且信息不对称问题和不确定性问题（可能会影响企业获得资金）还会加剧其不利状况。这个问题将在第四章进行分析，专门探讨微型企业的金融服务可获性问题。

为什么企业使用资金的水平较低呢？当存在着不确定性和信息不对称问题时，一个企业是否有资质贷款完全依赖于所观察到的企业特征（如规模、产业部门、房产所有权等），而不是其盈利状况。由于这些观察到的特征与企业生产能力完全没有关系，因此，一些拥有盈利项目的企业可能就被排斥在信贷市场之外了。显然，这种情况属于资源配置无效，将对福利产生负面影响。

事实上，从世界各国的情况来看，无论金融体系的发展程度如何，小型企业都更难获得贷款。而这在发展程度不高的金融体系中就更加严重了。[②] 小型企业可能由于被收取高额的费用或被实行直接信贷配给而被排斥在市场之外。

调查还分析了企业是否觉得无法获得信贷对其业绩产生了影响。数据显示，约30%的拉美受访企业表示，无法获得资金是企业营运的一个主要障碍。这一比例高于欧洲和亚洲新兴经济体（见图2.18，左图）。[③]

此外，在几乎所有拉美国家中，由于企业规模缩小了，因此，认为在获得资金上存在障碍的企业比例提高了（见图2.18，右图）。[④] 即使是在金融发展程度较高的国家，如智利和巴拿马，中小型企业仍比大型企业面

---

① T. Beck y A. de la Torre, The basic analytics of access to financial services, *Financial Markets, Institutions and Instruments*, 2007, 16（2），pp. 79 – 117.

② Banco Mundial, Finance for all? Policies and pitfalls in expanding access, World Bank Policy Research Report, Washington, D. C.：Banco Mundial, 2008；关于拉美的情况，见：Banco Interamericano de Desarrollo（BID），*Unlocking credit：The quest for deep and stable bank lending*, *Economic and Social Progress in Latin America Report*, Washington, D. C.：BID, 2005.

③ 最近一次对各国进行的调查，大多数国家的数据是2007年的数据。

④ 调查中将员工人数达到5—19名的企业视为小型企业，员工人数为20—99名的企业定义为中型企业，员工人数超过100名的是大型企业。

临更大的融资障碍。与此截然不同的三个国家是玻利维亚、巴西和尼加拉瓜，其大型企业反而比中小型企业面临更大的融资障碍。尤其是巴西，大部分企业（不论企业规模）都面临资金不足的问题。相反，巴拿马则很少有企业面临资金问题。

图 2.18　认为无法获得资金是一个主要障碍的企业比例
（2006—2009 年平均值）

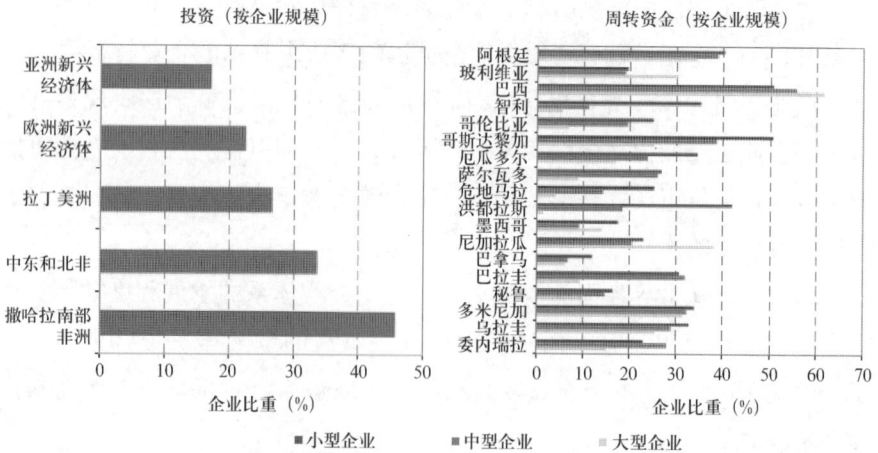

资料来源：作者计算，根据 Banco Mundial, *World Development Indicators* 2009, http://data. worldbank. org/data – catalog/world – development – indicators.

2. 企业资金结构的变化

与上述调查数据不同，以下数据纳入了时间维度，涵盖了六个拉美国家（阿根廷、巴西、智利、哥伦比亚、墨西哥和秘鲁）上市企业资金状况的数据。这些数据让我们了解到，作为拉美地区金融体系发展的成果，企业的金融杠杆水平及负债结构是如何变化的。

分析仅限于上市企业，因为只能得到各国上市公司的可比数据及其长期数据。但是，通过考察这些上市企业（主要是那些有责任和义务公开其财务信息的大公司），就可以推断其他公司也同样面临着这些限制。数据显示，如上一节所述，虽然自有资金是大型企业投资和周转资金的主要来源，但在整个经济周期里，其资金结构发生了变化（见图 2.19）。例如，更多地利用其他资金来源（银行体系和资本市场）来替代自有资金，这恰与 2004 年以来这些国家的经济和信贷总量持续增长相吻合。

但是，继 2008 年全球金融危机之后，由于国际信贷市场面临着困境（国内信贷市场的困境稍小），企业不得不提高利用自有资金的比例。值得注意的是，企业在经济繁荣期已积累了充沛的资金，可以减缓在危机最严重时期对获得信贷的影响。[①] 这表明，即使是大公司也会受到信贷周期的影响（理论上应该较少存在信贷限制），关于这个问题将在第四部分详细分析。

图 2.19　拉美企业除自有资金之外的其他来源的投资资金的比例[a]

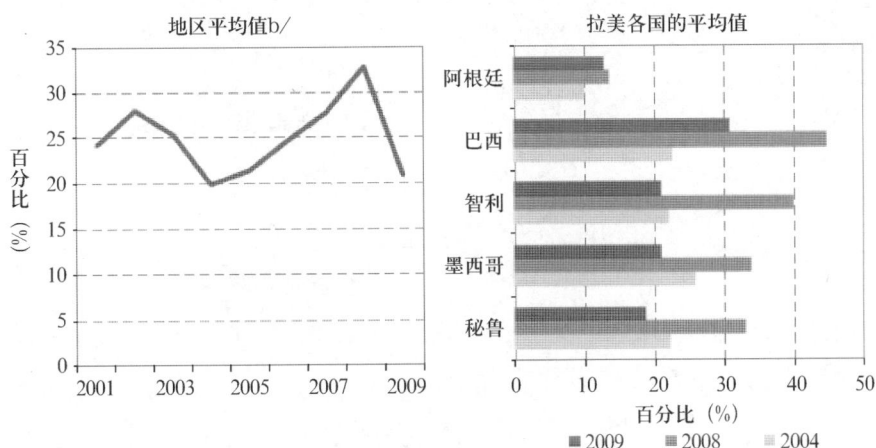

地区平均值[b]

拉美各国的平均值

百分比（%）

■ 2009　■ 2008　□ 2004

a/ 这个比例是根据企业资产负债表的数据，用投资减去用于投资的现金流。
b/ 阿根廷、巴西、智利、墨西哥和秘鲁的平均值。
资料来源：作者计算，根据 Economática, 2010, http://www.economatica.com/.

此外，样本企业的杠杆率（总负债与总资产之间的比例）在 1997—2001 年提高了，但随后在 2003—2007 年拉美经济繁荣期中，部分企业的杠杆率又下降了（见图 2.20，左图）。这种变化与拉美企业的市值飙升

---

① 2003—2008 年，六个样本国家的企业流动性（定义为流动资产与流动负债的比率）平均提高至 20%。

（由于近期拉美地区证券市场的繁荣）相吻合。[①] 这表明，自 2004 年以来，由于企业更多地使用了融资服务，其资产增幅超过了负债增幅。

如图 2.20（右图）所示，在拉美六个国家之间存在着有趣的差异。一方面，智利和哥伦比亚样本企业的杠杆率最低，而巴西企业的杠杆率最高。2004—2008 年，阿根廷、哥伦比亚和秘鲁企业的杠杆率降低了，而巴西、智利和墨西哥企业的杠杆率却提高了。2009 年，除智利外，其他所有拉美国家的杠杆率都下降了。这与前面所述的投资融资结构的变化相吻合（除智利之外）。[②]

图 2.20　拉美企业的资金结构：杠杆率[①]

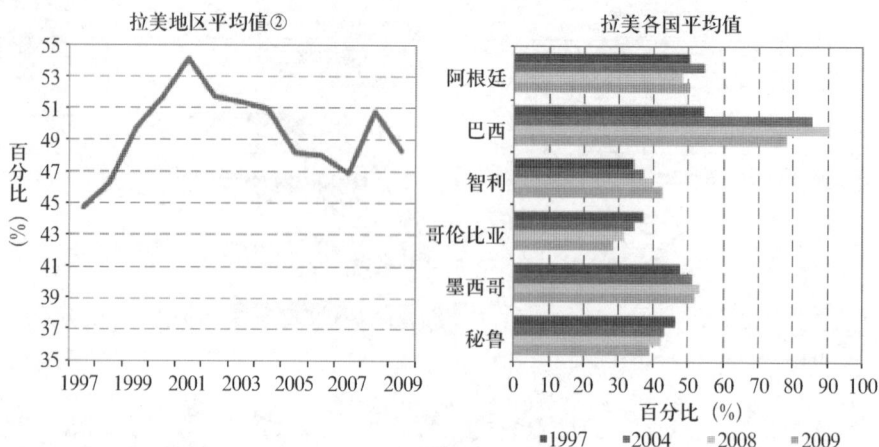

①杠杆率定义为总负债与总资产的比率。
②阿根廷、巴西、智利、哥伦比亚、墨西哥和秘鲁的平均值。
资料来源：作者计算，根据 H. Kamil, *A new database on the currency and maturity composition of firms' balance sheets in Latin America*：1992－2009, Por publicar, FMI, 2010.

1997—2009 年，拉美企业的债务期限结构保持相对稳定。长期负债占

---

①　2004—2008 年，股票指数大幅攀升。例如，阿根廷和智利的股票市值增加了 90%；巴西和墨西哥的股票市值增幅接近 190%，哥伦比亚和秘鲁的股票市值的增幅超过了 300%。到 2009 年底，由于全球危机导致经济崩溃，股票市值跌回谷底。
②　这可能是由于"杠杆"的概念是指，用以投资和周转资金的负债与总资产的比率。公司可以选择投入更多的可用信贷用作周转资金，同时将更多的自有资金用作投资资金。

总负债的比重总体保持在40%左右（见图2.21，左图），尽管拉美国家之间存在着明显差异（见图2.21，右图）。巴西、智利和墨西哥企业的长期负债占其总负债的比重最高（2009年接近50%），而阿根廷、哥伦比亚和秘鲁企业的这一比重不超过40%。拉美各国之间的变化也不尽相同。秘鲁的长期负债率不断上升，而哥伦比亚则有所下降（2009年除外），其他拉美国家略有增长或与2004年的水平持平。

图2.21　财务结构拉丁美洲公司：期限结构①

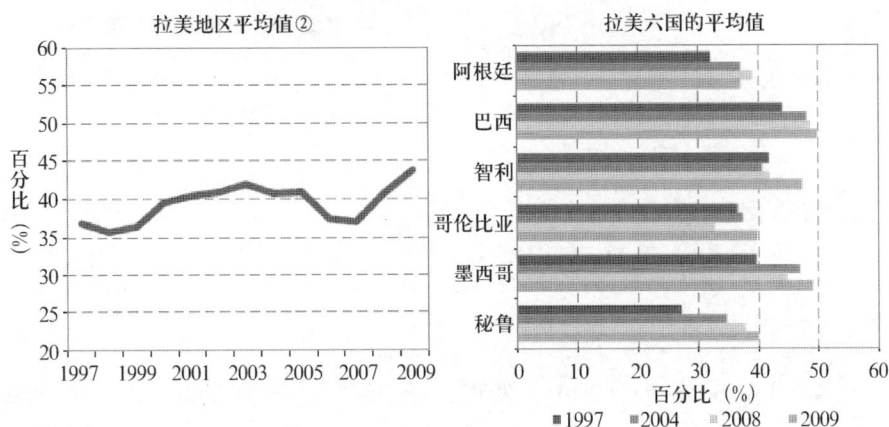

①表示长期负债占总负债的比例。

②阿根廷、巴西、智利、哥伦比亚、墨西哥和秘鲁的平均值。

资料来源：作者计算，根据 H. Kamil, *A new database on the currency and maturity composition of firms' balance sheets in Latin America*：1992－2009，Por publicar，FMI，2010.

也许企业资金结构中最显著的变化是负债的货币结构变化，如图2.22所示。十年中，以外币计价的负债比率不断下降，差不多是1997年水平的一半。虽然2009年阿根廷和秘鲁以外币计价的负债比率最高，分别为35%和40%，但已经比1997年美元化的负债比率显著下降了，降幅分别为55%和60%。

图 2.22　拉美企业的资金结构：负债币种结构①

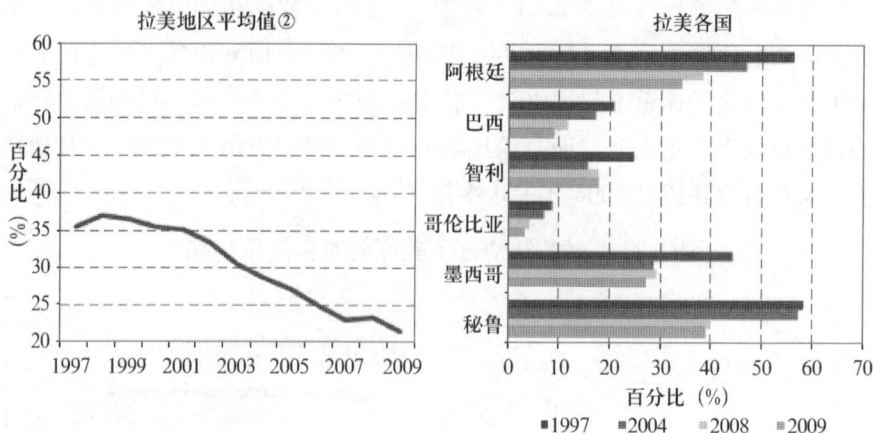

拉美地区平均值②

拉美各国

①表示长期负债占总负债的比例。

②阿根廷、巴西、智利、哥伦比亚、墨西哥和秘鲁的平均值。

资料来源：作者计算，根据 H. Kamil, *A new database on the currency and maturity composition of firms' balance sheets in Latin America*：1992－2009, Por publicar, FMI, 2010.

　　Kamil 和 Sengupta（2010）发现，资金结构的改善有助于企业在全球金融危机最严重时期保持其盈利水平。对这些数据进行计量的结果表明，那些在危机前具有较低杠杆率的企业，在 2008 年 10 月股市崩溃后的六个月里，其销售水平跌幅相对较小。此外，负债美元化的程度并不是导致这一现象的重要决定性因素。前几年，美元化程度下降似乎已经有助于减少折旧对企业资产负债表的影响（尤其对那些收入以本币计价而负债由外币计价的企业不利）。

（二）家庭对金融服务的使用

　　在这一部分讨论家庭对金融服务的可获性及使用，主要包括三个问题。一是，家庭从金融体系提供的服务中有多大程度的受益？二是，金融服务的覆盖面是否有所扩大？或者正相反，是否最弱势群体在获得金融服务上面临更大的困难？三是，探讨无法获得金融服务的原因。

　　为了解答这些问题，需要有关家庭对金融服务使用的数据。不幸的是，很难获得这些数据。目前还没有系统的、统一的、涵盖较长时段的集合拉美地区的家庭资金信息的数据库。有些研究对拥有资金信息的家庭进行了调查（并不是所有家庭都有资金信息），从中获得了一些数据。然而，在调查问题设计上以及样本质量方面均存在着差异，这在一定程度上限制了最终结果在国家之间的可比性。还有一些研究基于专门的、更详细的调查，但缺乏长期数据。

这一部分讨论家庭对金融服务的可获性问题。为了提高关于拉美地区金融服务可获性数据的可用性及数据质量，CAF 进行了入户调查，对家庭使用的支付、储蓄和信贷工具做了细致地调查。调查覆盖了拉美 9 个国家的 17 个城市。在这一部分的分析中，使用的是由其他机构进行调查的数据，并以此为依据，对安第斯发展集团的调查数据进行比较和验证，在本报告的第五章中将使用安第斯发展集团的调查数据。

回到前面提出的问题，要考察拉美地区的家庭从金融体系提供的服务中有多大程度的受益，就要先调查家庭都使用哪些金融工具。家庭使用银行服务，既可实现交易（支付方式），也可进行投资（房地产、人力资本等），还可以进行储蓄和（或）消费。获得信贷对于维持那些收入不稳定家庭的消费方式来说尤其重要。如果无法获得信贷，家庭就会受到收入变化的限制，可能会导致一些不必要的消费变化，并抑制家庭在耐用品、教育和住房方面的投资。这意味着，家庭福利会有较大损失。

图 2.23 描述了一个可获性或银行化的基础指标，衡量在任何一家金融机构拥有一个账户的成年人口比例。该指标是由 Beck 等（2007）基于对拉美各国金融体系中的家庭及其他变量所做的调查构建而成的。[①] 这个可获性指标的优点在于其样本规模足够大，使得拉美与世界其他地区以及拉美国家之间具有可比性。

---

① 对于缺乏家庭调查信息的国家，根据银行账户数量及其规模进行估计，P. Honohan, *Cross - country variation in household access to financial services*, Trabajo preparado para la Conferencia Access to Finance, Washington, D. C. , 2007.

图 2.23　金融服务的可获性（2007 年）

私人部门的银行信贷与金融服务的可获性
（按地区）

金融服务的可获性：估计值与实际值（45°线）
控制变量：购买力评价的人均GDP和人口密度a/

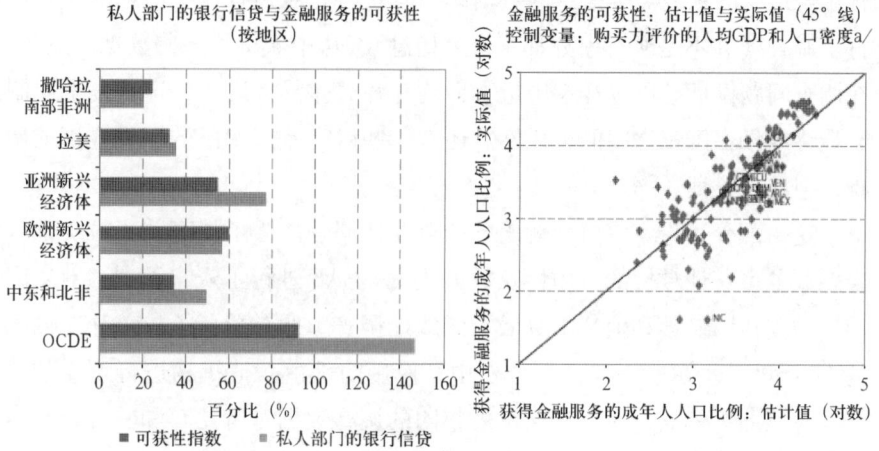

a/ 估计值是对金融服务的可获性指数（对数形式）、购买力评价的人均收入（2005—2007 年平均值的对数）和人口密度（2005—2007 年的平均值）进行回归的结果。金融服务的可获性只计算了 2007 年的水平。

资料来源：作者计算，根据 Banco Mundial，*World Development Indicators* 2009，http: //data. worldbank. org/data – catalog/world – development – indicators；T. Beck y A. de la Torre，The basic analytics of access to financial services，*Financial Markets*，*Institutions and Instruments*，2007，16（2）。

图 2.23 中的左图显示的是地区平均值，右图是根据预测值（对银行化水平、人均收入和人口密度进行回归）得出目前银行化的水平。[①] 与较高的可获性水平相一致，人均收入水平和人口密度的预测值也较高。通过对比估计值与实际值，根据其基本特征（人口密度和人均收入）以及所有样本国家的平均水平，我们可以推断不同国家或地区是否具有"适当的"银行化水平。

如图 2.23 所示，拉美的可获性水平低于发达国家及其他新兴经济体。在发达国家，93% 的成年人都拥有一种银行账户，欧洲新兴经济体的这一比例为 60%，亚洲新兴经济体为 55%，而在拉美这一比例只有 38%（见

---

① 正如第 62 页注释①中说明的理由，在回归中使用了可获性和人均收入的对数形式。

图 2.23，左图）。

在拉美地区内部，即使在金融体系深化水平最高的国家，如智利和巴拿马（在第二节中已有分析），其可获性也相对较低。在智利，约 40% 的人口没有金融机构账户。在巴拿马，遭受金融排斥的人口比例上升至 50% 左右。

图 2.23（右图）也显示出，大多数拉美国家的可获性水平低于与其人均收入和人口密度相应的可获性预测值。[①] 例如，在尼加拉瓜，银行化水平估计低于成年人口的 10%，但根据其收入水平和人口密度，预测值应该在 30% 左右。

此外，在回归分析中还包括了一个虚拟变量，用以检验所有拉美国家的可获性是否明显低于样本的平均水平。在对大多数国家的检验中，虚拟变量是显著的，这表明实际上拉美国家的可获性水平似乎大大滞后于与其人均收入和密度相应的可获性水平。[②]

在回归分析中使用可获性的其他衡量指标，如账户数以及每 10 万居民中银行网点的数量，尽管虚拟变量对银行支点某些规范变化的显著性不强，[③] 但回归的结果还是一样的（见图 2.24）。

在拉美，收入不足的原因是什么呢？一个主要原因可能是人均收入这个指标所涵盖的收入信息太少（收入分配高度不平等国家中的大多数人都持这种观点）。从直观上看，应该是不平等程度越高，银行化程度就越低，因为没有足够收入来支付金融服务（甚至包括最基本的金融服务，如一个银行账户）的家庭比例提高了。

---

① 在所有的回归计算中，人均收入均经购买力平价调整。使用变量的对数形式，人口密度的计算涵盖了所有人。

② 对可获性水平或者对可获性指数的对数形式进行回归，结果是显著的。当对收入和可获性指数进行回归计算时，虚拟变量仍为负，但不再显著，可能是由于收入水平更分散。

③ 虚拟变量对每 10 万居民拥有的储蓄账户数的所有规范变化都很显著。只有将人均 GDP 及其对数形式作为因变量时，虚拟变量对每 10 万居民中银行网点的数量才是显著的。

图 2.24　储蓄账户数量、银行网点数量、收入水平和人口密度（2009 年）

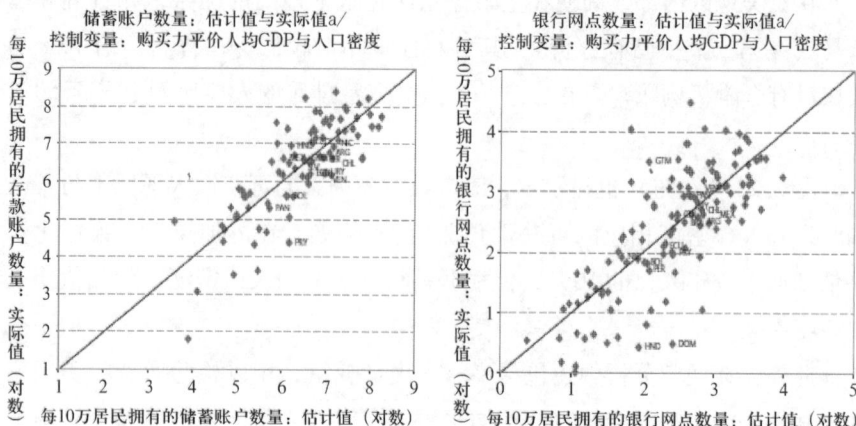

a/ 估计值是对储蓄账户数（对数形式）、购买力平价人均 GDP（2005—2007 年平均值）和人口密度（2005—2007 年平均值）进行回归的结果。储蓄账户数使用的是 2009 年的数据。

b/ 估计值是对银行网点数量（对数形式）、购买力平价人均 GDP（2005—2007 年平均值）和人口密度（2005—2007 年平均值）进行回归的结果。银行网点数量使用的是 2009 年的数据。

资料来源：作者计算，根据 Banco Mundial, *World Development Indicators* 2009, http：//data. worldbank. org/data‐catalog/world‐development‐indicators；Consultative Group to Assist the Poor（CGAP）, Financial Access 2010 Report, 2010, http：//www. cgap. org/p/site/c/financialindicators.

但是，经济理论对不平等、金融发展和可获性之间的关系持不同的观点。一种观点认为，由于市场不完善，最初的收入不平等可能会延续，导致市场摩擦，使低收入群体无法获得资金。因此，不平等与可获性之间呈负相关关系。[①] 另一种观点认为，在发展进程中，金融发展与不平等之间呈非线性关系。处于较低发展阶段的国家，只有社会上层才能获得金融服

---

① O. Galor y J. Zeira, Income distribution and macroeconomics, *Review of Economic Studies*, 1993, 60（1）, pp. 35‐52.

务并从中获益，这加大了不平等。[1] 但问题是，社会及金融体系发展到何
种程度，才能让社会大多数人获得金融服务，从而最终减少不平等呢？[2]

图 2.25（左图）显示了一些计算结果，其中包括一个不平等指标（基
尼系数），它是在对可获性水平、人均收入以及人口密度进行回归的基础
上得出的。首先，回归的结果表明，不平等与可获性之间呈显著的负相关
关系。在回归中加入了基尼系数后，所有拉美国家的可获性水平的观测值
与预测值之间的差异缩小了。这表明，由于拉丁美洲是世界上最不平等的
地区之一，因此，不平等似乎的确是拉美地区可获性水平较低的一个重要
原因。尽管在回归分析中做了这样的调整，但大多数拉美国家仍位于 45°
回归线以下，这说明，不平等、收入水平以及人口密度都不一定是拉美地
区可获性水平较低的重要原因。

那么，还有哪些因素可能是重要原因呢？正如第二节所分析的，宏观
经济不稳定以及制度缺失都可能会直接影响金融深度和家庭的可获性水
平。这就需要一个新的回归计算，在对可获性的回归分析中，在人均收
入、人口密度和不平等的基础上，增加宏观经济不稳定指标和制度质量指
标（见图 2.25，右图）。

虽然拉美地区可获性水平的预测值与观测值之间的差距缩小了，但其
可获性水平仍略低于与其收入水平、人口密度、不平等、（甚至）宏观经
济不稳定以及制度质量相应的可获性水平。因此，应该还存在其他的原
因。下面，我们将考察与服务成本方面相关的一些原因。

除了上述的综合指标之外，对拉美家庭在多大程度上使用储蓄和信贷
工具的分析也很重要。如表 2.2 和表 2.3，根据对拉美地区的家庭调查以
及特 Tejerina 和 Wesley（2007）的整理，提供了金融服务可获性的其他方
面的数据。虽然这些调查大多是在 21 世纪初做的，但仍是非常有用的参考

---

[1]　Greenwood y Jovanovic（1990）提出这一假说，见：J. Greenwood y B. Jovanovic, *Financial development, growth, and the distribution of income*, Journal of Political Economy, 1990, 98（5），pp. 1076 – 1107.

[2]　关于这一争论及其实证研究的情况，见：G. Clarke, L. Xu y H. Zou, *Finance and income inequality: test of alternative theories*（World Bank Policy Research Working Paper N°2. 984），Washington, D. C.：Banco Mundial, 2003；T. Beck, A. Demirgüç – Kunt y R. Levine, *Finance, inequality and poverty: cross country evidence*（NBER Working Paper N°10. 979），Cambridge：NBER, 2004.

和背景资料，关于 2010 年安第斯发展集团对拉美 9 个城市的调查结果将在第五章中介绍。

从表 2.2 中可以看出，样本国家之间各项指标的差异都很大。尤其是在牙买加和巴拿马，拥有银行储蓄账户的家庭比例分别为 68% 和 39%；而在秘鲁，这一比例仅为 4.5%。同样，在巴拿马有 35% 的家庭使用信贷工具，而在萨尔瓦多和巴拉圭这一比例仅为 5%。

即使在金融体系相对发达的拉美国家如巴拿马，其家庭资金中的相当一部分来自非正规渠道（见表 2.3）。这表明，在家庭层面上，正规和非正规的融资渠道之间不一定是完全替代的，主要是因为金融体系的发展水平有限以及是否存在获得贷款的障碍。值得注意的是，家庭在使用储蓄工具方面的情况并不是这样的，家庭利用金融服务的主要形式仍然是使用储蓄工具（见表 2.2）。在第五章将利用 CAF 的调查资料来详细分析这一问题。

另外，这些数据还揭示出，从使用金融工具中获益较多的家庭类型。总体而言，在所有拉美国家中，低收入家庭对金融服务的使用水平均低于高收入家庭。

在拉美地区的样本国家中，使用储蓄工具的低收入家庭比例平均为 15%，而使用储蓄工具的高收入家庭的比例高达 33.9%（见表 2.2）。另外，高收入家庭更为普遍地使用正规的储蓄工具。[1] 尽管各国的比例不同，但一般而言，在拉美大多数高收入家庭似乎更倾向于到正规金融机构进行储蓄。相反，到正规金融机构进行储蓄的低收入家庭的比例看起来小得多。[2]

---

① L. Tejerina y G. Westley, *Financial services for the poor*, *Household survey sources and gaps in borrowing and saving* (Technical Papers Series, Sustainable Development Department), Washington, D. C.: BID, 2007. 调查中的正规机构包括金融监管机构（银行和金融机构）和非金融监管机构（合作社和非政府组织）。非正规机构包括信贷和储蓄的其他来源，如滚动储蓄机制、民间借贷组织、家人朋友以及供应商。

② 由于调查中的计算误差，使用正规储蓄机制的家庭比例可能被低估了。例如，可能没有包括拥有现金储蓄或购买耐用品的家庭。

图 2.25　金融服务的可获性、收入水平、人口密度、
不平等和不稳定（2007 年）

金融服务的可获性：估计值与实际值（45°线）①
控制变量：购买力平价人均 GDP、人口密度和基尼系数

金融服务的可获性：估计值与实际值（45°线）①
控制变量：购买力平价人均 GDP、人口密度、基尼系数、
经济增长的标准和制度质量指标

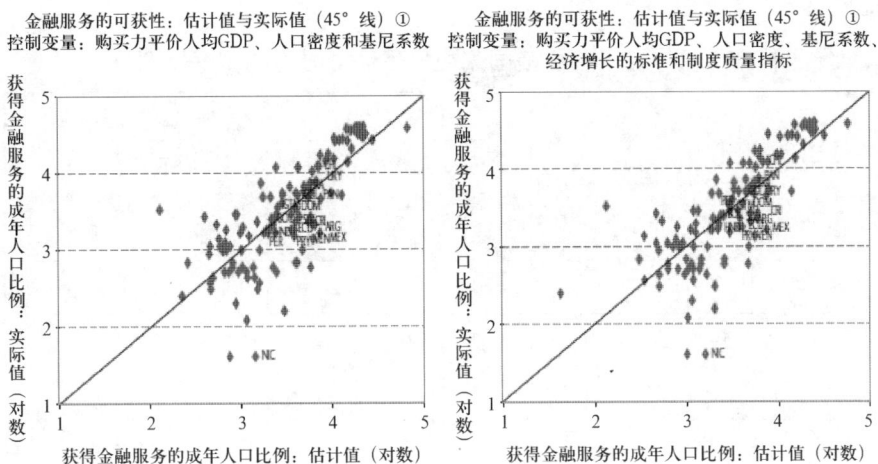

纵轴：获得金融服务的成年人口比例：实际值（对数）
横轴：获得金融服务的成年人口比例：估计值（对数）

①估计值是对金融服务的可获性（对数形式）、购买力平价人均 GDP（2005—2007 年平均值）、人口密度（每平方公里的人口数，2005—2007 年的平均值）和基尼系数（2004—2007 年平均值）进行回归的结果。金融服务的可获性使用的是 2007 年的数据。

②估计值是对金融服务的可获性（对数形式）、购买力平价人均 GDP（2005—2007 年平均值）、人口密度（每平方公里的人口数，2005—2007 年的平均值）、基尼系数（2004—2007 年平均值）、经济增长的标准差（用来表示表示 1995—2004 年间的经济不稳定性）和制度质量指数（2004—2007 年平均值）进行回归的结果。制度质量指数是一个认为法律能够保护借贷双方的权利，并能促进金融融通的最高值。该指数是对各国各个领域专家（律师、顾问、公务员等）调查的结果。金融服务的可获性使用的是 2007 年的数据。

资料来源：作者计算，根据 Banco Mundial, *World Development Indicators* 2009, http://data.worldbank.org/data‐catalog/world‐development‐indicators; T. Beck y A. de la Torre, The basic analytics of access to financial services, *Financial Markets*, *Institutions and Instruments*, 2007, 16 (2).

从表 2.3 中可以看出，信贷方面的情况也差不多。平均来看，使用信贷工具的高收入家庭比例（22.6%）比使用信贷工具的低收入家庭比例（16.2%）更高。此外，高收入家庭比低收入家庭更多地使用正规金融机构的信贷工具。不过，正规渠道融资的重要性对不同国家来说存在着差

异。在厄瓜多尔，在使用信贷工具的人中，使用正规渠道的融资占据主导地位；而在墨西哥，非正规渠道的信贷无论在低收入家庭还是在高收入家庭中，似乎都占主导地位。

表2.2　在一些拉美国家中使用储蓄服务的家庭比例

国　家	年　份	总家庭比例	贫困家庭比例			非贫困家庭比例		
			总资金	正规渠道的资金 b/	非正规渠道的资金 c/	总资金	正规渠道的资金 b/	非正规渠道的资金 c/
玻利维亚 a/	2000	9.9	4.0	4.5	—	18.0	18.0	—
厄瓜多尔 a/	1998	22.7	7.9	7.9	—	29.9	29.9	—
萨尔瓦多	2002	—	—	—	—	—	—	—
危地马拉	2000	17.2	2.7	2.5	0.2	29.4	28.9	0.4
海地	2001	11.7	3.7	3.7		23.9	23.9	
牙买加	1997	68.2	48.9	40.2	11.4	72.7	63.9	16.4
墨西哥	2002	29.6	23.6	14.8	9.1	42.2	32.9	11.0
尼加拉瓜	1998	7.4	1.8	0.9	1.0	10.9	8.6	2.4
巴拿马	2003	38.6	12.7	9.9	1.7	47.7	44.0	5.2
巴拉圭	2001	5.1	1.9	0.7	1.2	6.3	4.8	1.5
秘鲁	2001	4.5	0.9	0.9	—	7.6	7.6	—
多米尼加	2001	25.1	9.8	9.8		31.7	31.7	
加权平均		23.2	15.0	10.0	7.9	33.9	28.3	9.7

a/ 使用正规储蓄服务的总数。

b/ 正规渠道是指监管机构（银行和金融机构）和非监管机构（合作社和非政府组织）。

c/ 非正规渠道是指民间借贷组织、家人和朋友及其他提供者。

资料来源：L. Tejerina y G. Westley, *Financial services for the poor*, *Household survey sources and gaps in borrowing and saving* (Technical Papers Series, Sustainable Development Department), Washington, D. C.：BID, 2007.

表 2.3　在一些拉美国家中使用信贷服务的家庭比例

国　家	年　份	总家庭比例	贫困家庭比例			非贫困家庭比例		
			总信贷	正规渠道的信贷 b/	非正规渠道的信贷 c/	总信贷	正规渠道的信贷 b/	非正规渠道的信贷 c/
玻利维亚	2000	12.9	10.0	5.3	4.5	17.4	9.7	7.7
厄瓜多尔	1998	11.3	8.2	4.9	3.5	12.7	12.2	0.9
萨尔瓦多	2002	2.6	2.0	0.5	1.5	2.9	1.7	1.3
危地马拉	2000	11.1	9.6	4.2	6.9	12.4	8.3	7.8
海地	2001	—	—	—	—	—	—	—
牙买加	1997	10.5	9.6	1.0	7.9	10.7	4.5	5.9
墨西哥	2002	23.5	21.2	5.3	17.3	28.3	8.2	21.9
尼加拉瓜	1998	17.4	9.7	5.0	4.7	22.3	13.8	8.8
巴拿马	2003	34.7	28.6	8.4	22.1	36.8	20.7	19.7
巴拉圭	2001	4.2	4.0	1.7	2.4	4.2	3.1	1.2
秘鲁	2001	12.4	8.5	1.5	8.4	15.8	5.1	11.9
多米尼加	2001	21.0	16.9	5.8	11.8	22.7	13.1	11.1
加权平均		18.9	16.2	4.5	12.9	22.6	8.3	15.7

a/ 正规渠道是指监管机构（银行和金融机构）和非监管机构（合作社和非政府组织）。

b/ 非正规渠道是指民间借贷组织、家人和朋友及其他提供者。

资料来源：L. Tejerina y G. Westley, *Financial services for the poor*, *Household survey sources and gaps in borrowing and saving*（Technical Papers Series, Sustainable Development Department）, Washington, D. C.：BID, 2007.

　　在使用储蓄和信贷金融工具方面，似乎还有一些其他的家庭层面上的特征。比如，城市家庭比农村家庭的银行化程度更高，且更多地使用正规金融机构的资金。此外，拥有企业的家庭更多地使用金融工具，包括正规和非正规渠道的信贷和储蓄。在使用正规金融机构的信贷方面，还存在着性别差异，家庭中男性更倾向于使用信贷（Tejerina y Westley, 2007）。

　　应该注意的是，尽管数据显示家庭之间存在着差异，但在拉美，储蓄和信贷工具的有限利用，不应仅仅被视为低收入家庭、农村家庭、使用非正规渠道资金的家庭问题，或是被视为性别问题。银行化水平较低是一个影响到所有人的普遍性问题，但对某些家庭而言影响更大。如上所述，在发达国家中，几乎所有家庭都拥有金融机构的储蓄工具，而在拉美，只有不到 1/3 的家庭拥有金融机构的储蓄工具。

最近的研究在对拉美各国家庭进行调查的基础上，也得出了相同的结论。也就是说，在拉美，对银行服务的使用是有限的，进而减少了家庭收入，尤其是非正规就业和受教育程度低的家庭。由于对可获性的定义不同，以及调查方法相异，各国之间不具有可比性。因此，对于本报告来说，今年 CAF 的调查资料是一个非常有价值的分析依据。

例如，Repetto 和 Denes（2007）发现，在阿根廷 80% 的中等收入和高收入家庭使用银行服务，而在低收入家庭中，不到 20% 使用银行服务。Kumar 等（2005）发现，在巴西收入最低的 20% 人群中，只有 15% 拥有金融机构的账户；而在收入最高的 20% 人群中，47% 都拥有金融机构的账户。[1] Solo 和 Manroth（2006）发现，在哥伦比亚波哥大，在每月收入低于最低工资标准且银行化水平较低的人口中，70% 很可能处于失业状态，且受教育水平较低。Djankov 等（2008）将人口和地理因素作为控制变量，得出结论：在墨西哥，教育和财富水平决定了一些家庭对正规金融机构储蓄账户的使用（见图 2.26）。

Delphos（2008）关于委内瑞拉的研究也得出类似结论。例如，社会上层中 75% 的人拥有银行账户，而社会下层中只有 23% 的人使用某些金融服务。此外，在正规部门就业的人拥有银行账户的比例更高。[2]

---

[1] 在储蓄账户方面，在收入最低的 20% 人群中，只有 16% 拥有储蓄帐户；而在收入最高的 20% 人群中 68% 都有储蓄账户。此外，在收入最低的 20% 人群中，92% 都没有申请信贷；而在收入最高的 20% 人群中，74% 已申请信贷。

[2] 在委内瑞拉的调查中，对"银行化"的定义是：在调查前的至少 18 个月内，使用过正规金融机构提供的任何一种金融服务。

图 2.26 拉美地区的银行化：对家庭调查的结果[a]

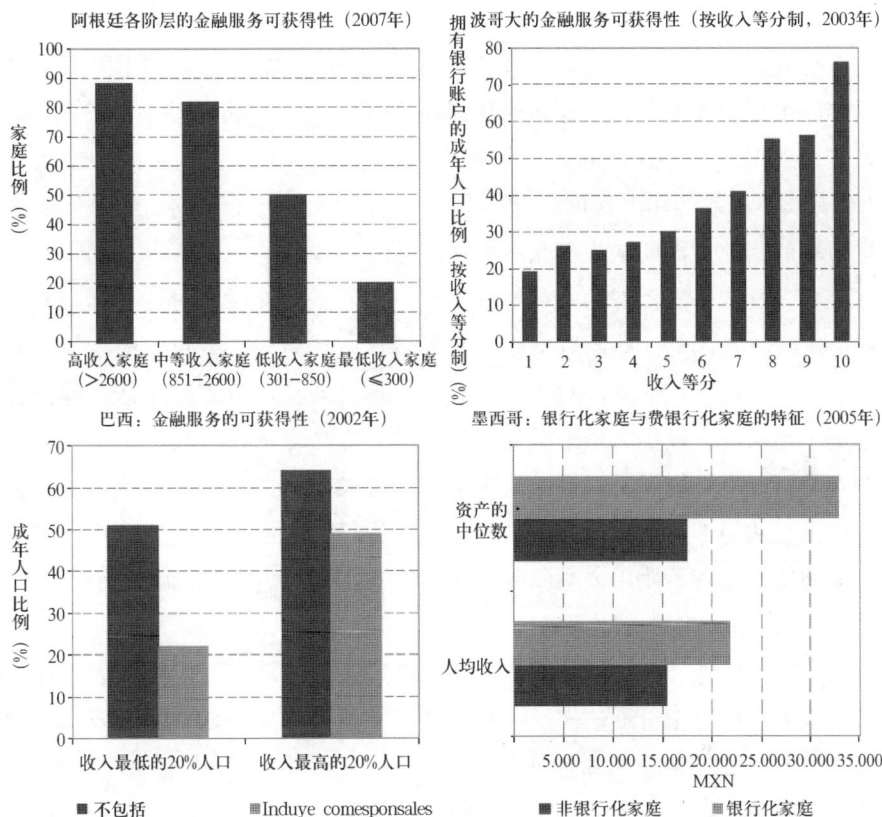

a/ 在阿根廷、巴西和哥伦比亚的研究中，使用了一个较宽泛的可获性定义，涵盖了拥有或使用由银行提供的任何类型的金融服务。这些服务包括：支票或储蓄账户、借记卡或信用卡、小额贷款、汇款、消费信贷以及支付服务等。而在墨西哥的研究中，仅限于对储蓄账户的使用。阿根廷的研究覆盖了所有人口密度在 2 万人（及以上）的地区，涵盖了约 86% 的人口。在巴西的调查主要集中在城市地区，涉及约 80% 的人口。而在哥伦比亚，只在波哥大进行了调查。在墨西哥，调查更为广泛，覆盖了全国所有地区。

资料来源：G. Repetto y A. Denes, *Access to financial services in Argentina: a national survey*（IFC Bulletin N°33），Washington, D. C.：IFC, 2007；T. Solo y A. Manroth, *Access to financial services in Colombia. The "unbanked" in Bogotá*（World Bank Policy Research Working Paper N°3. 834），Washington, D. C.：Banco Mundial, 2006；A. Kumar, T. Beck, C. Campos y S. Chattopadhyay, *Assessing financial access in Brazil*（World Bank Working Paper N°50），Washington, D. C.：Banco Mundial, 2005；P. Djankov, P. Miranda, E. Seira y

S. Sharma, *Who are the unbanked*? (World Bank Policy Research Working Paper N°4.647), Washington, D. C. : Banco Mundial, 2008.

研究表明，拉美地区的家庭获得银行服务的程度较低。人们不禁会问，这实际上是否表明了金融体系的功能缺失呢？当一个家庭想开立账户并愿意支付费用（一个合理的价格）时，或者想获得贷款去购买耐用消费品（具有偿还贷款的能力）时，却因信息不对称、没有抵押物，或是影响金融市场的其他方面的缺失而无法实现。

可获性水平较低的另一种解释是，一些家庭往往没有对这些金融服务的需求，这是因为这些家庭的收入水平较低、风险较大或更倾向于使用非正规渠道的储蓄和信贷。对于这类情况，将（对供需双方）采取一些社会福利干预措施，以扩大金融服务的可获性。方法之一就是通过对家庭进行调查分析，直接询问家庭是如何决定使用金融工具的，以及都使用哪些金融工具，从而考察可获性问题是否导致了银行化程度低。第五章将详细分析家庭使用或者不使用金融服务的原因（包括需求方的原因和供给方的原因）。在这里先将拉美地区的这一研究做简要介绍。

关于阿根廷，Repetto 和 Denes（2007）认为，家庭不使用金融服务的原因很多，如对银行不信任、没有钱进行储蓄、没有开账户的必要、开通账户的要求太复杂、不知如何开户、一些支行太偏远，或个人理财偏好。他们还发现，如果银行缩短交易时间并提供更多的信息，家庭就会使用更多的银行服务。

关于巴西，Kumar 等（2005）发现，家庭没有银行账户的主要原因是银行服务收费太高。其他原因还包括：自有资金不足，无法提交银行所需的各类文件资料和繁琐的手续。与阿根廷的情况不同，等待的时间或者金融机构准入方面的障碍都不是重要的问题。

Solo 和 Manroth（2006）发现，在哥伦比亚，银行服务较高的佣金、最低开户金额以及维持账户正常运转的高收费似乎都是阻碍拥有银行账户的重要因素。例如，储蓄账户和信贷的管理费用为最低工资标准的5%—10%，大大超过了低收入客户的支付能力。

Djankov 等（2008）发现，在墨西哥，尚未开设银行账户的绝大多数家庭是因为没有钱。这意味着，对于这些家庭而言，拥有一个银行账户并没有太大的经济意义，因为他们的交易量很小，储蓄也很少或根本没有能力进行储蓄。与前面所述的其他国家的情况不同，在墨西哥，管理帐户的费用、银行机构的准入或最低开户金额似乎都不是重要的原因。

Delphos（2008）的调查结果显示，在委内瑞拉，家庭没有银行账户的主要原因在于缺乏资金以及就业状况，其次还由于缺乏适合需求的金融产品、程序复杂，以及高昂的费用和佣金等原因。

（三）可获性低水平的原因是什么？

前面的研究表明，家庭使用金融服务的水平较低，部分原因在于融通的费用过高。首先，在拉美，拥有和管理账户的费用高。平均最低开户金额占拉美人均 GDP 的 5% 以上。此外，维护一个储蓄账户的平均成本相当于拉美人均 GDP 的 2% 左右。在撒哈拉南部非洲这一成本最高（见图 2.27）。

图 2.27　世界各地区开立一个支票账户所需的最低金额及
维护账户的年均费用
（占 2004 年人均 GDP 的比重）

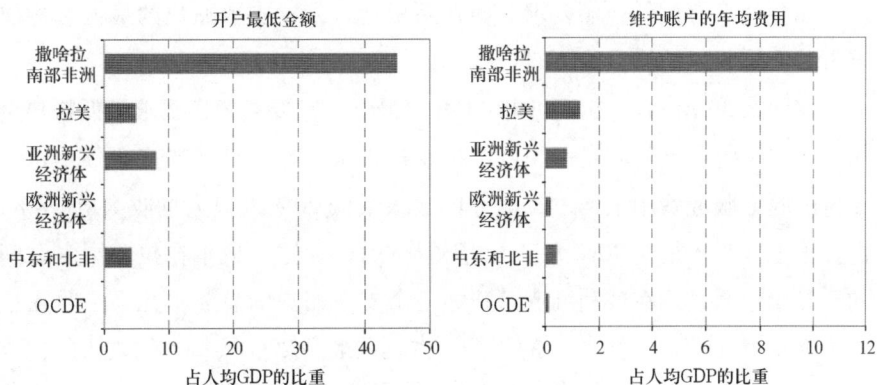

资料来源：T. Beck, A. Demirgüç – Kunt y M. Martinez, Reaching out: access to and use of banking services across countries, *Journal of Financial Economics*, 2007, 85（1），pp. 234 – 266.

　　较高的贫困率和不平等程度似乎并不足以解释拉美地区的可获性低，融通成本过高可能才是妨碍低收入群体获得金融服务的原因。

　　为了说明这一点，我们可以按拉美各国各阶层的平均人均收入，计算一下管理一个账户的成本是多少。根据人均收入和收入分配的数据，按五等分分组，我们可以得到每组的平均人均收入，然后与各国的最低开户金额及维护账户的最低成本进行比较。①

　　在 OECD 国家，最低开户金额占收入最低 20% 人口人均收入的比重还不到 1%；而在拉美，最低开户金额占收入最高 20% 人口人均收入的比重甚至都高于这一比例。对于收入最低的 20% 人口而言，最低开户金额占其平均收入的 30% 以上，看来只能望而却步。如图 2.28 所示，开户成本在拉美各国的差异很大，如巴西没有最低金额要求；而玻利维亚的最低开户金额占其收入最低 20% 人口人均收入的比重超过了 100%；这一比例在哥伦比亚为 75%，在多米尼加为 30%，在阿根廷为 27%。

　　此外，开立一个储蓄账户的成本（即最低金额要求占人均收入的比重）比开立一个支票账户的成本小得多，在拉美开立支票账户的成本也高于 OECD 国家（见图 2.28）。开立支票账户的成本在拉美各国的差异也很大，如智利没有最低金额要求，而在阿根廷，开立支票账户的最低金额要求占其人均收入的比重为 24%。

　　如图 2.29 所示，拉美各国除了开户最低金额要求，还要求最低账户余额，并要求每月支付固定费用以维护账户正常运作。最低账户余额及每年支付的固定服务费用平均占拉美地区收入最低 20% 人口人均收入的 27%，占拉美地区收入最高 20% 人口人均收入的 1%。这一成本在拉美国家之间的差异也很明显。在玻利维亚，开立一个支票账户的总成本几乎是收入最低 20% 人口的平均人均收入的 2 倍，占收入最高 20% 人口人均收入的比重为 8%；而在阿根廷、智利、多米尼加、乌拉圭和委内瑞拉，开立一个支

---

　　① 人均收入和收入分配的数据来源于世界银行。开立和维护储蓄账户成本的数据由 Beck, Demirgüç - Kunt y R. Levine 提供，见：T. Beck, A. Demirgüç - Kunt y R. Levine, *Financial institutions and markets across countries and over time – data and analysis*（World Bank Policy Research Working Paper N° 4.943），Washington, D. C.：Banco Mundial, 2009. 所有相关数据均是 2004 年数据。

票账户的总成本占收入最高20%人口人均收入的比重为10%—15%。

图2.28 一些拉美国家开立储蓄账户的最低金额占（五等分）人均收入的比重（2004年）

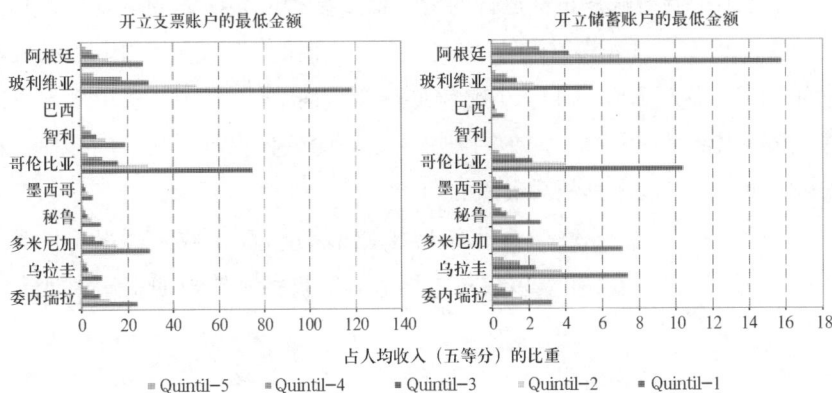

资料来源：作者计算，根据 Banco Mundial, *World Development Indicators* 2009, http://data.worldbank.org/data - catalog/world - development - indicators; T. Beck, A. Demirgüç - Kunt y M. Martinez, Reaching out: access to and use of banking services across countries, *Journal of Financial Economics*, 2007, 85 (1), pp. 234 - 266.

图2.29 一些拉美国家的储蓄账户年均费用占（五等分）人均收入的比重（最低账户余额+每年支付的固定服务费用，2004年）

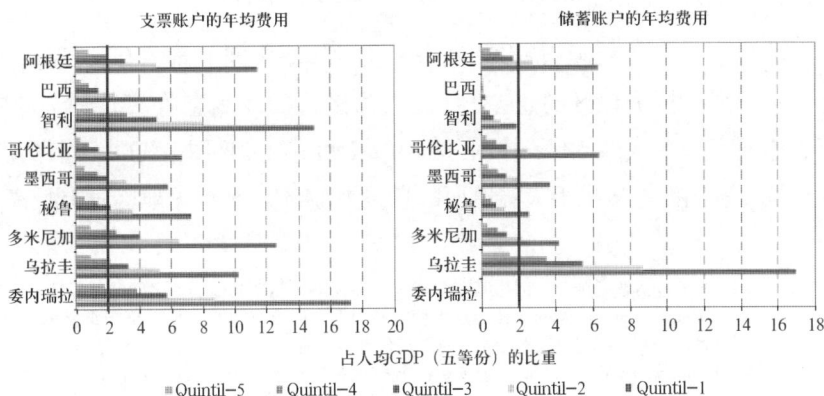

资料来源：作者计算，根据 Banco Mundial, *World Development Indicators* 2009, http：//data. worldbank. org/data – catalog/world – development – indicators；T. Beck，A. Demirgüç – Kunt y M. Martinez，Reaching out：access to and use of banking services across countries，*Journal of Financial Economics*，2007，85（1），pp. 234 – 266.

虽然维护储蓄账户正常运行的费用低于维护支票账户的成本，但它占收入最低20%人口人均收入的比重仍较高。在拉美，一个储蓄账户的成本平均占收入最低20%人口人均收入的8%，而对于收入最高20%人口来说，这一比例微乎其微。这在拉美国家之间的差异也很明显。同样地，在玻利维亚，这一成本是相对最高的。[1]

一些研究指出，家庭一般没有能力拿出超过2%的收入用来支付金融服务的费用。[2] 然而，在大多数拉美国家，维持一个账户的费用则远远超过这一标准。

因此，研究结果表明，维护账户的高成本似乎是拉美地区金融服务可获性低水平的原因之一，尤其是对于社会最底层的群体而言。研究结果还表明，拥有储蓄账户提高了利用信贷的可能性。因此，开设和维护储蓄账户的成本可能间接影响了其他银行服务的可获性。[3]

拉美地区的融通成本也比较高，体现为贷款利率和存款利率之间差距或银行息差很大。高息差抑制了融通活动，当储蓄利率较低时，人们减少储蓄。同样，贷款利率高就会减少企业和家庭的投资机会。因此，融资成本增加，还会降低其可获性。

尽管近年来拉美地区的存款利率和贷款利率之间的息差有所下降，但它依然很高。拉美地区的息差[4]（定义为融通的净利息收入）约为8%，而发达国家和亚洲新兴经济体则分别为2%和3%（见图2.30）。同样，息差在拉美各国的差异也很大：巴西的息差为14%，是拉美地区息差最高的

---

[1] 图2.29 未包括玻利维亚，因为其账户成本太高，不易凸显其他国家之间的差异。

[2] 例如，Chamberlain 和 Walker 使用这一假定，根据家庭每月收入、可以负担每月的家庭收入、收入分配状况、每月金融交易及其费用的资料，计算在非洲能够承担金融服务费用的人口比例。见：D. Chamberlain y R. Walker，*Measuring access to transaction banking services in the Southern African customs union – an index approach*，Johannesburg：Genesis Analytics（Pty）Ltd，2005.

[3] S. Djankov，A response to "Is doing business damaging business?" *Journal of Comparative Economics*，2008，31（1），pp. 595 – 619.

[4] 息差是银行净利息收入与银行生息资产的比值。它是银行资产负债表中的隐性利差。

国家；而巴拿马的息差最低，只有3%。

许多研究都一直关注拉美地区的息差幅度及其原因。专栏2.1概述了关于拉美银行高息差原因的主要研究结果。

图2.30　银行部门的隐性息差[a]

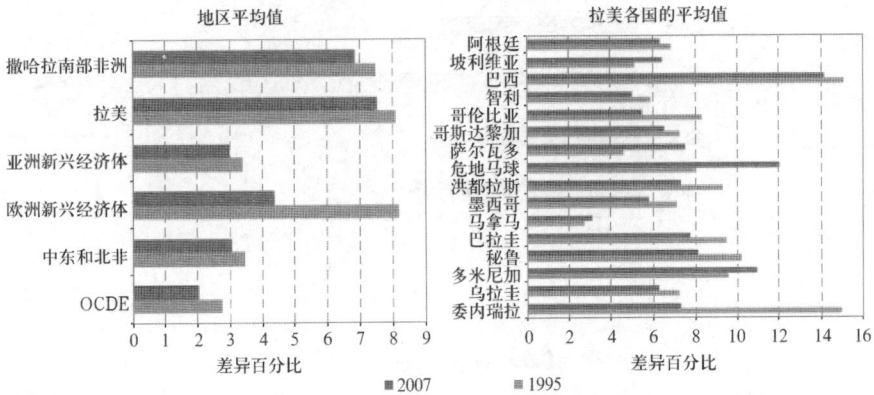

地区平均值　　　拉美各国的平均值

■2007　■1995

a/ 隐性息差的定义是：融通净利息收入的平均值。

资料来源：作者计算，根据T. Beck, A. Demirgüç - Kunt y R. Levine, *Financial institutions and markets across countries and over time – data and analysis*（World Bank Policy Research Working Paper N° 4.943），Washington, D.C.：Banco Mundial, 2009.

专栏2.1　拉美国家的息差为何如此之高？

由于成本较高、面临的风险较大，或存在着市场竞争，银行往往会保持较高的息差。

如果成本增加了，就会转移到利率以及银行收取的费用上。有大量证据表明，拉美地区的高息差在很大程度上是由于银行的经营成本很高。如Brock 和 Rojas - Suárez（2000）、Barajas 等（2000）、Catao（1999）、Arreaza 等（2001）以及 Antelo 等（2000）的研究成果。如图1所示，拉美地区的银行经营成本的确是世界上最高的。

图1　世界各地区银行部门的平均经营成本（资产的比重，2007年）

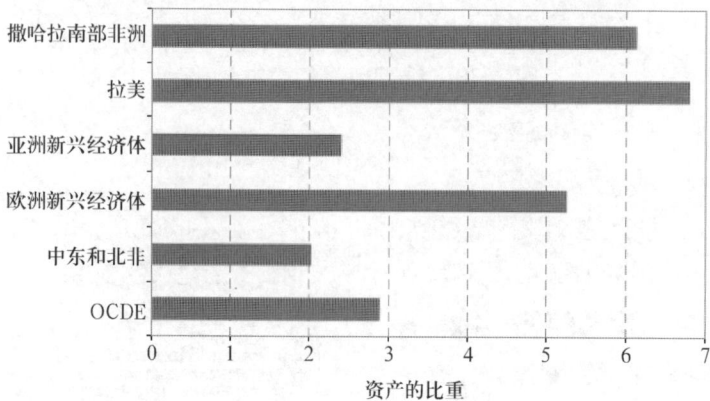

资料来源：T. Beck, A. Demirgüç - Kunt y R. Levine, *Financial institutions and markets across countries and over time - data and analysis* (World Bank Policy Research Working Paper N° 4. 943), Washington, D. C. : Banco Mundial, 2009.

银行经营成本高可能有几个原因。

第一，在缺乏规模经济的情况下，银行部门较高的固定收费就不可能下降。可以通过增加小额交易的数量或者通过一些大额交易，来利用规模经济。但在拉美，银行拥有的小额账户的数量有限，因而很难通过交易的数量和金额来利用规模经济（Beck y de la Torre, 2007）。因此，尽管从20世纪90年代起，拉美地区的银行业就开始了整合进程，但始终没有得到规模经济带来的实际收益。

第二，金融抑制导致银行经营成本最终转移到息差上。大量证据表明，各种管制如征收金融交易税、定向信贷政策以及存款准备金政策都导致了拉美地区的高息差。Barajas 等（2000）、Fuentes 和 Basch（1998）、Cardosso（2002），Grasso 和 Banzas（2006）以及 Arreaza 等（2009）分别对阿根廷、巴西、智利、哥伦比亚和委内瑞拉做了这方面的研究，为以上结论提供了证据。尽管近年来金融抑制有所缓和，但这些管制政策工具并没有完全消失，有些甚至已经成为拉美各国的重要政策工具。

第三，金融危机以来审慎监管更加严格，使银行资本化水平越来越高，涉及银行机会成本的管制越来越多。因此，银行需要提高利润来进行补偿。例如，富恩特斯和古斯曼（Fuentes y Guzmán，2002）发现，在智利，巴塞尔协议关于银行资本充足率标准导致小银行的息差提高了。同样，Antelo 等（2000）发现，在玻利维亚，1993 年实施新的银行和金融机构法与银行保证金之间存在着直接关系。但是，审慎监管使中期更加稳定，减少了系统性风险。

此外，当银行获得较高收益时应补偿风险。与宏观经济变量相关的系统性风险对拉美国家的息差产生重要影响，这方面的研究成果有：Brock 和 Rojas - Suárez（2000）、Gelos（2006）、Afanasieff 等（2002）、Fuentes 和 Basch（1998）对智利的研究，Barajas 等（2000）对哥伦比亚的研究，以及 Arreaza 等（2009）对委内瑞拉的研究。近期拉美地区的宏观经济稳定有助于降低地区系统性风险。因此，也有助于降低息差。

虽然拉美地区发生系统性风险的可能性不大，但仍存在违约风险。研究表明，不良贷款率与利润率之间呈正相关关系（Brock y Rojas - Suárez，2000）。

另外，还存在信息不对称产生的风险。银行的监管过程就是处理大量信息的过程，因此需要有高息差，即足够的收入来支付监管成本。事实上，研究表明，在拉美，贷款机构拥有的信息与收入之间呈负相关关系（Gelos，2006）。尽管信贷局的发展有明显的进展（它们对减少信息不对称问题尤其重要），但在强化收集和传播拉美地区信息的机制方面还有很长的路要走。

最后，尽管有观点认为，市场竞争导致拉美地区的息差较高，但实证研究对此仍未有定论。集中度对息差似乎并不显著。关于这一问题的大多数研究都是在假定市场行为的框架下，使用集中度这一衡量指标。但是，集中度与市场行为之间并不一定是一对一的关系。集中度高的银行体系表现为一个竞争性的市场，即银行为争夺同一客户而竞争；而在一个集中度低的银行体系，则存在着市场细分，一些银行会远离竞争。对拉美国家银行体系组织结构的研究表明，目前的结构更接近竞争（不完全竞争）而非垄断（萨姆布拉诺关于委内瑞拉的研究，Zambrano, 2003 年）。

资料来源：作者编写。

此外，调查研究及本文都强调了银行的地理和制度障碍阻碍了可获性。事实上，在拉美，银行服务的地理覆盖面并不高。在拉美，每千平方公里拥有的银行网点数量比世界其他任何地区都少。这可能是因为拉美地区的人口分布（导致在人口密度较低的地区设立银行网点不经济），或因为某些地区的基础设施发展不完善。[①] 但无论怎样，在拉美，银行服务的人口覆盖面也较低（见图 2.31）。[②] 与发达国家和其他新兴经济体相比，拉美的银行网点数量和人均自动提款机的数量都较少。

近来，拉美各银行都在寻求通过一些非金融机构（邮局和商店等）以及移动电话来提高其覆盖率。尽管在这方面，拉美有成功的经验，如哥伦比亚的"机会银行"（Banca de Oportunidades），但该做法在拉美并不能推广，而且很少有银行能借此开立账户。因此，这些障碍降低了拉美地区的家庭和企业对金融服务的可获性。[③]

[①] L. Rojas – Suárez, The provision of banking services in Latin America: obstacles and recommendations (Working Paper N°124), Washington, D. C.: Center for Global Development, 2007; J. Kendall, N. Mylenko y A. Ponce, Measuring financial access around the world (Policy Research Working Paper Series N°5.253), Washington, D. C.: Banco Mundial, 2010.

[②] 人口覆盖率是指，每 10 万居民拥有的银行网点数量；地理覆盖率是指，每千平方公里所设立的银行网点数量。

[③] Beck 等人指出，地理覆盖面和普及率指标是与家庭和企业金融使用服务相一致的。见：T. Beck, A. Demirgüç – Kunt y M. Martinez, Reaching out: access to and use of banking services across countries, Journal of Financial Economics, 2007, 85 (1), pp. 234 – 266.

图 2.31　拉美地区银行网点的人口和地理覆盖率（2009 年）

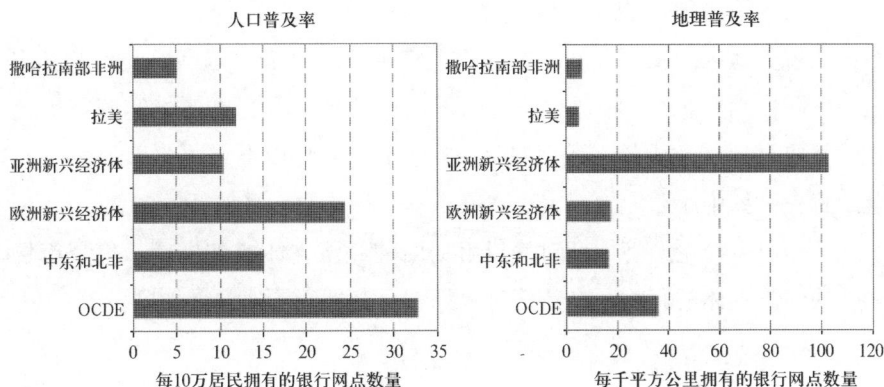

人口普及率

撒哈拉南部非洲	
拉美	
亚洲新兴经济体	
欧洲新兴经济体	
中东和北非	
OCDE	

每10万居民拥有的银行网点数量

地理普及率

撒哈拉南部非洲	
拉美	
亚洲新兴经济体	
欧洲新兴经济体	
中东和北非	
OCDE	

每千平方公里拥有的银行网点数量

a/ 人口覆盖率是指，每10万居民拥有的银行网点数量。

b/ 地理覆盖率是指，每千平方公里所设立的银行网点数量。

资料来源：Consultative Group to Assist the Poor（CGAP），Financial Access 2010 Report，2010，http：//www. cgap. org/p/site/c/financialindicators.

此外，开立账户的手续复杂是银行化的另一个障碍。根据世界银行的资料，在拉美开设账户程序确实比发达国家复杂，甚至在拉美金融发展程度比较高的国家如智利也是如此。这可能降低了可获性，尤其是对于那些小型的、非正式企业或低收入家庭而言，他们往往无法满足银行提出的所有要求。

另外，根据信用评级的审慎监管标准，银行普遍实施的风险管理也可能阻碍了一部分企业（特别是对中小型企业）和个人获得信贷，因为主权信用风险比私人信贷风险小。[①] 当存在信息不对称问题时，一些企业和个人就会被排斥在信贷市场之外，这是因为信用评级是基于所观察到的特征，而这些特征并不能完全反映出申贷方的项目质量。

打击洗钱和恐怖主义的新管理政策的实施也可能会对新客户，尤其是中小型企业获得金融服务造成另一个障碍，因为通常其信用评级不高、与

---

① L. Rojas – Suárez, The provision of banking services in Latin America：obstacles and recommendations（Working Paper N°124），Washington, D. C.：Center for Global Development, 2007. 这个问题将在第三章做详细分析。

银行的代理关系也很有限，往往只动用少量资金就会引发系统报警。

公共政策的取向也可能阻碍金融发展。例如，De la Torre 等（2006）指出，拉美地区的主要金融政策（旨在实现财政稳定并与审慎监管及其实施的国际准则接轨），尽管有完善的理论作基础，且有更严格实施审慎监管的需要（以前危机的经验教训），但似乎仍不足以促进更多金融发展问题的解决，如中小企业缺乏资金以及资本市场深化水平较低的问题。

下一节将讨论经济周期对信贷市场内的经济主体或被排斥于信贷市场之外的经济主体的影响。在经济衰退期，可获性问题通常会加剧。

四　信贷的顺周期性

拉美国家的特征就是宏观经济严重不稳定，主要是由于强劲的外部冲击，而拉美国家内部的政治环境和政治冲突往往加剧了外部冲击。[1] 例如，不利的外部冲击（贸易条件下降或资本外流）可导致银行危机和（或）国际收支平衡的危机；但当情况相反时（大量资本流入或贸易条件上升），就会在缺乏弹性的汇率制度、顺周期的财政和货币政策，以及金融监管制度不完善的情况下，导致国内迅速扩张。[2]

---

[1]　有各种关于不稳定与增长关系的研究。例如，Mendoza（1995）指出，发展中国家的贸易条件不稳定性与增长呈负相关关系，见：E. G. Mendoza, The terms of trade, the real exchange rate, and economic fluctuations, *International Economic Review*, 1995, 36（1），pp. 101 – 137；Gavin y Hausmann（1996）研究了资本流动和公共政策对产出变化的影响，见：M. Gavin y R. Hausmann, Securing stability and growth in a shock prone region: the policy challenge for Latin America, En R. Hausmann y H. Riesen（Eds.），*Securing stability and growth in Latin America*, París: OECD Development Center, 1996；Gavin 等（1996）发现，财政政策的顺周期性、资本流动和国家风险之间的相互作用形成了恶性循环，加剧了产出的不稳定性，见：M. Gavin, R. Hausmann, R. Perotti y E. Talvi, *Managing fiscal policy in Latin America and the Caribbean: volatility, procyclicality, and limited creditworthiness*（Working Paper N°326），Washington, D. C.: BID, 1996；Turnovsky y Chattopadhyay（2003）发现，无论贸易条件的不稳定，还是财政和货币政策的不稳定，都会对发展中国家的增长产生有害影响，见：S. Turnovsky y P. Chattopadhyay, Volatility and growth in developing economies: some numerical results and empirical evidence, *Journal of International Economics*, 2003, 59（2），pp. 267 – 295.

[2]　Kaminsky 和 Reinhart（1999）发现，在缺乏监管的金融自由化过程中，酝酿了银行业许多方面的问题。当经济步入衰退期，这些问题就浮出水面，当货币崩溃后，更加剧了这些问题。见：G. Kaminsky y C. Reinhart, The twin crises: causes of banking and balance of payments problems, *American Economic Review*, 1999, 89（3），pp. 473 – 500.

不稳定的代价很大。不稳定降低了增长，或者收入波动转移到消费上，都会导致社会福利下降。虽然近十年来，拉美地区的宏观经济不稳定性明显降低了，但该地区仍受到了外部金融周期以及金融危机蔓延的影响。[①] 此外，即使在应对外部冲击时，国内实施稳定化政策（与以往危机不同，最近一次金融危机发生后的情形[②]），信贷的顺周期性也有可能加剧外部冲击对产出的影响，从而增加了不稳定性。

大量关于经济周期的研究证明，信贷的顺周期性的确存在，尤其是在新兴国家。顺周期的信贷与经济周期是同一方向的，因而放大了经济周期的波动程度。如图 2.32 所示，所有拉美国家都受到了信贷顺周期性的影响。对信贷的增幅和 GDP 的增幅分别使用了不同计量刻度（左轴和右轴），图中暗含了信贷对 GDP 变化的弹性。1970—2008 年，信贷变化的标准差比 GDP 变化的标准差大 4 倍。这表明，金融深化与 GDP 的变化是协同的，因此对 GDP 产生放大的影响，在景气时期就发挥杠杆效应，在萧条期信贷就收缩。

---

① Calvo 等（1993 和 1995）发现，外部因素（如发达国家的利率水平）是 20 世纪 70—90 年代资本流入拉美的决定性因素，见：G. Calvo, L. Leiderman y C. Reinhart, *Capital inflows and real exchange rate appreciation in Latin America*, IMF Staff Papers, 1993, 40（1）, pp. 108 – 151; G. Calvo, L. Leiderman y C. Reinhart, Capital inflows to Latin America with reference to the Asian experience, En S. Edwards（Ed.）, *Capital controls exchange rates, and monetary policy in the world economy*, Cambridge: Cambridge University Press, 1995; Fostel 和 Kaminsky（2007）发现，国内环境是确保进入资本市场的重要条件，但全球市场流动性充裕是 2003 年以来拉美获得资金的主要原因。见：A. Fostel y G. Kaminsky, *Latin America's access to international capital markets: good behavior or global liquidity?*（NBER Working Paper N°13. 194）, Cambridge: NBER, 2007; Kaminsky 等（2003）指出，当外部冲击发生之前，有大量资本流入，国际金融冲击的传导过程就变得令人吃惊，并涉及发生杠杆作用的普通债权人。见：G. Kaminsky, C. Reinhart y C. Végh, The unholy trinity of financial contagion, *Journal of Economic Perspectives*, 2003, 4（17）, pp. 51 – 74.

② Kaminsky 等（2004）证明了，在 2008 年之前的危机中，顺周期的财政和货币政策加剧了对顺周期的资本流动对产出的影响。换而言之，国际资本流入（流出）与刺激性（紧缩）的财政和货币政策导致的国内扩张（收缩）相一致，加剧了周期性波动的程度。见：G. Kaminsky, C. Reinhart y C. Végh, When it rains, it pours: procyclical capital flows and macroeconomic policies（NBER Working Paper N°10. 780）, Cambridge: NBER, 2004.

图 2.32　拉美地区的信贷顺周期性

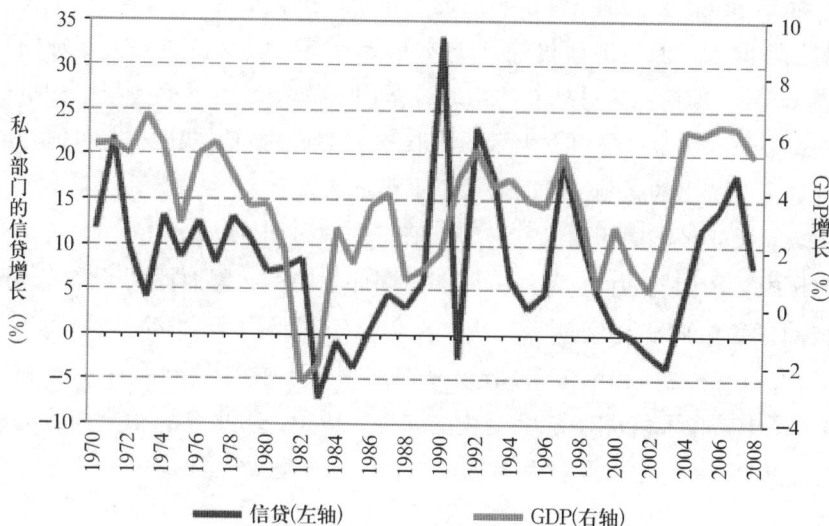

资料来源：作者计算，根据 Banco Mundial，*World Development Indicators* 2009，http：//data. worldbank. org/data – catalog/world – development – indicators.

　　另一个重要的因素是伴随着外资流入的国内信贷顺周期性。根据经典理论，国外信贷成本越高，作为替代，国内的信贷供给就将增加。但拉美地区的情况恰恰相反。[①] 外部的货币冲击导致拉美国内信贷收缩，加剧而不是减缓了经济周期的波动。[②] 此外，国内金融部门在某种程度上是本地市场与国际市场之间的中介，外国资本流动的收缩就减少了国内资金的供给。总之，国内信贷对外资流动冲击的敏感性暴露出拉美经济易受外部冲击（与其宏观经济基本面关系不大）的影响。

　　除了放大效应，信贷的顺周期性还具有显著的分配效应。在上一节中

---

　　① 关于哥伦比亚的情况，见：L. Villar, D. Salamanca y A. Murcia, Crédito, *represión financiera y flujo de capitales en Colombia*：1974 – 2003（Borradores de Economía），Bogotá：Banco de la República，2005；关于智利和墨西哥的情况，见：S. Edwards y C. Vegh, Banks and macroeconomic disturbances under predetermined exchange rates, *Journal of Monetary Economics*，1997，40（2），pp. 239 – 278.
　　② Villar 等（2005）认为，在哥伦比亚，这可能是由于缺乏金融监管政策导致的。见：L. Villar, D. Salamanca y A. Murcia, Crédito, *represión financiera y flujo de capitales en Colombia*：1974 – 2003（Borradores de Economía），Bogotá：Banco de la República，2005.

已经看到，小型企业和低收入家庭在获得信贷方面往往会有较大的障碍。在衰退期，这些部门都最有可能面临可获性问题，无论是增加信贷还是直接配给信贷。因此，在衰退期，小型企业与大型企业之间、收入较低的家庭与收入较高的家庭之间的可获性差异将进一步扩大。

这一结论也许可以反过来解释为什么（尤其是在金融危机发生后）经济衰退并不总是先于生产力的提高。[1] 能否获得信贷与企业的生产力水平并不完全相关，有的企业尽管其生产力水平较高，但因为在融资上受到限制，也有可能不得不退出信贷市场。信贷市场的摩擦阻碍了资金在经济周期的再分配，对长期增长产生了显著的影响。

（一）为什么会产生信贷的顺周期性？

有大量关于解释信贷周期问题的研究文献。一方面，当存在信息不对称时，银行也无法强制贷款人偿还贷款（代理问题），他们往往会找到一些方法来减少违约造成的损失。可以通过对贷款人实施更严格的监管或实行抵押担保贷款。另一方面，监管成本中通常有一部分就是对某些经济实体提供了不可行的贷款，特别是在经济衰退期。为了减少逆向选择问题，银行往往会对那些监管成本较高的企业实行高利率的信贷。

信贷顺周期性的一个原因是，银行在给那些掌握信息较少的客户提供贷款时，抵押物是一个不可或缺的条件。当作为抵押物的那些资产的价值（股票、地产等）与经济周期相关时，这类客户获得信贷的能力也将取决于经济周期。在经济衰退期，抵押物贬值使一些客户获得的贷款减少，从而影响他们的投资决策，加剧了衰退。[2]

信贷顺周期性的另一个原因是很难评估整个周期的风险。例如，一般很难预估那些可以改变贷款人支付能力的意外事件或极端情况发生的可能性。在评估风险时，往往没有考虑这些"不确定性因素"（战争、自然灾

① Cerra 和 Saxena（2007）发现，银行危机后的产出损失可能是永久性的。见：V. Cerra y S. Saxena, Growth dynamics: the myth of economic recovery（BIS Working Papers N°226）, Basilea: Bank for International Settlements, 2007.

② Kiyotaki 和 Moore（1997）建立了这个模型，见：N. Kiyotaki y J. Moore, Credit cycles, *Journal of Political Economy*, 1997, 105（2）, pp. 211-248.

害以及外部冲击如最近的金融危机，这些往往导致明显的紧缩）。因此，在经济扩张期，如果未考虑到这些因素的话，贷款就往往容易过度增长，这将会加剧周期性的波动。如果对这一风险没有适当的评估，银行的资产质量就将趋于恶化。这增加了在衰退期金融业损失的可能性，并可能迫使一些银行减少贷款以调整损失，从而加剧了紧缩及其对经济实际部门的不利影响。

除了难以对风险进行量化分析外，研究还认为，金融部门在整个经济周期中所起到的刺激作用也是导致信贷顺周期性的重要原因。[1] 经济扩张期的特点通常是过度乐观，由此导致对信贷放松标准，这就增加了一些盈利潜力不佳的项目得到资金的可能性。在信贷扩张期，降低成本及宽松的信贷标准意味着以往受限的部门能够进入信贷市场了。研究中引入了导致过度乐观的一些决定性因素，如代理问题、道德风险问题和集体行为。

当银行管理者追求的目标（为增加其目前的奖金而不惜增加银行投资的风险）不同于股东的目标时，就产生了机构问题。道德风险产生的部分原因是存款保险（减少储户所面临的潜在违约成本）制度的后果。在扩张期，一个银行如果放贷适度的话，其利润空间及市场份额就会减少。

当经济压力增大时，所有这些机制就开始逆向运转了。银行由于担心坏账率增加，因而对放贷持保守态度。那些在经济繁荣期进入信贷市场的部门（原先被排斥在信贷市场之外）成为首批减贷对象，而无论其项目是否具有盈利性。这对经济产生的负面影响比信贷繁荣期（过度乐观或低估风险）更大。

上述所有这些因素加上获得信贷需求的动力本身，对整个经济周期产生了刺激作用。在经济扩张期，企业可能会过度杠杆化，因为预期经济前景会更好，而且融资成本较低。相反，在经济衰退期，经济实体不得不降低其杠杆化水平以履行其先前的承诺，由于融资成本提高，且预期投资的经济前景恶化，因此对获得新贷款缺乏刺激。

---

[1]　Saurina 和 Jiménez（2005）、Arreaza 等（2007）提供了一个全面深入的研究综述，见：A. Arreaza, L. Castillo y M. Martínez, *Expansión del crédito y calidad del portafolio bancario en Venezuela* (Documento de Trabajo N°92), Caracas: Banco Central de Venezuela, 2007.

这加剧了周期性波动，因为过度杠杆化助长了经济扩张，而去杠杆化又阻碍了经济恢复。如果先前的杠杆率较高，去杠杆化的过程通常会更加痛苦。[①] 为了阐明这个问题，我们使用拉美地区几个主要大国上市公司的资产负债表数据库，以评估过度杠杆化的上市企业是否真的在危机期间表现较差。[②] 我们采用2008—2009年的销售增长作为衡量业绩的指标。为了避免可能出现的内生性问题，所有自变量均使用2007年的数据。如果一家企业的资产负债率高于一组样本企业中最高资产负债率的30%时，这家企业就被视为过度杠杆化。

结果表明，过度杠杆化的企业在危机前一年，其销售额就遭受了较大的降幅（见表2.4），平均降幅为16%。这一结果与 Tong 和 Wei（2009）、Kamil 和 Sengupta（即将出版）的研究结果都是一致的。

此外，鉴于杠杆化的虚拟变量与虚拟变量之间的相互影响，分析中根据企业的资产规模，将1/3的较小企业与2/3的较大企业区分开来。结果表明，过度杠杆化所产生的负面效应甚至对规模较小的样本企业都很大。具体来说，在1/3的较小企业中已陷入过度杠杆化危机的企业，其销售额的降幅比过度杠杆化的大型企业高30%。无论如何，这些结果都显示出信贷顺周期性所可能产生的再分配效应，这将在下一节中详细分析。

值得注意的是，这个数据库只包括了上市公司，在拉美，它们一般是相对庞大的企业，进入金融市场的可能性也更大。然而，对于在这组数量有限的样本企业中的规模差异，我们可以预期，在经济中对于真正的小型企业来说，这种规模差异肯定更大。

---

① Reinhart（2010）研究了近40年来最深刻的15次金融危机之前和之后的经济表现。研究表明，危机爆发后的十年里，平均增长速度明显减缓。

② Herman Kamil 协助本报告专门建立了该数据库。数据来源于拉美六国（阿根廷、巴西、智利、哥伦比亚、墨西哥和秘鲁）上市公司的资产负债表中的数据。

表 2.4　2008—2009 年危机期间企业销售增长的决定性因素

决定性因素	2008—2009 年销售额的增长
虚拟变量：过度杠杆化的企业 a/	-0.16**
虚拟变量：小规模企业 b/	-0.04
相互作用的虚拟变量	-0.33***
观测数量	430
R^2	8.93%
对国别的固定效应	是
对行业的固定效应	是

** 表示 $p < 0.01$；*** 表示 $p < 0.05$。

a/ 如果一家企业的资产负债率高于一组样本企业中最高资产负债率的 30% 时，这家企业就被视为过度杠杆化。

b/ 如果一家企业的总资产低于样本企业的 30% 时，这家企业就被视为小型企业。

资料来源：H. Kamil, *A new database on the currency and maturity composition of firms' balance sheets in Latin America*：1992 – 2009, Por publicar, FMI, 2010.

（二）信贷顺周期性的分配效应

由于监管成本与企业规模成反比，且对小型企业抵押物的要求更加严格，因此，小企业更难获得信贷。在经济扩张期（低利率且流动性充足），由于抵押品的价值升高，融资成本较低，使得银行能够以合理的低利率提供贷款，许多以前遭遇贷款配给的小型企业都获得了资金。但当信贷紧缩时，这类企业就会首先遭遇贷款配给问题。

当利率上升时，借贷成本可能会抑制这类企业贷款。在这种情况下，为了避免逆向选择问题，银行也会选择减少对这类企业的贷款。从这个意义上讲，这类企业通常被称为"剩余机构"，因为它们能否进入信贷市场一般是与宏观经济状况相关，而不一定与其项目的盈利能力有关。

Chari 和 Kehoe（2009）质疑，在衰退期，企业是否因规模差异而存在业绩上的差异呢？他们的研究表明，货币收缩的确会对小型企业的业绩产生更大的负面影响，但在经济衰退期，小型企业的业绩与大型企业的表现并没有显著的差异。这可能反映出这样一个事实，即虽然小型企业在应对不可预见的需求波动时有较大的灵活性，但它却难以应对融资方面的不利冲击。

由于拉美地区的信贷具有较强的顺周期性，因此这些研究结果具有重要意义。当经济收缩伴随着信贷紧缩时，小型企业的生存可能性就会大大降低。由于很难获得真正的小型企业的数据，因此对这一问题的研究较少。Eslava 等（2010）的一项最新研究填补了这一空白（见专栏 2.2）。

专栏 2.2 中阐述了这些研究结果的重要意义。首先，信贷市场摩擦具有显著的分配效应，小型企业更容易受到影响；其次，20 世纪 90 年代初的市场改革成功地缩小了小型企业和大型企业之间生存概率的差距；最后，信贷市场的摩擦使小企业退出信贷市场的概率增加了（而不论其生产率水平），从而可能对长期增长产生明显的影响。也就是说，由于准入的限制（尤其是某些观察到的特点如规模），业绩很好的企业也可能退出信贷市场，而业绩不太好但规模较大的企业却能够进入信贷市场，因为他们没有这方面的限制。这就可以解释 Cerra 和 Saxena（2007）的研究结果，即与熊彼特假说[1]正相反，经济衰退并不先于高增长期。

这一部分阐述了信贷顺周期性如何加剧 GDP 的波动，进而对社会福利产生负面影响。此外，还阐述了信贷市场的摩擦阻碍了资源的有效配置及其显著的再分配效应，放大了顺周期的结果。尽管不像过去那样，拉美地区已度过这次金融危机，没有发生重大损失，但如果不采取措施减少信贷顺周期性的不利影响，金融深化水平越高就可能意味着更大的脆弱性。从这个意义上说，加强和完善审慎监管是很重要的。此外，拉美各国必须继续致力于反周期的财政政策，并努力提高在国际信贷市场上的信用等级。

---

① 熊彼特假说认为，经济衰退是一个"创造性破坏"的过程，企业要么被迫对其生产方式进行现代化改造和创新，要么倒闭。因此，经济衰退就是将资源从生产水平较低的企业向生产水平较高的企业进行重新分配的过程（Schumpeter，1942 年）。见：J. Schumpeter, *Capitalismo, socialismo y democracia*, Nueva York: Harper, 1947.

专栏2.2 信贷顺周期性的分配效应：
哥伦比亚的案例研究

Eslava 等（2010）基于哥伦比亚的制造业企业数据库，考察了在经济衰退期，那些无法进入信贷市场的企业（不论其生产率水平）其生存几率是否真的较小。这些数据主要来自制造业年度调查，覆盖了1982—2004 年间拥有 10 名及以上员工的所有制造业企业。

在这些数据的基础上，还增加了由企业监管局（la Superintendencia de Sociedades）编制的 1995—2005 年大型企业资产负债表的信息。在基础计算中，艾斯拉瓦等人使用资产负债表中的数据，根据净收益与固定资产投资之间的相关性，来测算对企业信贷限制的程度。假设受限较大的企业将更多地取决于用以投资的自有资金，因此净收益与投资之间的相关性将越强。

解释变量中包括了每个企业的全要素生产率（TFP）、受限企业的虚拟变量（根据收益与投资之间的相关性）以及经济衰退期的其他虚拟变量之间的相互影响。与预期的一样，生产率水平较高的企业退出信贷市场的可能性较小，不论是否处于经济周期。但是，一旦剔除全要素生产率的影响，结果表明，在经济衰退期，受限企业更有可能退出信贷市场。

本报告认为，这个分析存在明显的局限性，主要在于企业监管局的数据库中的企业样本，虽然包括了上市企业和非上市企业，但未包括小型企业。即便如此，分析结果显示，准入限制对退出信贷市场的影响显著。在第二次计算中，艾斯拉瓦等人使用了所有年份的制造业年度调查数据，包括大型企业和小型企业。由于缺乏小型企业的资产负债表，计算中用规模（平均拥有员工的人数）来表示信贷约束。用规模来表示信贷约束是基于这样的假设，即企业规模越小，其信贷约束就越大。此外，对所有样本都分两个时期进行回归分析，以考察20世纪 90 年代初进行的旨在深化金融市场的改革影响。

　　与前面的回归分析一样，将退出信贷市场的概率作为因变量。结果显示，改革前（1982—1990年），小型企业在衰退期退出信贷市场的概率为5%，高于大型企业退出市场的概率。与其在经济扩张期退出市场概率的差异不到2%。在改革后（1995—2003年），小型企业与大型企业退出信贷市场概率的差异非常小，不具有统计学意义。

　　资料来源：作者编写，根据 M. Eslava, A. Galindo, M. Hofstetter y A. Izquier-do, Credit constraints, the business cycle and firm dynamics in Colombia, Manuscrito no publicado, BID, 2010.

五　结　论

　　本章基于数据分析，从金融深化和金融服务的可获性两个方面概述了拉美地区金融体系的状况。最新的趋势分析表明，尽管近10年来取得了进步，但无论与发达国家的金融体系相比，还是与亚洲和欧洲新兴经济体相比，拉美金融体系在各方面仍不成熟。

　　在证券市场中，少数几个企业占主导地位，最近的资本化收益主要是由于股票市值的上升，而不是由于发行股票融资企业数量的增加。此外，债券市场在其整个发展过程中，主要倾向于主权机构。企业融资是有限的，且主要集中于大型企业。由于数十年来的繁荣—萧条周期，近来银行业虽有所发展，但也只恢复到20世纪80年代的金融深化水平。

　　拉美各国在金融体系发展上存在着明显的差异。一些拉美国家如智利和巴拿马，其金融深化水平接近发达国家。相反，阿根廷和墨西哥等国的银行体系深化的水平则较低，似乎仍被过去的金融危机所拖累。有人认为，评估金融体系的发展不能只看融通的资金量占GDP的比重。在拉美，使用金融服务的家庭和企业的比例都很低，甚至在金融深化水平较高的拉美国家也是如此。将经济实体纳入正规融资途径能更好地减少信息不对称问题。因此，获得资金的途径，在一定程度上能够较好地反映出金融体系发展中各方面的状况。从这点上来看，拉美地区金融体系的发展还是不够的。

拉美各国不仅可获性水平普遍较低，而且在金融服务的使用方面似乎也存在着不公。虽然拉美大多数正规企业使用了金融机构的支付手段，但小型企业却通常很少使用信贷作为其营运资金，且大型企业的扩张项目也较少使用银行信贷。而且，小型企业比大型企业更难获得贷款。虽然较少使用银行信贷可能是企业的最优选择，但也可能是由于供给方的障碍而限制了企业获得信贷。从这个方面讲，公共政策应致力于减少产生阻碍的、潜在的市场摩擦，使可获性边界移动到更高的均衡点上。

另外，在家庭层面上也存在着可获性问题。虽然数据显示，在拉美，家庭间可获性水平的差异很大，但家庭较少使用储蓄和信贷工具不应被视作只是低收入家庭、农村家庭和非正规就业家庭的问题，或是性别问题。银行化水平较低是一个影响所有人的普遍问题，但对某些家庭而言，这一问题则显得更为严峻。即使在金融深化水平较高的拉美国家里，拥有正规金融机构账户的人口比例也相对较低。

导致拉美地区金融深化水平和可获性水平较低的因素很多。虽然拉美地区金融深化水平和可获性水平较低与其收入水平和不平等密切相关，但拉美地区金融体系发展的不完善似乎比这两个因素更为重要。比如，过去发生的数次金融危机的后遗症仍然明显，并导致了金融体系发展的停滞。宏观经济和制度的不稳定以及金融抑制，也阻碍了金融体系的发展。这些都体现为较高的银行息差抑制了储蓄和投资。还有一些微观层面上的障碍也限制了信贷的获得。此外，银行较高的营运成本转移至货币和交易成本，也是阻碍信贷获得的另一个因素。

拉美银行经受住了 2008 年金融危机的考验，这无疑是令人鼓舞的。我们相信拉美已经吸取了过去的经验教训。拉美地区实施了审慎监管的国际标准，为地区金融稳定奠定了基础。有证据表明，如今拉美银行的资本化水平更高、更有效，并且实施了更好的风险管理。这可能是未来更有序和持续的金融发展的基础。但不要忘记，拉美地区的金融深化水平和金融服务可获性水平仍然相对较低。促进金融发展的政策目标应是纠正市场失灵、消除进入信贷市场的障碍、实施微观和宏观层面上的审慎监管标准，以避免加剧信贷周期。

第三章　金融和企业发展[①]

一　前　言

　　许多证据表明，中小企业在拉美经济中扮演着十分重要的角色。中小企业提供了45%—65%的就业，以及25%—35%的国内生产总值（李斯特里，2007年）。此外，中小企业还是低素质劳动者、妇女和青年等新兴经济体国家主要失业人群的就业来源。罗恰（1997）还指出，这些企业在员工培训方面作用突出。世界银行《企业调查》（2010）显示，中小企业约60%的员工接受过企业的某种正式培训。因此，中小企业的发展是消除贫困和不平等问题的关键力量。

　　中小企业的重要意义不仅限于创造就业和为低素质劳动者提供培训，一些中小企业还具备突出的创新能力。在许多中等收入国家（如阿根廷、巴西和哥伦比亚等国），中小企业是资本品及中间产品生产部门（如农业机械、机械机床及汽车配件等）的主力军。在与知识、技术有关的产业部门（如软件和生物技术业），中小企业在新产品和技术开发方面作用突出。

　　总体上看，中小企业的创新活动通过产业集群得以实现。例如巴西南大河州（Rio Grande do Sul）的 Vale dos Sinos 地区集中了全国的主要制鞋出口企业。在墨西哥的哈里斯克州（Jalisco）则形成了生产个人电脑和打印机的中小企业产业集群。可以说，适合中小企业发展的良好环境与动态创新进程、生产率的提高以及出口活动的增加紧密相连，并有助于经济增长。

　　鉴此，分析中小企业在获取信贷及金融服务方面所面临的问题是否构

―――――――――

① 本章由巴勃罗·桑吉内蒂负责编写，亚历杭德拉·鲁特提供了协助和研究支持。

成其发展的障碍就显得十分重要。如果结论证明这些方面的约束非常突出和普遍，则纠正相关现象的政策措施将有助于新兴经济体显著增加就业机会，提高贫困家庭收入水平，推动创新。

一方面，要分析企业发展及金融服务可获性的障碍对现有企业扩张和发展的影响。另一方面，更要研究信贷约束等问题可能对新企业建立造成的阻碍。换言之，分析拥有可行和创新项目的企业家们是否因缺乏金融系统提供的初始资金，而无法开展项目是至关重要的。许多研究表明，信贷的可获性是微型企业成立和发展的关键因素（Tejerina y Navajas，2007；McKenzie，2009），对一些较正规经济部门的中小型企业亦是如此（美洲开发银行，2005；Beck et al.，2008；Cull et al.，2006）。

企业需要的金融服务种类繁多，本章着重分析信贷的可获性以及支付工具和保险等其他业务。之所以着重分析信贷是因为如第二章所述，企业普遍认为获得信贷最为困难，且对其发展最起决定性作用。获得融资的问题既包括通过银行体系获得资金，也包括通过一些资本市场工具筹资。

在第二章中，已经对获得融资难易与企业规模（通过员工数量、销售额或资产价值进行衡量）成正相关这一命题进行过分析论证。这意味着中小企业与大企业相比在获得贷款和其他形式的融资方面面临着更多的约束。但这一正相关并非完全呈线性和自主发展的态势，它还取决于一系列与规模相关，但概念迥异的基本因素。这些因素包括企业所处的行业、对企业经营状况信息的掌握、投资项目的质量和收益、项目风险、现金流特点以及贷款抵押品状况等。

因此，在对如何改善中小企业融资难问题做出政策结论之前，需要首先分析哪些是阻碍企业获得信贷的各种因素，并对其重要性进行量化。只有在获得相关资料的基础上，才能制定对私人金融系统和公共金融体系进行有效干预的政策框架。

本章分析融资可获性问题如何影响在正规的产品和要素市场运营的企业发展，即注册的企业，其雇员规模为10—100人。因此，主要在非正规经济部门运营的微型企业（雇员为1—9人）不在分析之列。微型企业获得信贷和其他金融服务的问题将在第四章中加以讨论。对中小企业和微型企业这两种类型的生产单位加以区分的目的是，说明金融体系和贷款可获性问题不仅只限于非正规经济部门，而且也对正规部门产生影响。因为，即使是在各国市场上已经站稳脚跟（经过注册、拥有正规报表）的中小企业，在获得金融机构贷款的问题上仍面临约束。此外，读者在后文中还将看到，即使一些行业的大型企业也会受到可获性制约的影响。

本章组织结构如下：在第二节中叙述相关理论概念。这些概念有助于分析企业受限于信贷可获性的程度，以及中小企业在该问题上更为突出的现象。之后，再运用不同方法，通过实证对此问题展开深入分析。第三节对以私人银行为代表的金融体系为克服中小企业贷款可获性问题采取的措施进行叙述，并分析这些公开市场操作的效率。第四节则介绍相关领域的公共政策。这些政策是对私人金融部门解决贷款可获性问题而采取措施的补充。正如该节中所述，无论是发达国家还是发展中国家政府，都在推动企业信贷，特别是中小企业贷款方面扮演着积极的角色。除了包括发放贴息贷款（通过国有银行或为商业银行提供资金的二级银行）在内的常用手段以外，近年来各国政府还采取了一些更加直接、旨在解决与融资可获性有关的市场失灵的措施。这些措施包括提供担保、改善企业信息透明度（例如信贷局制度）以及发展企业债务或待收账款二级市场等。在最后一节中，还将讨论多边开发银行，特别是CAF的一些倡议。

二　分析制约中小企业信贷的理论框架及实证

企业贷款可获性缺失历来是政策制定者关注的问题，也是商会和企业代表反复提及的议题。然而，在对该问题进行分析之前，需要明确造成信贷市场"运行不良"的机制和传导渠道。也就是说，导致这类无效率的市场缺失的实质是什么？一旦从理论上理解了市场扭曲的根源后，还需要从实证的角度对该问题涉及的深度和广度进行阐述。本节将主要对上述两方面问题进行分析。

（一）金融体系的市场缺失以及中小企业信贷可获性的制约

金融体系中的市场缺失导致市场运行失效（如信贷的顺周期性）。这也是分析经济波动及周期的宏观经济文献中所广泛涉及的议题。凯恩斯（1936）很早就提出了上述缺失是导致 30 年代经济危机的关键因素的假说。近年来，一些学者修正了其假说，并为其提供了微观经济层面的论据支持，并有助于细化实证分析。在此意义上，市场缺失表现为三种形式：逆向选择、激励问题或道德风险、协调失灵或外部性。

1. 逆向选择

因信息不对称而产生的逆向选择常被用来解释信贷市场运行不良。这在第一、第二章中已被反复提及。该理论假设，公司的经营者和所有者掌握着关于公司价值及投资项目质量的完整信息，而潜在的外部投资者（银行、保险公司及资本市场其他投资者）只了解片面的信息。在此情况下，外部投资者便根据市场平均表现对公司和项目进行估值。此时投资者给出的利率和期限条件将对优于平均值的公司和项目造成歧视。

换言之，如果需要获得信贷，这些公司支付的利率及承担的条件将比信息充分时较为不利。此时，利率将提高而可获得信贷规模将减少（Jaffey Russell，1976）。这也就意味着拥有高质量项目的公司将选择退出市场，即不申请贷款。在企业拥有为项目提供融资的自有资金时尤为突出。因为根据企业掌握的自身信息（该信息无法可靠地传递给投资者），项目收益性很高，① 企业便不会接受不利的贷款条件。

Stiglitz 和 Weiss（1980）用上述论据阐述了相关情况下可能产生的信贷市场"理性均衡"。鉴于信息不对称现象的存在，银行和其他放款人便不能通过利率工具区分债务人的好坏。如上文所述，当利率上升时，拥有好项目的公司便会退出市场（拥有风险性更大的项目的企业亦会如此，只是程度略轻）。这就增加了市场的平均违约风险，降低了放款人的预期收益。因此，放款人可能不会选择大幅提高利率。这就导致信贷需求过剩

---

① 值得注意的是，根据这种逻辑，企业预见到不利的融资条件，并在金融体系出现问题时，直接选择不使用或申请贷款。下文中将会对这种企业行为进行详细的实证分析。

（拥有好项目和风险项目的企业都需要信贷）。于是在可考察特征相似、且均拥有好项目的企业中，一些可能获得贷款，而另一些则无法得到信贷。在这样的情况下，银行在企业间分配信贷的决定便不再取决于投资项目的预期净现值和项目质量，而需要通过其他变量加以确定。这些变量包括申请贷款企业提供担保的能力、公司净资产和短期现金流等（Fazzari *et al.*，1988；Calomiris y Hubbard，1988；Bernanke y Gertler，1987）。

上述论证在多大程度上适用于中小企业信贷可获性问题？显而易见，信息不对称现象在中小企业中比大企业间更加突出。首先，许多中小企业进入市场时间相对较短，无法向市场提供可靠和可信的历史表现，或缺乏商誉（在投资项目的质量方面）。这一问题对新公司或需要获得融资才能开始运作的企业来说显得更为严重。

其次，一般来说，在有关运营活动的信息公开和可查询方面，许多中小企业更加"不透明"。这部分是因为这些企业的治理结构不鼓励信息公开（如家族企业）。同时，也因为提供相关信息往往会导致企业难以承担的成本（如财务和会计报表需经审计）。

此外，不提供相关信息也可能出于某种目的的考虑。因为，保持企业的半正规状态可以享受税收优惠和（或）规避监管（如劳动和环保监管）。只要将公司经营活动正规化的决定意味着承担相当部分的固定成本（与公司规模无关），中小企业便缺乏迈出这一步的动力（鉴于对公司成本的影响），而宁愿提供更少的公司运营信息。[①]

2. 激励问题或道德风险

激励问题或道德风险是用来解释信贷市场失灵的又一理论依据。它指的是，企业可能会采取与放款人或外部投资者利益背道而驰的行动。而信息的缺乏又使得债权人和投资者对企业决策无从了解或证实。与此同时，由于相关监管规定限定了企业所有者或经营者的财产责任，银行和债权人在出现违约时便不能无限制地执行合同。上述两个因素会激励企业选择高风险项目。因为，项目预期收益随之增加，而一旦项目运行不善，损失则

---

① 如第四章所述，这一问题对微型企业来说更为突出。

是可控的。这样，便导致了企业的道德风险问题，公司经营者违背债权人利益选择高风险项目。从而影响了银行或放款人的预期收益。

在此情况下，通过提高利率来弥补违约风险增加和收益下降并非良策。这会导致贷款投资项目资金风险随之增加。可能出现的情况是，高风险效应会远远抵消利率上升的影响（Jaffee，1989）。这时，面对贷款需求的增加，银行或放款人便不会选择提高利率，而是通过相关机制对贷款进行分配。该机制可以通过降低违约风险来提高预期收益（如可执行的抵押担保和共同债务人等）。

道德风险理论能在多大程度上用以解释中小企业较大企业面临更突出的信贷难现象？一方面，中小企业规模小、专业化程度更高。中小企业的经营活动和投资项目与规模更大、生产结构更加多元化的大企业比较，具有更大的风险性。这意味着，在控制能力和合同执行能力相同的情况下，债权人为中小企业提供贷款的预期收益率低于向大企业贷款。此外，考虑到税收分配和保护少数弱势群体等因素，当出现合同违约时，法律可能会更注重保护中小企业不受相关执法行为的损害。虽然以上是对中小企业违约可能性的事后描述，这也意味着银行和其他金融机构在事前就不愿意为中小企业提供贷款。因为，向这些客户索要还款的难度更大。

逆向选择或道德风险等问题增加了银行和其他金融机构管理贷款的成本。因为，它们需要委派专门人员评估项目、搜集和监控企业信息，建立贷款管理平台，并针对可能的违约现象支付法定再保险费用。鉴于上述开支并不完全取决于贷款规模，这便对金融机构向中小企业提供信贷服务的意愿形成负面激励。因为，在这种情况下，每贷出一块钱就会意味着更高的成本。

3. 外部性和协调问题

通过上述分析可以看出，企业和项目信息的生成和处理影响到金融体系的健康运行。但对解决上述问题而言，十分重要的信息产生过程也可能受到市场失灵的影响。从本质上看，信息是一种公共产品。由私人部门来提供公共产品将难以达到最优状态。一些银行缺乏动力在获取信息上进行投资，也懒得对小额贷款人进行监督。一旦贷款人拥有了可靠的信贷记录，其他银行和金融机构往往直接给予贷款及其他服务，而不再设法获取初始信息和进行监督。

一方面，银行和金融机构在对项目进行评估时，仅仅考虑回报率及其对贷款业务收益的影响。这样，因外部性或外溢效应而能带来高社会效益的项目便可能被排除在外。例如，私人银行就没有动力在贫穷偏僻的农村地区开展业务，尽管这样做有利于减少相关地区贫困和促进小企业就业。为创新活动提供融资也面临同样的问题。因为，创新活动在带来很高的社会效益的同时，也意味着更大的风险；另一方面，有些金融业务只有达到最低规模才能产生收益。因此，在面对规模相对较小的市场时，就需要几家金融机构的联合行动（如在涉及某一生产链时需要建立信用登记业务的信息平台）。

本节对影响金融体系的市场失灵现象进行了理论分析，并得出结论认为，逆向选择和激励（道德风险）问题将带来私人部门成本的增加，加大金融机构信贷业务的风险。同时，分析认为，提高贷款利率只能部分解决上述成本和风险问题。这意味着，金融机构需根据企业财务状况、担保情况和产生短期现金流能力来决定是否授予贷款。中小企业进入市场时间相对较短，将很难满足上述授信条件。这将把拥有高收益、低风险项目的企业排斥在市场之外。因为，银行和投资者很难对这些项目做出准确评估。

与此同时，生成关于企业和其他潜在客户的信息尽管有助于部分解决上述问题，却面临着外部性和协调的难题。这降低了私人银行部门生成信息的积极性，使得金融市场失灵问题更加难以解决。金融市场失效与企业内部、外部融资成本差密切相关。这一现象对不同融资方式的选择具有直接影响。

（二）对企业面临信贷约束的实证分析

前文分析了可能影响金融市场运行的市场失灵现象。这些市场失灵导致了企业使用外部资金的融资成本增加，并造成了信贷配给，使得拥有高收益投资项目的企业无法以合适的贷款利率和期限条件获得信贷。与此同时，考虑到这些问题，企业可能选择直接自我退出市场，通过自有资金进行投资，甚至决定推迟或不进行投资。这些影响金融市场和信贷的问题对中小企业的影响远甚于大企业。

1. 实证描述

在开始进行实证分析时，需首先对企业和金融机构认定的申请或授予信贷的障碍进行描述。世界银行通过《企业调查》进行的调查（第二章中使用了相关资料）提供了重要的信息来源。例如，第二章图 2. 18 中显示，在地区许多国家，1/3 或更多的企业认为金融服务可获性是其业务发展的最主要障碍之一。这一比例在巴西的被调查企业中达到一半以上。如果根据企业规模对问卷答案加以划分，相比大企业而言，中小企业则始终将贷款难列为最重要的问题。对大多数国家而言，制约融资可获性问题对中小企业的影响超过大企业一倍。

衡量信贷可获性的一项更直接、客观的措施是考察一家企业是否已经和某家金融机构办理了信贷或借款业务（见表 3. 1）。就拉美平均水平而言，47% 的企业拥有正在进行的贷款业务，但各国情况大不相同。墨西哥最少（只有 11% 的调查样本显示有贷款业务）；智利、巴西和秘鲁信贷发展指数较高（分别为 69% 、65% 和 70%）；玻利维亚、哥伦比亚、厄瓜多尔和巴拿马的相关分值则为 50%—56%。

通过对按企业规模划分的数据进行分析，可以发现，在所有国家中，获得信贷的中小企业比例显著低于同一组别中的大型企业（根据地区平均值，这一比例为 39% 对 68%）。

许多企业，特别是中小企业之所以不使用借款或信贷来进行项目融资，很可能是因为他们的贷款申请遭到拒绝。而这也是衡量这些企业信贷可获性的直接指标。当然，也不能排除企业主动选择不申请贷款的情况。实际上，前文的理论分析显示了企业可能因为事先预料到相关不利条件，甚至申请被拒绝的可能性而选择退出信贷市场。在这种情况下，企业没有向金融机构申请融资便不能被视为其不需要融资或没有面临信贷约束的指标。

表 3.1　拉美拥有金融机构贷款的企业占全部企业比例

（按企业规模划分,%）

国家	年份	平均值	企业规模		
			小型	中型	大型
阿根廷	2006	39.39	22.98	45.85	74.66
玻利维亚	2006	50.10	38.83	61.63	80.93
巴西	2009	65.34	42.79	67.50	89.57
智利	2006	69.06	64.59	62.29	86.95
哥伦比亚	2006	52.34	41.16	72.86	72.22
哥斯达黎加	2005	无数据	无数据	无数据	无数据
多米尼加	2005	无数据	无数据	无数据	无数据
厄瓜多尔	2006	55.59	47.34	65.11	73.76
萨尔瓦多	2006	48.93	44.37	53.05	72.19
危地马拉	2006	33.56	28.06	39.55	62.09
圭亚那	2004	无数据	无数据	无数据	无数据
洪都拉斯	2006	46.87	39.28	57.30	54.60
牙买加	2005	无数据	无数据	无数据	无数据
墨西哥	2006	11.39	11.66	7.57	22.51
尼加拉瓜	2006	40.73	39.87	37.05	64.71
巴拿马	2006	55.59	43.15	74.79	78.43
巴拉圭	2006	45.98	39.87	51.52	59.22
秘鲁	2006	69.90	43.15	76.25	72.79
乌拉圭	2006	44.98	39.81	57.42	81.68
委内瑞拉	2006	21.81	60.72	27.46	36.88
拉美	2006[a]	46.97	38.86	53.58	67.70

a/根据圭亚那2004年、多米尼加和牙买加2005年和巴西2009年数据计算。

资料来源：世界银行（2010b）。

表3.2包含着解释相关问题重要性的信息。表中按国别列出了未申请

贷款企业的比例。从中可以看出，退出信贷市场现象在拉美企业中十分普遍。56.5%的企业宣称在最近一年中没有申请贷款。这一比例在小企业（员工最多为20人）中上升至65%，在大企业中则减少为42%。按国别衡量，墨西哥和巴拉圭拥有的未申请贷款小企业比例最高，分别达88%和80%；秘鲁和智利比例最低，分别为41%和50%。

表3.2　拉美最近一年中未申请贷款或信贷额度的企业占全部企业比例
（按企业规模划分,%）

国家	年份	平均值	企业规模		
			小型	中型	大型
阿根廷	2006	63.41	76.90	61.48	45.45
玻利维亚	2006	58.89	64.33	56.05	47.78
哥伦比亚	2006	38.20	46.56	29.48	27.43
墨西哥	2006	85.88	87.80	84.60	82.99
巴拿马	2006	65.23	72.91	61.54	38.67
秘鲁	2006	36.87	41.29	35.68	29.06
巴拉圭	2006	60.20	67.41	53.09	50.88
乌拉圭	2006	68.44	80.41	62.39	45.05
智利	2006	38.05	50.78	34.93	27.69
厄瓜多尔	2006	42.86	53.68	36.61	30.25
萨尔瓦多	2006	56.13	69.31	48.24	45.96
洪都拉斯	2006	57.57	66.99	50.00	48.00
危地马拉	2006	67.24	75.71	71.07	45.22
尼加拉瓜	2006	63.18	64.98	65.81	43.48
巴西	2009	46.23	59.29	44.27	26.47
拉美	2006[a]	56.56	65.23	53.03	42.29

a/ 根据巴西2009年数据计算。
资料来源：世界银行（2010b）。

　　表3.3解释了企业做出上述决定的理由。从中可以看出，不同规模的

企业均把不需要贷款列为主要原因。另外，与大型企业相比，中小企业将申请手续复杂、利率高和抵押要求高等因素视为主要问题。最后，还有相当多一部分企业（不分大小）认为，贷款申请不会被批准。

表 3.3 拉美企业不申请贷款的理由
（按企业规模划分,%）

理　　由	企业规模		
	小型[a]	中型[a]	大型[a]
未知	0.16	0.38	0.20
不需要贷款	64.20	67.63	77.83
申请贷款程序问题	6.49	4.79	3.08
利率条件不利	14.60	10.50	5.86
抵押要求过高	4.84	4.53	1.99
贷款规模或期限不够	0.85	0.92	0.99
要求非正规支付	1.54	1.26	1.09
认为贷款不会获批	6.98	9.45	8.65
其他原因	0.03	0.55	0.30

a/根据拉美 2006 年、巴西 2009 年数据计算。
资料来源：世界银行（2010b）。

到目前为止，我们对来自企业调查的信息进行了分析。对银行和其他金融机构认为的向企业发放贷款的最主要障碍进行分析也同样重要。最近，拉美银行联合会对此进行了调查（见拉美银行联合会 2008 年调查），这有利于对相关内容进行探讨。

表 3.4 对银行认为的向中小企业发放贷款的各种障碍进行了分析。主要障碍包括信息问题（企业证明还款能力的困难及财务信息不公开）、高风险（业务不稳定）、担保问题（缺乏担保或担保执行难度大）。这些问题均已在上一节的理论分析中进行过阐述。

表3.4 拉美银行认为的中小企业贷款可获性的主要障碍

（%）

障 碍	不重要	重要性轻微	具有一定重要性	非常重要	未回答
难以证明还款清偿能力	2	1	9	79	8
业务不稳定	1	0	21	65	1
在不还款的情况下难以对担保品进行处分	1	7	18	65	9
拖欠其它金融机构债务	4	7	16	64	8
缺乏担保或难以证实担保物的质量或价值	2	8	18	64	7
中小企业公司治理问题（没有财务报表、缺乏透明度）	1	9	24	58	7
非正规性	3	10	35	45	7

资料来源：拉美银行联合会等，2008 年。

作为对上述实证分析的总结，可以得出这样的结论，缺乏获得信贷的途径确实是企业特别是中小企业发展所面临的重要障碍。这一问题既反映在企业较少申请贷款和借款的现象上，也体现在相当一部分企业特别是中小企业选择自我排除在信贷市场之外的事实中。这种自我退出部分是因为企业将承担不利的信贷条件（如高利率），也因为企业觉得即使提出贷款请求也将会遭到拒绝。企业提出的问题部分与金融机构指出的困难相吻合。但金融机构还认为，难以做出向中小企业放款决定的主要困难还在于对企业运营情况掌握较少、风险更大，以及缺乏对还款的再保险。

虽然上述论证有助于了解企业特别是中小企业获得信贷难的情况，但还远不能对量化分析缺乏融资对企业决策的影响（如投资决定），或各要素（如缺乏担保）影响企业借款或银行放贷决定的程度有所帮助。如要对相关问题进行量化分析，需要使用微观企业层面的信息进行定量统计分析。

2. 定量统计经济分析取证

通过获取企业层面的信息（包括前文提到的世界银行数据以及各国根据产业调查建立的其他数据库），可以进行更系统的分析，考察企业面临的金融抑制的深度和广度，特别是其对中小企业的影响。下面将介绍两种专门的统计和计量经济学分析方法：投资与现金流关联度、企业申请和获得贷款概率估算及其决定因素。

3. 现金流与投资的关联：以哥伦比亚为例

实证经济专著对金融市场不完善以及这一现象对企业投资决策的影响进行了深入分析。正如第一、第二章以及前文分析中所提到的那样，在理想状态下，即不存在逆向选择、激励或道德问题的情况下，企业的投资决定与融资方式无关。换言之，MM 定理（莫迪格利安尼—米勒定理）得以证实。这一定理指出，公司的资本结构（债务、权益资本或留存收益等）与市场价值无关。根据这一定理假设，唯一影响企业投资决策的是投资回报率，即项目预期净现值为正值或项目的预期收益率大于资金的机会成本。作为对这一新古典投资理论的补充，"托宾的 Q 理论"（Tobin，1969；Brainard y Tobin，1977）指出，只要预期投资带来的企业市场价值增加大于投资成本上升（Q 的边际量），企业就会进行投资。

然而，当逆向选择或道德风险问题使得外部资金（更加昂贵）与内部资金不再能完全相互替代时（尽管尚未达到信贷配给的地步），融资方式与投资决定无关的理论便不再适用。

可以通过一个简单的测试来证明信贷约束的存在。这也是新古典投资模型的出发点。在测试中，应加入企业内部可用资金（现金流）参数，然后再考察这些变量对事先自认为更易受信息和激励问题影响的企业是否具有显著影响（Fazzari *et al.*，1988；Whited，1992；Kaplan y Zingales，1995；Fazzari *et al.*，2000；Bushman *et al.*，2008）。测算结果总体显示，无论是对事先自认为更易受融资约束的企业（中小企业）来说，还是针对自认为受此影响不大的企业而言，现金流都与投资显著相关。然而，正如相关理论所述，现金流与投资的关联对前一类企业而言更加紧密和显著。

专栏 3.1 中描述了前段中的相关测算过程。但也有不少人对此持批评态度。其中的一种批评认为，不能任意将企业划分为自认为更易受信贷约束的企业和自认为受此影响不大的企业。

专栏 3.1　通过在投资方程中使用现金流来确定市场失灵：尚未解决的争论

Fazzari 等（1988）最早使用公司层面的数据将现金流纳入投资方程。他们从托宾 Q 理论基础模型入手，引入企业现金流、销售额和资本成本等变量。结果显示，融资约束对许多企业的投资决策来说都具有重要性。因为，通过现金流这一变量所获得的企业可支配内部资金量只对受到金融约束的企业起显著影响。他们提出，投资与现金流之间的敏感性随融资约束的程度加深而单向增加。

Fazzari 等（1988）所使用的方法也招致了各种批判。主要的置疑认为，不存在证明投资与现金流之间的敏感性随融资约束的程度加深而单向增加这一观点的测试。Kaplan 和 Zingales（1995）提出，企业现金流可能被作为没有被托宾 Q 值包含在内的未来投资机会成本的参数。这意味着现金流不是一个衡量因市场失灵而导致内外部融资缺口的可靠指标。Cleary（1999）认为，在使用经过错误校正的新古典投资加速模型的情况下这一批评仍是有效的。在该模型中，通过现金流表示的可支配内部资金量可以用来解释融资的约束程度。

该模型将公司所希望的存量资本水平作为产值和资本使用成本的函数。模型通过纳入衡量公司使用自有资金融资能力的变量——现金流得以扩大。该模型包含着期望和现有资本水平之间的调节机制，并由此衍生出投资方程。但有人认为，模型中的现金流变量可能已经包含了企业投资收益和机会成本的相关信息，因而无法为考察融资约束提供证据。

解决这一问题的方法是使用包含企业融资结构的结构模型。从最优条件得出的欧拉方程就将投资和企业融资变量及其他因素联系起来。

上述模型的优势在于通过现金流变量适当反映了流动性约束的效果。该变量由投资决定中反映企业未来收益预期的各融资参数加以控制。但该模型的前提是，调整成本必须是二次和对称的。如果这一前提得不到满足，就无法保证各融资变量反映融资约束的唯一性。鉴于相关困难的存在，Bond 等（2003）的研究倾向于通过替代性前提对模型进行估算，以确定结果的精确度。

资料来源：Arbeláez et al., 2010。

其次，另一种批判认为，很多时候，在回归计算中使用的现金流并不能作为衡量公司生成现金能力的直接指标，而只适用于衡量销售业务中带来的盈利。这一变量本身可能已经反映了企业机会成本与未来盈利的变化。因此，这一变量将更多地被解读为反映投资收益的新古典参数，而不是作为信贷补充的融资来源。这也是一些实证研究中所采取的做法。[1]

尽管批判之声不绝于耳，但对在拉美企业中现金流与投资在多大程度上相互关联进行研究仍不无裨益。同时，还需要研究这一现象是否能用来作为衡量信贷约束的指标。下文将介绍一项针对哥伦比亚制造业部门所做的相关研究。[2] 为避免任意划分受信贷约束和不受信贷约束企业的问题，在本研究中首先测算每个企业中现金流与投资之间的简单关联。然后，再根据关联程度进行排序。目的是根据相关特点，对位于排序顶端的企业组（现金流与投资关联度高）和位于低端的企业组进行比较。因此，研究并不预先设定任何企业分类标准，而是通过测试结果对其加以确定。一旦将企业按照受信贷约束程度加以分类，就需要研究信贷约束是否与企业本身的一些特点相关，并回答以下问题：企业规模越小受信贷约束就越严重吗？如何比较各企业的生产率？两组企业在就业、投资和生产增长方面的表现如何？

研究中所用资料来自哥伦比亚年度制造业调查（EAM）。该调查包括

---

[1]　Bushman 等（2008）指出，净收入指标根据营运资金（存货）变动而变化。该指标与固定资产投资呈正相关。因此，相关数据更多地证明了存货投资与固定资产投资之间的敏感性，而不是信贷约束问题。

[2]　该研究系 Meléndez（2010）专门为本文进行。

员工在 10 名（含）以上且（或）年产值大于 500 份最低工资总额的工业企业。因此，微型企业不在调查之列。

表 3.5 根据一些统计数据对企业特点进行了总结。通过数据可以看出，无论是 1997 年还是 2007 年，面临流动性约束的企业（现金流与投资关联度高）均比不受流动性约束影响的企业（现金流与投资关联度低）规模更小。平均而言，不受流动性约束企业产量比受流动性约束影响的企业大 2.8 倍，固定资产多 2.5 倍，就业多 1.4 倍。

表 3.5　无流动性约束和受流动性约束企业的特点

（1997 年和 2007 年[①]）

		产量 (千美元)	就业 总人数	临时工 人数	固定 资产 (千美元)	劳动 生产率 (千美元)	人均 资本 (千美元)	出口/ 销售 (%)
		1997 年					2000 年	
不受约束 企业	平均	6050	74	11	1606	44	8	5.91
	标准差	50906	196	61	16351	120	17	16.13
受约束 企业	平均	3777	65	11	1013	41	8	5.24
	标准差	12859	130	55	5508	133	21	15.09
		2007 年					2007 年	
不受约束 企业	平均	14961	93	42	4088	69	20	5.85
	标准差	177611	207	134	38020	185	46	17.30
受约束 企业	平均	5375	67	31	1619	63	15	4
	标准差	18187	136	92	11816	153	49	14
1997—2007 年变化								1997— 2007 年 变化
不受约束 企业	平均	8911	19	31	2482	24	12	-1.18
受约束企业	平均	1598	2	20	606	22	6	-0.06

①2009 年按每千比索计算数值，根据 2009 年 12 月汇率换算为美元。

资料来源：Melendez（2010）。

图 3.1 和图 3.2 显示了两组企业在发展过程中的差距及其演变。1997—2007 年间，受信贷约束程度较少的企业固定资产年均增长达 8.9% ，而受信贷约束程度较大的企业则仅为 4% 。投资增长的差异也反映在产量增长的差距上：平均而言，前一组企业为年增长 8.6% ，而后一组则仅为 2.8% 。

图 3.1　按信贷约束情况分类的哥伦比亚企业生产情况（百万美元[①]）

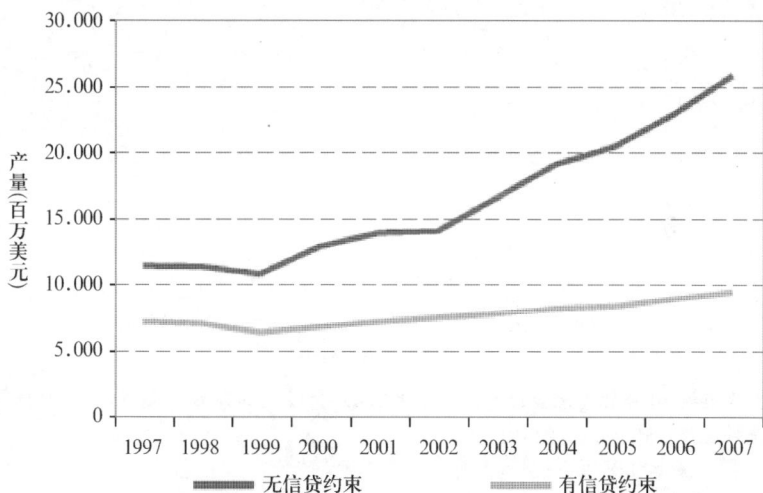

注①原值按 2009 的千比索计价，根据 2009 年 12 月汇率转换成美元。
资料来源：Meléndez（2010）。

两组企业就业增加情况区别不大。1997—2007 年间，制造业总就业增长几乎静止，年均增长仅为 1% 。不受信贷约束企业年均就业增长为 1.5% ，而受约束企业就业萎缩，年增长为 -0.4% 。

尽管现金流与投资间的简单关联可能显示出信贷约束的问题（在缺乏信贷的情况下，企业只能根据自有现金进行内部融资），却显然没有考虑到存在其他决定性因素（第三个变量）的可能性。这一变量可能同时影响投资和现金流。这也会导致投资与现金流之间呈现正相关，却与信贷约束问题无关（伪关联）。例如，出现正的（负的）生产冲击或预期收益增加（减少）时，销售和现金流会增加（减少）。与此同时，企业决定增加

（减少）投资。①

图 3.2　按信贷约束分类的哥伦比亚企业固定资产增长情况（百万美元①）

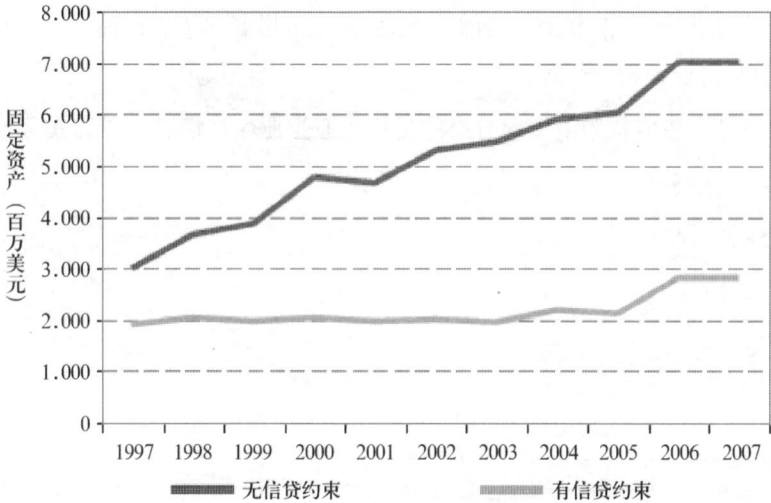

①原值按 2009 的千比索计价，并根据 2009 年 12 月汇率换算成美元。
资料来源：Meléndez（2010）。

　　增加除可支配现金量以外的其他可能影响投资决策的变量要求进行计量经济学分析，并正式对企业投资方程进行测算。阿尔贝拉阿斯等（2010）为本文进行的另一项研究从计量经济学的角度构建了投资模型。该模型以欧拉方程为基础，主要针对哥伦比亚的情况而设计。这项研究的主要成果见专栏 3.2。模型引入调整成本为前提。因此，当前投资量与过去投资量相互关联。此外，该模型还将延期投资作为二次项引入。

　　资金流量也被作为变量加入模型，以确定是否存在有关信贷约束的证据。为了控制生产率冲击或其他与现金流和投资决定相关、但并不一定证明信贷约束存在的因素，研究人员引入了公司销售和国民生产总值增长（以控制对经济体产生的冲击）变量。公司初始债务水平（上一时期的债

---

　　①　之前的研究结果似乎没有考虑这一问题。值得注意的是，在分析期间，投资与现金流之间关联度高的企业往往较少扩大生产和投资。

务量）也被引入模型。

最后，为了考查信贷约束对小企业来说是否更为突出，研究人员还在回归方程中引入了分别针对中型企业和大型企业的虚拟变量（哑变量），并用该变量与每个公司的现金流相乘。可以预见，如果小企业面临更多约束，这些虚拟变量的系数便为负值，反映出与较小规模的企业相比，可支配现金影响中大型企业投资决策的程度更轻。

研究中用来测算投资方程的数据取自在哥伦比亚企业管理局登记的企业样本。因此，与上一项研究所不同的是，本研究涉及的是各行各业的企业，而并非仅是制造业企业。如专栏 3.2 所述，Arbeláez 等（2010）发现，即使在通过销售额加以调整的情况下，现金流仍与投资支出呈显著正相关。此外，对小企业来说，关联度更高，在往往与经济衰退如影随形的信贷紧缺周期则更加突出。最后一项结果与第二章中加以讨论的、对中小企业影响尤甚的信贷顺周期性证据相契合。

通过对哥伦比亚企业有关情况的实证描述，可以得出结论，信贷约束对中小企业影响很大。特别值得注意的是，信贷约束的存在已经限制了企业发展，受到信贷约束的企业在就业、投资和生产方面的增长要缓慢得多。尽管我们无意将此作为信贷约束对企业发展影响的直接证据，但使用企业层面数据进行的简单研究结果非但并未推翻理论假设，而且更加显示了相关市场失效对企业就业、投资和生产发展的影响可能十分严重。

专栏 3.2　投资决定与现金流关联的计量经济学实证
——以哥伦比亚为例

　　Arbeláez 等（2010）利用欧拉方程对投资的决定因素进行了结构经济学模型测算。该模型假设投资支出存在调整成本。因此，当期投资与过去投资流量相关联，并将延迟资本支出作为二次项纳入方程。资金流量也被作为变量加入方程，以确定是否存在信贷约束现象。研究中使用数据来自 1995—2008 年期间在哥伦比亚企业管理局登记的企业财务报表。应该指出，这一数据库带有倾向性。因为，它只包含了依法应向企业管理局登记的企业，缺乏对小企业财务信息的反映。

关于测算中一些变量的演变，应该对投资在分析期内的表现加以观察。首先，可以看出，由于 20 世纪 90 年代末的危机，直到 2000 年，投资均出现显著下降。自 2000 年起，投资开始缓慢恢复，并在 2006 年开始加速恢复。这与整体经济增长相吻合。2008 年，受国际危机和国内经济减速影响，投资重新出现下降，并在 2009 年加剧。

其次，通过净运营利润加贬值衡量的现金流演变过程与投资变化十分相似，但起伏变化较缓和。相反，如果对企业投资和债务总额进行比较，将会发现两者演变过程直至 2003 年都呈现出显著区别。2003 年，债务呈剧烈下降，而投资从该年开始的恢复显著，并超过债务增长（见图 1）。上述情况表明，投资融资与现金流高度相关，而与债务关联性较弱，从而证明了信贷约束的存在。

表 1 显示了根据欧拉基本投资模型测算的结果。各系数符号是既定的，并排除了不存在流动性约束的无效假设。可以观察到，延迟投资和二次项的符号符合预期，说明成本调整是非线性的。另一方面，延迟销售呈显著正相关，说明当前投资受上一时期销售的影响。

现金流变量也呈显著正相关，并接近 1%。根据相关理论，这显示出企业的投资决定高度决定于其内部资金，从而证明了流动性约束的存在。表 1 还纵向列出了债务总额相对于资本存量的比例，并显示两者呈显著负相关。这一现象与融资约束一起说明企业需通过债务来增加投资，但高昂的成本限定了债务的上限。

在表中下面的栏目内，显示了相关约束是否在各组企业间具有对称性。这些变量通过企业规模、融入国际市场程度等因素反映了企业的财务状况。在下表中还纳入了企业规模指标。从中可以看出，大中型企业投资高于小企业，分别高 11% 和 6%。此外，还可以观察到大中型企业比小企业面临着更低程度的约束（现金流与规模的关系）。大企业受到的约束也少于中型企业（小企业现金流系数为 0.0446；大企业为 0.0057；中型企业为 0.0446～0.0136）。

图 1　总投资及融资来源的变化

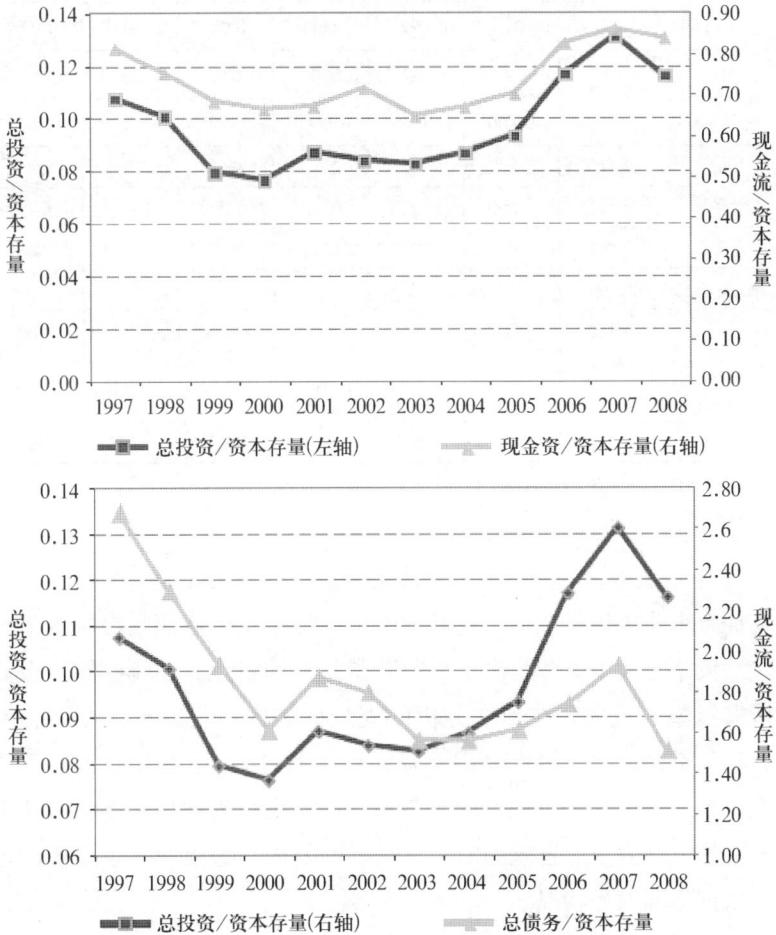

资料来源：Meléndez（2010）。

表 1　通过欧拉方程估算哥伦比亚的投资系数（I/K）

变量	1	2	3	4	5	6	7
销售（t-1期）	0.0044***	0.0047***	0.0029***	0，0011***	0.0022***	0.0007***	0.0007
现金流（t-1期）	0.0247***	0.0297***	0.0352***	0.0446***	0.0098**	0.0360***	0.0234***
总债务（t-1期）	无数据	-0.0070***	-0.0040***	-0.0005	-0.0021*	-0.0016	-0.0120***
GDP增长	无数据	无数据	0.0462***	0.2207***	0.4763***	0.5595***	无数据
中型企业	无数据	无数据	无数据	0.0573***	0.0901***	无数据	无数据
大型企业	无数据	无数据	无数据	0.1062***	0.0478*	无数据	无数据
中型企业现金流（t-1期）	无数据	无数据	无数据	-0.0310***	无数据	无数据	无数据
大型企业现金流（t-1期）	无数据	无数据	无数据	-0.0389***	无数据	无数据	无数据
企业数量	14617	14617	14617	14617	14617	14617	14617

*** px0.01；** px0.05；* px0.1

资料来源：Arbelaez 等（2010）。

4. 中小企业申请和获得贷款的决定因素：以阿根廷为例①

在拥有企业申请贷款信息的基础上，一种量化企业面临融资约束程度的替代性策略是找出哪些是决定企业获得贷款的特点，而哪些则是企业贷款申请遭拒绝的理由。在前文分析的理论框架内，假设不存在信息不完整、激励和道德风险等因素（即不存在约束条件），申请和获得贷款便仅仅取决于企业及申请融资项目的收益率。但如果脱离理想状态，承认存在信息不对称或刺激企业冒险的因素，贷款的发放则需要取决于企业的还款能力、抵押品和财务状况。

因此，需要根据不同变量对企业获得贷款的概率进行测算，并考察相关决定因素在多大程度上反映了金融市场的约束。考察获得贷款的概率是否与企业规模相关是值得引起特别关注的内容。

在进行相关测算时首先遇到的困难是许多企业之所以不申请贷款，是因为它们预见到贷款条件将是不利的（银行无法将其认定为好的借款人），

---

① 本段内容基于 De Giovanni 和 Pasquini（2010 年）为本书所做的研究。

或者觉得贷款申请不会获得批准。正如前文中所提到的，在许多国家，这些"失望的借款人"（Levenson y Willard，2000；Chakravarty y Xiang，2010；Chakravarty y Yilmazer，2009）都代表着相当一部分信贷市场的潜在参与者。任何试图对经济体中存在的信贷约束进行量化分析或解释的研究都不能对其视而不见。

　　以下介绍的研究将对企业能否获得贷款的概率进行估算，并通过考虑"失望的借款人"的存在对结果进行校正。①。

　　De Giovanni 和 Pasquini（2010）在研究中使用了阿根廷针对中小企业的调查所使用的数据（中小企业观察站数据）。样本范围包括2005—2009年间约一千家企业的数据。表3.6显示了全部样本企业投资资金来源以及企业规模分布。正如下表所示，全部企业中，65%通过自有资金进行投资，21%向银行借款投资，11%使用供应商信贷，1.4%依靠客户贷款。

表 3.6　阿根廷企业投资资金来源

（按年份及员工人数分类）

	企业数量	自有资金（百分比）	银行资金（百分比）	供应商资金（百分比）	客户资金（百分比）	公共项目（百分比）	其他来源（百分比）
年份							
2006	944	73.2	15.5	6.9	1.3	2.1	0.9
2007	746	66.5	20.6	7.5	2.0	2.1	1.2
2008	1031	58.1	27.7	9.5	1.8	1.5	1.4
2009	1013	60.0	23.7	9.6	0.6	4.5	1.7
总计	3734	64.7	21.7	8.3	1.4	2.5	1.3
员工人数							
1—11 人	704	70.8	15.6	8.4	2.1	0.9	2.2

---

　　① 很显然，如果不考虑这一因素，衡量相关变量的系数便会带有偏差。因为，样本企业本身受自我选择倾向的影响。这一自我选择过程则受到决定贷款能否获得批准的变量的控制。近年来，考察金融机构发放贷款机制的研究已经采用了相关方法（Chakravarty y Yilmazer，2009；Han *et al.*，2009）。

续表

	企业数量	自有资金（百分比）	银行资金（百分比）	供应商资金（百分比）	客户资金（百分比）	公共项目（百分比）	其他来源（百分比）
12—20 人	1009	72.2	15.0	6.0	2.3	2.1	2.2
21—41 人	955	66.6	21.0	6.6	1.5	2.7	1.6
42 人以上	1058	63.1	22.9	9.1	1.3	2.6	1.1
总计	3726	64.7	21.7	8.3	1.4	2.5	1.3

资料来源：De Giovanni 和 Pasquini（2010）。

　　根据企业规模进行投资资金来源分析得到的结果已经众所周知：中小企业（员工人数少于等于41人）使用内部融资的比例高于外部融资。这可能意味着它们更难获得外部融资。

　　就本段分析内容而言，表3.7 显示，在所有企业中，只有37%的企业在分析期内向银行申请过贷款（38%的企业申请过活期账户透支，仅17%的企业申请过租赁贷款）。在上述申请融资的企业中，82%最终获得信贷。这显示，贷款被拒绝或信贷约束比例较低。但正如前文所述，申请贷款企业样本数据可能受到决定申请获批概率的变量的影响。因此，82%的比率并不能成为衡量信贷约束程度的良好指标。

表 3.7　申请信贷的阿根廷企业比例
（按年份、员工人数及行业领域分类）

年份	企业数量	活期账户透支（百分比）		银行信贷（百分比）		租赁贷款（百分比）	
		申请	批准	申请	批准	申请	批准
2005	1100	34.8	86.3	34.8	86.3	无数据	无数据
2006	865	34.1	89.2	23.9	82.8	15.4	77.2
2007	728	40.7	89.9	28.1	83.0	19.0	79.4
2008	1016	39.3	85.5	28.9	77.6	19.1	77.5
2009	1002	41.8	86.9	31.7	78.5	15.5	79.7

年份	企业数量	活期账户透支 （百分比）		银行信贷 （百分比）		租赁贷款 （百分比）	
		申请	批准	申请	批准	申请	批准
总计	4721	38.0	87.3	29.8	81.7	17.2	78.4
员工人数							
1—11 人	1098	28.6	69.5	19.9	54.8	6.3	54.8
12—20 人	1470	33.3	84.6	23.6	74.9	11.6	67.3
21—41 人	1356	43.7	82.6	37.5	75.8	17.1	81.0
42 人以上	1278	53.3	86.3	46.7	80.1	31.1	85.1
总计	5202	39.9	82.5	31.9	74.3	17.2	78.4
主要业务							
制造业	5310	39.6	82.7	31.8	75.1	17.3	78.5
机械维修	116	39.5	84.4	32.7	62.2	13.6	88.9
再销售、服务及其他行业	106	50.5	73.6	37.5	51.3	13.3	75.0
总计	5536	39.9	82.5	31.9	74.3	17.2	78.4

资料来源：De Giovanni 和 Pasquini（2010）。

通过分析按企业规模分类所得数据可以发现，申请贷款的中小企业与大企业相比占比较低（员工少于等于 11 人的企业为 20%；员工为 12—20 人的企业为 23.6%）。这些企业的贷款获批率也更低。

无法获得融资的后果似乎显得非常严重。如表 3.8 所示，约 1/3 的企业表示，因缺乏资金被迫中止投资项目。

除了对阿根廷企业参与信贷市场（申请和获得贷款）进行实证描述以外，De Giovanni 和 Pasquini（2010）还研究了各变量和企业特征（规模、财务、债务、可支配现金和项目收益率等）如何影响银行放贷决定。如前文所述，对这些决定因素进行分析并量化其影响，能为了解融资约束及其后果提供依据。

表3.8　因缺乏资金而终止投资项目的阿根廷企业

（%）

	企业数量	终止投资的企业比例（%）
年份		
2004	596	34.06
2005	1178	32.26
2006	923	31.2
2007	739	30.72
2008	1022	29.75
2009	998	31.86
企业存续时间		
少于8年	2371	31.93
9—18年	940	34.04
19年以上	2145	29.98
员工人数		
1—11人	1121	31.04
12—20人	1509	28.96
21—41人	1394	33.79
42人以上	1310	32.75
行业		
制造业	5234	31.58
机械维修	114	31.58
再销售、服务及其他行业	105	26.67
总计		32.97

资料来源：De Giovanni 和 Pasquini（2010）。

　　如专栏3.3所示，研究者构建了两组方程式：一组用来测算申请贷款的概率；另一组用来计算金融机构批准贷款的概率。与此同时，研究人员分两个步骤进行测算：①申请；②批准。这样就可以保证第二步不受前文提到的选择偏差的影响。也就是说，许多企业因为预期申请无法获批而选择不申请贷款。这一修正具有重要意义。因为，如果只考虑批准或否决贷款的情形（见专栏3.3中表1的第一栏），企业规模变量的影响便不显著。这部分是因为在包含确实决定申请资金的企业样本中，这一指标很少变化。就经验而论，许多小企业在预见会遭到拒绝的情况下便决定不申请贷款，这使得样本存在选择偏向（样本中小企业数量少）。有鉴于此，研究结论认为，企业的规模在申请贷款和批准贷款阶段都是重要的变量。

与此同时，申请贷款和贷款获批的决定也取决于企业的负债水平（负债越多，申请和批准贷款的概率越低）。同样，项目预期收益率和企业信贷需求与企业申请贷款的概率正相关。值得注意的是，在引入企业规模变量后，抵押品（固定资产）或现金生成等变量在两个方程中都显得无足轻重。但不应该据此认为，这一结果表明抵押品或现金流对贷款业务来说并不重要。这只能说明，当上述变量与反映企业规模的指标密切相关时，存在证明其影响的实证困难。

专栏3.3　阿根廷中小企业获得融资情况

De Giovanni 和 Pasquini（2010）建立了用于测算中小企业申请贷款和银行批准贷款情况的模型。

研究人员最初希望得到受信贷约束企业的比例。他们发现，申请贷款中小企业中的7%遭到拒绝，约37%的企业选择自我排除出市场。他们接下来又建立了模型，分析申请贷款和批准或拒绝贷款的概率是如何决定的。被纳入考虑的相关因素包括：①项目收益率指标（EP-PI），用以衡量预期销售增长以及企业对所面临问题的感受；②外部融资愿望或需求；③公开信息变量，包括内部融资情况、规模、企业存续时间、抵押情况（通过固定资产与总资产的比率衡量）、杠杠率（总负债/净值）以及企业经营行业、知识基础和不确定因素等。表1列出了相关结果。

　　与此同时，通过考虑未参与贷款市场的企业对测算贷款批准情况的模型进行了调整。结果显示，企业规模（通过员工人数衡量）是决定贷款批准率以及自我排除现象的主要变量。在企业资产负债表包含的各数据中，杠杆率显得尤为重要。其与贷款批准率存在反向联系，即负债越多的企业越可能在申请贷款时遭到拒绝。然而，由于该效应的影响规模较小，相关企业不会停止申请贷款。抵押和现金流情况似乎未对企业决策产生显著影响。项目收益率指标（EPPI）以及融资难度变量对企业申请贷款的决定具有直接和显著的影响，并分别反映出拥有收益最高和最大融资需求的企业申请贷款的概率最高。

表 1　测算申请贷款和批准或拒绝贷款概率
经济模型的计算结果

变量	不考虑自我排除的简单模型	考虑自我排除的两阶段模型	
	批准和拒绝贷款申请的决定因素	做出申请贷款决定的决定因素。部分效应平均值	批准和拒绝贷款申请的决定因素。部分效应平均值
抵押率	− 0. 399844	0. 115130	− 0. 034365
杠杆率	− 0. 133940 [**]	− 0. 021563 [*]	0. 041240 [***]
现流	0. 116824	0. 001002	0. 003702
员工人数（log）	0. 129889	0. 118293 [***]	0. 119604 [***]
企业存续时间	− 0. 00248	− 0. 001384	− 0. 001253
EPPI	无数据	0. 032979 [***]	无数据
融资困难	无数据	0. 138419 [***]	无数据
区域虚拟变量	是	是	是
年份虚拟变量（2005 – 2009）	是	是	是
观测次数	433	1159	1159

*** px0. 01；** px0. 05；* px0. 1

资料来源：De Giovanni 和 Pasquini（2010）。

通过本节定性和定量描述可以得出结论,金融市场运行存在低效率的问题。这些问题表现为企业金融服务可获性,特别是贷款可获性的程度降低。有证据表明,这些约束对企业投资决定带来不利影响,企业不得不依靠短期现金流支付理应与中长期经济活动和预期收益相关的投资支出。此外,尽管融资约束对所有企业都有影响,但对中小企业的影响更加突出。进入金融市场的决定也与企业规模显著相关。这意味着中小企业即使拥有收益高的项目,也可能会被自我排除出市场。在接下来的两节里,我们将分析私人金融机构和公共部门应该如何设计干预策略,以部分解决这些与进入金融市场有关的问题。

三 银行与中小企业信贷

本节将主要介绍金融体系中私人部门尝试解决逆向选择、道德风险或激励和外部性等因素,影响中小企业信贷业务问题的各种方法。文中将侧重分析私人银行的作用,并简要介绍资本市场信贷机制。

如前所述,信息问题既增加了中小企业业务成本,也降低了金融机构为这类企业提供信贷产品和服务的积极性。然而,随着大额企业贷款业务利润的下降,银行和其他金融机构也加强了中小企业业务。近来的研究表明,中小企业(既包括发达国家也包括发展中国家)业已成为大多数银行的战略性业务部门(Beck et al., 2008b;世界银行,2007;de la Torre et al., 2010;拉美银行联合会等,2008;Stephanou y Rodríguez,2008)。2008年,拉美66%的银行认为中小企业对其业务来说具有战略性。此外,该地区每十家银行中就有七家对中小企业执行了积极的融资政策,并设有专门部门负责这部分业务。

另一方面,各银行从2005年开始进行了大规模投资,并展开改革和机制建设,以更好地服务于中小企业(拉美银行联合会等,2008)。加强对中小企业业务的主要原因,是因为该部门预期收益率的提高以及银行在其他业务领域所面临的更强竞争(世界银行,2007;国际金融集团,2009)。

为了提高对中小企业服务的效率,银行被迫调整产品以及业务经营和风险管理模式。许多研究显示，中小企业通常缺乏编制财务报表的积极性和能力。因为，这意味着成本的上升，且不会对企业带来明显的好处（Baas y Schrooten, 2005）。因此，关系型贷款成为中小企业的主要选择。但这种方式难以大规模实施（Frame, 1995）。最初，开展对中小企业业务的大都是业务对象专业化高的小银行（Nakamura, 1993；Keeton, 1995；Berger *et al.*, 1995；Levonian y Soller, 1995；Peek y Rosengren, 1996；Strahan y Weston, 1998；Berger y Udell, 1996；Cole *et al.*, 1997）。Berger y Udell（1996）指出，总部所在地离客户近的小型地区银行，往往比决策系统高度集中的大银行更易于解决信息不对称问题。

中小企业业务预期收益的增加和其他业务领域的饱和，使得大银行和一些微型金融机构开始增加与中小企业的接触。2006 年，阿根廷、智利和哥伦比亚中小企业贷款市场的主要参与者都是大银行（de la Torre *et al.*, 2010）。此外，拉美银行联合会等（2008）发现，拉美 94% 的大银行都设立了一个负责对中小企业业务的专门部门及一名高管。

这些大银行使用了将关系型贷款与所谓的"交易型贷款"相结合的方法。交易型贷款强调利用信息平台，处理企业的量化信息，并以此实现以较低成本评估企业贷款申请的目的。这样，大型银行着重通过使用上述新型信息系统对中小企业的贷款请求进行评估，而规模较小的银行则主要从事关系型贷款（Cole *et al.*, 1997）。

下面，首先将简要介绍关系型贷款和交易型贷款的理论框架，然后再对银行向中小企业提供的各种产品和服务进行说明。最后，将介绍一些非银行类工具，如种子基金、"天使"投资、风险投资基金和特种证券市场（如创业板或平行市场）。

（一）关系型贷款[①]

鉴于对于银行来说获得关于中小企业的可靠财务信息往往成本高昂，银行便选择与其保持长期债务关系的企业发放贷款，并在此过程中逐渐积

---

① 英语为 relationship lending。

累关于企业的信息。这种所谓的"关系型贷款"基于"软"数据，即通过拜访客户和与客户建立私人关系而获得的定性信息。这类贷款建立在以下两个基础上：①银行和中小企业之间的不断互动；②通过投入大量的资金和时间以获取信息，且对这些信息保密，不得将其用于竞争目的（Memmel et al.，2008）。

关系型贷款有助于减少信息不对称，其特点是银行主管高管、中小企业主以及社区成员间的直接、持续和个性化互动。这意味着银行（中小企业关系简化成银行高管）建立了和中小企业的关系（Berger y Udell，2002）。相关信息包括企业主的特点和可信度、企业还款历史和生意前景。这些信息是通过与企业、供应商、客户及其他相关部门沟通所得。鉴于这些由一名银行高管负责搜集的信息具有私密性，很难正式在金融机构间传递（Berger y Udell，2004）。

关系型信贷的研究文献指出，对于大型和外国银行来说，很难在与中小企业的业务往来中采取此方法。因为，这类定性信息通过正式通讯渠道传递很复杂（Stein，2002；Liberti y Mian，2006；Alessandrini et al.，2008）。Berger et al.（2001）举例证明，阿根廷的大型银行和外资银行在通过关系型信贷发放贷款时面临困难，小企业往往较少从此类机构获得贷款。

此外，学术研究已经找到证据显示，小型专业银行是通过关系型贷款开展对中小企业业务的主体（Cull et al.，2006）。在墨西哥，关系型贷款十分重要。83%的受访者赞同通过登门拜访和与中小企业主建立私人联系等方式发放贷款（这一比例在中美洲及加勒比和南美洲分别达到63%和68%）。

使用关系型贷款为中小企业提供融资也产生了一系列的影响。尽管这一机制减少了信息不对称现象，但与中小企业信息完全透明的情形相比，关系型贷款所提供的融资数额仍然较少。因此，中小企业有可能改用交易型贷款的方式（de la Torre et al.，2010）。另一方面，关系型贷款的方法也意味着更高的信息搜集和监控成本，因此提高了贷款利率。

值得注意的是，了解随着时间的推移关系型贷款是否能够更有利于客户（逐渐获得更低的利率）和银行（在不降低利率和利润的情况下，由于获得更多的客户信息而降低了风险）。相关研究并没有给出明确的答案。一方面，Peterson 和 Rajan（1994）认为随着关系的发展，利率将降低。与此同时，Greenbaum et al.（1989）和 Sharpe（1990）却得出了相反的结论。Baas 和 Schrooten（2005）建立了一个贝特兰德式竞争模型（银行通过确定利率水平来相互竞争），并得出结论认为，通过此类关系获得的信息是独家享有的，不会与其他银行分享，该部门的竞争出现扭曲。因此，贷款技术（关系型 VS 交易型）与利率便密切关联。如果关系型贷款导致高利率，交易型贷款（如财务报表型贷款）则会获得低利率。

（二）交易型贷款①

与关系型贷款不同的是，交易型贷款（又称信息技术贷款）以"硬"数据为基础。这些信息的特点是在做出发放贷款决定时可量化、可核实和可观测的。这种方法的使用通过企业财务状况和信用评分得到的数据作为变量，并通过中小企业及其业主的还款记录加以计算。因此，通过该方法获得的信息可以通过正式渠道在银行内部共享（Berger y Udell，2004）。

根据信息的种类和来源，交易型贷款可以分为三种类型：①对中小企业的财务报表、特别是资产负债表和收入状况进行评估；②分析企业可提供给银行的抵押资产质量；③采用消费信贷技术的信用评分方法，同时考虑借款人的财务状况及历史记录。

拉美银行混合使用了这三种风险分析技术，同时也进行了关系型信贷的实践。如图 3.3 所示，根据拉美银行联合会等（2008）进行的调查，约70% 的本地区银行在审批贷款时总是要求企业拥有稳定的现金流、可信的财务报表、良好的贷款记录和担保，并会对企业及其关联情况进行实地了解。

---

① 英语为 transaction based lending。

图 3.3   拉美银行审批中小企业贷款时始终、几乎始终或从不考虑的条件

（2008 年）

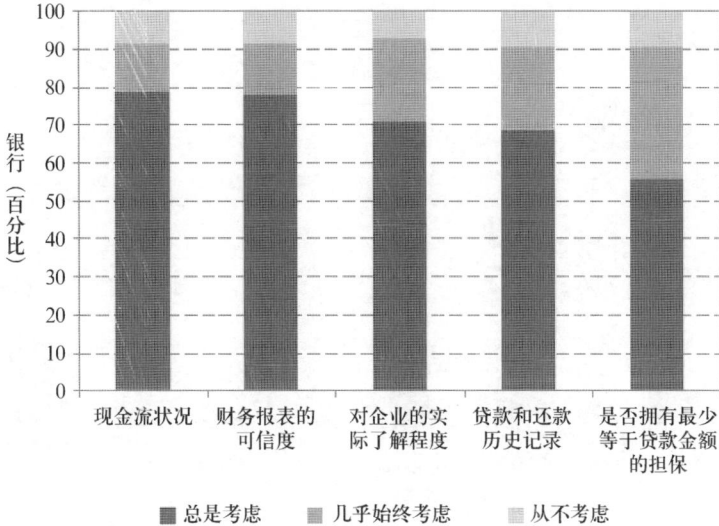

资料来源：拉美银行联合会等（2008）。

在对中小企业信贷分析程序进行考察时，我们发现拉美国家银行在风险评估中使用的信息分析技术具有多样性。图 3.4 显示，财务报表分析十分重要。地区 60% 的银行都在评估风险时对其进行了考察。其次，40% 左右的地区银行使用了基于资产和包括现金流在内的会计状况评估的分析技术。信用评分（35%）和业主资产分析（12%）是使用较少的技术。

下面，将简要介绍上述几种信息分析技术，并对其在拉美的应用情况进行总结。

1. 财务报表型贷款

在这种方式中，金融机构根据潜在客户的财务报表情况决定贷款的发放。因此，贷款申请方需提交经独立的公共审计机构审计或认证的财务报表。此外，中小企业必须通过财务指标证明其财务状况稳健。贷款合同据此确定抵押、担保、企业管理和财务承诺等内容。在这种情况下，还款的主要来源是中小企业的预期现金流。

图 3.4　拉美银行使用的中小企业信贷分析方法
（2008 年）

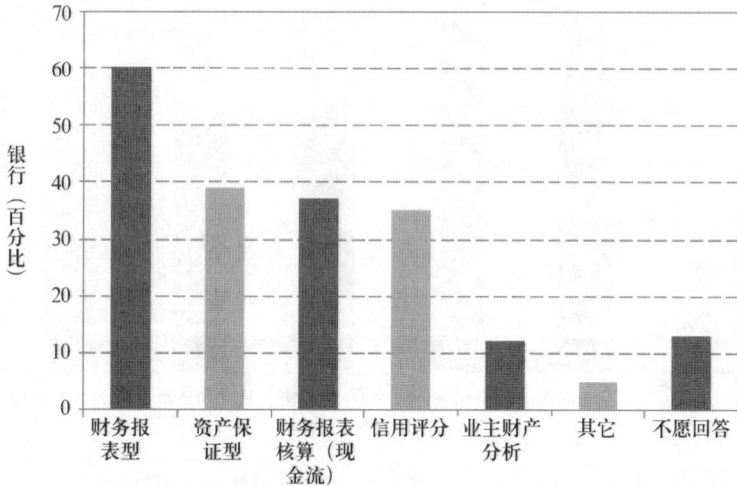

资料来源：拉美银行联合会等（2008）。

　　这种方法的优点是能够用较其他方法更低的成本来处理信息不对称问题。然而，该方法的效率取决于高质量的财会标准和信誉好的审计方。因此，这一方法也是在向透明度高的国际大企业贷款时通常使用的方法（Berger y Udell，2004）。

　　Cole 等（1997）指出，大型银行在做出贷款决定时，通常会采用基于财务报表的标准，而规模较小的银行则主要偏重于同中小企业的关系。在拉美，不同规模的银行都采用了这种风险评估的方法。具体来说，使用这种方法的大银行为 50%，中型银行为 66%，小银行为 59%。然而，规模越大的金融机构越经常使用包括现金流在内的资产保证方法（拉美银行联合会等，2008）。

　　2. 资产保证型贷款

　　采取此种技术的金融机构关注的是可抵押资产的价值，以及其是否足以清偿贷款。在为营运资金融资时，一般使用短期资产作为抵押（如应收账款和存货)。进行长期融资时,银行会对中小企业的设备情况进行考虑。在拉美,银行要求中小企业提供的抵押品主要包括不动产抵押,其次是现金和流动资产。

通过对清算价值进行动态估算,银行在贷款金额和抵押品价值之间建立关联。相关信息需要不断更新。银行还需要对企业存货以及待收账款情况进行核实。因此,相关监测成本较高。此外,有理论认为,只有大型金融机构习惯使用此方法。这与拉美的情况相吻合。地区50%的大型银行将资产分析纳入贷款风险管理过程,而这样做的中型和小型银行则分别只有39%和33%(拉美银行联合会等,2008)。

该方法的效用取决于各国是否建立了良好的抵押登记制度以及违约时保障对抵押品进行处分的法律框架。此外,对抵押品进行处分的过程漫长而复杂。这将给债权人带来不确定性和较高的管理成本(Berger y Udell, 2004)。

3. 信用评分型贷款

小企业信用评分(SBCS)模型是允许金融机构根据财会信息和客观标准对每一项贷款申请所包含的风险进行快速评估的自动统计模型。该技术通过对违约概率的估算和对潜在客户按风险分级,简化了贷款分析过程。其数字化的结果反映了每名潜在客户按约还款的概率,并对申请人的预期信用表现进行评估(Feldman, 1997;Mester, 1997)。

这种模型既考虑预测性信息,也考察潜在客户的表现。一方面,预测性信息包括贷款申请、财务报表、评级机构和信贷局的数据库资料等。另一方面,有关客户表现的信息是指中小企业主的月收入、现有债务、金融资产、房产所有权,以及之前的还贷记录等。这些数据也增强了模型的预测能力。

决策程序通过对每项贷款申请的风险进行系统量化而得以加快,并且更加精确和同质。在美国,信用评分模型的使用使批准或拒绝贷款申请的时间从12小时减少到15分钟(Asch, 2000)。通过提高效率,银行能够为中小企业提供更多数量的信贷,并通过投入更多的时间和精力处理超过银行预设标准的贷款申请而控制了风险。与此同时,相比基于银行高管和中小企业关系的关系型贷款，模型的使用也减少了决策程序中的片面性和主观性。通过该系统的运用，金融机构不需要认识申请人就能对贷款进行审批和监测，可以更好地为远程客户服务（Feldman，1997）。

然而，信用评分系统也有一些弱点。它不考虑宏观经济和政治风险，同时也无法预测客户违约时可能产生的收入（损失）。在实践中，SBCS 模型可以用做其他信贷分析方法的补充，以针对潜在客户搜集信息和进行决策。

目前，此系统在发达国家应用较普遍，而在发展中国家则较少使用。一般来说，在拉美的发展中国家，大型金融机构会根据对市场的了解设计自己的信用评分模型。然而，尚未建立基于全国范围数据的模型。这是因为金融机构不愿与竞争对手分享其掌握的中小企业信息。如前所述，通过关系型信贷而获得的秘密信息会造成市场扭曲，降低行业竞争，从而提高利率（Miller y Rojas，2004）。包括诈骗在内的不良信用行为、导致模型成本无法降低的较小的中小企业信贷市场规模，以及维持劳动密集型技术的体制激励等因素，也妨碍着新兴经济体发展集中使用数据的 SBCS 模型（Miller y Rojas，2004）。

如上文所述，信用评分技术在发达国家已经得到普遍应用。50% 的银行在中小企业信贷审批决策过程中使用该技术（Beck et al.，2008b）。在拉美，银行特别是大中型银行在中小企业风险评估（一般是对中小企业主的风险进行评估）中使用该技术。具体来说，42% 的大型银行和 48% 的中型银行使用了该技术。而只有 16% 的小银行引入了该技术（拉美银行联合会等，2008）。

总之，为减少信息不对称，拉美金融机构使用了一系列的风险评估补充方法，如与客户保持密切接触，以及使用有关企业财务报表和资产负债情况的数据等量化信息。这样，最终的贷款评估就既考虑了定性内容，也包含了量化指标，并要求银行与企业间保持长期关系，并对企业的财务状况进行分析。

（三）面向中小企业的银行产品及服务

各金融机构和银行在对中小企业的业务中采取了各种不同的方式。它们为中小企业提供的服务具体包括哪些内容？Torre 等（2010 年）引用了英马克集团（Inmark Group）所做的 FRS 调查。调查对阿根廷、智利、哥伦比亚、墨西哥、秘鲁、波多黎各和委内瑞拉的中小企业在这方面的情况进行了考察。

表 3.9 显示了调查结果。所有的受访企业均认为活期账户是其使用最多的银行产品。阿根廷和智利的所有被调查企业都开设了活期账户。位列其次的银行产品是储蓄账户。哥伦比亚、波多黎各和秘鲁超过一半的企业拥有储蓄账户，而这一比例在委内瑞拉仅为 34%。所有国家的中小企业均较少使用定期存款、共同基金和其他投资型产品。在智利，28% 的中小企业投资共同基金。在波多黎各，拥有定期存款和投资产品的中小企业分别达 19% 和 11%。

表 3.9　拉美中小企业使用的银行产品

（%）

银行产品	阿根廷	智利	哥伦比亚	墨西哥	秘鲁	波多黎各	委内瑞拉	拉美
储蓄和存款类								
活期账户	100.00	100.00	86.90	95.80	89.70	98.00	84.60	93.57
存款账户	无数据	无数据	71.10	无数据	52.50	62.90	34.30	55.20
定期存款	12.50	22.80	11.00	11.90	6.00	19.00	1.40	12.09
共同基金	2.00	27.90	4.10	6.70	0.90	2.20	0.50	6.33
投资产品	1.40	4.40	2.90	5.40	0.40	11.00	0.50	3.71
无	0.00	0.00	0.00	0.00	0.00	0.00	0.00	0.00
金融类								
信贷额度	25.70	75.10	29.40	29.80	18.00	43.30	无数据	36.88
无	30.80	13.20	29.80	64.00	29.10	21.70	51.30	34.27
分期贷款	无数据	23.40	40.50	无数据	6.50	39.20	7.50	23.42
短期信贷	38.70	无数据	无数据	无数据	无数据	无数据	2.80	20.75
活期账户透支	28.80	无数据	无数据	4.30	20.60	40.00	0.70	18.88

续表

银行产品	阿根廷	智利	哥伦比亚	墨西哥	秘鲁	波多黎各	委内瑞拉	拉美
信用卡	无数据	无数据	13.90	无数据	11.20	无数据	无数据	12.55
支票/票据贴现	35.40	5.10	2.70	1.40	10.10	19.70	3.40	11.11
固定资产保证型分期贷款	4.40	18.80	无数据	2.70	无数据	无数据	0.30	6.55
租赁	4.30	12.60	8.90	1.20	5.90	12.30	0.30	6.55
信用证	2.10	14.60	1.00	1.50	7.80	13.80	0.30	5.87
贸易融资	2.90	13.20	5.60	2.00	5.20	4.40	3.00	5.19
公共项目担保贷款	2.70	8.10	无数据	无数据	无数据	3.10		3.55
应收账款贴现	1.60	7.50	1.80	1.10	1.70	无数据	0.30	2.33
其他产品								
缴税	57.20	60.10	59.70	48.70	90.90	无数据	0.70	52.88
保险	63.10	45.00	48.30	23.50	62.30	64.70	0.00	43.84
代收费	49.20	26.20	36.30	无数据	45.80	34.10	无数据	38.32
向代理方或第三方付款	22.50	23.60	36.90	49.70	56.00	38.20		32.41
付工资	52.70	23.80	45.20	37.50	12.40	37.60	8.20	31.06
其他服务								
网上银行	53.90	73.00	61.70	50.90	38.00	60.20	98.10	62.26
转账	49.80	35.60	53.20	36.10	92.00	36.50	0.60	43.40
自动贷记	40.60	35.00	18.50	19.00	27.30	22.10	2.10	23.51
贷记卡	28.60	29.50	20.30	无数据	32.20	22.20	1.10	22.27
高管信用卡	14.00	14.60	13.50	9.60	无数据	26.20	0.10	13.00
外汇	16.40	17.10	10.00	12.70	22.00	2.10	1.60	11.70
代收应收账款	13.30	4.90	无数据	无数据	5.80	4.70	无数据	7.18
无	2.00	4.40	5.50	5.90	0.10	3.00	0.00	2.99

资料来源：de la Torre 等（2010）。

此外，在调查样本中可以发现，中小企业使用的融资和信贷产品要远远少于交易和储蓄账户。中小企业使用的金融和信贷产品包括：信贷额度（37%）、分期贷款（23%）和短期贷款（21%①）。相关产品的使用也在国家间呈现出巨大差距，如智利75%的中小企业使用信贷额度，而这一比例在秘鲁仅为18%。

地区中小企业使用最少的信贷产品是应收账款贴现（2%）。正如下节中将详细分析的那样，应收账款贴现是指，中小企业将其应收账款以折扣价出售给第三方，以获得支付企业开支的现金。该项资产的潜在隐含价值而不是公司价值或风险决定着贷款的审批。这意味着，在中小企业是大公司供应商的情况下，对其有利。尽管这项产品能带来许多优惠条件，但本地区的中小企业较少使用。唯一一个中小企业使用该产品比例超过2%的地区国家是智利（8%）。

拉美银行联合会等（2008）针对108家拉美和加勒比银行所做的调查使我们可以根据银行规模对金融产品的供给进行分析。

图3.5列举了调查结果。可以看出，最常提供给中小企业的贷款是营运资金贷款和融资性借款。然而，在该产品的供应上也体现出银行规模的差异。大银行中71%提供营运资金贷款，而提供该产品的小银行比例则仅为28%。

融资性借款的情况则较为均匀。平均约43%的银行提供该种信贷产品。同时，值得注意的是，仅有20%的银行为中小企业提供活期账户（小、中、大型银行的这一比例分别为5%、18%和38%）。与de la Torre等（2010）的结论相似，拉美银行联合会的调查也显示，银行较少提供应收账款、贸易融资等产品。

在介绍完银行对中小企业的主要业务后，下面将阐述中小企业通过资本市场融资的主要方式。

---

① 仅有智利（38.7%）和委内瑞拉（2.8%）的数据用来计算该平均值。

图 3.5 拉美银行为中小企业提供的信贷品种
（按银行规模划分，2008 年）

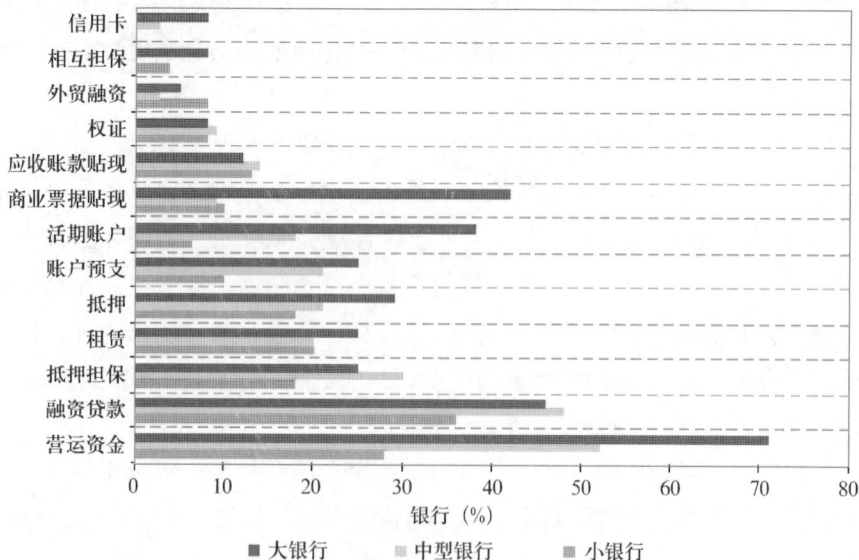

资料来源：拉美银行联合会等（2008）。

（四）创新型中小企业及资本市场准入

正如本章所述，总体上看，中小企业融资不断增长。最初，银行只提供小额短期贷款。随着企业发展，企业可以获得更多的金融产品。然而，创新型中小企业的情况有所不同。它们在全部中小企业中仅占很小的比例。但通过新技术的发展，这些企业具有带来远远超过其规模收益的潜力。这类企业需要风险资本提供外部融资。因为，它们在成长阶段往往入不敷出。下面，将介绍几种风险资本的投资形式。

1. 种子基金

最初阶段，中小企业一般需要依靠其所有者的资金维持。这时，它们既没有信贷记录也没有财务报表。种子基金的性质可以是私有、国有或混合所有。这些基金帮助中小企业制定计划、发展商业理念，对中小企业的培植和发展起到了"孵化器"的作用。此外，种子基金一般还会为企业主提供管理和财务培训。

2. 天使投资①

天使投资家在创新型中小企业发展初期往往起到决定性作用。他们在企业最初的非正规投资形式和正规参与资本市场之间架设了桥梁。一般来说，天使投资家都是具有商业经验以及设立新企业资本的人士。因此，他们会积极参与企业管理，并要求与企业保持经常接触。

天使投资家通常在既定的地域活动，不断培育"天使"网络，并和企业及潜在投资者分享信息。当他们认为可能吸引到风险资本的参与时，一般会更愿意对某个项目或中小企业进行投资。

3. 风险投资②

在"天使"投资家们完成了对中小企业最初的寻找、评估和融资后，风险投资在企业高速扩张阶段使用来自投资机构、金融机构、大企业以及部分政府资金（公私混合基金）支持高增长企业发展。企业一般是由专家组成的有限责任公司。专家们不但谙熟风险资本的融资模式，同时也十分了解中小企业所在行业。

风险投资家与"天使"投资家一样，在中小企业和融资项目的运营和管理中扮演着重要角色。对于投资伙伴来说，风险投资提供了分散与高收益预期相伴而来的风险。要强调的是，为保证风险投资的存续，需要通过撤出机制来保障投资的收回。而公开上市便是撤出手段之一。

4. 特种股票市场

具有高增长潜力的创新型中小企业可以力争在特种股票市场（如创业板）或包括平行市场在内的证券交易的特定板块上市。因为，这些市场针对有能力投资风险相对较高项目的投资者制定了相关规则。与一般证券市场相比，政府监管较少。

这方面的例子包括香港的创业板（GEM）、美国的纳斯达克、韩国创业板 KOSDAQ 和日本的 NASDAQ Japon 以及 Mothers 市场。此外，伦敦证

---

① 英语为 business angels。
② 英语为 venture capital。

券交易所也设立了创业板 AIM，以简化的监管措施促进中小企业上市。泛欧交易所也推出了面向创新型中小企业的创业板 Alternext，德国则推出了新市场 Neuer Markt。

在一些情况下，政府通过减税机制支持此类投资。例如，美国规定，投资创业板上市小企业的自然人和法人投资者持有相关公司股票 5 年以上的，可免征投资所得税。

尽管资本市场已经成为创新型中小企业融资的替代渠道，拉美中小企业对这种非银行融资工具的使用仍然较少。

经合组织 2006 年对拉美、东亚和南欧 13 个国家的 1800 多名企业主进行了调查。拉美受访企业家来自阿根廷、巴西、智利、哥斯达黎加、萨尔瓦多、墨西哥和秘鲁等国。调查显示，拉美地区超过 25% 的科技密集型中小企业通过银行信贷融资，只有约 10% 的企业通过私人投资者或风险投资进行融资。

在传统部门，这一比例则更低。只有 5% 的中小企业通过私人投资者融资，超过 35% 的企业仍使用银行资金。表 3.10 显示了拉美和东亚中小企业在使用私人投资者以及风投基金融资上的差距。具体来看，只有 9% 的拉美和加勒比企业在创立时使用私人投资资金，这一比例在企业发展的最初几年里也只有 7%。而在东亚，约 28% 的中小企业在项目的起步阶段使用私人投资资金。使用风投基金的拉美企业在创立和成立的最初几年分别为 3% 和 2%。东亚企业的比例分别达 9% 和 15%。

表 3.10　2006 年拉美和东亚使用私人资金融资企业的比例

	拉美和加勒比		东亚	
	创立时	最初几年	创立时	最初几年
使用私人资金融资的企业	8.9	6.8	27.1	28.8
使用风险投资融资的企业	2.8	1.7	8.9	15.0

资料来源：OECD（2006）。

通过本节分析可以得出的结论是，尽管私人银行和机构投资者已经在为中小企业提供产品和服务方面做出了一些努力，但对中小企业来说，获得信贷，特别是为投资和创新项目融资的信贷仍然不易。在下一节中，我们将分析公共项目是如何通过为私人金融部门提供激励而直接或间接帮助中小企业获得信贷的。

四 促进中小企业融资的公共项目

本章第二节中对影响金融体系的市场失灵及其对贷款条件和数量的影响进行了分析。从中不难看出，仍然存在解决市场失灵问题的公共政策空间。

如前所述，市场失灵表现为逆向选择（拥有好项目的公司被挤出市场）和道德风险（企业采取增加项目风险的行为）问题。这些问题增加了私人部门成本，降低了金融机构的预期收益。而提高贷款利率只能部分解决高成本或风险问题。与此同时，这也意味着金融机构将根据企业的财务状况、担保情况以及产生短期现金流能力来发放贷款。贷款条件的变化对进入市场不久的新企业影响尤甚。这会将拥有高收益、低风险项目的企业排除出市场。因为，投资者和银行无法对此进行准确评估。

再如上节所述，生成有关企业特别是中小企业及其他潜在客户的信息虽然可能部分解决有关障碍，但也面临着外部性和协调的问题。这降低了私人部门生成信息的积极性，导致金融市场失灵常态化。

什么是证明和评估各种公共干预政策必要性的依据？进行干预必须考虑公共政策与具体市场失灵之间的直接联系。这一政策思路与政府通过国有银行直接干预金融市场的方式迥然不同。第六章将对国有银行的作用及其履行职能、实现特定目标的方式进行分析。本节将主要就各种公共政策措施进行分析，而不论其是否已通过国有银行或其他金融机构、公共项目得以具体实施。

接下来，我们将对近年来拉美地区采取的直接促进中小企业信贷的公共政策进行重点分析。需要说明的是，一些与监管和基本法律执行相关的政策措施在保护债权人权利和司法体系的同时，也有效解决了逆向选择和道德风险问题，并降低了贷款业务的成本和风险。这也促进了中小企业金融和信贷体系的发展。在这方面，相关实证研究显示，设立在知识产权体制健全、金融体系发达国家的企业，会更多使用外部融资进行投资（Beck et al.，2004a）。

除了通过完善合同订立及履行的相关法律法规来促进金融体系发展外，拉美各国近年来进行了政策创新，以更积极和直接地促进中小企业获得信贷（de la Torre et al.，2008）。已实施的政策干预措施种类繁多，既包括传统的软贷款（利率补贴），也包括更现代的间接机制，如通过私人银行提供担保。另一类干预措施以直接解决信息问题为目的。如设立信贷局、推动中小企业应收账款贴现交易、设立信托基金和为中小企业提供结构性融资等。

下面，将对一些具体措施进行阐述。分析中，我们将首先指出相关措施试图解决的具体市场失灵现象、政策影响以及可借鉴的经验。

（一）中小企业创新及投资信贷

通过发展银行或公共资金为中小企业提供的优惠信贷额度是传统上使用最多的金融支持措施之一。本地区的一些发展银行至今仍在使用该方式，但更加注重推动支持投资的长期信贷和扶持创新行业和活动。然而，如上节所述，私人银行或资本市场为中小企业提供的此类融资仍显不足。作为补充，政府机构也直接或通过金融中介机构间接为中小企业提供相关信贷支持。

智利成立了以执行政府支持创业和创新为目的的生产开发集团（CORFO）。该机构可以为中小企业长期融资提供两种贷款。

一方面，智利生产开发集团提供"中小企业再融资信贷"，为中小企业投资项目提供长期融资。通过这一机制的帮助，中小企业可以对银行或其他金融机构的负债或拖欠时间在 89 天以内的交易进行再融资。

另一种贷款是"智利生产开发集团投资信贷"，主要为包括租赁在内的各种企业投资提供融资，贷款不设上限。通过以上两种信贷，生产开发集团可以为企业与投资有关的营运资本提供融资，最多可达总投资额的30%。拥有良好投资项目但缺乏担保或担保不足的中小企业可通过"投资担保基金"（FOGAIN）申请生产开发集团投资信贷。这一基金可为企业提供最多达投资项目总额70%的担保。[①]

此外，智利生产开发集团还为支持中小企业创新提供一系列补贴和信贷支持计划。该计划名为"创新的智利"，可以从项目设计和创立的最初阶段到投资和生产的实施阶段，始终为企业提供支持。早期的帮助具有种子补贴的性质。一旦项目得到落实、企业商业运作得到保证，该补贴便可转化为企业资本或信贷。

巴西经济社会发展银行（BNDES）也为中小企业投资融资提供一系列的信贷支持。例如，该行FINEM信贷便可为企业生产和购买机械设备提供资金。拥有创新项目的中小企业还可以通过"创新资本"系列信贷获得优惠贷款。"创新资本"信贷以支持中小企业培训和长期结构性创新为目的。

国有开发银行，如墨西哥的国家金融集团（NAFINSA）、哥伦比亚的开发银行（BANCOLDEX）和秘鲁的国家开发银行集团（COFIDE），大多制定了通过金融中介机构为中小企业提供信贷的计划。在创新方面，墨西哥国家金融集团设立了"国家科技理事会—国家金融集团"创业基金，以支持在国际市场上具有明显优势的科技企业巩固和发展高附加值的创新业务。该基金对企业业务发展保持跟踪，帮助企业加强薄弱环节，并为其项目启动和发展筹集资金。

通过对这些针对金融市场失灵所采取的干预措施进行分析可以发现，如果相关投资的创新成分越多，公共部门为中小企业提供直接信贷就越有说服力。因为，具有高创新潜力的项目尽管可能具有巨大的经济、社会效应，但其所蕴含的高风险往往令私人金融部门望而却步，这就需要通过国有资金对其进行扶持。

然而，这些措施的效果取决于政府官员的管理能力。因为，创业者需要在创新和产品营销方面获得咨询。与此同时，相关措施的效果还需取决于银行、基金和公共机构通过适当选择投资组合分散单个项目风险的能力，这样就可以通过在成功项目上获得的收益（私人和社会收益）来弥补

[①] 智利生产开发集团和国家银行贷款的反周期性将在第六章专栏6.2中予以阐述。

在投资失败项目上的损失。

尽管不乏支持中小企业公共信贷的理由，但其经济和政治可持续性还取决于是否能对相关项目在企业发展、就业、企业创新和生产率等方面起到的效果进行量化分析。相关分析也有助于改进项目设计、增进项目效果。然而，拉美在这方面所进行的范式论证仍显不足。[①]

（二）担保

公共部门直接为中小企业提供信贷的机制在减少，并大多偏向为创新项目提供支持。近年来，出现了另一类给予中小企业间接支持的模式。即主要由政府出资设立担保基金，并与商业银行合作，为中小企业贷款提供部分担保。

因此，这一机制能激励银行同无法提供足够抵押或不符合审慎管理原则的企业开展业务。提供担保的公共机构通常向银行收取佣金或保费，银行再将相关费用转嫁给借款人。当借款企业出现还款违约时，银行将通知担保基金管理方。在对受益人资格以及担保业务进行核实并证实满足相关条件后，基金将向银行支付贷款担保金。

与公共部门直接为企业提供资金的方式相比，这种通过担保提供支持的模式具有几个较明显的优势（Honohan，2010）。一方面，担保只相当于银行提供资金的一部分比例（50%—80%）。这有利于私人金融中介对项目进行正确评估，从中选择那些资金情况良好的项目。也就是说，担保有利于公私部门共同分担风险。

另一方面，私人金融中介的介入降低了贷款管理和经营成本，提高了金融体系效率。最后，也许是最重要的优势是，担保模式旨在直接解决中小企业因缺乏抵押而无法获得融资的问题。这种模式为按其他方式无法获得融资的高收益项目提供了融资，带来了社会效益。但为了提高担保效率，必须假定公共部门或与公共部门合作的私人部门有能力获得关于担保

---

① Binelli 和 Maffioli（2007）、Sanguinetti（2006）研究了阿根廷为中小企业创新项目提供信贷的 FONTAR 计划。他们认为，该项目促进了研发和创新的私人投入，但对企业的就业、销售和生产率提高未产生显著效果。

推动项目特征的信息（超出市场平均水平）。[①]

虽然本文到目前为止一直在强调公共部门的担保体制，但应该指出，公共部门并不是担保市场的唯一参与者。在许多国家，也存在私人担保体制。私人担保体制产生的原因何在？如 Honohan（2010）所说，基本原因之一是提供担保的机构可能比银行掌握更多有关借款人质量和能力的信息。[②] 例如，一些不同部门企业协会或行会组织成立了相互担保协会（SGM）。在地区许多国家，相互担保协会的出现为通过私人部门解决中小企业信贷业务中的信息不对称和缺乏抵押问题提供了成功的模式。

本地区的一些国家，如阿根廷，通过私人部门或市场为中小企业贷款提供担保已初具规模。然而对大多数国家而言，无论在资金规模还是在业务范围上，公共部门的担保仍显得更加重要。下面，我们将简要介绍智利、哥伦比亚和墨西哥相关担保基金的情况。

小企业担保基金（FOGAPE）是智利成立的国有担保基金，旨在为银行对小企业的贷款提供担保。该基金成立于 1980 年，1999 年政府对其进行了改革。基金由国有商业银行——智利国家银行负责管理。国家银行也为此收取管理费。根据 Benavente 等（2006）研究，该基金运作的一些特点有利于减少参与银行和借款人的道德风险问题，这使得相关损失始终保持在可控的范围内。首先，商业银行分担了贷款业务的部分风险，为贷款总额 70%—80% 的数额提供担保；其次，智利国家银行采取招标的形式发放资金。而中标的标准之一是贷款总额的担保覆盖率。国家银行将贷款业务优先提供给要求较低贷款担保覆盖率的银行。这也促使了银行加强对融资项目的分析研究，并实现私人资金参与的最大化（私有银行承担的风险

---

① 然而，关于担保的作用及其试图解决的市场失灵问题学术界尚没有定论（Greene，2003；Holden，1997；Vogel y Adams，1997）。提到最多的观点是，认为担保是当抵押市场无法正常运行时的替代品。因为破产法和其他法规使得没收抵押品变得十分困难，来自政治上的压力也使得难以没收相关抵押资产。此外，相对贷款额来说，这些抵押品在价值上也存在很大的不确定性。一般意见认为，应该不断完善担保机制。与此同时，通过完善解决阻碍金融市场发展基本问题的法律法规来最终解决融资问题（de la Torre *et al.* , 2008）。

② 其他的一些理由包括通过分散风险获得收益。也就是说，借款人的项目可能在地域上比较集中，而提供担保机构（将担保作为一种保险）的业务比较分散，这便提供了在不同地区间监管套利的可能。

从2001年的21%上升至2003年的29%）。与此同时，国家银行对在前期业务中违约率高的商业银行采取了暂停其申请新贷款业务的资格。

小企业担保基金收取的服务佣金为1%—2%。违约率始终较低（约占提供担保的1%）。Benavente等（2006）指出，基金收取的佣金与其运营成本和担保损失相当。因此，该基金近年来基本保持了财务平衡。然而，除了基金本身的财务可持续性以外，我们更关注的是该基金项目是否改善了中小企业的融资状况。相关担保的提供在多大程度上使得银行为过去无法获得信贷的中小企业提供了资金支持？它与基金"附带效应"有关的问题十分重要。因为，有可能即使在没有提供公共担保的情况下，贷款业务依然照常进行。

正如接下来在哥伦比亚的案例中看到的那样，对上述问题进行准确评估面临着技术上和获取信息方面的困难。直到最近，这些困难才开始逐步解决。Larraín和Quiroz（2006）的一项研究显示，智利小企业担保基金设立带来的小企业获得银行贷款的概率增加了14%。

哥伦比亚国家担保基金（FNG）成立于1982年。政府曾多次予以注资。2003年，该基金被哥伦比亚外贸银行（BANCOLDEX）吸收合并。该银行具有二级国家开发银行的性质，最初主要为出口商提供金融服务。

国家担保基金提供的部分担保主要用于支持固定资产、营运资本、研发和创业方面的投资。除拥有专门担保机构的农业外，国民经济各部门均可向基金申请担保。基金不限制企业主使用部分担保的次数，但限制为没有其他机构抵押品的贷款提供担保。同一债务人可同时拥有基金的数份或部分担保，但债务总额不得超过基金规定的限额。发生违约时，商业银行应通过法庭采取相应的法律措施，并向国家担保基金提出赔偿要求。在被担保的贷款归还给银行之后，剩余成本和资产将由银行与基金共同分担。

超过95%的国家担保基金部分担保申请（约占2003—2008年平均贷款的50%）在无需满足额外要求的情况下自动获得基金批准。图3.6显示了2003—2008年间，由国家担保基金提供部分担保的贷款金额的变化。2008年，基金为113325个客户提供了部分担保。同年，哥伦比亚约23%的小企业拥有基金提供的部分担保。此外，由于基金的作用，小企业年贷款违约率由1996年的近20%下降到2008年的4.2%。

图 3.6　哥伦比亚由国家担保基金担保的贷款额

(单位：百万美元[a/])

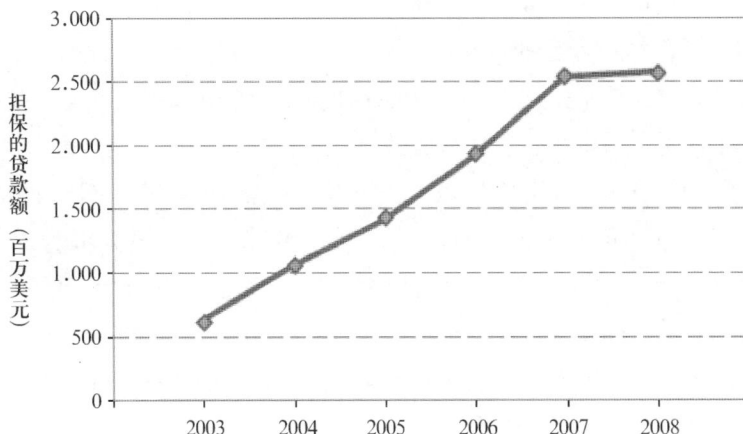

a/ 以 2009 年的比索计价，并根据 2009 年 12 月汇率换算成美元。

资料来源：Meléndez（2010）。

Arraiz 等（2010）对国家担保基金对包括就业、生产率和投资在内的各项企业经营指标的影响进行了评估。评估企业仅包括制造业部门拥有 10 人及以上员工或（且）产量大于 500 份最低工资的企业。企业数据通过《制造业年度调查》获得。研究人员将每个企业的数据与 2003 年以来国家担保基金数据库中的企业数据结合，并加入提供担保日期、担保贷款金额和担保率等信息。结果形成了 1995—2007 年间制造业企业情况表以及自 2003 年起企业使用国家担保基金提供的部分担保情况表。

2003—2007 年期间，获得国家担保基金担保的制造业企业（不包括微型企业在内）比率约为每年 10%。为了衡量基金担保对制造业企业表现的效应，研究通过测算基年（2002 年）接受担保的概率，以及确定拥有相似概率的企业（倾向指数）建立了控制组。[①]

---

① 通过建立回归模型测算企业参与担保的概率。用来解释参与担保的变量包括规模（通过雇员数量衡量）、劳动生产率以及按国际工业统一分类码（CIIU）企业所属的行业、企业的区位、组织形式等变量，以及固定资产等指标。所有这些变量都可能对一家企业获得抵押借款产生影响。

通过利用数据库资料，对部分担保的效应进行回归分析，并包含了单个企业受到的固定影响以及受宏观经济周期控制的年度变量。测算结果表明，通过国家担保基金进行的干预对企业规模，特别是就业和出口量占总产量的比例扩大方面起到了积极的效果。然而，包括投资、固定资产、资本—劳动比或全要素生产率等在内的企业表现指标并没有出现显著改善。

在墨西哥，为中小企业贷款提供公共担保的主要渠道是国家金融集团（NAFINSA）。该集团也是全国最重要的国家开发银行。集团担保业务增长十分迅速。2000年获得担保的企业约为4000家，担保贷款额为15亿比索。而2007年，这两个数字分别上升为近7万家企业和367亿比索。该集团主要为固定资产和运营资本投资、开展科技和环保项目的微、小、中型企业提供担保。对固定资产投资的担保可达投资额的70%，对运营资本投资的担保最多为50%，开发科技或环保项目的担保可达80%，但担保上限为326万个投资单位（UDIS）。与此同时，金融集团还为联邦政府部门指定的优先项目提供补充担保。截至2005年，全部商业银行和28个州政府加入了国家担保体系。同年，3.2万家企业获得担保。其中，中、小、微型占97%，并得到占总额87%的信贷，主要用于运营资本投资。

2006年，国家担保体系建立了招标机制，以鼓励商业银行竞争，改善企业信贷环境。当年，向近6.8万家企业发放的担保贷款达380亿比索。2007年，信贷担保的发展势头得到进一步巩固。同年，担保及担保信贷已经仅次于应收账款贴现，成为国家金融集团对企业支持的第二大业务。

（三）应收账款贴现

应收账款贴现操作即指中小企业将手中的应收账款出售给金融中介机构或资本市场投资者。后者在扣除一定的佣金或利息后，将本应在30—90日内到期的资金提前支付给中小企业。如果中小企业是大公司的供应商，上述操作也意味着将风险转移给购买方，降低了信贷分析的成本和利率水平。因此，通过这一机制，中小企业可以比申请贷款时优惠得多的条件为运营资本提供融资。

除了通常的应收账款贴现形式外，还存在所谓的"应收账款倒贴现"。

通过这一形式，向中小企业提供产品和服务的大企业将手中持有票据进行贴现，由中小企业承担票据承兑义务。这种倒贴现也降低了信贷操作的融资成本。进行该操作的仅是部分大企业。它们希望通过倒贴现促进作为其客户的中小企业更好地获得融资，改善其所在行业的产业链效率。这一机制也有利于减少信息不对称问题。因为，大企业通过对作为其客户的中小企业进行选择性操作，部分承担起了监控企业状况和选择可能获得信贷的中小企业的任务。而这项任务对于银行来说，成本会更加昂贵。

目前本地区许多国家都采用了应收账款贴现操作。其中，最为人所知的是墨西哥国家金融集团采取的操作模式。值得一提的是，该集团不仅通过提供资金吸引众多作为金融中介的商业银行参与上述操作，还建立了相关电子信息平台，相应降低了操作成本，并提高了操作的透明度和竞争性。2000 年推出时，国家金融集团的应收账款贴现业务覆盖了 34 条产业链。2007 年，该业务已经覆盖了来自超过 300 条产业链的 1.5 万家企业。这项业务的迅速发展证明了其为参与者提供的价值。它不仅为参与方带来融资便利，同时也提供了具有竞争性的市场利率。同时，该业务也有利于大企业拓展供应商，并通过建立良好的信用记录帮助中小企业打通更长期限的融资之路。

在分析了上述措施及其试图解决的市场失灵问题之后，我们可以看到，一方面，通过推动与中小企业保持业务往来的大企业释放信息，降低了不确定性，使得中小企业可以用更低的成本获得融资；另一方面，属于同一产业链的大企业和中小企业可以相互协调，共同参与相关措施的实施，使其对企业和银行来说更具可持续性。与此同时，政府也提供了电子信息平台这一公共产品。通过它，可以查询到企业和可以执行应收账款贴现操作的票据情况，增强了业务的竞争性。

正如一些专家学者指出的（de la Torre *et al.*，2008；Valenzuela，2009），墨西哥金融集团的贴现项目无论从项目本身的发展势头看，还是在加入项目的企业数量以及提供的融资金额方面，都是成功的。然而，如果该项目需要进一步深入，就需要显示项目产生的额外效应。也就是说，金融集团所支持的企业是否通过其他途径就无法获得应收账款贴现支持？

或金融集团是否在插手本该由市场负责的领域？假设金融集团的该项目有助于形成通过其他方式难以形成的产业链，就又产生了另一个疑问，即金融集团对生产供应链的参与要持续到什么时候为止呢？

回答上述问题对评估公共部门如何适当干预和推动中小企业融资来说至关重要。尽管尚无回答这些疑问的相关信息和研究，但正如上一节中指出的，私人部门也提供了数量有限的应收账款贴现服务。这意味着市场也能为解决这一问题提供方案。因此，政府的干预只应是临时性的，应该持续到市场足够成熟、并能为大量客户提供这一服务为止。

（四）信用记录制度（信用局）

建立信用记录是解决影响金融市场特别是中小企业信贷活动信息不对称问题的一个直接途径。信用记录是指关于企业和家庭还债表现的记录。所采纳的相关信息可包括"负面"（拖欠还款、违约和其他的异常现象）和"正面"（准时、足额还款等）两类。信用记录可以是公开的，由银行业监管机构或中央银行掌握，也可以由私人部门掌握（银行协会、贸易商会或以盈利为目地的、提供专门服务的企业）。

除了了解其公私性质以外，对信用登记制度的分析还应包括组织结构、范围、信用报告的法律框架以及私人隐私保护等内容。

Miller（2005）进行了一项广泛研究。研究收集了拉美和世界其他地区的信用登记机构的情况。研究对 93 个国家的银行监管机构以及私人金融机构进行了调查。调查结果显示，近 20 年来，公私信用登记体系得到了加速发展。表 3.11 显示了 Galindo 和 Micco（2010）的研究成果。该研究是为本书发行而专门进行的，采用了截至 2010 年的最新数据。研究证实了米勒的结论。例如；拉美地区从 20 个世纪 90 年代初开始成立了 9 家公共信用登记机构（阿根廷，1991 年；尼加拉瓜和多米尼加共和国，1994 年；哥斯达黎加和萨尔瓦多，1996 年；巴西和厄瓜多尔，1997 年；洪都拉斯，1998 年；危地马拉，2002 年）。在私人信用登记机构方面，目前从事信用登记的 30 家公司中的 14 家是从 1989 年开始成立的。

什么是促进公共信用登记制度兴起的原因？公共信用登记与私人信用

登记在多大程度上重叠？Japelli 和 Pagano（2002）指出，公共信用等级制度的兴起部分是因为私人信用登记机制的缺失造成的。在包括46个国家的样本中，上述学者指出，公共信用登记体系所记录的信息只有30%与之前成立的私人信用登记公司所收录的相重合。另一方面，Miller（2005）也指出，特别是在拉美，这两种信用登记制度倾向于互补。也就是说，每种制度收录的信息并不相同。

　　在拉美，公共信用登记制度通常由中央银行或银行业监督机构负责实施。信息来源为商业银行。商业银行有义务向上述机构报告对企业商业信贷以及个人消费信贷业务。需汇报的信息即包括正面信息也包括负面数据。信息一般不公开，信息查询需按互惠原则进行。也就是说，只有提供信息的机构才能查询信息。信息查询和使用通常不收取任何费用。

　　在大多数情况下，只提供即期数据，而不提供借款人历史还款情况的信息。此外，许多公共信用登记机构只收录达到一定最低标准的信贷情况。因此，并非所有借贷业务均有据可查。与此同时，私人信用登记部门则收集了更多的关于客户或借款人特征的信息数据。例如，私人公司往往会收录借款人或企业的地址、纳税编号或企业主姓名等。

表 3.11　拉美公共和私人信用登记体制的创立

国家	公共信用登记制度		私人信用局制度	
	是/否	创建年份	是/否	创建年份
阿根廷	是	1991	是	1957
巴哈马	否	无数据	否	无数据
伯利兹	否	无数据	否	无数据
玻利维亚	是	1988	是	1994
巴西	是	1997	是	1894
智利	是	1977	是	1919
哥伦比亚	否	无数据	是	1952
哥斯达黎加	是	1996	是	1996
多米尼加	是	1994	是	1994

续表

国家	公共信用登记制度		私人信用局制度	
	是/否	创建年份	是/否	创建年份
厄瓜多尔	是	1997	是	2007
萨尔瓦多	是	1996	是	1967
危地马拉	是	2002	是	1976
圭亚那	否	无数据	否	无数据
海地	是	无数据	否	无数据
洪都拉斯	是	1998	是	2006
牙买加	否	无数据	否	无数据
墨西哥	否	无数据	是	1995
尼加拉瓜	是	1994	是	2007
巴拿马	否	无数据	是	1956
巴拉圭	是	无数据	是	无数据
秘鲁	是	1983	是	1888
苏里南	否	无数据	否	无数据
特立尼达和多巴哥	否	无数据	否	无数据
乌拉圭	是	1982	是	1915
委内瑞拉	是	1975	否	无数据

资料来源：Galindo 和 Micco（2010）。

接下来，重要的是考察通过相关信用登记制度获得信息的覆盖面和质量。世界银行的《营商环境报告》（Doing Business）从 21 世纪 10 年代中期就开始在全球范围内对许多国家信用登记制度获取信息的深度进行跟踪。Galindo 和 Micco（2010）使用了上述数据编制了衡量 2005—2010 年间拉美国家信息登记体系所获得信息深度的指数。如图 3.7 所示，该指数采纳了信息登记制度的 6 个重要方面：①正面和负面数据分布；②企业和个人数据分布；③贸易和公共服务企业；④2 年以上历史数据的分布；⑤小额信贷（低于人均收入1%的贷款）数据分布；⑥保障债权人获得和质疑有关公开信息权利的监管规定。

图3.7显示，拉美和加勒比信用登记制度获取信息的深度在大多数情况下，没有与经合组织发达经济体和其他新兴市场所获得信息呈现显著差异。然而，在考虑了许多没有建立任何信用登记制度的加勒比国家之后，地区平均值显著下降。因此，本地区信用登记制度的主要差距与获得信息的质量无关。此外，2010年，该指数在地区11个国家达到了最高值。

图3.7 信用登记制度获取信息的深度指数

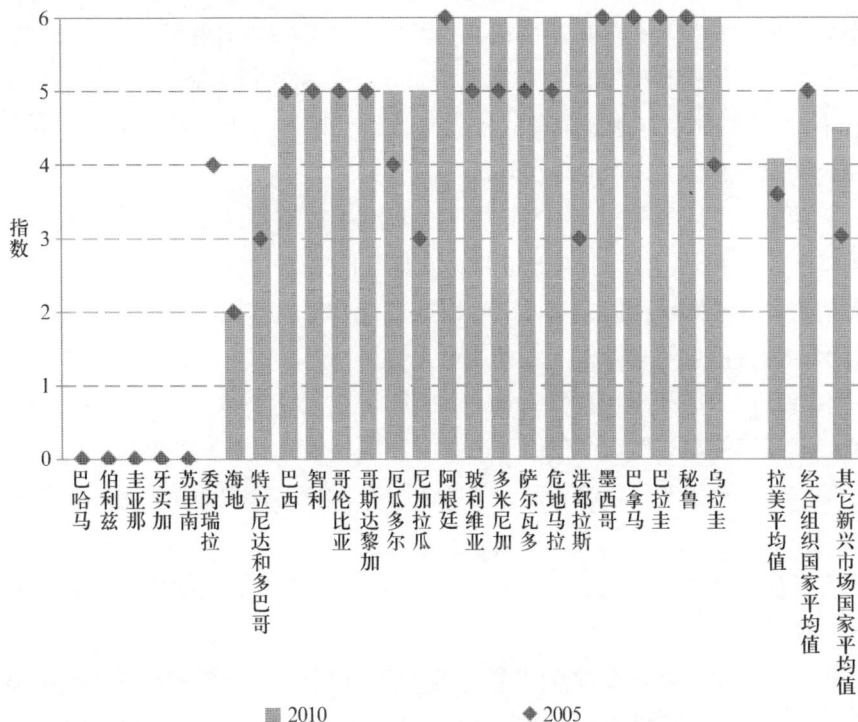

资料来源：Galindo 和 Micco（2010）。

在那些已经建立了信用登记制度，但信息深度指数却未达到最大值的国家，主要的问题集中表现为监管规定禁止收集关于从事公共服务和贸易企业的还款记录、有资料可查的年数不足，以及关于小额信贷的信息缺乏。图 3.7 对 2005 年和 2010 年间的指数值进行了对比。从中可以发现，近年来，9 个国家改善了有关信用登记的监管规则。洪都拉斯、尼加拉瓜和乌拉圭的改善尤为显著。

拉美信用登记制度面临的重要挑战之一是如何扩大数据库的覆盖范围。图 3.8 显示了公共信用登记机构（上图）和私人信用局（下图）的覆盖范围。覆盖范围按 2005 年和 2010 年各国纳入数据库的成年人口的比例计算。

可以看出，与经合组织国家的平均水平相比，本地区大多数国家的覆盖率还较低（拉美公共信用登记纳入了 20% 成年人口的资料，而经合组织国家这一比例达到了 35%；在私人信用登记的覆盖率方面，差距似乎显得较小）。这一现象与地区金融化程度较低以及监管约束，特别是不允许使用公共服务和贸易领域企业的还款信息有关。

接下来要问的是，信用登记在多大程度上改善了对潜在借款企业信息的掌握，从而允许记录良好的企业以更优惠的条件（期限和利率条件）获得信贷？在对国别横向加总得出的数据进行分析的基础上得出的实证论据显示，信贷信息共享机构（公共或私人信用登记机构）的存在与各国信贷占 GDP 的比例呈正相关（Djankov，2008）。虽然这一关联具有启发意义，但必须谨慎使用。因为，信用登记制度（私人或公共）的兴起可能完全是其他改革（如宏观经济稳定政策）推动经济增长而带来的信贷需求扩张的结果。

其他研究通过使用企业层面的数据来确定信用登记制度的影响。例如，Love 和 Mylenko（2003）使用了《全球商业环境》调查的数据评估了信用局的出现对企业信贷约束感觉或获得银行贷款几率的影响。结果显示，私人信用登记机构的出现降低了企业、特别是中小企业感觉受到信贷约束的概率。

Galindo 和 Micco（2010）根据《全球商业环境》（WEB）调查的数据，分析了信用登记机构出现对企业使用银行贷款进行投资融资的影响。此外，上述研究者还试图区分更注重保护债权人权利的英美法系和不太注重保护该权利的大陆法系带来的相关影响。

图3.8　信用登记制度的覆盖率

（成年人口的百分比）

公共信用登记制度的覆盖率

◆ 2005　　　■ 2010

私人信用登记制度的覆盖率

◆ 2005　　　■ 2010

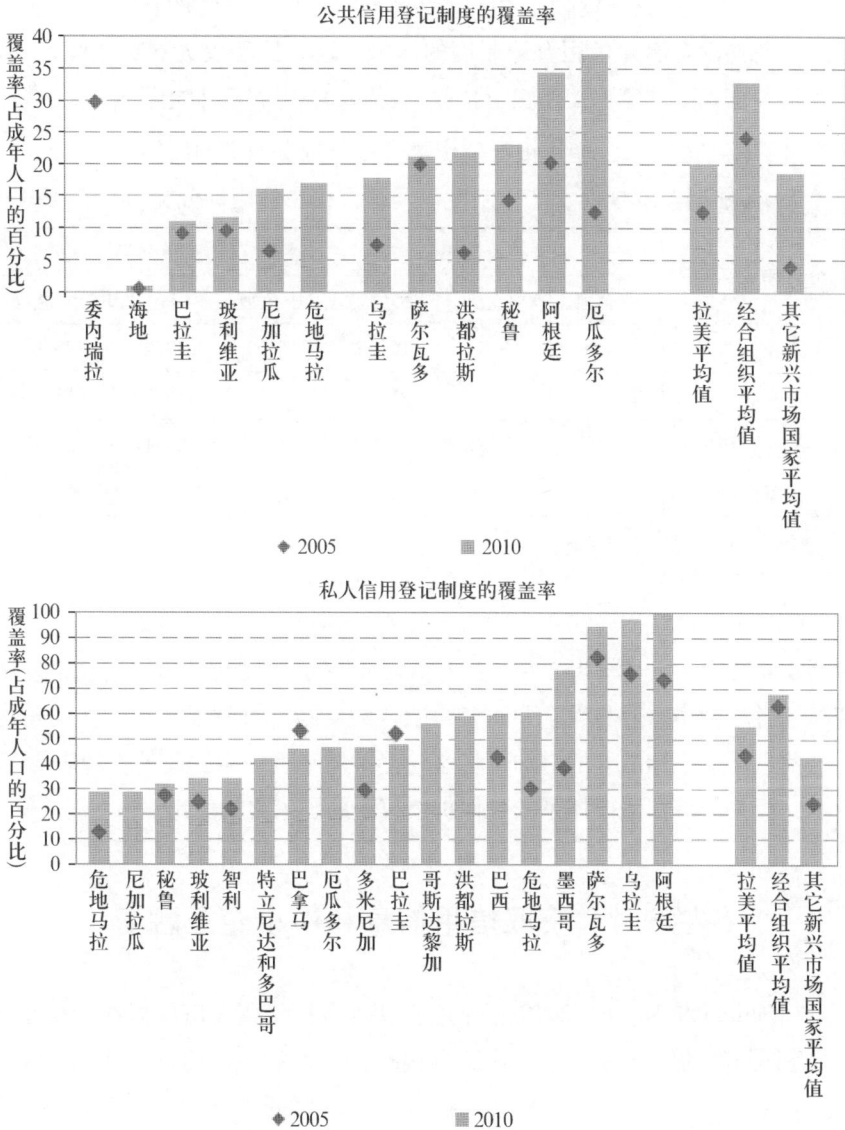

资料来源：Galindo 和 Micco（2010）。

表 3.12 显示，信用评级机构的出现与投资融资中使用贷款的增加相互关联。可以看出，在法律体系不太倾向于保护债权人权利和涉及小企业的情况下，信用登记制度使利用银行信贷投资占总投资的比例上升至近17%。而在没有建立信用登记制度的国家，这一比例仅为6%。然而，在适用英美法系的国家，使用银行贷款投资的增长并没有如此显著。

表 3.12　使用银行信贷融资占总投资融资的比例

（根据企业规模、法律制度以及是否存在信用局分类,%）

信息	非英美法系			英美法系		
	小企业	中企业	大企业	小企业	中企业	大企业
不存在信用局	5.91	11.34	16.65	18.71	32.47	28.67
国家数量	24	24	21	6	6	5
存在信用局	16.95	23.34	29.95	21.77	22.17	20.42
国家数量	26	26	25	5	5	4

资料来源：Galindo 和 Micco（2010）。

Galindo 和 Micco（2010）提供了证实上述结论的计量经济学证据。如专栏 3.4 所示，上述学者发现，通过人均信用登记量衡量的信用登记发展情况，对减少小企业与大企业间获得融资的差距十分重要。从量化的角度看，信息覆盖率标准差的增加可将这一差距缩小近一半。此外，如表 3.12 所示，相关效果在法律体系较少保护债权人的国家更为突出。

专栏 3.4　获取信用信息和中小企业融资

Galindo 和 Micco（2010）研究了包括公共和私人信用局在内的信用登记制度的发展对中小企业获得银行贷款的影响。为此，他们建立了模型，以证实是否在信息共享机制发展较好的国家中，小企业与大企业间获得融资的差距就越小。

上述学者使用了《全球商业环境》（WEB）调查提供的数据。该

调查包括了全球范围内超过 1 万家企业对所在国商业环境和公司融资结构等问题的回答。此外，研究者还从世界银行《营商环境报告》中获取了相关信用登记信息。

应变量是通过本地商业银行和外资银行信贷融资的投资分数之和。企业按规模分为小型（5—49 名雇员）、中型（50—499 名雇员）和大型（500 名雇员以上）。此外，还为每家企业设定了包括产权结构（外资或国有）、出口倾向和所属行业等内容在内的特定变量。

需要得到的关于公共和私人信用局覆盖范围的变量，被定义为每千名成年人的登记量。为考虑对债权人权利的保护情况，还设定了法律和法治变量。作为这些反应相关权利变量的代理变量，研究采用了法律体系规定执行一项合同所需的天数和相关国家的法律制度（根据拉波尔达等 1997 年和 1998 年的研究，英美法系国家对债权人权利给予更好的保护）。

表 1 显示了获得的计量经济学结果。第 1—3 列中公共和私人信用登记覆盖率达到最大时得到的结果。第 4—6 列则使用了哑变量，说明是否建立了信用登记制度。此外，第 1 列和第 4 列还允许在企业规模和表示该国是否属于英美法系国家的哑变量之间实现互动。而第 2 列和第 5 列则通过执行合同所需天数衡量了对债权人保护的程度。最后，第 3 列和第 6 列则把企业规模和对债权人进行有效保护的指数联系起来，并可以看出对债权人权利进行保护的监管规则确实对缩小中小企业与大企业间的融资差距起到了作用。

表 1　债权人权利保护的计量经济学结果[a]

（应变量：每家企业通过银行融资的比例）

	1	2	3	4	5	6
小型	− 62.381 ***	8.581	− 52.741 ***	− 66.341 ***	9.808	− 57.896 ***
中型	− 29.680 ***	18.771	− 22.622	− 32.804 ***	21.461	− 27.408 ***
小型，覆盖率最大	7.513 ***	7.740 ***	5.966 ***	无数据	无数据	无数据

	1	2	3	4	5	6
中型，覆盖率最大	2.966 ***	3.035 **	1.851 *	无数据	无数据	无数据
小型，有信用登记制度[b]	无数据	无数据	无数据	39.089 ***	39.795 ***	33.624 ***
中型，有信用登记制度[b]	无数据	无数据	无数据	17.511 **	18.129 **	14.934 **
小型，英美法系	30.096 ***	无数据	无数据	32.019 ***	无数据	无数据
中型，英美法系	22.279 ***	无数据	无数据	22.334 ***	无数据	无数据
观测次数	6.604	6.470	6.604	6.604	6.470	6.604
国家数量	61	61	61	61	61	61

*** px0.01； ** px0.05； * px0.1

a/ 回归测算中根据企业规模使用了产权性质、出口状态、执行合同的天数以及切实保护债权人权利等指标加以控制。

b/ 包括公共和私人信用登记机构。

资料来源：Galindo 和 Micco（2010）。

很显然，公共和私人信用登记机制的发展与信贷市场准入程度、特别是中小企业进入信贷市场的难易程度密切相关。测算显示，信用局覆盖率的标准差每增加一次能缩小中小企业与大企业间的融资差距近40%。

资料来源：Galindo 和 Micco（2010）。

本节对公共部门支持中小企业融资的机制进行了描述。从中可以看出，相关政府干预机制对于改善中小企业融资状况是有效的。如前所述，最优政策（或最常使用的手段）并不一定是直接提供贷款。最近的经验显示，其他机制在更直接解决金融市场失灵方面可能更加有效。

政府干预的其他机制，包括通过私人银行渠道为创新项目或部分担保计划提供公共资金、为在产业链内部开展应收账款贴现提供资金，或电子平台以及建立信用登记制度等。在大多数情况下，公共部门都通过与私人部门合作的方式进行干预，这也使得相关计划在成本上更具效率。

此外，从公共机制的角度看，参与干预的主要是二级开发银行。因此，需要确切了解这些机构的制度情况（影响公共和私人银行的监管规则以及相关机构内部公司治理结构等），以保证它们能够顺利完成相关指令。这一问题将在第六章中予以分析。

（五）多边发展银行：CAF 的行动

除了各国制定的促进企业特别是中小企业融资计划之外，多边发展银行也发挥了重要的作用。包括美洲开发银行、世界银行和 CAF 在内的机构对各国在该领域的行动给予了支持。特别值得一提的是，美洲开发银行通过两方面的行动一直支持中、小、微型企业的发展。一是支持和改善相关企业获得融资；二是推动相关领域的生产能力发展。

支持和改善企业融资通过可持续的金融业务得以实现。这些业务包括与当地机构合作发放信贷、进行投资。截至 2010 年，CAF 已经在 12 个国家开展了金融业务。

CAF 向成员国主要商业银行和开发银行提供信贷便利。截至目前，CAF 此类信贷总额已接近 16 亿美元。资金主要用于为企业运营资本、投资和创新项目提供融资。尽管最终要由中介机构选择获得资金的企业，但包括中小企业在内的不同规模的企业都获得了支持。此外，CAF 还在本地区推动了风险资本市场的发展，对种子基金、地方和地区中小企业风投基金进行了投资，并促进了包括应收账款贴现、产业链融资和金融租赁在内的替代性融资机制的发展。

CAF 投资的地区风投基金包括，中美洲小企业投资基金（CASEIF）、拉美欧瑞斯资本基金（Aureos Capital）、致力于环保创新项目的清洁技术基金（CleanTech）以及 IGNIA 基金等。地区各国成立的风险投资基金包括阿根廷的 CAP 和 PYMAR 基金、巴西的 CRPVI 基金、哥伦比亚的哥伦比亚机遇基金（Colombia Opportunity Fund）和 Escala 基金、哥斯达黎加的 CIS 信托基金、厄瓜多尔的国家基金、墨西哥的 Latin Idea 基金、巴拿马的种子资本基金、特立尼达和多巴哥的 Dynamic Equity 基金、巴拉圭的创业基金以及乌拉圭的 Uruguay 和 Prospéritas 基金和伙伴资本基金（Capital Partners）。此外，CAF 还资助了各国的信贷担保计划，包括阿根廷的 FOGA-

BA，秘鲁的 FOGAPI 和巴拉圭的证券市场担保基金（FAB）等，并与哥伦比亚的国家担保基金实施了共同融资。CAF 还为哥斯达黎加（DESYFIN 金融集团）、厄瓜多尔（PRONACA）和巴拉圭（FUNDAPRO 和 Fortaleza 集团）的产业链提供了融资。

CAF 支持中小企业的第二类措施旨在推动相关领域生产能力的发展。为此，CAF 于 1999 年设立了竞争力支持战略计划（PAC），旨在为帮助地区中小企业增强竞争力和生产能力的一系列项目提供支持。该计划通过与政府、企业行会以及学术机构合作，共同开展为中小企业提供技术帮扶和无偿资助的项目。这些项目希望通过提供或加强公共和准公共产品、降低交易成本和创造正的外部效应为企业创造竞争优势。作为补充措施，该计划还在地区范围促进和支持了与竞争力相关的宣传活动。

除了为融资提供资金、推动竞争力发展以及加强相关领域的机制建设，CAF 还与拉美金融体系的监管当局进行了合作，以推动建立有利于中小企业发展的监管体制。

五 结 论

本章通过分析阐述了解释企业特别是中小企业为什么会面临信贷及其他金融服务约束的论据。讨论的基础是信息不对称。也就是说，银行和其他投资者对项目收益信息的掌握不及企业本身（银行不易区分哪些是好企业和好项目，而哪些项目收益低、企业还款能力差）。这就导致了所有企业（即便是盈利好的企业）获得信贷条件的恶化。

与此同时，还存在激励或道德风险问题。因为，在信息缺乏的背景下，企业可能会铤而走险，选择更具风险的项目。在出现违约时，银行因保护借款人的法律和监管规定，在无法全部收回出借资金的情况下更是如此。这导致银行只向能够提供足够担保（抵押）或证明拥有产生充足短期现金流能力的企业发放信贷。这将影响中小企业的中长期融资。

本章通过定性和定量分析表明，企业面临的上述融资问题在地区大多数经济体都存在。企业特别是中小企业投资资金来源严重依赖企业内部资金更加强化了这一结论。企业资本支出与短期现金流之间的紧密关系进一步显示了信贷约束的存在。

另一方面，企业向银行申请贷款以及银行批准贷款申请更与企业特征（如规模、负债等）而不是项目本身的收益状况相关。这应该在假设不存在信息问题和信贷约束的背景下成为最重要的变量。

为部分解决信贷可获性问题并向中小企业提供更多产品和服务，地区的私人银行部门也采取了一些措施。通过发展"关系型信贷"，银行试图用专门开展对中小企业业务的部门以及与企业不断保持互动的方式，来减少信息不对称的问题。而"交易型信贷"则使银行降低了开展中小企业业务的成本，将对中小企业贷款业务变得有利可图。

私人部门解决中小企业贷款可获性的努力得到了公共部门的补充支持。在许多情况下，公共部门的干预被证明有助于实现上述目标。最佳政策（或使用最多的手段）并不见得一定是直接提供信贷资金。近来的经验表明，存在其他更有效的适当解决金融市场失灵的机制。这些机制包括，通过私人银行渠道为创新项目提供公共资金、提供部分担保、为在产业链内部开展应收账款贴现提供资金，或建设电子平台以及建立信用登记制度等。在大多数情况下，公共部门都通过与私人部门合作的方式进行干预，这也使得相关计划在成本上更具效率。

第四章　生产性小额贷款和小额金融①

一　前　言

　　谈到金融服务，特别是小企业获得贷款的可能性，就不能不提到小额金融业务的发展。小额金融兼有人道救助和商业特征，已经稳固成为金融体系的一项业务，为大量以前被排斥在传统银行体系之外的客户提供了获得贷款的机会。仅在 2007 年就有 1.5 亿人成为小型金融机构的客户（微型贷款高峰会，2009）。小额贷款以前所未有的速度发展，使更多人得到金融服务，一些发展的推动者对此热情很高，他们认为小额贷款有助于推动社会融合。本章介绍小额贷款的发展情况，特别是生产性小额贷款。必须指出小额金融的概念不仅包括小额贷款，还有小额储蓄、小额保险，以及其他面向低收入家庭的金融服务。② 本章分析了拉美和加勒比的经验，这个地区一些国家的小额金融业达到了很高水平，特别是玻利维亚和秘鲁，因此可以作为小额金融的参照。

　　任何生产单位，无论规模大小，能够获得贷款对于其建立、发展和生存都是至关重要的。正如前几章所述，严重的信息不对称制约了贷款合同的范围和内容，甚至可能引起市场的定量配给，导致金融排斥（Stiglitz 和 Weiss，1981）。任何种类的贷款都存在信息不对称的现象。如前一章所示，在向大企业，甚至包括中小企业贷款时，金融机构采用不同模式解决信息问题，例如监控和/或要求有抵押。但是，对于低收入家庭来说，特别是

---

　　① 费尔南多·阿尔瓦雷斯负责本章编写，并得到莱斯比·马里斯的研究协助。
　　② 必须指出，家庭预算和小企业预算之间的界限并不清晰。小企业不普遍使用会计记账，很多小企业的贷款用于家庭用途。

微型企业，这些解决方法都不可行。一方面，贷款数额很低，降低了进行监控的动力，另外，微型企业家通常没有可以在还款违约时进行清算的"常规"抵押。

因此，低收入家庭获得贷款用来进行生产或者用于家庭消费的可能性有限。这个问题有经济和社会方面的影响。一方面，实际经验表明一些小型、微型企业的资本收益率高（Mckenzie 和 Woodruff，2006；de Mel et al.，2008）；另一方面，微型企业是拉美就业市场的重要组成部分，集中了低收入家庭的劳动力。因此，微型企业的发展成为减贫的有力工具。

微型贷款的变革在于设计创新，将以前被排除在贷款之外的个体成为可信赖的贷款对象。改变提供金融服务的模式，减少监督或将监督工作转给他人，并适当激励债务人。这个过程需要学术界和"业内人士"紧密联系，也需要私营部门和公共部门的互动。这些特征为微型贷款业注入了活力，表明减贫与盈利并不一定是对立的概念。

本章先论述生产性小额贷款的客户，即微型企业。微型企业的主要特征之一是非正规性，大多数企业只有一个人或者是家庭式企业。尽管具有社会和经济重要性，除玻利维亚等情况外，拉美使用正规来源贷款的比率仍很低。造成这个问题的原因很多，不应完全归因于正规贷款渠道的失灵。①

第三节讲述 IMF 的出现、发展和目前的贷款结构。这些机构关注于小额贷款业务，其机构组织模式多样，可以是专业银行，合作社，非银行金融机构或者非政府组织。

小额金融机构结合了传统银行的要素和正规金融机制，是市场对于传统金融体系未能满足的需求做出的回应。微型金融机构相对灵活、接近客户，拥有强大的创新能力，比传统银行更具优势，证明小额贷款业务是可以盈利的。商业银行也有兴趣进入这个市场空隙，2007 年占据了拉美小额贷款额的 25% 左右。小额贷款由不同类型的机构组成，以适应小额贷款客户需求的多样性。

---

① "正规来源"不仅包括传统银行，还有专门的小额贷款机构，无论是否为受到监管的机构。从事贷款的非政府机构虽然不受公共部门的监督，但也视为正规来源。

虽然正规来源的贷款显著增长，但非正规来源仍居主导。由于非正规来源贷款利息率很高，这引起了重视。[①] 第四节将对此情况进行分析。正规贷款和非正规贷款的合同有很多差异。这意味着两种来源的贷款并存，无法相互取代。两者的一个显著区别是灵活性，如还款规定的灵活性。虽然小额贷款机构在为特殊群体提供服务时比传统银行更具灵活性，但小额贷款机构的合同灵活性低于非正规部门的合同。小额贷款机构能否通过创新最大限度地取代非正规贷款提供者？回答这个问题尚早。不管怎样，要朝这个方向发展，公共机构在创新的管理制度和技术支持上都要有一番作为。

第五节讲述拉美地区小额信贷的特点，并与另一标志性市场——南亚进行比较。虽然拉美各国情况不同，但与亚洲相比，拉美小额贷款中商业性贷款较多。拉美与亚洲小额贷款业务的客户特点也不同。拉美的客户不局限于低收入者，还包括无法获得充足贷款的企业，以及收入水平在贫困线之上，但无法获得金融服务的家庭（Berger et al., 2007）。

本章第六节根据拉美地区的成功经验简要论述公共部门的行动路线，这些实证经验提出的建议是公共部门应创造的条件和激励机制，让私营部门有效审慎地运作。

小额贷款的发展并不一定意味着减少贫困。必须分析获得贷款是否能改善借款人，或至少其中一部分人的生活水平，以及在什么条件下最有可能改善其生活水平。对此将在第七节进行论述。最后，第八节将给出一些最后的思考。

二 微型企业与正规贷款

小额贷款得到了学术界、捐资人、发展推动者以及公共政策设计和实施者的重视。小额贷款受到关注是因为其主要客户是微型企业。在不同国家，这部分生产者都为创造就业、生产产品和服务做出了重要贡献。估计

---

① 本章中的"非正规来源"指亲戚朋友、放债人或当铺。

微型企业占企业总数量的90%，集中了拉美地区 1/3 的就业，主要雇佣低收入社会群体的劳动者（Guaipatín，2003）。

通常使用雇工人数和资产额等量化标准对微型企业进行分类。但各国具体标准不同。除了量化指标分类，以及微型企业集中了低收入家庭劳动者这个特征以外，微型企业还有三个本质的特点：①微型企业主要是个体企业；②这类生产单位倾向于非正规性；③妇女参与程度高。表 4.1 哥伦比亚和厄瓜多尔的数据证明了上述特点。哥伦比亚的数据来自国家统计局（DANE）微型商业企业调查，取自特为本书编写的研究报告。[①] 厄瓜多尔的数据来自萨尔多项目的微型企业调查（Magill 和 Meyer，2005）。两份调查都是全国城市地区数据。

表 4.1　哥伦比亚和厄瓜多尔微型企业主要特征

变量	哥伦比亚（2007 年）	厄瓜多尔（2004 年）
雇员人数	1.86	1.7
平均销售额（美元）	26，651	9，336
没有商业注册（百分比）	44	73
没有会计记账（百分比）	67	80
不给雇员提供社会保险（百分比）	72	85
妇女比例（百分比）	52	43
临时雇员比例（百分比）	11	无数据
兼职员工比例（百分比）	无数据	18
从事商业活动（百分比）	61	55
提供服务（百分比）	32	26
从事工业生产（百分比）	7	19

资料来源：álvarez 和 Meléndez（2010）以及 Magill 和 Meyer（2005）。

从表中数据看到，平均雇员人数少于两个（包括雇主本人）。对于调查数据更详尽的分析表明，哥伦比亚90%以上的微型企业拥有 1—3 名雇

---

① álvarez 和 Meléndez（2010）。

员，只有 1.5% 的微型企业雇员人数超过 6 名。厄瓜多尔大约 70% 的微型企业是由企业主一人组成，只有 1.1% 的企业有 6 名或更多雇员。这意味着在大多数情况下，微型企业是由一人构成的企业。①

此类企业的第二个特点是非正规性。这两个国家只有不到 30% 的企业有正规会计记账，很少的企业参加了社会保险。很多微型企业没有商业注册（哥伦比亚为 44%，厄瓜多尔为 74%）。妇女在微型企业中参与程度高，厄瓜多尔稍低一些，但也超过了 40%。②

微型企业的这些特点很重要。小额贷款正规市场应推动正规化，同时也应为未合法登记、会计程序不正规的机构获得贷款带来便利，否则就可能将部分重要的潜在客户排除在外。这是核心点，因为传统银行通常歧视非正规企业。

虽然微型企业具有经济和社会重要性，但常被金融机构忽视，因此不得不求助于非正规贷款。微型企业在金融机构客户中占比就更揭示这一事实。有关著作强调指出拉美地区很少使用正规来源的贷款，但各国间差异较大。例如，Navajas 和 Tejerina（2006）报告说 2005 年大约 9% 的微型企业是正规金融机构的客户（非政府组织、受监管的小额金融机构或者商业银行）。但有些国家这个比例很高，比如玻利维亚（31.6%）、秘鲁（23.5%）和尼加拉瓜（58%）。上文提到的对萨尔多微型企业的调查（Magill 和 Meyer，2005）报告指出，85% 的接受调查者声称在过去的 12 个月里没有向正规金融机构提出过贷款申请。③

CAF 2010 年的调查评估了拉美地区 9 个国家 17 个城市使用正规来源贷款的情况。④ 表 4.2 是调查结果。第一列是主要收入来源于微型企业的

---

① 其他的研究表明拉美总共 5900 万微型企业中的 80%，即 4900 万是没有其他雇员的微型企业（只有企业主）。

② 厄瓜多尔妇女占经济活动人口的 30.7%，但占调查微型企业主的 46.7%。经济活动女性人口中，56.4% 是微型企业主。

③ 当询问受访者有需要时从哪里获取资金，虽然按照需求类型（急用、日常使用或启动企业）回答各有不同，但求助于正规来源贷款的受访者百分比都不超过 20%。

④ 参与调查的城市有布宜诺斯艾利斯、科尔多瓦、拉巴斯、圣克鲁斯、里约热内卢、圣保罗、波哥大、麦德林、基多、瓜亚基尔、巴拿马、利马、阿雷基帕、蒙得维的亚、萨尔多、加拉加斯和马拉开波。第六章将详细介绍调查中其他项目。

家庭的比例。可以看出微型企业主在家庭总数中占比不可小视。最高比例为30%左右，分布在阿根廷、玻利维亚和委内瑞拉玻利瓦尔共和国等国的城市。第二栏是以正规金融机构的贷款作为主要贷款的微型企业主家庭比例。可以看出微型企业主家庭使用正规来源贷款的比率很低。平均只有12%的家庭与正规金融机构签署的贷款合同是当前最主要的贷款。必须指出这个调查限于城市地区，可以推测农村地区使用正规融资的比率更低。

表4.2　拉美一些国家微型企业主比例以及获得正规贷款的比例

国家	主要收入来源于微型企业的家庭比例	最重要贷款为正规贷款的微型企业主比例
阿根廷	28.85	4.66
玻利维亚	31.21	25.34
巴西	9.00	15.09
哥伦比亚	24.43	12.46
厄瓜多尔	22.90	16.73
巴拿马	24.37	7.64
秘鲁	30.40	21.17
乌拉圭	19.76	19.66
委内瑞拉	29.32	3.45
平均	24.47	14.02

资料来源：CAF（2010a）。

　　与其他研究的结果一样，CAF2010年的调查结果表明地区内国家间差异很大，阿根廷、巴拿马和委内瑞拉的情况与玻利维亚和秘鲁的情况形成对比。这五个国家依赖微型企业的家庭比例最高。但玻利维亚和秘鲁使用正规贷款的比例约为20%，在另外三个国家不超过10%。下文将看到玻利维亚和秘鲁恰好是拉美微型企业发展程度最高的两个国家，其成就得益于建立了合理的监管框架。

　　FELABAN最近进行的调查收录在 Rojas-Suárez（2010）的研究中，这份调查从银行的角度分析了使用银行贷款比率低的原因。首先，银行业协会列出的限制获得贷款的三个主要理由是：1. 申请者的收入水平；2. 申请者的非正规性；3. 缺少金融文化。缺少合适的抵押品也通常作为一个重要原因①。微型企业难以获得贷款的原因是多样的，是经济和社会因素的组合。调查还分析了银行提供贷款条件的重要性。但客户是微型企业时，三个最重要的条件涉及到客户以及项目的详尽信息，包括信贷记录和证明人。个税申报单居于第四位（60%的受访者认为重要），这表明申请人的非正规身份是获得银行贷款不可忽视的障碍。诚然，调查现示了传统银行的观点，而不一定是其他小额贷款机构的观点。

地理障碍是金融服务可获性的另一重要阻碍。贷款市场（特别是小额贷款）是地方性市场，因此在当地设立机构是至关重要的。但农村地区人口规模和收入是开设支行的主要障碍（Rojas–Suárez，2010）。

以上调查显示微型企业很少使用正规金融来源。这意味着微型企业主必须求助于高成本的融资渠道或者自有资金，这限制了企业的发展。很少使用正规贷款是一个多层面的问题，不应只归因于贷款供给不足。从需求的角度讲，缺乏金融文化以及获得灵活贷款工具的需要可能降低微型企业主申请正规贷款的意愿。不管怎样，缩小这个差距是个严峻挑战，需要整体性的解决办法。贷款供给持续增长是至关重要的。供给的扩张需要伴随创新，以适应客户的需求。贷款提供者在地域上的扩张（可以由公共机构推动）和培训潜在客户是这个战略的核心。

三 小额贷款的机构提供者

（1）小额金融机构（IMF）的产生和发展

小额信贷的现代概念与各种不同类型的小额金融机构联系在一起。其为低收入家庭金融服务可获性提供便利的做法由来已久。几个世纪以来，私人放债者以及轮换储蓄与信贷协会（英语缩写为 ROSCAS）等非正规机

---

① 拉美参与调查国家中至少 80% 的银行协会都认为这些原因是重要的。

制是低收入者唯一的信贷来源（Berger et al.，2007）[①]。

有关低收入群体获得正规来源信贷最早的记载来自德国始于 19 世纪中叶的信贷合作社。合作社的重要性日益提高，从 1860 年占德国信贷机构资产的 0.2% 上升到 1913 年的将近 7%。同一时期，接待人数从 10 万增长到大约 350 万（Guinnane，2002）。信贷合作社的成功主要在于擅长获取信息、开发社会凝聚机制、对违约偿债进行有效的制裁，这些是现代小额信贷业务的关键要素（Guinnane，2001）。

二十世纪中叶国有银行推行了一些措施为农村低收入者提供信贷。这些贷款的利率通常是补贴性的。这种做法的实际效果不令人满意，导致信贷机构低效，也无法有力推动贫困人群获得贷款（Conning 和 Udry，2007；Braverman 和 Guasch，1986）。

现代小额信贷业始于 20 世纪 60 年代，在南亚和拉美同时试点，主要是孟加拉和巴西。小额信贷的先驱者将小农户的资金用于小的非农生产者（Cull et al.，2009）。

1974 年孟加拉遭遇洪水，80% 的人口处于贫困之中。在这种情况下，小额信贷的先驱之一 Muhammad Yunnus 在与 Jobra 村民进行接触后，看到无法获得信贷是村民脱贫的主要障碍之一。带着这样的想法，他进行了试验，借给 42 名制作竹工艺品的妇女 27 美元（Sengupta 和 Aubuchon，2008）。这次试验就是孟加拉乡村银行的起源，孟加拉乡村银行（Grameen）成立于 1983 年，2008 年的信贷客户数量超过了 600 万，资产超过 10 亿美元（MIX 2010）。[②]

在巴西的勒西腓（Recife），1972—1979 年间，"计划一"（南美的第一个小额信贷项目）开始向微型企业主提供信贷，其口号是便利的还款比

---

① ROSCAS 的成员是个人，他们承诺定期向共有基金缴纳一定数额的款项，款项供每个成员轮流使用。轮转一圈后，每个成员都使用了共有款项，但轮到的先后次序不同，次序通常是随机决定的，拉美各国对于这种做法的称呼不同。Armendariz 和 Morduch（2005）的研究报告对这种机制做出了更详尽的分析。

② 非政府组织小额信贷信息交换（MIX）是提供小额信贷信息的领军机构。MIX 收集、分析、公布小额信贷机构、投资者和捐赠机构的信息。2009 年 3 月 MIX Market（MIX 的信息平台）拥有全世界 1375 家小额信贷机构的详尽可比信息。60% 向 MIX Market 报告信息的小额信贷机构，其信息是有审计记录的。

利率更重要（Berger *et al.*, 2007）。

从孟加拉和巴西的试点开始，小额信贷业已增长到惊人的数额。报告称 2007 年 12 月，1.54 亿客户与小额信贷机构有贷款合同（小额信贷峰会，2009）。根据不同的来源，González（2008）制作了小额信贷机构数据库，从中可以了解这些机构的地区和国家分布。其数据（见表 4.3）包括了全世界约 2400 家小额信贷机构，他们为一亿客户提供服务。其中 714 家小额信贷机构位于拉美和加勒比，为 1400 万微型企业主提供服务。请注意，拉美地区 6 个国家集中了 80% 的客户。南美国家中客户得到服务比率最高的是玻利维亚、哥伦比亚和秘鲁[①]。

表 4.3　借债人和小额金融机构在拉美以及世界其他地区的分布[①]

地区	借贷人		小额信贷机构	
	数量（千）	占总数比例[②]	数量	占总数比例[②]
	768	5.56	30	4.20
玻利维亚	669	4.84	25	3.50
巴西	1,906	13.78	48	6.72
哥伦比亚	889	6.43	100	14.01
厄瓜多尔	3,883	28.09	98	13.73
墨西哥	2,607	18.86	89	12.46
秘鲁	3,103	22.44	324	45.38
拉美其他国家	13,825	13.91	714	29.50
拉美和加勒比	18,433	18.54	241	9.96
东亚和太平洋	2,604	2.62	259	10.70
东欧和中亚	2,538	2.55	67	2.77
南亚	52,427	52.73	606	25.04
撒哈拉以南非洲	9,593	9.65	533	22.02
世界总数	99,420	100.00	2,420	100.00

①根据 2004—2007 年间最新数据计算。

②玻利维亚、巴西、哥伦比亚、厄瓜多尔、墨西哥、秘鲁和拉美其他国家的计算数据是占拉美总数的比例，其他地区的数据是占世界总数的比例。

资料来源：González（2008）。

---

① 墨西哥在拉美客户中占比很高，但按照人口规模计算，其比率低于这几个国家。

小额信贷持续增长，与其他金融机构相比，小额信贷机构在世界危机的影响面前表现不是那么脆弱。图 4.1 是小额信贷机构取样的信贷额（实线）以及负债（虚线）数量（左图）和增长率（右图）[1]。

图 4.1　世界范围小额信贷机构信贷和负债数额以及变化率[1]

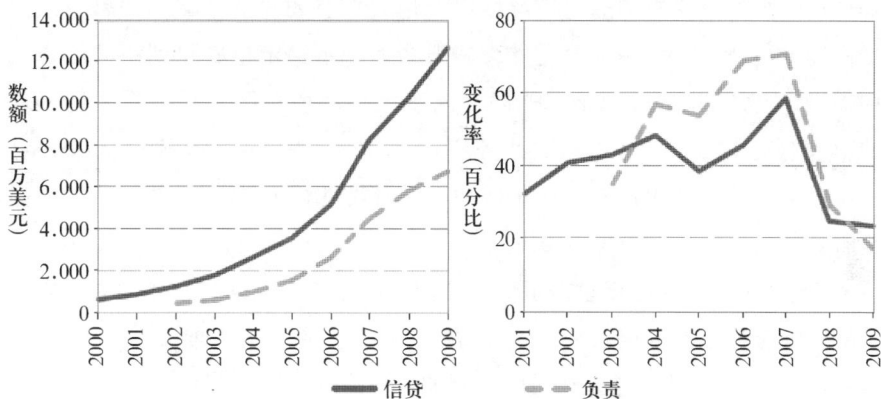

注①为避免 mixmarket.org 所报告的小额信贷机构数量改变引起的变化，这里只计算了那些在所研究期限内一直出现在数据库里的机构，没有考虑新加入的机构，因此低估了小额信贷业的增长。采用 132 家机构的数据计算信贷额和增长，121 家信贷机构的数据计算负债额和负债变化。

资料来源：根据 www.mixmarket.org 数据制作。

可以看到这些小额信贷机构的信贷额和负债水平持续增长。取样中信贷额从 2000 年的 6.5 亿美元增长到 2008 年的超过 120 亿美元。负债由 2002 年的 5.79 亿美元增长到 2008 年的 77 亿美元。2008 年开始的世界危机使增长率放缓，但即使在这样的困难时期，两个变量的增长率仍保持在 20% 左右。

在很多研究中都提到了小额信贷抵御世界危机的能力。例如，Little-

_____

①　这里只选取了那些在所研究期限内一直出现在数据库里的小额信贷机构，以避免小额信贷机构数量增加引起的变化。采用 132 家机构的数据计算信贷额和增长，121 家信贷机构的数据计算负债额和负债变化。这低估了小额信贷业的增长，因为没有考虑新加入的信贷机构。

field 和 Kneiding（2009）指出小额信贷的坚挺可能因为在经济紧缩期，对于维持生计的产品的需求相对呈现刚性，而这是很多微型企业的主要业务。这并不是说金融体系中的这个组成部分完全不受宏观经济的影响。这次危机也对小额信贷机构造成了影响。拖欠贷款率和融资成本略有增加，导致利润率下降（Blaine，2009）。Ahlin 和 Lin（2006）的研究显示，经济增长对于小额信贷机构的可持续性以及拖欠率有明显的影响。如果小额信贷机构的负债中很大一部分是外币，那么汇率不稳定也威胁到小额信贷机构的稳定（Reille y Forster，2008）。宏观经济环境对于小额信贷机构表现的影响取决于每个信贷机构的业务模式。例如，Marconi 和 Mosley（2006）的研究显示，相比仅仅提供信贷的机构，那些为客户提供储蓄、培训和保险服务的机构对经济周期的变化（特别是严重衰退的时期）不那么敏感。

最近 30 年小额信贷取得了惊人增长，但未来小额信贷还要面对严峻的挑战，如维持已有的增长率、留住客户、满足借债人的需求。

（2）信贷工具：考虑到激励机制的合同设计

小额信贷业如果没有行业创新，就不可能取得持续发展。创新的合同形式可以有效解决信贷关系特有的信息不对称问题。了解信贷产品设计中的关键因素很重要，这有助于理解合同关系的特点，进行必要的创新以推动小额信贷的发展。

小额信贷合同可以分成两大类别，即个人信贷和集体信贷[1]。个人信贷合同在放债人和一个借债人之间建立。集体信贷合同在一个放债人和多个借债人之间建立，所有借债人是信贷的共同责任人。集体信贷又可以再划分为集体担保贷款方案和村镇银行（Waterfield y Duval，1996）。

与集体担保贷款方案不同，村镇银行的目标是在未来管理和财务上独立于提供资金的小额信贷机构，因此着重于内部吸引资金[2]。村镇银行是一种"非正规银行"，它将提供村镇银行贷款模式的小额信贷机构的贷款转给其成员。

---

[1] 虽然这样分类，但每个小额信贷合同的执行方式通常不同，甚至不同机构也不一样。
[2] 村镇银行的起源是 Jonh Hatch 于 20 世纪 80 年代在玻利维亚安第斯地区进行的试验，1984年成立了国际社区援助基金会（FINCA），一个旨在在全世界范围内推广村镇银行的机构。

与集体担保贷款方案相比，村镇银行集团更大（10 人以上，通常是30 到 50 个［Nelson et al.，1996］）。村镇银行与集体担保贷款方案都是对提供贷款的小额信贷机构承担集体责任。但村镇银行的长期目标是"毕业"，即实现村镇银行管理和财务的独立自主，因此储蓄（自愿和强迫的储蓄）是关键。其最初模式是将小额信贷机构给村镇银行的信贷额逐渐增加，每次贷款额的 20% 作为强制储蓄。这样，估计三年以后就可以"毕业"。但实际上，这种模式运行 10 年后，只有很少的机构实现了自主经营（Nelson et al.，1996）。

表 4.4 比较了拉美和加勒比三种小额信贷模式，混合类别包括了同时提供多种模式的小额信贷机构。

表 4.4　拉美小额信贷方式：一些特点

指标	个人贷款	集体担保贷款	村镇银行	混合贷款
取样中小额信贷机构数量	156	8	44	135
平均办事处数量	8	9	10	8
每个小额信贷机构借款人数量	9,862	9,823	15,918	7,462
妇女比例(百分比)	46.70	79	85	69
平均信贷额(美元)	1,481	261	282	522
按照人均收入调整的平均信贷额	40.10	3.20	7.40	16.10
资产收益率(ROA)	0.60	−8.30	0.90	−0.20
财务自给率(百分比)	104.50	85.60	102.90	99.80
利润率(净营业收入/财务收入)	4.30	−17.10	2.80	−0.20
拖欠款(超过 30 天)	6.50	3.30	3.00	5.00

资料来源：根据 www.mixmarket.org 资料制作。

不同信贷模式之间的首要差别是客户中性别构成不同。集体合同中借款人 80% 以上是女性，个人贷款合同中只有 47% 的客户是女性。而且个人信贷似乎针对信贷条件更好的客户，平均信贷额超过村镇银行信贷额的 9 倍，超过集体担保贷款的 12 倍①。

个人信贷拖欠款额更高，可能会使人想到集体合同的压力和监督机制更有效②。集体担保贷款收益率低，因此可持续性不高（根据资产收益率 ROA 和财务自给率)③。在所有模式中，村镇银行似乎更倾向于农村信贷（Westley，2004）。

似乎集体合同（集体担保贷款和村镇银行）通常为最贫穷者提供服务。借款人一旦得到发展，就需要更多灵活性或独立性，因此通常倾向于选择个人合同。一些证据支持这种看法。

无论采用哪种模式（集体或个人），小额信贷实行创新性做法以解决信息和还款问题（强制执行）。合同涉及以下几个要素：1. 连带责任；2. 奖励与惩罚措施；3. 还款计划；4. 补充性机制，如信息宣传，灵活的抵押品，面向妇女的信贷等。现代小额信贷模式结合了非正规来源信贷（放债人和轮换储蓄与信贷协会 ROSCAS）和现代银行业的原则，专栏 4.1 简要介绍每种机制的运作方式。④

专栏 4.1 小额信贷合同机制设计

小额信贷使用创新机制解决信息、逆向选择、道德风险、债务违约等问题。最常提到的是集体合同中的连带责任机制。这个机制解决了逆向选择问题，向低风险客户收取低利率，通过信贷质量相似的客户自己组织成协会可以实现这一做法（分类匹配）。高风险客户（组织

---

① 传统上认为村镇银行面向最贫困人口，倾向于为妇女提供贷款，贷款比集体担保贷款还低。世纪初的数据支持这一观点，但表4.4的数据没有显示目前村镇银行比集体担保贷款更关注于最贫困的人群。

② 进行这种比较有筛选的问题，申请贷款的群体不一定属于同一类型，在一次有控制的随机试验中，随机取消了某集体信贷申请者的共同责任条款，没有发现两类合同的还款率有差别（Gine y Karlan, 2009）。

③ 财务自给率是财务收入与全部支出之比。

④ 更详尽介绍参见 Armendariz 和 Morduch (2005)。

在一起）的隐含利率高，因为他们为同伴支付还款的概率更高。其核心是将小额信贷机构的风险转移给借债人集体，这意味着未来可以降低利率，而且可以激励优质客户参与。

集体责任机制也有利于缓解道德风险和执行问题。由于集体中每个成员都受到其他成员行为的影响，这激励了成员互相监督，促使他们进行比较安全的创业并努力工作。如果财务状况允许，也可以通过各种惩罚机制迫使他们恪守承诺。由于集体中各成员离得很近，显然这些强迫机制是可行的，比金融机构具有信息的相对优势。激励机制在于惩罚坏行为，奖励好的，以鼓励借款人的好行为。小额信贷合同的惩罚做法是将违规者排除在市场外，奖励的形式是提高信贷数额（累进式信贷）。动态激励机制的做法是提高违约成本，从而避免违约。实施动态激励机制的基础是重复发生信贷关系。信贷提供机构之间激烈的竞争也使驱逐出市场的做法无法实现，从而使动态激励机制实施困难。

提前还款和频繁还款也是小额信贷业推动高还款率的战略。其理由是可以筛选更好的债务人，特别是那些在项目开始盈利之前就可以还款的债务人（因为他们有其他收入来源或融资来源）。即使是流动性很好的投资项目，产生频繁的现金流，债务人刚拿到钱就从他们手里再把钱拿走，这个机制可以提高还款率。关于这种机制有效性的实践经验是好坏参半（Silwal，2003；Field y Pande，2008）。

还有其他补充性的激励机制，其中一个是灵活抵押品。在传统的信贷合同中，抵押物是一种保障，在违约时可以清算，以收回贷款。灵活抵押物的理由是，如果微型企业主的物品对其个人有价值，即使对债权人没有什么价值，也可以视为抵押品（Armendariz y Morduch，2005）。这有助于强化动态激励机制，加强出现违约时的惩罚。公共支付是另一种补充性机制，这提高了对于违约的道德制裁和名誉成本。还有面向妇女的信贷，如果妇女能获得的其他融资渠道确实少（提高了财务自给成本），而且更在意违约的社会和道德成本，那么这个战略有助于提高还款率。

来源：根据 Armendariz 和 Morduch（2005）资料制作。

（3）小额信贷机构类型以及市场上其他提供服务的机构

为微型企业提供融资的机构类型多样。一端是传统商业银行和公共银行，这些机构虽然在小额信贷业务中占比很低，但重要性日益增长；与之相对的另一端是典型的非正规信贷来源，如家庭、朋友、放债人和典当行。中间部分是 IMF，它们是专门从事小额信贷的机构。其法律属性、盈利模式和组织形式多样。不管其法律地位（是否受监管）和互助精神（是否以盈利为目的），小额信贷机构可以不同组织模式进行运作。其多样的组织形式包括以下几种：

非政府组织（ONG）。通常作为不以营利为目的的机构注册，其服务领域比其他小额信贷机构少，一般没有存款业务，通常不受监管。

合作社。金融中介机构，其主要目的是满足其成员的金融需求。可以提供一系列金融服务，包括吸引资金和信贷，通常不受银监会的监管，但受专业公共机构的监督。

非银行金融机构（IFNB）。提供与银行类似的服务，但以不同于银行的类别注册，这是由于这些机构资本要求、机构监管和/或业务类型限制不同（比如吸纳公众储蓄的限制）。此类别包括为推动将非政府组织升级为受监管的机构而设立的金融机构。比如玻利维亚的私人金融基金（FFP）和秘鲁的小企业和微型企业发展机构（EDPyME）。秘鲁的城市银行也归于这类。

小额信贷银行。提供最广泛金融服务的机构，包括吸纳公众储蓄、借贷和支付服务。作为银行运作，受银监会监管。拉美地区具有银行资格的小额信贷机构有：玻利维亚的 BancoSol，厄瓜多尔的 Banco ProCredit，哥伦比亚的 Bancamía 和秘鲁的 MiBanco。与传统银行不同，这些归入小额信贷结构的银行多以小额信贷业务为主。

确实，每个小额信贷机构的独特形式以及可以开展的业务取决于每个国家的法律。但可以列出一些特点。从组织结构看，非政府组织是非营利性机构，合作社是信贷协会，其他模式的机构通常以有限责任公司的形式运作。非政府组织的财产属于捐赠人（国内或国外个人和机构），由董事会管理。

　　合作社的所有者是其成员，合作社的运作由成员投票决定，每个成员一票。其他小额信贷机构由股东出资，每个股东在决策中的权重取决于其股份。除非政府组织外，其他形式的小额信贷结构通过成立董事会进行管理。非政府组织可以提供的金融服务种类最少，集中于小额信贷，一些非政府组织有强制储蓄业务以支撑贷款。合作社提供存款、定期储蓄和信贷服务，主要为其成员服务。除了小额信贷业务，非银行金融机构（IFNB）也可以吸收公众存款，但有一些限制（例如，秘鲁的小企业和微型企业发展机构（EDPyME）不可以动用存款，玻利维亚的私人金融基金虽然可以在储蓄账户吸纳定期储蓄，但不能随意动用活期账户）。

　　以银行形式运作的小额信贷机构金融服务范围最广，包括信贷、活期和定期存款、转账、外币兑换等。非政府组织的资金依靠捐赠，银行依靠吸纳储蓄。

　　表4.5是拉美和加勒比按照机构形式划分的小额信贷机构一些特点。

表4.5　按照机构类型划分拉美小额信贷结构的一些特点（2008年）

机构类型	机构数量	监管比例（百分比）	以营利为目的比例（百分比）	平均信贷额（美元）	吸纳储蓄比例（百分比）
银行	28	100	100	1433	75
合作社	66	45	0	1567	74
IFNB	101	63	85	1210	43
非政府组织	197	2	0	566	9

资料来源：根据 www.mixmarket.org 资料制作。

　　显然，银行最倾向于追求盈利、吸纳储蓄并受到监管。以这些指标衡量，处于另一端的是非政府组织，IFNB似乎是这两类机构的混合物。必须指出非政府组织吸纳储蓄的比例（9%）比世界其他地区低（约为28%），特别是低于南亚地区（参见第五节）。这可能与监管有关，非政府组织提供的贷款额最低，银行和合作社提供贷款数额最大。合作社监督程度为中等，且不以营利为目的。

图4.1 总结了小额信贷市场的参与者。除了上述专业的小额信贷机构以及非正规借贷者外，小额信贷提供机构也包括进入这一领域的传统银行（降级 downscalers）。小额信贷市场还有各种类型的补充资金，包括捐赠人、商业投资人以及有权动用储蓄款的那些机构的储蓄。虽然私人捐赠是小额信贷最初的来源，但投资人、个人和机构借贷者（养老基金、保险公司等）也日益重要。这些机构和个人通过称为小额信贷投资工具（MIV）的专业金融中介将资金引入这一领域。

图解4.1　小额信贷市场

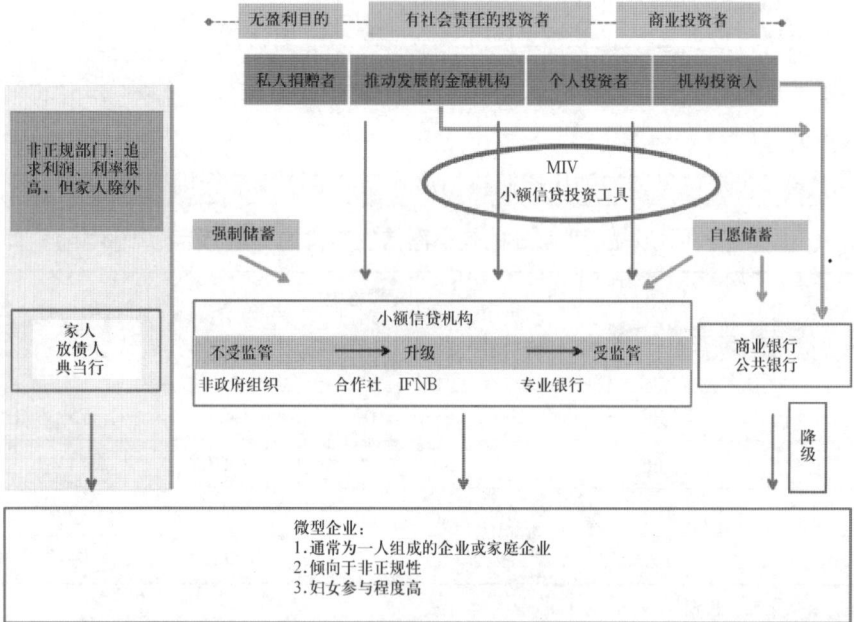

资料来源：自行制作。

总之，最近几十年金融市场发展起了新业务，即小额信贷。这个业务领域得以发展的关键在于，具有比传统银行（商业银行）更灵活的做法。凭借持续不断的创新，进入了以前被传统机构忽视的市场。小额信贷机构形式多样，正是扩大提供服务的范围和保持结构灵活、且具创新能力的结果。虽然取得了惊人成就，在小额信贷市场上，非正规来源的信贷仍旧扮演着重要角色，下一节分析小额信贷业的这个核心特点。

四　正规和非正规来源并存：市场的二元性

微型企业生产活动正规和非正规融资来源共同存在，这引起了一系列疑问：正规和非正规来源的合同有何不同？不同来源的信贷是否偏向于不同特点的客户？小额信贷市场是否分化，即一些商家企业只向正规来源借债，另一些只向非正规来源借贷？或者与此相反，大部分商家企业同时有正规和非正规来源的借贷？如何解释小额信贷市场的二元性？

本节分析其中的几个问题。为便于分析，使用 USAID 的 MIDAS 项目中的《哥伦比亚非正规金融服务调查》。2007 年第二季度进行的这项调查，其数据汇集了随机选择的 600 家微型企业和商家的样本，他们分布在 8 个农村地区和 8 个城市，能代表全国的低收入人口[①]。这份调查涵盖了 9 种小额信贷来源，包括银行、非政府组织、合作社、补偿基金、供应商、商户、放债人、典当行以及家人和朋友。

如图 4.2 所示，引人注意的是微型企业和商家通常有多个来源的信贷，左图显示同时有多个信贷来源的微型企业和商家。右图显示仅有一个信贷来源的企业和商家使用每种信贷来源比例（N＝1）。

最常见的是同时使用两种来源的信贷（42%），同时使用四个或更多来源信贷的不常见（13%）。三分之一的微型企业只有一个信贷来源，这些企业中，最常用的来源是供货商（24%）、非政府组织（23%）、银行（19%）以及家人和朋友（14%）。不常用的信贷来源是放债人（8%）和典当行，这些来源也是利率最沉重的（见表 4.6）。这就是说微型企业采取先用尽最经济信贷来源的策略[②]。

---

① 调查还包括 600 个家庭。这里只限于微型企业的数据。
② 除了利率因素，借贷主体选择融资来源时也考虑灵活性以及获取资金的快捷性等因素。

图4.2　按照信贷来源数量和种类划分的哥伦比亚微型企业融资（2007年）

同时使用多个融资来源
（占微型企业总数百分比）

使用一个信贷来源的微型企业融
资类型（N=1）（百分比）

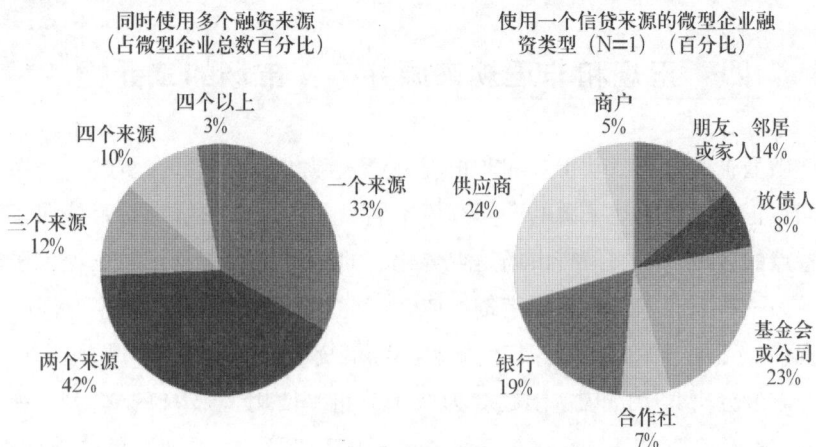

来源：根据 USAID－MIDAS（2007）制作。

　　既然微型企业同时有多个信贷来源，有必要调查他们是否通常与不同类型的信贷来源有借债合同，即是否结合了正规和非正规来源。图4.3 对此进行了调查。图中划分了三组融资来源：正规金融机构（缩写为 FF，包括银行、非政府组织、合作社以及补偿基金），非金融正规来源（缩写为 FNF，包括供应商和商户）以及非正规金融来源（缩写为 I，包括放债人、典当行以及家人朋友）。

　　41%的微型企业与非正规机构有信贷合同，其中15%只与非正规机构有信贷合同。大量微型企业组合使用正规和非正规来源信贷（26%）。使用正规金融来源的微型企业中，30%也与非正规来源有借贷关系[①]。Jain和 Mansuri（2003）也提到了不同来源的信贷并存的问题，他们还发现使用非正规来源的信贷支付正规来源的借款是很普遍的做法。本节末提出的假设认为，正规信贷合同缺少灵活性导致小额信贷市场的二元性。有必要分析各种不同来源信贷合同的特点。表4.6和4.7提供了有关信息。

　　① 厄瓜多尔针对微型企业的调查（Magill 和 Meyer, 2005）显示，根据具体的融资需求，不同来源信贷的使用程度差异很大。大多数微型企业在开始创建的时候使用自有资金——特别是储蓄——作为最主要的资金来源。大约90%接受调查者以销售额作为日常经营资金的主要来源。非正规信贷是急用资金的主要来源。

图 4.3　哥伦比亚同时使用融资来源的不同类型（占微型企业总数百分比）

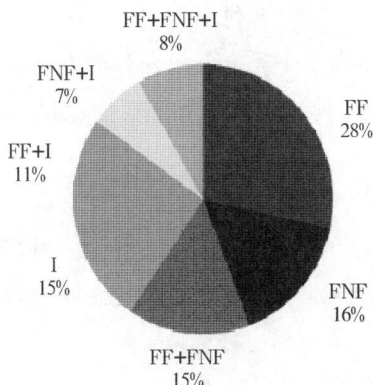

FF = 正规金融机构（银行、合作社、非政府组织、补偿积极）

FNF = 非正规金融机构（供货商、商户）

I = 非正规（放债人、典当行、家人和朋友）

资料来源：根据 USAID – MIDAS（2007）制作。

表 4.6　哥伦比亚微型企业主信贷合同的特点（2007 年）

信贷来源	占信贷（百分比）	平均数额（美元）	平均期限（天）	分期还款（百分比）	需要提供担保（百分比）	平均利率
非正规						
朋友、邻居或家人	16	1,550	210	30	30	78
放债人	15	621	89	84	59	270
典当行	1	406	171	39	无数据	211
正规金融来源						
补偿基金	1	3,368	1,440	100	100	28
非政府组织	17	1,470	704	100	90	17
合作社	8	3,150	964	100	90	24
银行	17	3,530	1,084	96	87	23
非金融正规来源						
供应商	25	9,815	42	25	28	58
商户	3	634	609	100	无数据	无数据

资料来源：根据 USAID – MIDAS（2007）计算。

正规融资来源（特别是非政府组织）的利率最低。非正规来源、放债人和典当行强加超过 200% 的年利率①。值得关注的是"家人和朋友"这一来源施加的利率明显高于正规金融机构。分期还款、提供担保等常见的银行做法也出现在非正规来源的合同中，虽然比例明显低于其他融资来源。

信贷来源不同，信贷平均数额也不同。在金融正规来源中，银行的信贷额最高，非政府组织的最低。非正规来源中，典当行、放债人以及商户的信贷数额最低。供应商不仅提供了最大数额的信贷，而且是最常用的信贷方式。

信贷期限最短的是供货商，紧随其后的是非正规来源，期限最长的是金融正规来源。要提醒注意的是，担保成为普遍做法，但朋友、邻居、家人、信贷提供者除外，这些情况下大约 30% 的合同有某种形式的担保。这两种来源的信贷关系中，放债人与债务人的历史联系部分代替了担保要求。放债人要求担保的情况比正规金融机构少。债权人与债务人距离近，并且可以使用基于武力的强制执行方式，以代替担保品。

有必要调查不同信贷来源要求提供的抵押品，表 4.7 展示了不同类型的信贷来源常使用的担保形式。

除非政府组织以外，其他来源很少要求以物品作为抵押。较少使用抵押品的来源（供应商、朋友和放债人）要求的担保主要集中于汇票或期票。正规金融来源在集体信贷合同中大量使用共同负债人作为担保。在银行和放债人来源中，"其他"项也经常使用（18%），表现出灵活的做法。抵押品的目的是通过期票、共同债务人等形式提高偿债率，而不是作为发生违约时可以用来清算的资产。经常使用共同债务人的做法是为了在个人合同中引入集体责任的机制。

---

① 放债人的利率差别很大，起中 10% 的年利率超过 1300%，这种利率通常适用于短期借贷。表中计算的平均值忽略了偏离正常范围很远的值。

表4.7 哥伦比亚不同融资来源向微型企业主要求的
抵押品类型（百分比）（2007年）

| 抵押品类型 | 非正规金融 | | 正规金融 | | | | 非正规金融来源 |
	朋友、邻居或家人	放债人	补偿基金	非政府组织	合作社	银行	供应商
字据	0.00	0.00	0	12.44	12.05	25.40	10.58
物品	0.00	7.20	0	28.38	0.00	9.08	1.98
财产	0.00	0.00	0	3.11	5.69	9.64	3.92
票据或期票	99.66	74.58	0	19.78	3.51	8.74	55.86
共同债务人	0.00	0.00	100	32.38	66.53	29.10	4.41
汽车/摩托	0.34	0.00	0	0.00	0.00	0.03	0.00
其他	0.00	18.21	0	3.91	12.21	18.01	23.25

资料来源：根据 USAID – MIDAS（2007）计算。

还要分析使用不同信贷来源的客户特点。表4.8显示按照不同的来源，有工商登记注册的企业的比例、客户平均储蓄额，以及使用银行机构账户储蓄的微型企业的比例。

表4.8 按照融资来源划分哥伦比亚微型企业客户的特点（2007年）

来源	有工商注册的微型企业（百分比）	在银行储蓄（百分比）	银行平均储蓄额（美元）
非正规			
朋友、邻居或家人	76	21	83
放债人	64	31	59
典当行	67	9	0
正规金融机构			
补偿基金	100	0	0
非政府组织	49	20	301
合作社	63	3	382

来源	有工商注册的微型企业（百分比）	在银行储蓄（百分比）	银行平均储蓄额（美元）
银行	73	20	305
非金融正规机构			
供应商	78	15	112
商户	55	14	178

资料来源：根据 USAID – MIDAS（2007）计算。

　　首先应该指出，正规信贷来源的客户储蓄额比其他来源的高。向放债人和典当行（成本最高的信贷来源）借贷的恰恰是那些自有资金很少的人。银行倾向于正规注册的微型企业（73% 的银行客户有工商注册登记），非政府组织的客户群比较平均，一半是正规企业，另一半是非正规企业。这也许意味着正规微型企业更容易获得银行信贷，因此银行信贷可获性可以成为企业正规化的激励机制。

　　从本节的论述中可以看到，小额信贷市场上同时使用正规和非正规来源的信贷。既然正规来源信贷比非正规的放债人经济实惠，存在这样的二元性就很奇怪了。传统的解释集中于信贷供给是有限的，因此微型企业主必须求助于非正规信贷以补充正规信贷。

　　这个解释值得肯定，但不是该问题的唯一解释。证据表明，很多微型企业主可能对于小额信贷机构来说是有吸引力的，但他们只是不想从小额信贷机构那里得到贷款。不仅如此，正规信贷客户流失率很高，非正规来源信贷的使用并没有因为小额信贷合同贷款数额的逐步提高而减少。之前的分析建议不同来源的信贷产品提高差异化程度，因此可以认为不同来源的产品不能完全相互替代，这个理由解释了市场的二元性。差异化的一个表现是灵活度。专栏4.2论述了这个观点。

专栏4.2　合同的灵活性以及正规信贷需求

最近三十年小额信贷快速增长。但一些事实可能使人认为目前的信贷合同形式不能完全满足客户需要，因此削弱了小额信贷推动发展的潜力。

首先，正规来源信贷的扩张没有取代非正规信贷来源（家人和放贷人），反而形成了同时使用两种来源信贷的二元市场（Collins et al.，2009；Banerjee 和 Duflo，2007）。其次，正规信贷客户流失率高，大量客户只签订一期或两期的信贷计划（Meyer，2002；Rutherford，2004 和 2010），因此很难提供激励机制。最后，微型企业使用正规信贷的比例很低。

大部分研究从供给的角度作出了解释，但越来越多的证据表明"羞怯"的需求（微型企业主没有兴趣）可以部分地解释这些现象（Pearlman，2010；Magill 和 Meyer，2005）。在为本书所做的一份研究中，提出了一个假设，认为正规信贷合同缺少灵活性导致出现上述三种情况（Pearlman，2010）

在合同各组成部分中，该研究报告特别关注了"支付条件"。关注还款条件是很自然的事情。一方面，小额信贷客户的家庭通常没有能力为不时之需进行储蓄，他们承受巨大风险，因此灵活的还款时间表会很有吸引力；另一方面，如表1所示，正规来源和非正规来源信贷合同这方面的差异很大。

表1　哥伦比亚正规和非正规信贷各种还款频率之分布百分比（2007 年）

还款频率	非正规			正规金融		
	家人/朋友	放贷人	典当行	非政府组织	合作社	银行
每天	5.9	60.9	0.0	0.0	5.4	0.0
每周	2.6	0.0	0.0	0	0.0	0.0
每半个月	1.6	9.4	38.6	100	94.6	94.0

续表

还款频率	非正规			正规金融		
	家人/朋友	放贷人	典当行	非政府组织	合作社	银行
每月	19.2	0.0	0.0	0	0.0	0.0
季度或半年	0.8	0.0	0.0	0	0.0	1.9
每年	0.0	13.5	0.2	0	0.0	0.0
无期限	69.9	16.2	61.2	0	0.0	4.1

资料来源：Pearlman（2010）。

差异是很明显的：正规合同主要是每半个月还款，非正规合同提供了多种选择。特别是非正规来源信贷中无还款期限的合同比例很高，还有还款频率低于半个月的合同，缺少有效储蓄手段的客户可能偏爱此类合同。非正规合同中包含对合同进行重新谈判以应对紧急情况的可能性（Udry，1994；Banerjee 和 Duflo，2007）。

证据显示灵活性可能影响小额信贷的需求。Rutherford（2010）报告称，在银行提高了灵活度以后，客户流失率下降。McIntosh（2007）发现改变还款时间表减少了 FINCA 乌干达项目的客户流失率。在美国进行的中小企业调查，显示可以获得银行贷款的企业却大量使用供应商的贷款，尽管供应商贷款的利率高很多。调查显示使用这类来源的贷款是因其灵活性（参见 Pearlman，2010）。

这个分析提示我们，提供更灵活的信贷合同可以吸引更多客户，提高小额信贷推动发展的能力。显然，如何管理灵活的信贷工具对小额信贷机构意味着挑战。

来源：根据 Pearlman（2010）研究制作。

专栏4.2 进行的反思提出了一个新问题：为什么小额信贷机构没有改变产品以满足对于灵活性的需求？创新滞后可能是一个原因，实施更灵活合同导致的管理成本和金融成本也可能构成阻碍。信贷集中于某个地区的小额信贷机构，还款期限的灵活性可能引起流动性问题，因为可能大量客户同时申请延迟还款①。

有关著述基于信息摩擦，解释缺乏灵活性的问题。一种假设认为面对信息摩擦，以及非正规主体掌握更多信息的情况下，小额信贷不灵活模式及频繁过早的还款是小额信贷机构最好的应对方式（Jain 和 Mansuri，2003）。其核心论据是不灵活的还款方案可以让小额信贷机构利用非正规放贷人更强大的监督能力。

此机制运转方式如下：高还款频率意味着债务人刚拿到贷款就必须开始还款，而且通常是在项目开始产生效益之前。这就迫使微型企业主寻找其他替代性融资来源以支付最初的几次还款。这些来源通常是非正规的，他们利用监督能力，减少道德风险，敦促微型企业主努力工作。这种还款战略使得非正规放债人为小额信贷机构服务。研究发现，很多利用非正规信贷为正规信贷还款的情况，这支撑了该假说。非正规部门的存在使得小额信贷机构可以用严格的还款方式解决信息不足的问题，而小额信贷机构严格的还款方式维持了非正规来源的生存，这样两者之间形成共生关系。

小额信贷机构虽然有创新特征，但不能完全替代非正规信贷，因为后者有相对优势，使得小额信贷机构可以近距离接触客户，并使用强制性的收款方式。它并不意味着小额信贷机构没有更大的发展空间了，未来小额信贷机构面临的一个重大挑战是使信贷产品适应对灵活性的需求（Karlan 和 Mullainathan，2010）。不一定要提供"量身定制"的产品，提供定制产品对于小额信贷机构来说是不可行的。问题在于是否可以在灵活性方面引入一些成本可控、并能大幅提高正规信贷需求的变化。这个问题应纳入小额信贷研究的议程。

五　小额信贷的"拉美模式"

（1）与南亚的对比

其实不存在单一的拉美小额信贷模式。小额信贷的方法和模式是根据

---

① 如果考虑到位于同一地区的微型企业主受到的冲击呈高度相关性，则这个说法是有道理的。

各国现实情况发展演化的结果。但可以总结出拉美地区小额信贷业的主导特征，这些特征使拉美区别于世界其他地区，特别是小额信贷另一个标志性市场——南亚地区。

也许拉美小额信贷业的最突出特点是其商业导向。这体现在几个方面，一方面，世界上很多最盈利最具可持续性的小额信贷机构都在拉美地区。大约90%的客户是可持续的信贷机构的客户（Berger et al.，2007）。图4.4显示了拉美小额信贷机构的高盈利率和资金充足率（收入/支出之比）。

图4.4 拉美、南亚和世界其他地区小额信贷机构的
利润率和资本充足率（2003和2008年）

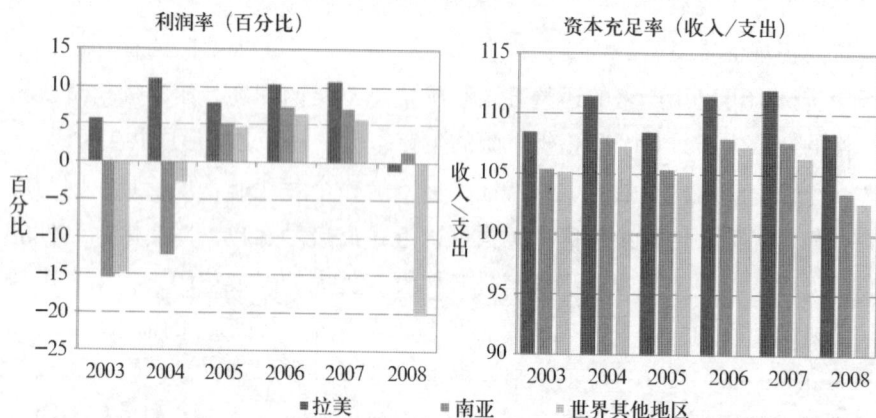

资料来源：根据 www. mixmarket. org 资料制作。

图中可以看到拉美的利润率和资本充足率都更高。因世界危机的影响，2008 年这两个指标都下降了。拉美地区内差异很大，表现最好的是玻利维亚、巴西、尼加拉瓜和秘鲁①。

资金的来源也能说明拉美地区小额信贷的商业导向。与亚洲和非洲的小额信贷机构不同，拉美的小额信贷机构对捐赠人的依赖程度低，对以市

---

① 国别数据是 2005—2007 年各国的平均值，数据取自小额信贷机构趋势 MFIs Trend Benchmark Series（www. mixmarket. org）

场利率计算的商业来源依赖程度高。图 4.5 显示的是对 54 个国际主要金融家进行调查的结果。结果很明显：南亚 90% 的资金与捐赠有关，而拉美只有 18% 的资金与捐赠有关。

图 4.5　小额信贷机构资金来源[①]

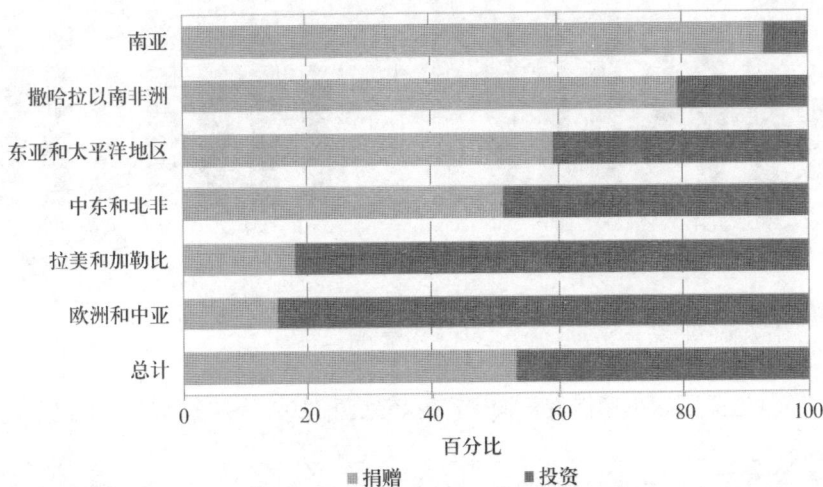

百分比

■捐赠　■投资

注①由捐赠人和投资人提供的 2007 年数据。
来源：CGAP（2008）。

　　如图 4.6 所示，不同地区资产融资的方式似乎也不同。该图显示，至少在这个十年，从总量来看，拉美信贷业务的融资主要来自储蓄。

　　图 4.7 显示地区内部差异很大，玻利维亚、哥伦比亚、巴拉圭和秘鲁更多使用储蓄（在资产中占比高）。位于另一极端的是海地和危地马拉。在危地马拉股份的重要性远远高于地区平均水平。有必要提及墨西哥的情况。由于规模大，"Compartamos" 可能算是墨西哥小额信贷机构旗舰。其特点之一是没有储蓄。因此，墨西哥储蓄占比很低，但图上没有显示出来。这是因为有 Caja Popular 这家合作社性质的大规模小额信贷机构，其资产中储蓄占比很高。

图4.6　拉美和南亚小额信贷机构资产融资来源（2003—2009 年）

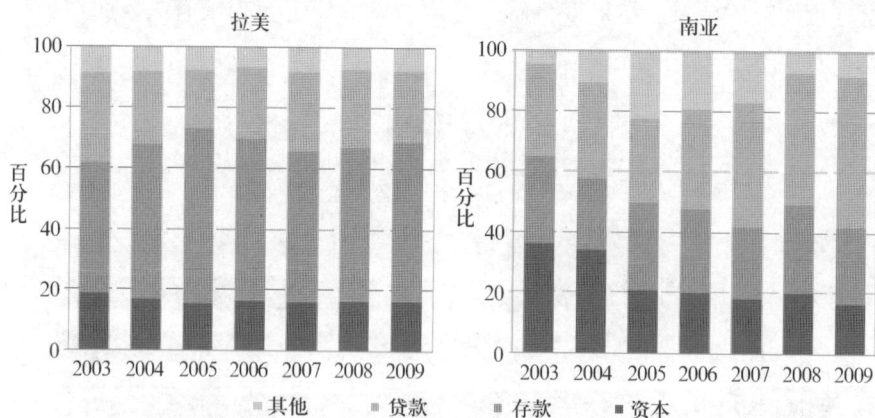

拉美　　　　　　　　　　　　　　南亚

■ 其他　　■ 贷款　　■ 存款　　■ 资本

资料来源：根据 www. mixmarket. org 资料制作。

图4.7　拉美国家小额信贷机构资产融资来源（2003—2009 年）（加权平均）

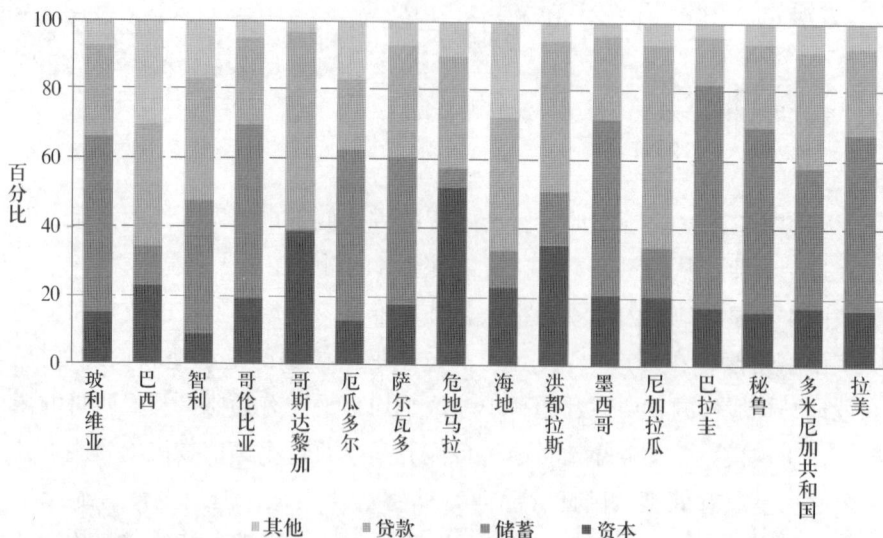

玻利维亚　巴西　智利　哥伦比亚　哥斯达黎加　厄瓜多尔　萨尔瓦多　危地马拉　海地　洪都拉斯　墨西哥　尼加拉瓜　巴拉圭　秘鲁　多米尼加共和国　拉美

■ 其他　　■ 贷款　　■ 储蓄　　■ 资本

资料来源：根据 www. mixmarket. org 资料制作。

　　一些学者认为，拉美小额信贷机构对于贷款业务的重视程度高于包括储蓄在内的其他金融服务（Berger et al., 2007）。图4.7似乎证明了这一观点。但隐藏的事实是拉美比较大的小额信贷机构推动的储蓄规模大于南亚。

从图4.8可以看出这个事实，该图反映了三类小额信贷机构的储蓄 - 资产比，第一类包括30%最小规模的机构，最后一类是30%最大的机构（以资产规模计算）。在前两类机构中，南亚的储蓄 - 资产比略高，但两个地区的水平很接近。也就是说，拉美和南亚小额信贷机构储蓄 - 资产比的总体差距是由大规模小额信贷机构决定的。

图4.8 拉美和南亚按照小额信贷机构规模计算的
储蓄 - 资产平均比（2003—2009年）（百分比）

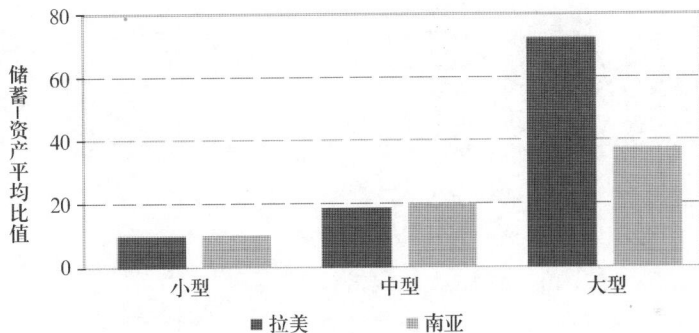

资料来源：根据 www. mixmarket. org 资料制作。

如图4.9所示，拉美的小规模小额信贷机构吸收的储蓄比南亚少。左侧图显示不同规模小额信贷机构的储蓄比，右图显示正规监管的小额信贷机构比例。可以看出，在这两个地区随着小额金融机构规模的提高，吸收储蓄的小额金融机构比例也增加，但也可以看出南亚的小规模小额信贷机构比拉美更倾向于使用储蓄[①]。这种差异与非政府组织在这两个地区吸收

---

① 遗憾的是数据来源无法区分自愿储蓄和强制储蓄。孟加拉乡村银行将强制储蓄规定作为信贷合同的一部分。但也有清晰迹象表明自愿储蓄比例很高，例如所调查的取样中，南亚超过一半的中型机构和将近60%的小额信贷机构储户比贷款户数量多。小规模小额信贷机构的储户与贷款户之比为1.72，中型机构为1.62.

储蓄的趋势密切相关。确实，数据显示，南亚吸收储蓄的非政府组织比例
是拉美和加勒比地区的5—6倍。图4.9的右图表明南亚小型和中型小额信
贷机构的监管程度高于拉美①。以新颖低成本模式将非政府组织纳入法律
框架内，可以成为该地区公共政策实施的领域，以应对未来发展②。

图4.9　按照规模划分，拉美和南亚吸收存款并受到监管的
小额信贷机构比例（2003—2009年平均值）

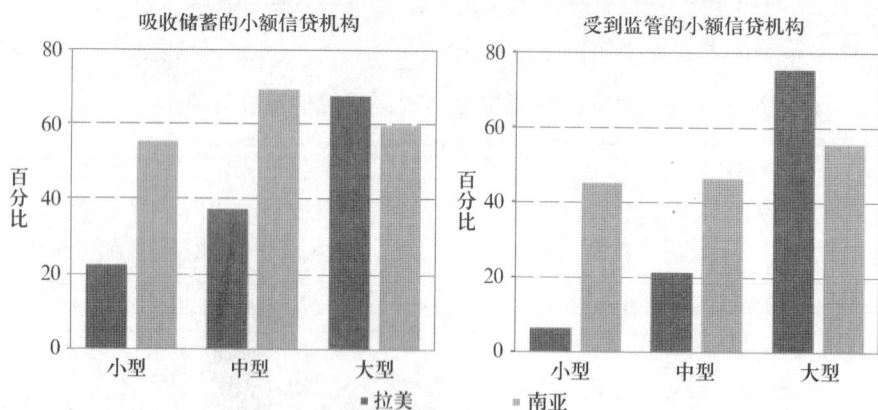

吸收储蓄的小额信贷机构　　　　　受到监管的小额信贷机构

■拉美　　■南亚

资料来源：根据 www.mixmarket.org 资料制作。

除了商业倾向外，拉美小额信贷业的另一个特点是客户的背景。拉美
集中于城市信贷，而且客户中性别比例平衡。这与孟加拉和印度尼西亚的
情况不同，这两个国家的小额信贷业集中于乡村，并明显倾向于妇女，图
4.10显示借债人的性别构成。

---

① 南亚最早开始监管的是尼泊尔，1999年允许非政府组织使用有限银行许可吸收存款。在
过去的十年中，南亚很多国家在其法律框架内，引入非政府组织，以监督过去在法律框架之外吸
收储蓄（包括自愿储蓄和非自愿储蓄）活动（世界银行，2006）。

② 这似乎是2008年3月SB N 023/2008决议之后的目标，决议规定玻利维亚银行监管机构
将IFD（从事小额信贷的民间协会和基金会）纳入银行法适用范围。应其成员机构的请求，FIN-
RURAL推动了该条例的发布。其目的在于只要符合资产和监控体系的要求，就可以吸收公共储蓄
（参见Grandi，2010）。这是FINRURAL及其成员进行了四年自我监管进程的主要成就，他们让
IFD自愿执行SBEF的规定，为这一时刻做好准备。

图 4.10　拉美、南亚、世界其他地区以及选取的部分拉美国家小额
信贷机构的女性客户比例（2003—2009 年）

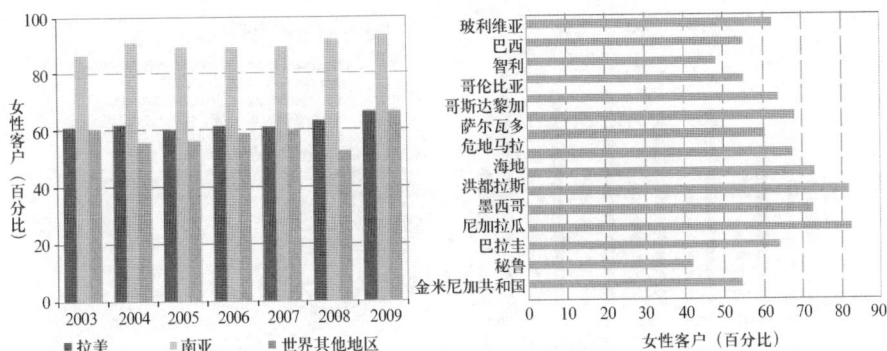

资料来源：根据 www. mixmarket. org 资料制作。

　　南亚 80% 以上的借债人是女性，拉美这一比例大约为 60% 。洪都拉斯和尼加拉瓜女性客户比例最高，接近 80% ，但仍低于南亚水平。由于 Compartamos 项目向女性倾斜，墨西哥妇女在小额信贷业中参与比例也很高。智利和秘鲁是妇女参与比例低于 50% 的国家。

　　拉美客户的多样性也是一个特点。通常认为拉美的小额信贷机构不完全局限于经济贫困部门，也面向无法获得足够金融服务的企业和位于贫困线之上，且没有银行账户的家庭（Berger et al. , 2007）。为非贫困客户的服务表现为其平均信贷规模大，图 4.11 展示了这一情况。

　　结果显而易见，拉美平均信贷额远远超过南亚。如果按照人均收入计算，结果依然如此。如果考察地区内部，则可以发现国家间存在巨大差异。玻利维亚的情况引人注意，虽然人均 GDP 比较低，但玻利维亚的平均贷款额远高于地区平均值。墨西哥尽管人均收入水平高，但小额信贷低于拉美平均水平。

　　拉美小额信贷机构的另一特点是，与南亚相比，拉美客户数量少很多（见图 4.12）。拉美小额信贷机构平均客户数保持在 50000 之下，比南亚小额信贷机构 25 万的数量少很多。在拉美地区，墨西哥的客户数接近南亚。

图 4.11　拉美、南亚、世界其他地区以及选取的部分拉美国家小额
信贷机构的平均信贷额（2003—2009 年）

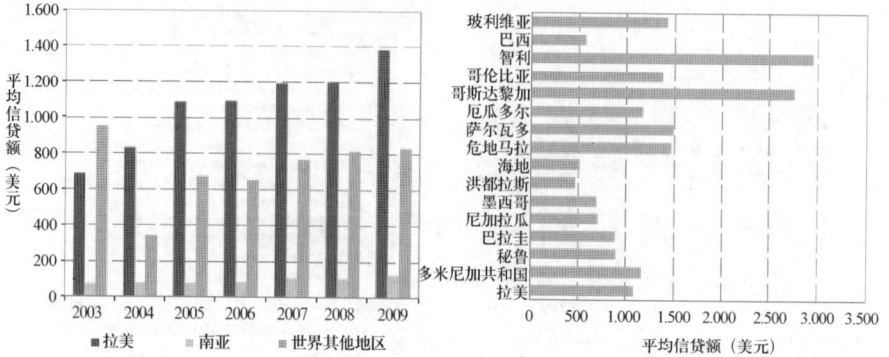

资料来源：根据 www. mixmarket. org 资料制作。

图 4.12　拉美、南亚、世界其他地区以及选取的部分拉美国家小额
信贷机构的客户数量（2003—2009 年）

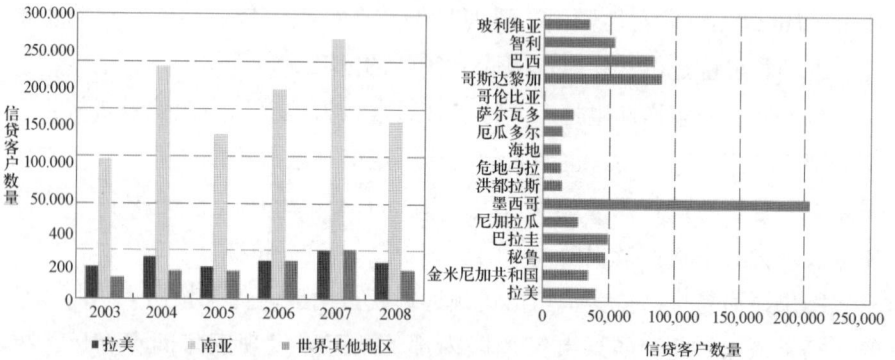

资料来源：根据 www. mixmarket. org 资料制作。

最后一点，与南亚相比，拉美个人信贷合同居主导。MIX 的数据库可以按照使用的信贷技术类型对机构进行分类，据此分成四个组别。第一组的小额信贷机构只提供一种技术，另一组是组合了各种技术的小额信贷机构。图 4.13 展示了 2008 年参与比较地区的客户分布。区别显而易见：拉

美采用个人合同的客户比例是南亚的 9 倍。拉美联保信贷客户比例非常低①。

图 4.13　按照信贷模式划分拉美及加勒比和南亚客户数量的
百分比分布（2008 年）

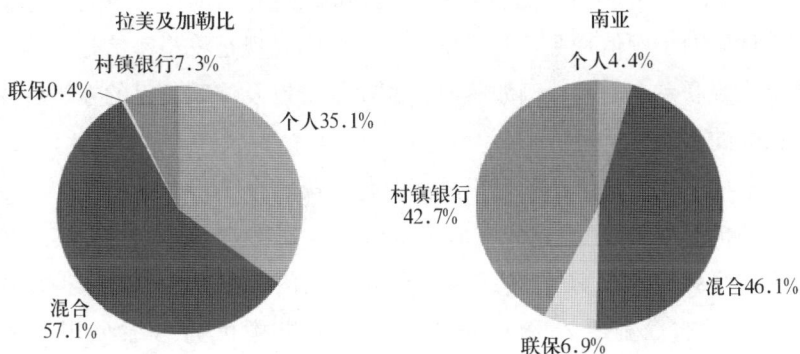

资料来源：根据 www. mixmarket. org 资料制作。

　　虽然有这些差异，但世界各地的小额信贷业都充满活力，处于不断发展变化之中。亚洲不断引入商业模式，拉美也学习亚洲模式，因此趋同似乎是发展演化的自然结果。

　　拉美地区小额信贷业有一些突出特点，但必须指出拉美是个多样性的地区，特别是小额信贷市场发展程度多样性。有小额信贷业深度发展的国家，如玻利维亚和秘鲁，也有小额信贷业刚起步的国家，如阿根廷和委内瑞拉。已发展起来的小额信贷市场走过的历程可以作为未成熟市场的借鉴。

　　拉美地区小额信贷业的特点是其商业倾向。以非政府组织为基础建立受监管机构（升级），以及商业银行进入小额信贷业（降级）都证明了这一点。2006 年全世界 43 家非政府组织推动建立受监管的机构，其中 24 家

①　即使同在联保小组模式之下，也通常区分为 "Grameen 孟加拉乡村银行模式" 和 "拉美模式"。两种模式的核心差异在于，"Grameen 孟加拉乡村银行模式" 在信贷计划中纳入了社会条件（16 个决定），拉美的角度是极简主义的小店信贷机构，主要提供信贷及服务（Waterfield 和 Duval，1996 年）。

是位于拉美的非政府组织，特别是在玻利维亚和秘鲁（Hishigsuren，2006）。由于这些进程对形成拉美地区小额信贷当前状况起到了重要作用，因此下文将对此做简要介绍。

（2）商业化：抛弃穷人？

"小额信贷的商业化"是指将市场经济原则应用到自诞生之时起就带有慈善性质的小额信贷业。商业化的一个核心表现是将小额信贷机构与商业融资来源联系在一起，例如参股、商业信贷以及储蓄，目的在于将捐赠作为独立的小额信贷融资来源。

有三种模式推动了小额信贷的商业化。第一个是将非政府组织转变为受监管的机构（升级）。这意味着成立银行或非银行金融机构。第二种方式称为"降级模式"，是指传统银行参与小额信贷业务。最后一种模式是创建受监管的商业性小额信贷机构，这类机构称为"绿色田野模式（greenfields）"。这三种方式各有特点，但其共同初衷是小额信贷可以成为盈利的业务。

"降级模式"需要商业银行的转型，这主要是因为商业银行在其他业务领域使用的传统信贷技术似乎不适用于小额贷款。商业银行设计了不同的组织模式以进入小额贷款市场，这些组织模式可分为两类：内部部门模式和外部部门模式。

当然各种模式没有孰优孰劣，哪种更合适取决于国家、监管框架和机构本身的特点。内部部门模式意味着小额信贷业务是银行业务的一个组成部分。这似乎是最普遍的模式：大约 60% 的"降级"采用这种方式（Westley，2006；Valenzuela，2001）。但这种模式有一些局限，特别是很难将适用于传统信贷的做法和适用于小额信贷的做法区分开[①]。外部部门模式是创建分支机构，这种结构性的决策通常伴随着高成本。但采用外部部门模式的银行在小额信贷领域平均增速更快（Valenzuela，2001）。

"升级模式"在世界多个地区广泛采用，但在拉美尤其普遍，特别是玻利维亚和秘鲁，这主要是由于两国的机构有利于创建受监管银行。向商

---

① 一个例子是信贷员的薪酬按照贷款额和业绩计算，这有可能降低小额信贷员的积极性。

业化融资来源的合法机构"转制"的前提条件是机构的金融可行性。否则小额信贷机构无法吸引商业性融资来源。

非政府组织的正规化有两个重要原因：提供的产品种类和信贷业务融资来源越来越广。储蓄是两个目标的共同要素，也是正规化后引入的主要金融工具[1]。

在"升级"过程中，原来的非政府组织可以被一个新机构代替，但最普遍的做法是"升级"产生了两个机构，一个是受监管的机构，另一个是原来的非政府组织。每个机构有专门且互补的职能。PRODEM 和 BancoSol（玻利维亚）的情况就是这样。有时非政府组织集中于非金融业务（例如培训）或设计新产品，而受监管的实体则从事金融业务。

这些进程深深影响了目前拉美小额信贷产品的结构（见表 4.9）。商业机构（升级模式、降级模式和绿色田野模式）集中了小额信贷 64% 的信贷额和 51% 的客户。

表 4.9　按照机构类型划分拉美小额信贷的几个特点（2007 年）

小额信贷机构类型	机构数量	信贷额（百万美元）	借贷人	平均信贷额（美元）	每个机构的客户数	在信贷额中占比（百分比）	在借贷人总数中占比（百分比）
降级	41	2275	1,315054	1,730	32,074	25	16
绿色田野	41	1352	823,758	1,641	20,092	15	10
升级	34	2223	2,024107	1,098	59,533	24	25
受监管的合作社	53	498	201,777	2,468	3,807	5	3
不受监管	396	2910	3,677,995	791	9,288	31	46

资料来源：FOMIN（2008）。

不出所料，非正规机构的平均信贷额低，但聚集了不可小觑的客户比

---

[1]　进入储蓄市场并不是解决所有问题的灵丹妙药，因为储蓄业务需要专门的设施和技术。小额贷款客户和储蓄客户并不总是重合，资料显示 MiBanco（我的银行）和 Finamérica 两家机构向购买力更强的邻近地区扩张以吸收存款。"升级机构"也采用吸收机构存款的策略（Berger et al.，2007 年）。

例（46%）。与之对照的是正规合作社的平均信贷额最高，但只为客户总数的3%提供服务。

如果将升级模式与其他商业模式相比较，"升级的机构"客户数量多（按照每个机构计算），并且提供的平均贷款额明显低。此类机构接待的客户最多，占市场的25%，并占信贷额的20%。虽然小额信贷额对于传统银行（降级）来说仍很小，但传统银行是拉美小额贷款的重要参与者。如表4.9所示，此类机构接待了16%的客户，并提供了约20%的小额贷款。与其他提供小额贷款的机构相比，商业银行信贷额和客户数量近来增长最快（参见 Marulanda y Otero，2005）。

目前商业化趋势深入，但商业化——特别是"升级模式"——的批评者认为将非正规机构转变为受监管的机构可能意味着抛弃贫穷客户。其理由是模式的转变造成平均信贷额持续增长。但平均信贷额的增加可能隐藏着很多现象，不一定意味着抛弃贫穷客户。首先，平均信贷额受信贷方式的影响，来自需求方的个人信贷方式变化就可能提高平均信贷额。贷款期限的延长也可能导致平均信贷额的增加，但不一定存在客户收入分配的变化。客户的发展以及客户和机构之间关系的巩固也可能导致平均信贷额的增加。另外，转制模式允许非政府组织的母机构继续运作，也许其目的之一是与最贫穷的人群保持商业联系。

虽然大额信贷是为高收入客户提供的，但平均贷款额的增加不意味着抛弃最贫穷的客户。玻利维亚的经验就很有说服力。1992年非政府组织PRODEM创建了BancoSol，这是小额信贷史上的里程碑事件。1992到2009年，BancoSol每个客户的信贷额从大约350美元增加到2600美元。1995年开始一些非政府组织也以私募基金（FFP）的形式创建正规银行。与Bancosol一样，这些私募基金的创立也导致平均信贷额提高。1998到2009年受监管实体的平均信贷额从1130美元增加到大约2800美元。"升级"后资金少的客户（平均信贷额少的客户）经历了什么？表4.10对此进行了调查。第一组是按1992年至2009年BancoSol信贷额划分的客户。第二组显示了1998年至2009年所有合法机构的信息。

最低信贷额客户数确实有所减少。1998至2009年所有合法机构中低于

1000 美元贷款额的客户比例从 53% 下降到 40%。虽然如此，在私募基金
（FFP）创建 10 年后，将近一半的客户集中在 1000 美元以下的信贷额。还有
更重要的一点：这一时期各信贷等级的客户数都有所增加。信贷额为 1000 美
元以下的客户数在 1998 至 2009 年间增加了 90% 以上。Bancosol 在 1992 至
2009 年间这一信贷等级的客户数增长更快。玻利维亚的经验显示"升级"后
小额信贷业的扩张向大客户倾斜，但贫穷客户也受益于小额信贷业的扩张。

六 公共部门和小额信贷

　　虽然私人部门是引领小额贷款高速发展的主力军，但这并不表明公共
部门在其发展和进步中无法起到关键的作用。很长一段时间以来，公共部
门介入对于金融服务的促进作用是毫无疑问的。从上世纪中叶开始，虽然
总体上看效果不佳，但通过公共银行提供直接补贴贷款（特别对于农业领
域）一直是一项普遍采用的策略。如今，随着小额信贷机构以及其它正规
组织的出现，政府干预的面貌已焕然一新，并且应该为私人领域高效、严
谨的运作创造条件和动力。

表 4.10　BancoSol（1992 年对比 2009 年）以及玻利维亚所有规范性金融
　　机构（1998 年对比 2009 年）依据贷款数额不同的顾客分布情况

BancoSol（1992 年 vs 2009 年）

贷款数额（美元）	1992 年		2009 年		1992 年至2009 年变化率（百分比）
	顾客数量	占总体比重（百分比）	顾客数量	占总体比重（百分比）	
小于 500	2173	8.7	24835	7.1	1043
501—1000	4938	19.9	21595	13.3	337
1001—5000	16069	64.6	63623	51.6	296
5001—10000	1379	5.5	16375	19.2	1087
10001—15000	204	0.8	2141	6.7	950
15001 以上	102	0.4	1271	2.2	1146

所有规范性金融机构（1998 年对比 2009 年）

贷款数额（美元）	1992 年		2009 年		1992 年至 2009 年变化率（百分比）
	顾客数量	占总体比重（百分比）	顾客数量	占总体比重（百分比）	
小于 500	67956	31	128730	23	89
501—1000	48486	22	94660	17	95
1001—5000	80653	37	243068	44	201
5001—10000	15019	7	54455	10	263
10001—15000	4479	2	13611	2	204
15001 以上	1979	1	13835	3	599

来源：Grandi（2010）.

针对小额金融的发展制定法律框架是政府干预的几大优先采取的行动之一。除此之外，最基本通信基础设施的供给和一个健康的宏观经济环境，同样有助于小额金融在多领域的发展，包括金融服务可获性。最后不得不提的是，国家在其中可以扮演"乐队指挥者"的角色，来统筹其中各个参与者的行为。现在我们要说，尽管政府干预的出发点是好的，但它的效果同样可以是适得其反的。比如利率上限、最低信贷额以及巨额补贴贷款这些干预政策在长期以来的大多数情况下都未能达到预期的效果，所以应该避免。

本章论述的目的并非是针对小额金融发展中的公共干预进行剖析，而是要根据拉美地区的一些实践经验来说明，哪些是公共干预最应该选择的道路。具体来说，会谈到玻利维亚、哥伦比亚和秘鲁的经验。玻利维亚和秘鲁被认为是拉美"最有实力的市场"。这两个国家已经建立了专门的机构，使得小额信贷提供者得以正规化。

除此之外，秘鲁的情况更加引人注目，因为它阐明了体制建设的重要性，正是这样的体制建设塑造了小额信贷机构，不管它属于共有还是私有。最后，在哥伦比亚的情况中，最突出的是它的"机会银行业"项目，政府于 2006 年将其作为一项全面战略出台，旨在帮助低收入家庭创造获取金融服务的机会。这些国家的策略可能会对那些小额金融业正处于初级发展阶段的国家有很大的指引作用。总的来说,公共干预的作用是调节私有活动,并提供一个可提高竞争力的调节框架,而这些国家的经验阐释了公共干预如何以一种重要的方式推动小额金融的发展。在任何情况下,政策都应该包含于一个全面且长期的计划之中,防止那些干预对私有活动的阻碍,以及对于工业发展的遏制。

多边发展银行对于拉美小额金融的发展同样具有决定性影响。CAF 便是一个很好的例子,它一直以来都贯彻着一项对于中小企业和小额金融的支持项目。它的经营思路以及与它相关的小额信贷机构的一些特点将在专栏 4.3 中简要概括。

专栏 4.3　CAF 和小额金融的发展

考虑到小额金融在争取社会融合方面起到的作用,多边金融机构已经开始创造条件以支持它的发展。CAF 就是拉美地区的一个突出实例。这家区域发展银行在整个领域中拥有一个独特的发展模式,并且拥有各种各样的金融以及技术合作产品。拉美地区这种对小额信贷机构的支持在过去 12 年多的时间里呈现出持续和增加的态势。CAF 提供给其小额金融合作伙伴的金融产品包括信贷、附属贷款、固定资产投资以及债券发行保障。近日,用当地货币发放贷款的提案同样得到了通过,这可以帮助小额信贷机构来防范货币兑换风险。

到目前为止,CAF 已经向拉美地区 14 个国家的 40 多个小额信贷企业提供了财政援助。总体上说,与 CAF 拥有合作关系的小额信贷企业共接待了 340 多万贷款客户,并提供了总计接近 60 亿美元的贷款(根据 CAF 针对 37 家与之有合作关系的小额信贷机构的调查问卷)。这些小额信贷企业的特点各有不同,有些是规范性企业,而有些则不是。与此同时,还建立了四家区域性基金,用以向这一地区的小额信贷机构提供资本(Solidus investment, LocFund, BBVA CODESPA 和 Microfinance Growth Fund〔MIGROF〕)。

图1 CAF 向小型金融机构所提供资金按用途和国家的分布（2010 年）

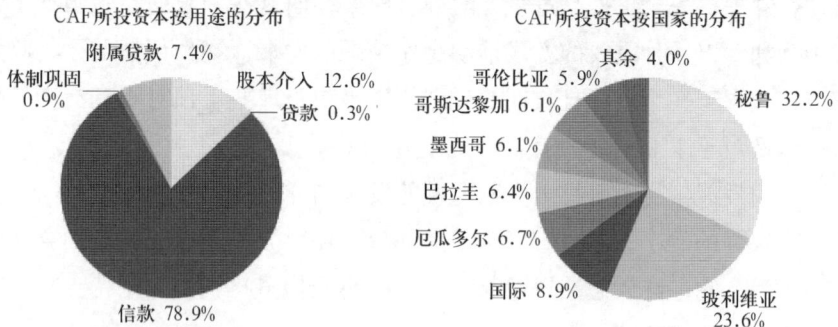

CAF所投资本按用途的分布

附属贷款 7.4%
体制巩固 0.9%
股本介入 12.6%
贷款 0.3%
信款 78.9%

CAF所投资本按国家的分布

其余 4.0%
哥伦比亚 5.9%
哥斯达黎加 6.1%
墨西哥 6.1%
巴拉圭 6.4%
厄瓜多尔 6.7%
国际 8.9%
秘鲁 32.2%
玻利维亚 23.6%

来源：根据 CAF 数据得出

　　信贷占据了投放至小额金融机构资本的近 80%。这些资本在各个国家的分布中，玻利维亚和秘鲁占据份额较大，这表明了小额金融在这两个国家的规模。

　　除了提供财政支持，CAF 还进行了很多的技术投资，旨在增强小额信贷机构的体制性，促进产品和服务创新，并为建立合理的体制框架献力献策。为了探求所支持的小型金融机构的需求和发展前景，并为促进其发展创造空间，CAF 进行了一次调查，调查结果见表 1。

表1 与 CAF 有合作关系的小额贷款机构的一些特点
（已回答问卷的百分比）（2010 年）[①]

特　点	百分比
考虑进入一项新产品的比率	69
贷款在城市所占比率	77
吸引贷款比率	53
资本在城市所占比率	81
认为传统银行是一个重要的竞争者（贷款较少的小型金融机构）	39
认为非正规领域是一个重要的竞争者（贷款较少的小型金融机构）	57
认为传统银行是一个重要的竞争者（贷款较多的小型金融机构）	50

续表

特　点	百分比
认为非正规领域是一个重要的竞争者（贷款较多的小型金融机构）	19
认为现行规范调节措施有局限性	35

注①本调查于 2010 年针对 37 家机构进行
来源：根据 CAF 的数据得出（2010b）

　　这项调查显示了小型金融机构的活力以及其一贯的创新意愿。事实上，近70%的小型金融机构都有提供新产品的计划。从地理区位上来说，小额金融机构的重心位于城市，其贷款的近80%都集中在城市客户手中，并且一半以上的小型金融机构从城市家庭中吸纳了存款。如果将被调查的小型金融机构分成两组（以平均贷款额达到约2000美元为界加以划分），可以看到在贷款额较少的一组中，39%的机构认为传统银行是一个重要的竞争者，另有57%的机构认为非正规机构是一个重要的竞争者。对于那些平均贷款较多的机构来说，50%认为传统银行是一个重要的竞争者，只有19%认为非正规来源是一个重要的竞争者。换句话说，那些只接触到经济状况较差的客户的机构认为竞争更多的来自于非正规领域，而那些能够接触到经济状况较好的客户的机构更多感受到的是来自传统银行的竞争。

　　最后，在接受调查的小型金融机构中，有三分之一以上认为现行的规范调节机制会影响它们的发展。而原因多为禁止吸收储蓄和设置利率上限。

　　资料来源：自行制作。

　　（1）竞争监管框架：玻利维亚以及推动"升级"
　　建立一个合适的监管框架是玻利维亚小额金融发展的决定性因素之一。为了提升小额金融机构的正规化程度，监管趋于灵活化，但是依旧要考虑谨慎原则以及对于风险的适度掌握。这种正规化带来了一个更加有竞争力的市场，并使得小型金融机构能够获取更加经济的融资来源，同时还鼓励了创新并减少了管理成本，从而降低了利率。

20 世纪 90 年代中叶，玻利维亚金融系统监督局（ASFI）意识到在巨大的小额信贷需求面前，拥有正式的金融中介是十分必要的，由此引发了玻利维亚针对小额金融监管的转变。1995 年 5 月第 24000 号法令的颁布就是对这一需求的回应。这项法令允许建立、组织和运行私有金融基金（FFP），作为专门从事针对小企业主和小债务人金融中介的机构。这个机构性角色使得非政府组织得以正规化，并可以吸收公众储蓄作为资金，而无需满足那些针对银行机构设立的苛刻要求。

总的来说，这项法令以股份有限公司的形式建立了私募基金；与此同时，也规定了成立商业银行所需资本的最低要求。具体来说，这项最低资本数额为 90 万美元，远低于商业银行所需的 750 万美元（Jansson *et al.*，2004）[1]。最后，法令允许吸纳存款，但对使用活期存款和外贸业务方面进行了限制。

私营部门对此做出了迅速且引人注目的回应。1995 年 6 月，安第斯私募基金以非政府组织 Pro – Crédito 为根基建立起来，成为这个监管框架内的第一家私募基金。1997 年 8 月，FIE FFP 成立。1998 年，Ecofuturo 成立，并于 2002 年 1 月启动了 PRODEM FFP 业务。此外还有一些私募基金（FFP）的市场空间就在于为工薪阶层提供消费贷款（如 Acceso 和 FASSIL）以及中小企业服务（如 Comunidad 和 Fortaleza）。应该强调的是，有些私募基金后来转变成了银行，因为它们达到了成为银行所需的规模和条件。例如，安第斯私募基金会与 FIE FFP 便分别在 2005 年 1 月和 2010 年 5 月转成了银行。

这些私募基金与之前提到的 BancoSol 有着同样的发展历史，它们无论从信贷数额还是从客户的数量上都获得了快速增长。总体上看，从 1998 年至 2009 年，规范的小额信贷机构（私募基金和 BancoSol）拥有的资本数额从 2.47 亿美元增长到 15.56 亿美元。与此同时，在此期间，他们拥有的客户数量由 218572 人上升到 548359 人（Grandi，2010）。图 4.14 反映了上述的发展情况。

---

[1]　所需最低资本额应当尽可能的小，以使具备成长潜力的创新实体很快进入该领域；与此同时，又要足够大，以此来保证专业管理、支付能力和规模经济。

在这个监管框架中还存在其它的发展理念，这些理念旨在促进对信贷风险的合理掌控。同银行一样，私募基金的资本充足率同样为10%。与此同时，玻利维亚的小额信贷监管对于延期贷款进行了清晰的等级划分，并制定了准备金条例。同样，监管条例也规定了对单一客户放贷的最高额度（净资产的1%），并禁止向关系群体放贷。

玻利维亚实例中的一大亮点是它的"小额贷款降价"过程。1995年至2000年间，小额贷款的平均利率在60%到90%间浮动，而在2004年，这个数字降到了20%。这个下降幅度超过了同时期贷款市场的其他分支（González - Vega 和 Villafani，2004）。除此之外，玻利维亚的小额贷款利率是整个地区最低的，不仅利率水平低，而且与其他非小额贷款的信贷相比也很低（Economist Intelligence Unit，2010）。"贷款降价"不是由玻利维亚政府规定的，但至少部分地是由监管环境推动的竞争持续加剧导致的。

小额信贷业准入要求的宽松意味着玻利维亚小额金融市场所面临的更强竞争环境，在之前，这个市场的特点是无竞争对手、高利率以及标准化但缺乏灵活性的合同①。在推动竞争的同时，监管机制间接性地激励了创新。安第斯私募基金就是这方面的例子，它通过提供更符合客户利益的合同，得以在1995年的市场上占据一席之地，为从事高生产率商业活动的客户提供数额更大的贷款（Navajas et al.，2003）。这项贴近客户的举动使得客户以及资本数量均大幅增加，由于利用了规模经济，其管理和融资成本得以下降。实际上，规范性小额信贷机构的管理成本从1995年的27%降至2004年的13%，这与银行机构管理成本的走向形成了对比（González - Vega y Villafani，2004）。由积极监管机制引发的创新、风险掌控和竞争力的结合可以看作是导致玻利维亚正规小额金融市场利率持续下降的主要原因之一。

---

① 1994年BancoSol在信贷额和客户数上都占有小额信贷市场80%以上的份额，提供的产品集中于联保信贷。1997年BancoSol 76000个借贷人中75000使用这一信贷模式（Grandi，2010）。

图4.14　玻利维亚主要正规小额金融机构信贷额及客户数 (1998—2009 年)

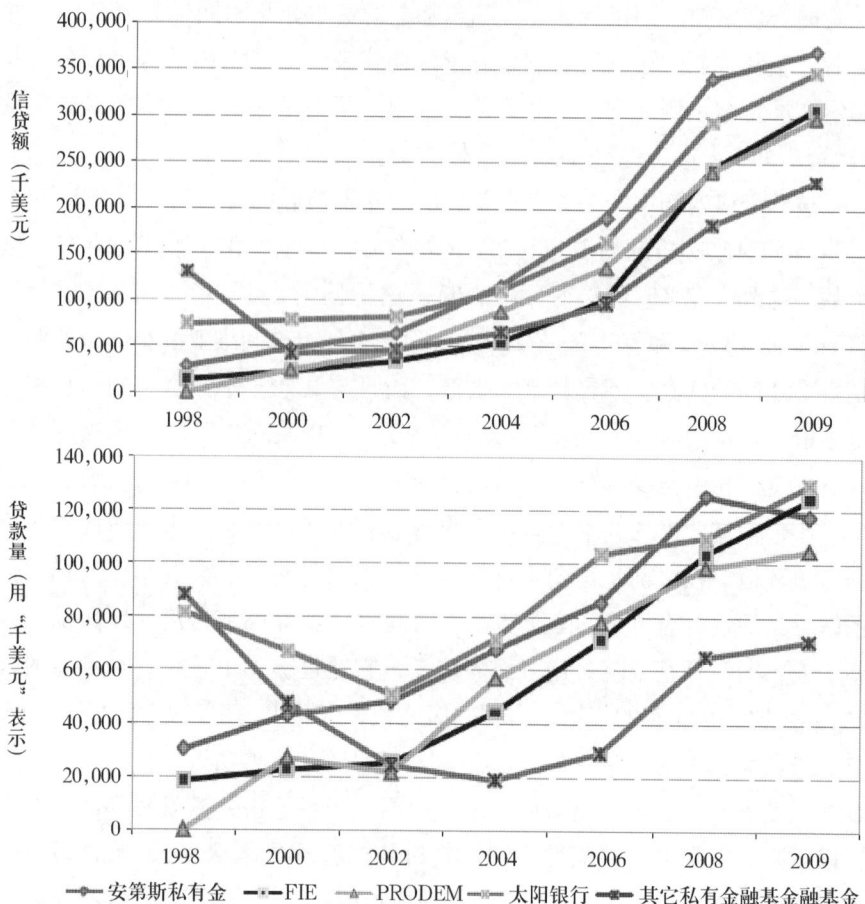

来源：Grandi（2010）。

　　竞争中总免不了风险。在诸多困难之中，放贷者人数的激增可能会导致过分负债。玻利维亚在这方面的经验说明一定的问题。私募基金进入小额信贷市场引发了多重贷款，从而导致过分负债情况的发生，这样的结果使得欠债率大幅上升。正规小额信贷机构的欠债率从 1997 年的 2.4% 上升到 1999 年中期的 8.4%（Armendáriz y Morduch，2005）。很显然，由于竞争的好处很多，监管机构的应对措施不应该是遏制竞争，而是在 IMF 中增强信息的传播机制。

　　玻利维亚的情况说明，用以提升正规化程度和竞争力的监管机制有助于提高贷款覆盖率，也能够减少小型企业的贷款成本。与之相反的策略则是为利率设立上限，而这样做的效果很多时候是适得其反的（见专栏4.4）。

　　（2）秘鲁的小额金融：高效管理的公共资产

　　总的来说，拉美地区小型金融机构的资产集中在私有领域。一个例外是那些城市储蓄贷款交易所（CMAC）[1]。城市储蓄贷款交易所建立于上世纪80年代初，根据1980年5月的23.039号法令的规定，用来分散提供金融服务的渠道。从建立之初到现在，它们经历了诸多监管变革，以增强其效率和竞争力。1986年，针对城市储蓄贷款交易所的法律开始施行，法律的基本原则是自治和低成本[2]。1993年，一项法令的施行将城市储蓄贷款交易所纳入了国家金融系统，1997年，这些城市储蓄贷款交易所被授权成立股份有限公司[3]。尽管这些交易所依附于当地政府，但目前在权衡到底是让这些交易所合并，还是向股本开放。此外，尽管股份资本是公共的，私有部门却拥有51%的决策权力，在董事会的7个席位中占据了4个（Cooper y Morón, 2010）。另外，2003年5月的27.912号《市政府组织法》在第72条中规定，城市储蓄贷款交易所不能与本国任何市政府议定贷款。就像在第6章中将要强调的一样，有关研究已经发现了公共资产金融机构所存在的业绩和领导权偏离问题。和这里一样，第6章强调了制度的重要性，它规范着这些金融实体，减小了其所有制结构的固有缺陷，这种所有制结构有可能导致其管理模式向地方政府利益倾斜，从而损害机构的业绩[4]。

---

　　[1]　确实，有些国家的公共银行是重要的小额贷款直接提供者。一个例子是哥伦比亚农业银行，集中了正规机构50%以上的小额信贷。

　　[2]　目前针对这些机构施行的法规中，有一部分是来自于德国科技合作公司和秘鲁银行保险业主管部门之间的协议。作为这项协议的产物，秘鲁城市储蓄贷款交易所联合会于1987年成立。

　　[3]　分别是1993年的770号法令和1997年的26702号法令。

　　[4]　最后，2010年4月30日的29.523号法律将城市储蓄贷款交易所排除在规定了国家预算系统和交易法的监管框架之外，它的施行是一项新的变革，旨在增强城市储蓄贷款交易所管理的灵活性和竞争力。

和玻利维亚一样，秘鲁也是建立机构型组织，将非政府组织正规化的先行者。从1994年12月的847 - 94号SBS决议开始建立的小型和微型企业发展公司（EDPyME）就是这样的例子。它们有权发放长期、中期和短期贷款；提供担保及其他保证；为兑换汇票和期票贴现；接受来自于国际合作机构、多边组织、金融机构和实体以及COFIDE的资金。和玻利维亚的私募基金一样，秘鲁的小和微型企业发展公司以股份有限公司的形式建立，它的所有人为自然人和（或）法人。和私募基金不同，小微发展企业不吸收存款，拥有最低资产要求（28.3万美元），并且每一笔更加宽松的贷款都有一个限度（净资产的10%）（Berger *et al.*，2007）[①]。

专栏4.4　利率上限：一项有效的政策？

小额贷款的高利率常常使一些初衷很好的做法从长期来看适得其反。一些国家的政府对于这种小额贷款高额利率做出的应对措施是规定利率上限。一些研究表明，到2015年，大约40个发展中国家（其中很多为拉美国家）还会维持此类限制。（Helm y Reille，2004）。

尽管该措施的初衷是降低低收入家庭的融资成本，但那些极端贫困者和乡村客户却被排除在外。总的来说，最大的问题是对于某些收入水平和身处某些地理区域的客户来说，固定小额金融利率常常不足以弥补他们贷款的操作成本。一方面，商业银行的利率经常被用来作为参照，商业银行贷款利率低，是因为商业银行的贷款数额较大，相应的平均管理成本就较低；另一方面，小额信贷客户的特性使得政府制定了超低利率。

[①] 小微发展企业根据其最小资产按组别受运营协定的约束。当达到相应组别后，它们可以接受活期和定期存款，而要达到这一组别所需要的最小资产大约为100万美元（Berger *et al.*，2007）。

　　毫无疑问，强制规定很低的利率上限造成的主要影响是小额贷款供应量的减少。有这方面的案例：2001 年，尼加拉瓜为正规小额信贷机构和非政府组织制定了利率上限。采取此项举措之后，信贷额的年增长率从 30% 降至不足 2%。在乡村地区，小额贷款额度同样呈下降态势。（Helm 和 Reille，2004）

　　另外一些研究表明，在哥伦比亚，这样的措施已经阻碍了正规小额贷款的发展（Loubière et al.，2004）。另外，通过对一些有利率上限和无利率上限的国家进行比较，可知在那些没有这项限制措施的国家里，贷款渗透率比其他国家多出 5 倍（渗透率是指小额信贷客户数占日均收入低于两美元人口的比例）。尽管以上证据都是个案，却澄清了一个事实：制定利率上限可能会大大降低贷款的供给。

　　这类政策的另一个结果是运用非透明机制（比如佣金）来逃避利率上限。这会引发贷款合约透明度的问题，合同对于基本教育和金融教育程度低的小额贷款客户来说是十分重要的。

　　推动在合理健全框架下的竞争可以说是减小成本、同时持续提高贷款覆盖率的唯一行之有效的方式。玻利维亚的例子就说明了这一点。中心问题在于：如何促进竞争？措施之一是建立健康的宏观经济环境。另一个关键因素是要为促进新竞争者的加入制定适宜的法律框架。另一方面，基本的通讯基础设施能够改善竞争条件，特别是在乡村地区。

　　资料来源：根据 Helm 和 Reille（2004）的研究制作。

　　除了城市储蓄贷款交易所及小型和微型企业发展公司之外，MiBanco 是秘鲁小额金融市场的另一个典型机构①。MiBanco 于 1998 年 5 月在利马开始运营，其根基是秘鲁联合行动，这是一个专门支持小型微型企业的很有威望的非政府组织，并且是秘鲁第一家以小额金融为特色的商业银行。

――――――――――――

　　①　其它重要的机构是一些金融机构（特别是 Edificar 和 CrediScotia）以及一些非专业性商业银行，特别是秘鲁信贷银行（BCP）和 Scotiabank。这两家机构是继 MiBanco 之后第二和第三家小额贷款独立发放机构，但相对于规模来说，其小额贷款数额比较小。2009 年 2 月，MiBanco75% 的信贷额用于发放小额贷款。而秘鲁信贷银行和 Scotiabank 的这项数据只有 8%，尽管比起其他经营多项业务的银行平均不足 1% 的比率还是高出了很多。

它的中心业务是城市贷款。那些由秘鲁储蓄贷款信用社国家联合会（FEN-ACREP）监督管理的信用社，以及那些非规范性乡村储蓄所和非政府组织，构成了秘鲁提供小额贷款的机构。

图4.15显示了秘鲁正规小额金融系统对微型企业贷款和吸纳存款的分布情况，其中排除了传统银行（它们吸收了金融系统所吸收存款的近90%）。而表4.11则显示了小额金融机构的客户以及贷款总额的分布情况，其中包括非政府组织以及合作社。

图4.15　秘鲁财政金融系统中小额金融机构放出贷款和
吸收存款情况（2010年）

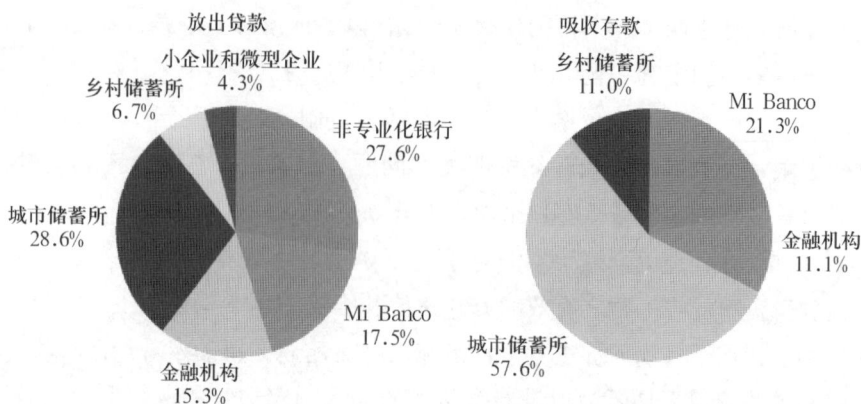

放出贷款

小企业和微型企业　4.3%
乡村储蓄所　6.7%
非专业化银行　27.6%
城市储蓄所　28.6%
Mi Banco　17.5%
金融机构　15.3%

吸收存款

乡村储蓄所　11.0%
Mi Banco　21.3%
金融机构　11.1%
城市储蓄所　57.6%

来源：ASOMIF（2010年）。

MiBanco的核心地位毋庸置疑，因为它的放贷额度占据了金融系统向微型企业放贷总额的17%以上（见图4.15）。除此之外，还占据了小额信贷机构贷款总额的19%（见表4.11）。但是，城市储蓄所成立之后，便成为小额贷款的主要来源，因为它们占据了金融系统对微型企业放贷总额的30%（见图4.15）以及小额信贷机构信贷额的40%（见表4.11）。在吸收存款方面，在不考虑传统银行的情况下，一半以上都集中在城市储蓄所。MiBanco充分利用了自身改制的优势，展现出了十分强大的吸储能力。贷款最低的是那些非政府组织，其次是小型和微型企业发展公司，尽管它们的平均贷款额度是非政府组织的2倍。

表 4.11 秘鲁小额金融的特点 (2008 年)

小额金融机构种类	贷款顾客数量	占全部顾客比例（百分比）	贷款总额（百万美元）	平均贷款（美元）	占各机构贷款总额比例（百分比）
MiBanco	424468	13	1068	2516	19
金融机构	1174126	35	1217	1037	22
城市储蓄所	904124	27	2241	2479	40
农村储蓄所	245259	7	470	1915	8
小企业和微型企业	306114	9	304	993	5
无政府组织	170757	5	78	454	1
合作社	129306	4	256	1979	5
合计	3354154	100	5634	1680	100

来源：ASOMIF（2010

城市储蓄所的公有特征可能会引发对其金融业绩的担心。但是，这些储蓄所的自身体制使它们能够在这个领域保持相对好的运行状况。表 4.12 说明了城市储蓄贷款交易所的各项指标，并把它们与秘鲁小额金融市场上的其它重要机构进行了比较。

表 4.12 秘鲁小额金融业关键机构：一些指标 (2004—2009 年)

指 标	MiBanco	城市储蓄所	小企业和微型企业
机构数量	1.0	12.0	9.0
资产收益率（平均值）	4.9	4.4	3.2
股本回报率（平均值）	32.1	27.7	13.7
拖欠款比例（平均值）	3.0	6.2	6.9
金融收入/资产比（平均值）	30.9	24.2	37.8
金融支出/资产比（平均值）	5.6	6.2	6.9
操作支出/资产比（平均值）	17.4	12.5	24.4
每个欠债人成本（美元）	245.7	204.3	222.9

资料来源：根据 mixmarket. org 数据计算。

很显然，MiBanco 拥有最好的业绩指标。尽管具有公共实体的性质，但是城市储蓄贷款交易所同样显示出了很好的业绩能力。秘鲁在这方面所积累的一大经验就是，良好且适宜的内部体制可以使具有公共性质的小额信贷机构更加持久地运行和发展，而建立这样的体制也成为城市储蓄所体制建设的核心。

公共银行业在促进乡村地区的小额贷款方面同样发挥了作用，在这些地区，拉美小额金融业并没有深入普及。在很多情况下，公共银行业的参与方式是直接提供资金。另一种间接但十分重要，且可以更持久地介入方式就是协调行动，以成立社会资本。秘鲁这方面的一个实例就是 COFIDE 对于 PRIDER 项目的推动。专栏 4.5 对相关内容进行了阐述。

（3）哥伦比亚和机会银行业：综合视野的重要性

在推动小额信贷方面，成功的策略应该是一项长期和全面的策略。对于那些小额金融发展滞后的国家就更是如此。哥伦比亚的机会银行的策略就是这方面的一个范例。

机会银行可以视作是一项长期的综合性方针，它在最高管理委员会的领导下，从不同方面治理小额贷款可获性问题，特别是微型企业贷款可获性问题[1]。尽管其名称和（公共）银行很相似，但两者不能够混淆，更准确地说，它是一个公私联盟，国家政府在这个联盟中创造条件和动力，使得那些私人机构提供更多金融服务。这些努力旨在增加贷款覆盖率，刺激储蓄，方便低收入家庭和创业者获得贷款。

机会银行的主要政策有三点：1. 针对贷款受限的问题提出监管框架改革方案；2. 为金融服务的供需方提供支持；3. 推动建立机构网络。机会银行网络由银行、合作社、小额贷款非政府组织、家庭补偿储蓄所、商业融资公司（CFC）和保险公司组成。

从规范监管的角度来看，在推动贷款方面采取了两项重要的修正措施。第一，允许区别性地实行小额贷款利率上限制度（2006 年 409 号法

---

① 机会银行投资项目是由 2006 年 9 月 8 日出台的 3078 号法令建立的。这个项目的管理和实施由一个综合委员会负责，该委员会由总统顾问、财政部长、工业和旅游业部长、DNP、Dansocial 主席以及 BANCOLDEX 行长组成。

令）。这和过去执行统一上限的做法形成了对比，允许根据小企业的自身特点设定相应的利率上限。第二，最近的小额贷款额由每月 25 个最低月工资放宽到 150 个最低月工资，以帮助那些融资要求较高的小企业（2008 年 3 月第 919 号法令）。其它一些较为突出的具体措施包括，推行非银行联系人①的做法，以及允许非政府组织为给小额信贷业提供资金而背负外债。在支持金融服务的供需方面，支持提供培训的非政府组织开展金融教育项目。与此同时，也有一些新的合作和研究项目在研发新产品。为了拓宽小额信贷的地域覆盖率，目前正在银行、信用社、非政府组织和商业融资企业中间招标，为开放更多的接待点共同提供资金支持。27 家机构中标，因此哥伦比亚的小额信贷将覆盖 1,116 个城市中的 324 个。另一项措施是在外贸银行（BANCOLDEX）建立配额制度，用以为银行、合作社和非政府组织的小额贷款活动提供资金支持。最后，机会银行项目调整了纳税的相关规定，目的是避免对外贸银行资助的金融交易进行双重征税。

专栏 4.5　COFIDE 和对农村小额金融的支持

拉美的小额金融发展对于城市的影响要大于乡村。在乡村，教育水平落后、适宜通信手段缺乏以及社会资本稀缺，限制了联合与合作的可能性，使缺少贷款的现象愈发严重。在这种情况下，以将被排除在外的家庭纳入市场和正规金融系统为前提，COFIDE 制定了乡村企业发展包容计划（PRIDE）。这项计划旨在改善乡村家庭和贫困家庭的生活条件。通过这项计划，COFIDE 得以协调乡村低收入家庭的利益，并运用适宜的手段（组织、企业管理和资本形成），这可以使上述提到的家庭真正持久地融入市场，从而脱离贫困。乡村企业发展包容计划不仅仅是一个小额金融计划，尽管它最初施行的时候成立了小额金融中介机构。

---

① 非银行联系人是指受雇于信贷机构的第三方人员，目的是以此机构的名义并且由此机构出资，为客户提供金融服务。像药店、自选市场和小规模商户这样的实体都可以充当非银行联系人。

乡村企业发展包容计划分为三个阶段，每个阶段都以一种不同的机构为特点。第一阶段是从家庭集中开始建立存贷款集团（UNICAS）；第二阶段的中心是生产链的建立；第三阶段则是建立拥有股份资本的公司。这项计划还拥有三项补充政策的支持，这使得不同结构类型都可以运行，特别是联盟金融机构，收购型企业或联盟企业主，以及企业发展办公室。

存贷款集团是这项计划的金融中心环节。这些集团汇集了 10 到 30 个自动选取的家庭，并为它们提供存贷款服务。资本的组成是通过有价证券的发放和购买来实现的，并且不接受任何性质的外部补贴和财政支持。在金融政策的制定上也是完全自主的。存贷款集团汇集在一个区域性网络中，这个网络的主要目的是培训、咨询和监管，以保证良好运营和持久发展。存贷款集团与愿意为联合担保提供金融资本的结盟金融机构（银行、储蓄所、小企业和微型企业）进行合作。在生产线方面，是以家庭为单位联合起来创造财富和专业服务。和在存贷款集团中一样，家庭单位要进行正规会计记账。得益于和大中型企业主（联盟企业家）签订的合约，这些生产链创造的财富和服务拥有一个极具保障性的市场。农民股东企业的建立是走向正规化的最后一个步骤。在这个阶段，这些企业以股份有限公司的形式成立，公司大部分资本由之前成立于存贷款集团中的家庭单位提供。

这项计划在 Lambayeque（由 CAF 竞争力计划共同资助）和 Cajamarca 这两个地区（在 Lambayeque 有 354 家存贷款集团，Cajamarca 有 160 家）已经产生了良好的效果。从质的层面看，各成员实体的管理操作、会计记账和组织方式都得到了改善。而且可以看到那些家庭已经接受了"资本形成"这个对于企业发展十分关键的概念。从金融角度来看，拖欠率达到了较低的水平（不到 1%），而在生产方面，生产和销售都得到了些许改善。这样的结果也激励着 COFIDE 在本国的其他地区施行这项成功的策略。这项策略表明，除了给予资金上的支持，强调联合会在金融和生产方面的协调与发展，以及和联盟经济实体的重要联系之外，采取帮助乡村地区的措施也是十分必要的。

资料来源：根据 http://www.cofide.com.pe/prider/index.html 资料制作。

从 2006 年实施这个项目到 2010 年下半年，共有 170 多万小企业主第一次获得了小额贷款。之前这些人中的大部分都是从非政府组织那里得到小额贷款，这表明小额贷款向很多历史上被排除在外的客户开放了。（见图 4.16，左图）

自从机会银行项目的实施开始，小额贷款已经获得了长足的发展。这可以在图 4.16（右图）中得到体现。非政府组织的发展无疑更大①。如前所述，从 2008 年开始，小额贷款的定义发生了变化，现在的小额贷款包括 25 到 120 个最低工资之间的贷款。但是，正如图 4.17 所示，2009 年此级别贷款只占整个金融系统支出的不到 20%。就像人们预想的一样，超过 25 个最低工资的小额贷款对于非政府组织而言重要性很小。相反，对于商业融资公司来说，超过 25 个最低工资的小额贷款却占到了 50% 左右；但是，正如图 4.16 所示，这些机构在小额贷款总额上占的比重却很小。

图 4.16　哥伦比亚小额信贷特点

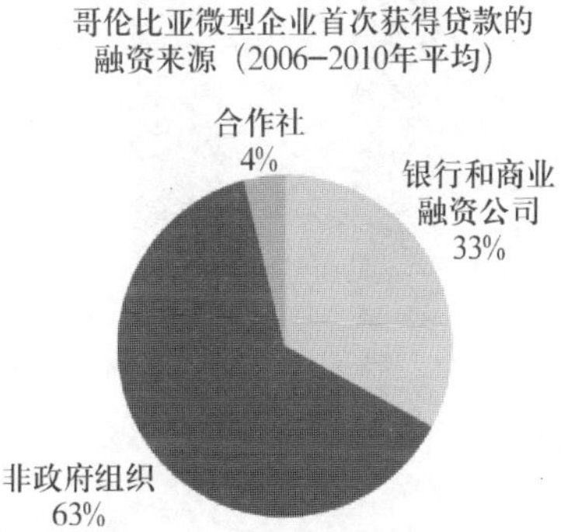

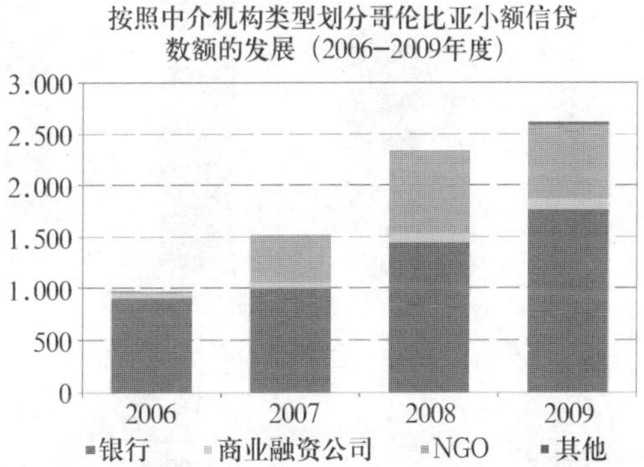

资料来源：álvarez 和 Meléndez（2010）以及 http://www.bancadelasoportuni-dades.gov.co

总的来说，机会银行项目在推动小额贷款以及金融服务方面有着重要影响，同时也将小额信贷的覆盖率扩大到了哥伦比亚的更多城市。在下一

---

① 遗憾的是，我们未能搜集到非政府组织 2006 年贷款额的数据。但是，从 2007 年开始，这一数据开始大幅提升。

节中将会看到，这样的结果与小企业在生产率、销售和资本（劳动力关系）方面的进一步发展有着很大关系，对于非正规小型机构的发展尤其重要。

哥伦比亚的经验强调了公私联盟以及政府在方案制定和统筹兼顾上所起作用的重要性。哥伦比亚小额金融面临的各种限制关乎机会银行未来成功发展，其中的一个限制是利率上限（Usura 法）问题，它将严重影响小额贷款的供给，特别是在乡村地区。（见专栏 4.4）。

图 4.17　按照机构类型和信贷规模划分哥伦比亚支付的贷款（2009 年）

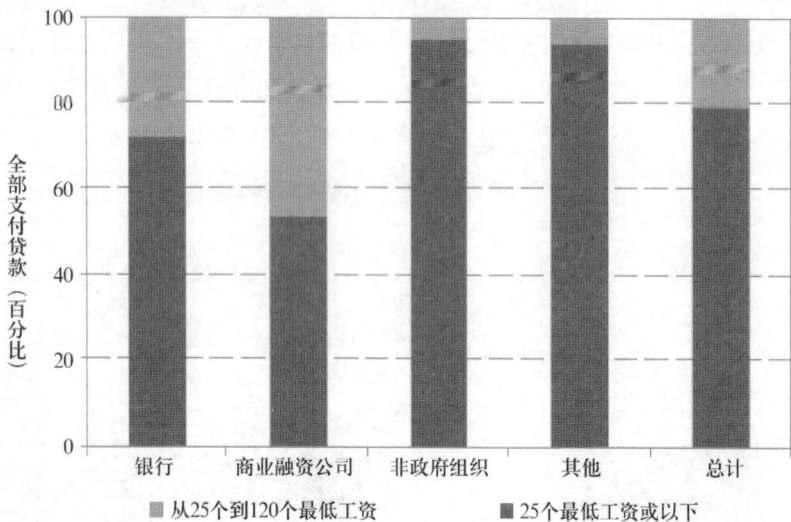

资料来源：álvarez 和 Meléndez（2010）以及 http://www.bancadelasoportuni-dades.gov.co

七　小额金融的迅速发展是否使贫困问题得以缓解？数据说明了什么？

毋庸置疑，小额金融业从 30 多年前诞生至今取得了巨大发展。原来被排除在正规金融业之外的大量客户受到了重视，证明它的确得到了发展。

然而，这还不足以说明小额金融有助于缓解贫困或改善小额贷款获得者的生活条件。回答这个疑问，是个艰巨的任务，因为其探究方法本来就极为复杂，但若想知道小额金融是否能成为实现社会包容的手段，这又绝对是个无法避免的问题。

测量小额贷款影响力要使用的变量多种多样，有与生产单位发展相关的变量，社会人文方面的变量，如家庭的健康和教育等。由于贷款的效果关键取决于接受人的一些特征，因此，必须考虑到多样性背景，以回答"小额贷款为谁服务？"这个问题。

另一方面，申请贷款也与保险、储蓄等其他金融服务有关，与受款人环境因素（例如，基础设施，社会资本和产业联系）有关。换言之就是有必要探究哪些条件能够使贷款对改善家庭生活质量产生积极影响。

小额贷款对接收人家庭生活质量的影响可以通过不同途经来衡量。最为人所知的是小型企业的发展。尤其是，贷款应该能够推动有高回报的生产活动，然后才能持久提高家庭的净收入。但是，由于小企业主获取融资的成本很高，所以要求受款人有强大的创业能力，才能利用好贷款。

有一份特为本书进行的研究（álvarez y Meléndez, 2010），探讨了小额贷款和小型企业发展间的关系。这份论文研究了近十年来小额贷款的增长，并且探究了人均小额贷款和人均市级银行支行数量的增加是怎样影响所在城市小型企业的业绩。很难断定是否由信贷供求变化引发这种相关性，但研究结果能够说明小额贷款的使用及其对生产实体的影响。

该项研究综合了哥伦比亚统计局（DANE）对小型企业的调查结果，以及市级金融服务数据，主要是金融主管机关提供的 2002 至 2007 年的数据。小型企业数据库提供了地理位置和公司所属产业的信息，还包括了其他特征，如雇员人数、销售量、固定资产、产量、资金和资历等等。该研究旨在将公司的一些特点（如自变量（或因变量））与市级金融服务提供的方法间建立关联。对于表 4.13 中概括的结果，各城市人均小额贷款（包括正规金融机构和非政府组织的小额贷款）水平作为自变量。

表 4.13 提供了计量经济学的结果。应该注意的是，除了在表中已指出的自变量外，回归分析包括城市多个控制变量，如城市（城市的虚拟变

量，市人均 GDP 和市人口密度），时间（年）以及公司特点（正规程度，销售量或职员数量，公司资历)①。

结果表明，市人均小额贷款与销售量，资本和微型企业生产率之间存在显著的正相关。小额贷款和各微型企业雇员人数之间并无重要关系。应当明确的是，如果创建更多微型企业，小额信贷与就业总量之间有相关性。但小额信贷通常不用于增加企业雇员人数。

正规小型企业（有商业注册）虚拟变量的正系数说明，正规企业比类似的非正规企业规模更大，生产率更高。

表 4.13　城市小额信贷与微型企业业绩

自变量	因变量（用对数表示）				
	就业	固定资产	销售额	劳动生产率	员工人均资本
城市人均小额信贷（a）	−0.000415	0.121**	0.160**	0.161**	0.118**
正规微型企业虚拟变量（b）	0.306**	1.230**	2.368**	2.063**	0.907*
变量a与变量b关系	−0.00813	−0.0473	−0.131**	−0.123**	0.0377

**p<0.01，*p<0.05

注：括号中的标准差是集群分析，包括企业特征的控制（企业年龄、就业规模和经济活动）。还包括城市虚拟变量以控制城市不变特征，临时虚拟变量控制经济总体活力因素。所有的回归分析按照城市经济活动（城市 GDP）进行控制。

资料来源：álvarez 和 Meléndez（2010）。

第三个自变量的结果如表 4.13 所示，该变量对应前两个变量的结果。因此，该变量在研究非正规小型公司（没有商业注册）的情况时取值为零，在研究正规公司的情况下取值为各市人均小额贷款值，这样才能探究小额贷款和微型企业业绩变量之间的联系是否与正规性有关。有趣的是，

---

① 这些控制有助于减少内部变化的潜在问题。既然一个特定小型公司的因素不能影响城市金融服务的提供，那么业绩以公司为单位衡量，而不是以城市平均业绩测算，就有助于削弱内部变化的潜在问题。从另一方面来说，使用城市 GDP，能够控制同时影响金融服务供给和小型企业发展的因素。

结果表明该变量的系数是负的，并且在销售量和生产率回归分析方面有着重要的统计学意义。这表明对于没有工商登记的（非正规）微型企业来说，小额贷款和企业业绩间的联系更密切。由于微型企业中的非正规企业比例高，这个结果令人鼓舞，其原因可能是在所研究的这一阶段，非政府组织在非正规微型企业融资中发挥了重要作用。

尽管多方面的控制帮助确定了统计学上的联系是紧密的，但是这并不能证实因为金融服务供给的扩张导致企业的发展，或是因为小额贷款需求的变化（与非金融因素导致的企业发展有关的需求变化）导致城市小额贷款供给增加。无论怎样，贷款使用的增长与有形资本的积累和微型企业生产率的提高呈正相关[1]。

Bruhn 和 Love（2009）也做了类似的研究，评估了阿兹特克银行在城市开设支行对于各城市生产活动的影响。研究结果表明，开设支行使得非正式交易的数量增加了 7.6%，这与阿兹特克银行向低收入家庭提供贷款并简化相应申请文件的初衷相吻合。同时，对于经历了金融服务供给爆发式增长的城市居民的就业总数和收入水平也产生了积极作用[2]。

与其他经济和社会领域的调查研究一样，在对于小额贷款影响的分析中，正确找到诱因是一个巨大挑战，因为存在着内部因素和自我筛选的问题。例如，通常情况下，获得贷款的小型企业与未获得贷款的小型企业在业绩上的差距，与是否能获得金融服务有关，还是存在其他未观察到的因素，这些因素不仅影响业绩也影响贷款的申请。因此要进行有控制的随机调查，以测量其影响的大小[3]。

关于小额金融的计量经济学文献是这个趋势的先锋。遗憾的是，与拉丁美洲有关的这类研究还是非常少。虽然有其优点，但该方法也有其局限性，这是必须要提及的。特别是由于操作上的原因，此类评估的范围相对

---

[1]　将人均银行支行数量取代人均小额信贷数额作为自变量，结果维持不变。
[2]　阿兹特克银行于 2002 年同时建立 800 个支行。这些支行的位置是预先设定的，与其母公司 Electra 集团各办事处的位置相对应。
[3]　在这套方法体系下，要选择两个在统计学上类似的样本。对一个样本进行期望干预（集体处理），而对另一个不进行期望干预（集体控制）。一旦包括可支配的控制，两组在利率变量上的不同就能代表项目的影响。

较小，周期较短，这就无法记录长期的影响，而长期效果通常是评估项目的核心问题。而且，通常很难辨认潜在的整体平衡效果，即便只是短期的效果。最后，调查通常在拥有特定条件的地理区域内进行，这就对在不同环境下该结论是否适用提出了质疑。

该方法的核心问题是，微型企业主的资本回报率有多高。这个问题的重要性是毫无疑问的。小额贷款利率如此之高，只有投资回报率足够高，贷款才能成为推动受款家庭发展的一种选择。

有很多论断说明微型企业主投资回报率可能是非常高的。主要理由是边际收益递减规律。但有形资本、人力资本和小企业主所在地的基础设施的互补性可能表明，规模非常小的生产单位的投资回报率很低。

实际结果各不相同。一方面，Mchenzie 和 Woodruff（2006）的研究发现，墨西哥小型企业的投资月回报率在 10% 到 15% 之间；另一方面，Mel 和其他研究人员（2008）发现，斯里兰卡微型企业主的年回报率为 60%。然而，这些积极的结果与新近研究结果相反，新近研究显示，菲律宾女性管理的微型公司增加资本后，并没有明显的效果（Karlan y Zinman，2009a）[①]。

关于申请贷款的影响，Banerjee 等（2009a）的报告里有重要说明。通过进行随机调查，该报告揭示了将小额贷款引入一个"新市场"的影响。随机分析了开设小额信贷分支机构对印度海德拉巴的 104 个领域中的一半的影响。结果表明，由于在所研究的部门小额信贷提供者增加，创立了更多微型企业，同时用于生产活动的耐用品消费也增加了。非耐用品消费对于原本就拥有企业的家庭来说没有变化，而那些没有企业但想要成为小企业主的家庭在这方面的消耗却减少了（创办企业的固定成本）。不十分想成为小企业主的家庭，非耐用品的消耗增加了。没有发现对于总体消费和发展措施（健康和教育）的影响，这可能是由于小额信贷机构在所研究地区建立分支机构仅仅 18 个月之后就进行影响分析。实验结果的一个突出特

---

① McKenzie 等（2010）通过额外探究向小企业家转移资金的方式（现金转移和有条件转移或"实物支付"）哪一个重要，深入研究了在性别上的不同。男性和使用有条件（实物）转移的人，收益会更大些。对于女性而言，只有以前收益就很高并使用了有条件转账的女性效果显著。

点是其多样性。

　　另一项为人熟知并强调了受款人特点重要性的研究由 Karlan 和 Zinman（2009a）完成，这项研究对马尼拉的小企业主进行了分析。在我们看来，这是为数不多的用随机性实验对个人贷款进行影响评估的研究之一。如果不考虑取样中性别和收入水平的差异，那么申请贷款对于企业盈利的影响是积极的，尽管统计学数字不明显。从性别上区分，男性获得的利润明显增加，但女性并非如此。按照收入水平的分析显示对收入比较高的个人产生的影响会更大[①]。

　　似乎越来越多的人承认小额金融不是为日收入不足一美元的低收入者服务的。因此设计实施了非小额贷款特殊计划，"毕业计划"的目的是为了将赤贫家庭提升到贫困线附近，让他们能成为对小额贷款来说有吸引力的主体。

　　这类计划通常包含资产转移（特别是利润），用于支持消费的现金转移支付，一般和特殊培训（社会技巧和小额金融），储蓄服务的引入（一些计划包括强制储蓄）等等。一些研究发现这类计划的重要影响；例如，资产转移 18 个月后，消费水平显著提高，特别是食品消费；而且其他福利也有所增加（Barnerjee et al.，2010）。

　　很少使用正规融资来源的原因之一是缺少企业行为，生产能力和金融文化。而且，一些综合性的小额贷款计划通常将获得贷款和培训结合起来。因此，培训如何影响小型企业的业绩和运转成为关键问题。

　　为本书的出版特别进行的研究中有一项受控随机性实验，其目的在于衡量一个培训计划对于女性掌权、申请贷款和商业实践的影响（Valdivia，2010）。研究对象为已经在利马取得市区土地所有权证书的女性，分为两组进行研究：邀请其中一组参加一个常规的培训计划（个人发展，经营管理和生产技能）；另一组还要再参加一个技术支持计划（根据每个小型企业的特殊性质而进行专门指导）。

　　研究的结果反映出有针对性培训的重要性。销售量确实增长了，但只

---

　　① 也有其他研究得出了类似的结果。例如，Mosley（2001）发现在玻利维亚负债人的收入增长总是大于控制组，最贫穷客户的收入增长最快。

有接受了两项培训的妇女增长明显。增长幅度很大，约为 20%。另外还发现受过培训的女性更倾向于参加小企业主协会，而这也是接受过上述两项培训的试验组的结果。最后，实验结果显示，接受两项培训能够对提出和实施创新概念有积极影响；然而，这一实验结果在统计学上的重要性却很小，只有约 11%[①]。

另一方面，Drexler 等（2010）在多米尼加共和国对培训计划对生产单位业绩的影响做了评估。研究并没有发现通常作为小额贷款的补充计划的会计标准化培训有明显影响。相反，研究发现基于"基本规则"的培训在商业实践和业绩上有着显著效果，特别是在销售困难的那几周[②]。这个发现显示小企业主培训计划以及其他创新的核心是简化，以推动小额信贷业。

大部分对于小额金融影响评估的文献都着重于一种金融服务：贷款。理由很明显，因为这是传播最为广泛的金融产品，而且和贫困有着最大自然联系。然而，最近的研究文献却开始探究储蓄工具（包括保险）如何影响微型企业的发展。理论上来说，似乎通过在家累积现金总是可以达到储蓄的目的（至少利率为零）。然而，最近的研究发现，在家中保存现金会带来负回报率，因为其他家庭成员和/或其他资源共享机制可能将其占为己有（Anderson y Baland，2002）。

无法储蓄，和没法贷款一样，使得生产性固定资产的投资无法进行，因为从固定资产的本质来看，它是需要一笔相对重要的资金积累的；结果是，由于缺乏有效的储蓄机制，可能限制了小型企业的发展。这个概念出现在 Dupas 和 Robinson（2009）的研究中，该研究中有一项针对随机选择的自雇佣劳动者进行的调查，研究他们是否有可能在银行无成本开户[③]。账户不支付储蓄利息，因此取款费用和其他转账费用的存在事实上意味着负利率。尽管如此，金融服务的使用还是相当重要，尤其是对于女性来

---

① 有关申请贷款的调查结果并不是结论性的。申请和批准的贷款数量在增加，幅度不是很明显。最后，信贷来源存在一种向非正规来源转移的趋势，特别是那些所谓的"复合"型来源。

② 这些基本原则强调了将家庭会计记账从生产单位中分离出来的重要性。建议支付固定的常规薪金，记录公司的交易，将个人支出与公司支出分离。

③ 抽样样本中不包括已在正规机构有账户的自雇佣劳动者。

说。事实上，受调查群体中40%女性决定开账户。同时，储蓄服务的使用很显然带来了业务和销售额的大幅提高。

小额金融能解决贫困这个复杂问题的看法是个乐观的观点，实践结果还不足以支持这一点。但是，小额金融的影响是非常多样的，且对于穷人的影响尤其显著，越来越多人在这一点上达成共识。对于生产活动的影响比对福利水平的影响明显，它与这类评估的短期性有关。尽管这个事实没法满足那些最富热情的人的希望，我们也可以认为这是一个令人鼓舞的结果，因为证明了小额金融是有益的，并且小额金融可以成为一个自力更生的产业。

八　结　论

当代小额金融业在过去三十多年来持续发展，已具备很大规模，成为人们争取更好生活条件的理想途径。最新的研究文献表明：申请贷款能够明显地对生产单位产生有利影响，使它们在初期能有效地运作。这个结果看似自然，因为贷款能够提高受款人生产产品和服务的能力。小额金融的历史证明，通过发展小额信贷机构，能够向千百万原先无法向传统银行申请贷款的家庭提供贷款，而无需补贴资金。一部分家庭能将贷款变成生产性创业活动，并以此持久增加收入。

公共层面在小额金融的发展过程中扮演着核心角色。创造条件和激励机制使私营部门合理运行。协调和疏通工作，为贷款提供辅助投入（如有形资本和社会资本）是必须的。或许一种合理的监管框架体制就是最清晰有效的公共干预。玻利维亚和秘鲁的经验证明，一个有利于规范和竞争的框架能够帮助扩大覆盖面并降低利率。另外，秘鲁市政银行的良好经验说明，制度性对于小额信贷机构的运作是尤为重要的，存在很大业绩风险的公有机构亦应如此。

非政府组织转变为正规机构以及传统银行介入这一领域，能够扩大市场，应该鼓励这些做法。虽然这个转型意味着高额贷款的增加。最贫穷的、仅有低额贷款需求的客户也能够从市场扩张中获利。非政府组织的发展也是值得推荐的，因为它满足了差异化市场空隙，补充了正规小额信贷机构的业务。

小额信贷机构的出现和发展解决了传统银行由于缺乏灵活性无法向社会最贫穷阶层提供服务的问题。小额信贷机构有着多种多样的形式，这本质上就是应对扩大服务范围同时保证相对的结构灵活性和创新能力的需要。尽管 IMF 是创新型的，但看似还不能完全代替非正规部门，因为后者还有相对突出的优点，能够更加方便地服务客户，有能力执行强制性收款措施。然而，这并不意味着正规贷款提供者（小额信贷机构和商业性银行）没有发展的空间。发展灵活的信贷产品是小额信贷机构未来最大的挑战之一（Karlan y Mullainathan，2010）。

拉美模式有很多独特性，其中之一就是具有商业视野，这是持续发展的先决条件。然而，该地区小额金融的特点是，不同国家发展极不均衡，玻利维亚和秘鲁是发展得比较好的国家，但其他国家还很落后。另一方面，在那些小额金融业发展良好的国家，乡村地区的覆盖率还非常低。

最后，小额金融要继续创新是一个巨大的挑战，不仅是在小额贷款方面，而且还涉及其他与贷款相结合有益于生产活动发展的金融服务。小额金融的明天还是未知的，到目前为止可以认为小额信贷是推动社会包容这个艰巨任务的辅助工具，而不是替代工具。

第五章 金融服务的可获性与家庭福利

一 前 言

家庭支出、消费的需求和家庭收入在时间分布上总是难以保持一致。不管是对于计划收入和计划支出来说，或是对于工资、每周用于购买食品的支出和子女教育投资来说，还是对突发疾病等不可预计的支出来说，这一说法都是成立的。也就是说，所有家庭都在运用某种技术手段，通过一定方式调节各种收支：有时候这种手段很现代，借助金融系统和先进技术平台发挥作用；还有时候这种手段不那么高效，可能包括变卖资产应急或通过非正规渠道借高利贷。随着这些手段的日益高效和廉价，家庭福利也会相应增加。提高家庭储蓄和贷款服务的可获性正是为了弥补这方面的不足。由于储蓄和贷款代表着家庭延后或者提前消费的方式，因此把它们放在一起分析是有意义的。尽管很多家庭有时意识不到，但从某种意义上讲，这两者是相互对应的。

各类保险服务也发挥着与储蓄和贷款有所不同，但又十分重要的作用，使每个家庭得以与其他家庭共同分担其所面临的特有的风险，从而减少未来收入与支出的不确定性。这不是指在必要的时候有能力应对额外支出，而是指以较小的、已知的成本，在必要时可以避免额外的花费。其原理如下：只要各家庭所遭遇的意外事故不在同一时间发生，保险体系内各成员定期缴纳的保费就能够承担单个成员在某一特定时间因事故造成的损失。

这也正是各家庭"分摊"风险的方式。通过这种方式，风险被转化为一种有返还可能的支出。但总的来说，家庭在面对事故或其他突发事件时，更倾向于采取大幅压缩消费或以高代价举债的方式。同时，可以肯定的是，在很多情况下，储蓄和贷款被用于缓解单个家庭所面临的收入出现临时波动和额外支出等风险。从该意义上说，储蓄和贷款是单纯的保险服务的补充服务，尽管保险服务试图承担发生几率更低但造成的损失超过家庭收入的风险。

金融服务与家庭福利直接相关的第三个方面是为家庭参与的交易活动提供便利。现代社会中所消费的产品和服务数量不断增加、其构成日益复杂，这使得每日所进行的收支活动的次数不断增加，如果能够降低进行这些活动的成本（包括时间和金钱的成本），将有更多的资源被解放出来用于满足家庭的其他需求。这些对于家庭福利的影响是显而易见的：如果能通过一个耗时两分钟的程序完成住宅电费的支付，这显然比不得不在公共服务营业点排一个小时或更长时间队缴费要好得多。此外，低收入家庭使用银行提供的支付手段也有助于其参与使用其他金融工具。

本章以直接描述和相关研究中记述的实证为基础，分析各类储蓄、贷款、保险和支付工具如何改善家庭福利。此外，本章还通过新版 CAF 年度调查，对拉丁美洲家庭金融服务可获性情况进行了新的摸底。此次调查覆盖拉美地区 20 个重要城市，包括一个关于金融服务使用情况的特别模块。

本章清晰地表明，家庭获得金融服务的情况对其福利具有重要影响。贷款、储蓄和保险服务，以及各种支付手段的创新都是如此。另外，家庭同时使用银行帐户、小额贷款、家人借款和现金储蓄等多种金融工具，意味着正规金融机构在向家庭提供较非正规机构可能更为低廉的金融服务方面，仍有改善的空间。它要求进行更为可行，对家庭更有吸引力的创新。

CAF2010 年的调查显示，在本地区的重要城市中有接近一半的家庭没有在任何一家金融机构开立帐户，但有超过 50% 的家庭表示有闲钱。这表明各类家庭，甚至包括低收入家庭，一直在将部分现期消费转化为未来消费。另一方面，仅有接近 12% 的受调查家庭使用金融机构提供的贷款。

尽管金融服务的使用情况与收入水平直接相关（在贷款方面相关度不那么高），调查分析显示，存在其他因素对金融服务可获性起着核心作用。因为居住在不同国家的两个收入相同（按购买力平价计算）的人，他们所

接受和使用的金融服务可能会有很大的不同。在持有金融机构的帐户方面
的确也存在这样的现象，在信贷工具的使用方面该现象更为明显，此现象
在一定程度上也存在于储蓄工具的使用方面。还可以进一步证明，金融服
务可获性的问题，不仅对于低收入阶层十分突出，对于中等和中上等收入
阶层也是如此。

总的来说，推广一项金融服务，如一项贷款或一种事故险，要比推广
其他服务复杂的多。由于提供这类服务的合同中存在着部分信息无法简单
地核实，因此对合同的一方或另一方来说，这部分信息可看作是专有信
息。比如，在贷款业务中，借款人熟悉一个生产项目的预期收益，而贷款
人却难以了解。另外，人们投保后更容易发生事故，这可能会导致逆向选
择的问题；还有在投保后，人们驾驶时谨慎的程度可能会有所降低（道德
风险）。这些问题是这类服务所固有的，与相关各方的财富水平无关。然
而，合同中现有的旨在解决这些问题的各类机制确实与家庭各种特征有
关，如需拥有一定资产（当贷款合同中涉及旁系亲属申请时），或者如果
没有正式工作，需支付高额的风险溢价（在投保一些保险时）。

因此，我们完全有理由认为，低收入部门中运用上述机制的金融服务
可获性较低。但是，有证据表明，哪怕是社会中的中高收入阶层，同样的
问题也没有完全得到解决。因此，可能存在其他经济上可行的替代选择，
以促进各重要阶层人群获得并使用储蓄、贷款和保险服务。

通常情况下，个人和规模较小的机构（如贷款人、非政府组织、储蓄
俱乐部等）更容易解决阻碍客户获得金融服务的各种信息问题。这些个人
和机构时常在金融规则之外运作，由于其更贴近家庭，它们能够更有效地
处理每个客户特有的信息。这些非正规的金融服务有时代表了更符合部分
家庭要求的另一种选择，尤其是当这些家庭面临高风险时，就更像低收入
家庭经常遇到的情况那样。

从某种意义上说，与金融机构所提供的机制不同的其他机制的广泛运
用，是由于金融工具的供给不足，或者是不能完全满足居民的各种需求。
在决定金融工具的使用时，另一个值得注意的要素是相关家庭的金融教育
和文化水平。有时候仅仅是因为没有掌握相关方面足够的信息，这些家庭

无法理解某些金融服务的优势。

Beck 和 de la Torre （2007）、Kendall 等（2010）和 Claessens（2006）等人一致认为，由于难以区分家庭自主决定不使用可供选择的金融服务和事实上难以获得金融服务这两种情形，关于家庭金融服务可获性可能性的摸底调查并不总是十分明确。正因为如此，有必要在各金融服务使用情况的统计数据中，补充关于对相关服务可使用性的了解、使用或者不使用的理由，以及有关服务在直接费用、实际距离（如果可能）等方面特点的信息。

为了确定所观察到的正规金融服务使用水平是否足够有效率，有必要估测如果使用水平高于所观察到的水平时，家庭福利将如何变化；如果福利有所提高，则应该确定提高的幅度是否会超过按所描述方式提高使用水平所需支付的成本。为此，有必要使用可信的方法确定金融服务可获性与家庭福利的各个方面，如工作收入、消费多样性的减少、子女学习成绩和其他重要方面的因果关系。此外，有必要很好衡量与所分析的金融服务可获性变化相关的各种成本，而这一点在研究相关问题的著作中较少被提及。正因为如此，在进行关于金融服务可获性效率的讨论中，一般会承认没有考虑到提高某些金融服务使用水平所需成本造成的局限性。

下一节将提出概念框架，以帮助定义家庭金融服务可获性的种种问题是从什么时候开始出现的；第三节将从最常使用的方式（开办账户）的角度分析银行化这一议题；第四节将研究家庭储蓄与贷款信贷；第五节将描述并分析各种支付服务的重要性；第六节将探讨保险的问题；最后一节将提出最终的反思。

二　概念框架

对使用正规金融服务改善家庭福利的各种渠道的特点进行直观描述是有意义的。一方面，正规的储蓄和贷款服务使得在计划消费时不再量入为出成为可能。这意味着，一个青年虽没有足够的资源，但通过使用金融服务也可以接受大学教育。由于接受了大学教育，他就可以还款。同样，贷款也能为购买和改善住房及为住宅添置物品提供便利，这对于家中儿童的健康状况和早期教育投资至关重要。此外，另举一例，金融机构中的存款安全更有保障，还提供了鼓励家庭努力储蓄的承诺，能更好地实现家庭理财，而这些是使用非正规手段所无法得到的。

另一方面，相对于自我保险（直接承担损失）和家庭保障，保险服务以低得多的成本使家庭有可能免受家庭成员健康、工作条件和家庭收入来源等发生重大变化造成的影响。因为保险是将一个特定的风险分摊到一个庞大的群体之中，这使得其中每个人所支付的风险溢价相对较低。因为在每一时刻，群体中只有很小的一部分成员需要保险支持。就其自身而言风险防范十分重要，而家庭能否在危机后恢复生活条件，能否为青少年的成材投资；或从更普遍的意义讲，家庭能否实现社会阶层的流动都有赖于风险防范。对于低收入家庭来说，暂时的收入下降可能会转化为人力资本积累的长期萎缩（Dercon y Hoddinott，2004）。

最后，接受金融服务也有利于加入国家的社会保障网络，从而加强个人与社会的联系，并能潜移默化地提高公民的参与度。在一些国家，如巴西和哥伦比亚，正在推广开办和使用费用低廉、手续简便的银行账户（一体账户），以便政府通过电子转账直接向家庭发放补助（Pickens et al，2009）。

储蓄、贷款和保险这些金融工具的使用及其可获性，不仅从供给角度反映出这些服务可获性的障碍，也反映出由家庭收入和偏好决定这些金融工具需求的一些特点。对此，应该从效率角度探讨金融服务的使用是否偏低（这与第一章和第二章提出的讨论密切相关），以及是否存在可供选择的公共干预手段以提高家庭的金融服务的可获性，如降低信息壁垒和交易费用等等。尽管本章并不试图全面回答这一问题，但仍有意为此做出一些贡献。

第三章分析了企业贷款中的逆向选择和道德风险等问题，在家庭业务中也存在类似的问题。总的来说，这些问题制约了家庭获取金融服务的可能。由于非正规手段有时能更好地解决这些问题，这为正规与非正规手段在同一地域和同一人群中并存创造了空间。问题的根本在于，上述两种手段的使用是否在技术允许的范围内，以恰当方式和最低成本满足了家庭的有关需求。考虑到现有技术条件，要达到最理想和最优的社会状态，家庭恐怕要在其选择的储蓄、贷款和保险服务中组合使用正规和非正规手段。

从公共行为的角度出发，或是从私营部门提供商业上可行的金融产品的主动性角度出发，对于究竟是哪些因素制约了居民大规模使用正规机构提供的金融服务，仍存在疑问。从储蓄的角度看，也许是维持帐户所需的运营成本限制了向低收入阶层提供储蓄媒介的可能性（流动频率高、平均余额低）；在贷款方面，也许是因为向家庭提供的金融产品常常包含过于苛刻的条件，并对轻微违约行为处以罚金，或者仅仅是这些家庭因为不理解这些金融机构的经营风格而对其不信任，或者是认为这些机构和它们有很大的社会距离。

关于保险的问题也可以用上述相同的理由来解释，但也可能是由于公共服务的提供降低了个人在遇到紧急情况时可能孤立无援的感觉。对此，还可以提出其它一些能够部分解释正规金融服务使用有限的理论，也许其中的很多假设在一定程度上是有效的。对于金融服务实际提供者、金融规定和公共政策的制定者等各类参与者来说，挑战在于试图影响那些看起来能对家庭福利产生最大影响的因素。

分析以下两个内在联系密切的要素，有利于确定为提高金融服务可获性所采取的公共干预政策：①确定哪些干预措施能够对提供正规金融工具的使用率产生最大影响。这与使用金融工具的最大障碍在哪里的问题密切相关；②测量正规金融服务使用率的提高对家庭福利的影响。这可以解释现有的正规与非政府机制的组合是否合适，以及是否需要通过多种方式提高正规机制的使用。

对于福利影响的量化分析可以估测出家庭为获取更多金融服务所愿意支付的价格，而这是最终进行政策选择时的一个十分重要的因素。图表5.1 给出了这些要素及其相互关系。其中，为了确定干预策略，一方面需要确定提高金融服务的使用是否会创造社会价值；另一方面需要了解如何才能更有效地提高其使用水平。要回答这些问题需要使用设计恰当的技术对其影响进行评估。这些技术能够以可信的方式确立金融服务与福利之间的因果关系，以及成本、灵活性、其他障碍和金融服务间的因果关系。

　　尽管对于影响评估的努力大多集中在研究金融服务对于低收入人群的作用，但后文关于拉美许多城市的研究显示，更好地理解金融服务可获性对于中等收入和中高收入阶层的影响意义重大。事实上，有证据表明，取消对拉美中等收入家庭的某些金融限制可以改善其获得某些商品和服务的可能性。在以下关于金融服务的几节中，将涉及某些旨在提高正规金融服务使用的干预政策的一些发现（参见图解5.1中的箭头A），之后将分析那些测量正规服务的使用对于社会福利影响的有关尝试。

图解5.1　使用金融服务的各类障碍与社会价值

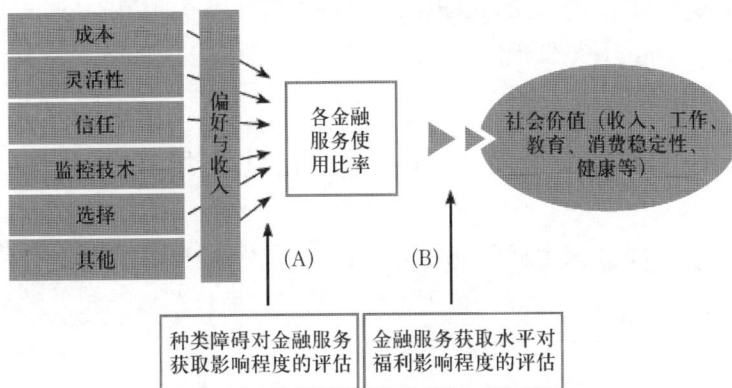

来源：自制

　　正如在第一章中所评论的那样，监管和机构环境是影响金融服务可获性的核心因素。它们使得每一个阻碍金融服务可获性的瓶颈在不同国家的重要性有大有小。一个典型的例子就是设置利率上限。哥伦比亚等国对正规金融机构提供贷款服务的范围设限，特别是针对那些向获取信息并对其进行监控成本较高的客户提供的贷款。为了使部分产品在金融上可行，对利率的种种限制常常会转化为服务费的增加，这直接影响了一些阶层获取金融服务的可能性。

　　同样地，对金融交易征税会减少对正规部门金融服务的使用，而一些能够激励借款人规范自身行为的信息系统如征信机构等，在中期也应该能够改善贷款服务的可获性。总之，影响金融机构和家庭决策环境的干预措施，通过改变之前提到的某个瓶颈也会影响金融服务可获性。从公共政策评估的角度看，确定某项监管政策对于金融服务可获性的影响要复杂的多。因为在一般情况下，很难找到相反的事例来比较如果没有实施此项政策的结果。但是，通常有可能通过比较不同国家的相似经验，或者以某些政策可能以不同方式影响不同的机构和个人这一事实来为公共政策提供信息。

尽管在微观层面不同的政策选择都具有重要价值，但是仍有必要明确，每一项政策的具体影响（不管是对金融服务的可获性，还是对福利）可能都是不同的，并会受到政策执行机构和监管环境的影响。这表明，将这些方面的研究计划置于优先位置并加以深化是十分重要的。

三　拉丁美洲的家庭银行化程度如何？

第二章给出了关于贷款和储蓄工具的使用及其可获性的各种障碍的统计数据。这些数据显示出，拉丁美洲在某些方面仍落后于较为发达的地区，甚至同人均收入水平相近的其他国家相比，拉美国家仍存在不足。金融服务可获性低，反映出金融深度及经济抵御冲击和分散风险的能力不足。这一现象也意味着在该地区金融服务可获性存在各种障碍。需要通过研究以可信的方式确定。如果某些特定的障碍不存在了，金融服务可获性将得到改善。要想在实证中证明这一推断，很重要的一点就是要掌握最为基本的检测和衡量工具，以便对现状及其相互关系进行反思。这正是CAF2010 年调查的目的，其中包括有关金融服务使用情况的一个特别模块。这项调查在本地区 17 个城市进行（阿雷基帕、布宜诺斯艾利斯、波哥大、加拉加斯、巴拿马城、科尔多瓦、瓜亚基尔、拉巴斯、马拉开波、麦德林、蒙得维的亚、基多、里约热内卢、萨尔多、圣克鲁斯、圣保罗），在每个城市上门采访了 600 名 25 ~ 65 岁居民。调查样本按照城市的地理区域进行分类，既包括了高收入和中高收入阶层，也包括低收入阶层。

衡量银行化最为常用的指数就是持有某家金融机构（不一定指正规机

构）的账户。表 5.1（见 246 页）以 CAF2010 年调查为基础，描述了每个城市金融服务可获性的基本条件，该表的第二列给出了持有一家金融机构账户的居民比例。此外，该表还显示出，从整体上看，即便是在拉丁美洲城市化最为发达的地区，正规金融服务可获性比率仍较低：只有不到 51.2% 的受访人表示持有一家金融机构开设的某种帐户。在圣克鲁斯、利马等城市该比例十分低下，而在加拉加斯、基多和圣保罗等城市该比例则相对较高，甚至在某些国家内部也可以看到比例有很大变化（如委内瑞拉玻利瓦尔共和国、厄瓜多尔，在较小的程度上还有哥伦比亚）。同样，民众对于开办帐户所需的条件也知之甚少，在未开办任何帐户的居民中，有近 40% 称不知道开办帐户所需的手续。可以预见，这与金融服务的使用水平成反比：在那些拥有银行帐户家庭较少的城市，用对开户条件的了解衡量出的金融文化水平通常也较低。这意味着金融教育政策对提高金融服务的使用及其可获性程度可能有一定作用。

表 5.1　在一家正规金融机构中拥有账户的居民情况（比率）

城　市	在一家金融机构中 有一个账户	没有账户且不了解 开设账户所需条件
布宜诺斯艾利斯	42.1	34.1
科尔多瓦	46.5	39.5
拉巴斯	35.7	45.7
圣克鲁斯	34.1	43.6
里约热内卢	65.6	26.4
圣保罗	72.5	19.8
波哥大	51.6	31.1
麦德林	41.9	44.5
瓜亚基尔	36.5	23.6
基多	70.7	43.5
巴拿马城	52.7	31.3
阿雷基帕	38.9	47.8

续表

城　市	在一家金融机构中有一个账户	没有账户且不了解开设账户所需条件
利马	38.4	49.4
蒙得维的亚	55.4	55.6
萨尔托	55.4	52.3
加拉加斯	81.6	13.0
马拉开波	50.4	47.6
平均值	51.2	38.2

来源：CAF（2010 年 a）

根据表 5.1（以 CAF 调查为基础）中的信息得出，金融服务可获性高于 Honohan（2007）通过间接方式对这些国家进行的估测。相关研究一致认为，这是由两个因素造成的：首先，CAF 的调查是在每个国家最主要的两个城市中进行的（巴拿马例外，调查仅在巴拿马城进行），因此调查代表的是被认为拥有最高金融服务可获性的那部分居民；其次，霍诺汉的有关数据是根据 21 世纪初的估测得出的，而 CAF 的调查是在 2010 年 8 月 13 日至 9 月 20 日间进行的直接测查。附表 A1 给出了表 5.1 中金融服务可获性数据的加权平均值，并专门列出了 Honohan（2007）可获性的国别估测值。在正式家庭调查中使用特别模块的其他研究，也得出了总体上非常接近的模式。（Tejerina y Wesly，2006；FELABAN，2007）

在何种程度上可以说这一金融服务可获性尚未达到最优？正如之前所评论的，要回答此问题需要明确，如果能够提供开办帐户的服务，一些没有帐户的家庭愿意为此支付的金额是等于还是大于提供该服务的成本？同时，一些家庭决定不开办帐户也可能是由于不理解它的好处，在这种情况下，意味着也可能存在金融系统利用效率不足的情况。

表 5.2 列出了没有开办帐户的居民及其给出的理由情况（可以同时给出多个理由），并指出未开办帐户的最主要的原因是没有钱或没有工作；在一定程度上，也是因为对金融机构的不信任。还有很重要的一部分人回

答是，没有看出开办帐户的好处或者不了解其所需手续。

表5.2　居民不开户的理由（比率）

城市	钱不够	没工作	倾向于其他资金持有方式	不信任金融机构	没看出开户的好处	不知道开户条件	利率过高
布宜诺斯艾利斯	53.8	21.1	19.1	15.2	7.6	17.2	1.7
科尔多瓦	55.0	17.9	4.6	7.8	22.8	10.7	1.6
拉巴斯	72.9	16.6	16.3	16.8	12.6	12.1	8.2
圣克鲁斯	56.9	9.5	20.3	15.4	5.4	8.5	10.0
里约热内卢	54.6	19.5	12.7	4.9	17.1	13.2	12.2
圣保罗	51.2	14.0	5.5	1.8	28.7	13.4	14.6
波哥大	62.7	24.4	15.3	16.7	19.5	9.1	9.4
麦德林	75.1	30.5	35.8	5.9	28.7	11.2	4.7
瓜亚基尔	82.5	27.1	16.2	22.3	19.4	10.9	3.7
基多	71.4	18.3	19.4	34.9	13.1	13.1	6.3
巴拿马城	68.6	27.6	19.2	6.5	2.7	14.6	7.7
阿雷基帕	56.6	13.8	31.5	19.9	2.5	4.7	9.9
利马	59.1	21.0	23.2	21.6	14.3	8.7	16.5
蒙得维的亚	69.5	15.8	10.9	10.5	7.5	9.0	1.1
萨尔托	74.7	13.6	7.9	1.9	7.9	14.3	2.3
加拉加斯	74.3	37.6	30.3	21.1	19.3	20.2	0.0
马拉开波	78.8	21.2	19.8	20.1	1.4	8.5	2.7
平均值	65.8	20.6	18.1	14.3	13.6	11.7	6.6

来源：CAF（2010a）

　　一般情况下，那些表示没有帐户的人也不会使用家人的帐户进行交易（表中没有提及这一结果）。很明显，回答没有看出拥有帐户好处的家庭所占的平均比率为13.6%，但在不同城市该比率变化很大：在那些金融文化和金融服务使用水平较高的城市，因没有看到好处或只是没有意愿而不开办帐户的人所占的比重较大，尽管表面上他们能够获取金融服务。65%的人回答没有开办账户是由于钱不够，这则可以归咎于对维持账户所需成本及对这类金融工具各种可能用途的认识问题。而这一问题与表中所列出的其他回答选项也有直接关系。相当高比例的家庭回答不愿意拥有账户或没有看出拥有账户的好处这一情况表明，金融服务可获性的一个重要障碍可能就是关于拥有银行账户的好处和成本的信息不足。

从这一描述中自然而然地引申出是否有可能确定不同收入水平间开办或使用账户比率上的差异这一问题。CAF2010 年调查包括关于收入和其他特征的信息，有助于估测出所研究的城市中不同收入阶层的金融服务可获性的程度。图 5.1 以调查数据为基础，给出了金融服务可获性与月均收入水平之间的关系，对于所调查的每一个国家来说，该收入是用根据购买力平价调整的美元来表示的（取各国所研究的两个城市相应数值的平均数，在巴拿马只取巴拿马城的平均值，在计算时排除各国 3% 的最高收入）。

图 5.1　所选拉美国家中各月收入水平居民拥有一家正规金融机构账户的情况

（按购买力平价调整的 2010 年不变美元价格计算）

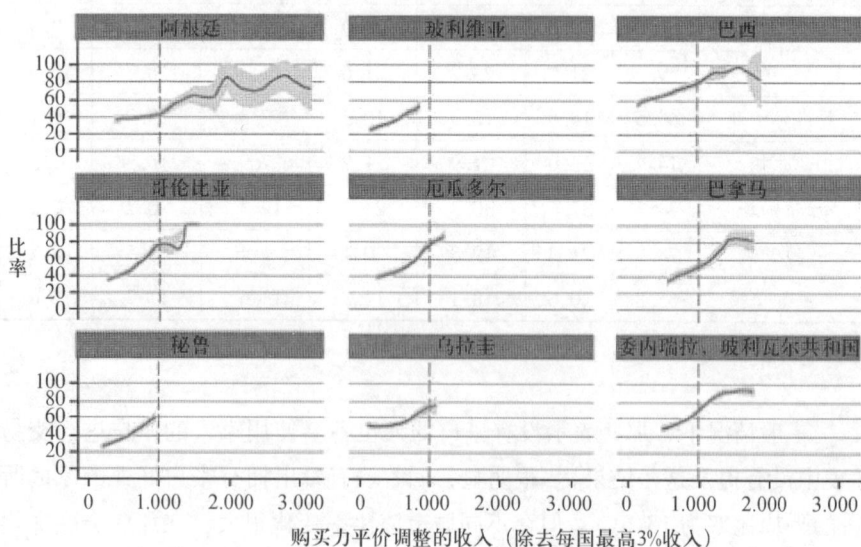

购买力平价调整的收入（除去每国最高3%收入）

来源：CAF（2010a）

　　实际上在所分析的所有城市中，拥有金融机构账户的可能性与收入间都存在正相关关系。从图 5.1 中可以看出，虽然在各国内部不同收入水平的金融服务可获性差异很大，但收入水平相同（按购买力平价调整后）却居住在不同国家的个人的金融服务可获性也有很大差异。例如，在乌拉圭或者巴西，月申报收入接近 1000 美元的阶层所对应的金融服务可获性比率为 80%，在秘鲁、玻利维亚和厄瓜多尔，该比率略低于 60%，而在委内瑞拉和哥伦比亚，该比率略高于 60%。阿根廷的情况也很有意思，其月收入超过 2000 美元的阶层所对应的金融服务可获性比率变化并不是很大。这表明（在第一章和第二章中已论述过），尽管收入是影响金融服务可获性的一个重要因素，但很显然，每个国家都有其自身的条件，这些条件与管理环境、公共政策、宏观经济平衡状况及其他因素有关，这些对金融服务可获性都有重要影响。

　　图 5.2 用另一种方式展示了这一判断：图中给出了受调查城市的平均金融服务可获性水平，与之前一样，其中不包括每个国家最高的 3% 的收入。该图表明，对于月收入超过 1500 美元的人群来说，收入的增加与其所获得的正规金融服务水平似乎没有明显关系。一旦达到 1500 美元所对应的金融服务可获性水平（约 80%），个人收入的继续增长不会改善金融服务可获性。事实上，可以看到金融服务可获性程度的波动幅度明显增加，收入水平约为 2500 美元的人群所对应的金融服务可获性比重在 50%—90% 之间，类似的情况也出现在收入更高的人群中。[1] 这一模板，或这种缺乏模式的情况，意味着在收入因素之外，存在着每个国家所特有的其他因素对金融服务的使用所产生的重要影响。这表明在每个实证中[2]，机构和政府特点有时发挥着重要作用。这一点在第一章中已通过比较美国和拉丁美洲国家的金融服务可获性情况得以说明。

---

　　① 这一表述不准确或范式的缺乏并不是由于在这一范围内的样本分布密度不足。在这一范围内，可以找到 322 个个体观察样本，这相当于一个城市全部样本的 50%。对相邻收入群体的 300 个观察样本进行类似的估测并没有产生相同的分散情况。

　　② 所观察的月收入 1500 美元以上的人群，30% 居住在阿根廷，24% 居住在委内瑞拉玻利瓦尔共和国，14% 住在巴西，12% 住在巴拿马，11% 住在哥伦比亚。

图5.2 所选拉美国家中各收入水平居民获得金融服务的总体分布情况

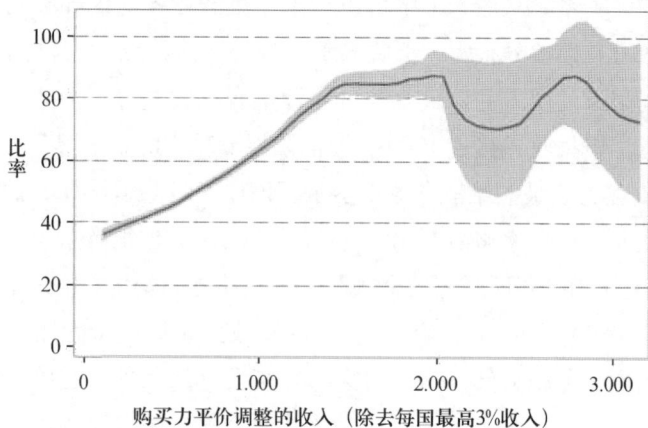

购买力平价调整的收入（除去每国最高3%收入）

来源：CAF（2010a）

总之，这一节表明，金融服务可获性水平（以拥有账户的情况衡量）十分低下，而这一低水平与家庭层面的信息获取问题，与每个国家的机构、宏观经济和公共政策的特异性有关。

四 储蓄与贷款

拥有一个账户通常是获取更为广泛的金融服务的第一步，它包括从普通储蓄或定期储蓄，到消费贷款或生产活动贷款等各种金融工具。尽管居民中只有很小一部分人使用某一金融机构开办的账户，但图5.3表明，超过53.2%的家庭表示有某种储蓄。同时还可以看到，家庭通过金融系统运作的储蓄所占比重很小，不到21.4%的家庭表示使用金融体系进行储蓄。①此外，还可以看到其他工具也在广泛使用，如现金、耐用品及非正规储蓄俱乐部。关于同时使用金融系统提供的贷款工具和其他工具的情况已在多

---

① 由于回答是多项的，且涉及多个家庭，这一数据并不是那些就每一种金融工具的使用情况作出回答的家庭的总和。

份研究中有所论述（Collins er al.，2009；Banerjee y Duflo，2007），但关于储蓄工具的研究则相对较少。

储蓄随收入水平变化而变化，这一点在图5.3中可以看出。该图显示了每个国家不同收入分配阶层使用储蓄工具的情况（给出了所有城市的平均值）。较高收入家庭有可能储蓄的更多，较低收入阶层中约有40%的家庭表示有某种储蓄，而较高收入阶层中的这一比例接近75%。

这包括金融系统提供的各种工具，以及其他工具（包括购买耐用品）。另外，图5.4给出了每个国家（每个国家选取两个城市，巴拿马仅选取了巴拿马城）不同收入阶层使用金融系统提供的各种工具的情况。

图5.3 所选拉美国家各收入阶层中进行储蓄的家庭所占百分比

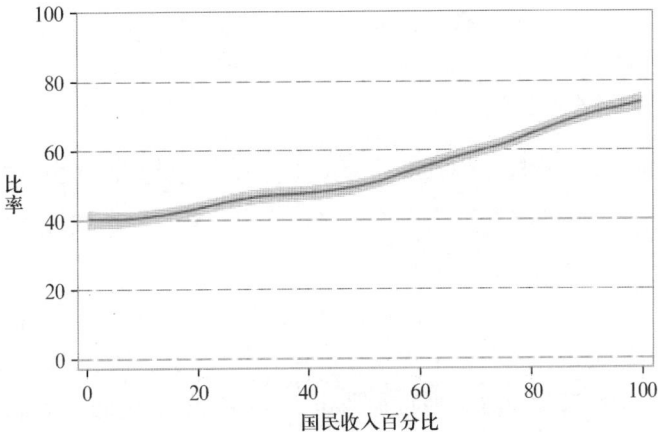

来源：CAF（2010a）。

正如所预料的，较高收入家庭通过金融系统运作其储蓄的频率高于那些收入较低的家庭，尽管在阿根廷、巴拿马、巴西等一些国家，这一差距并不大。在哥伦比亚、秘鲁、乌拉圭等另一些国家，差距比较明显，特别是对收入最高的25%家庭来说。在玻利维亚和委内瑞拉玻利瓦尔共和国，随着收入的不断增加，这一差距逐渐变大。总的来说，这一规律和分析各

图 5.4　所选拉美国家各收入阶层中通过金融系统进行储蓄家庭所占百分比

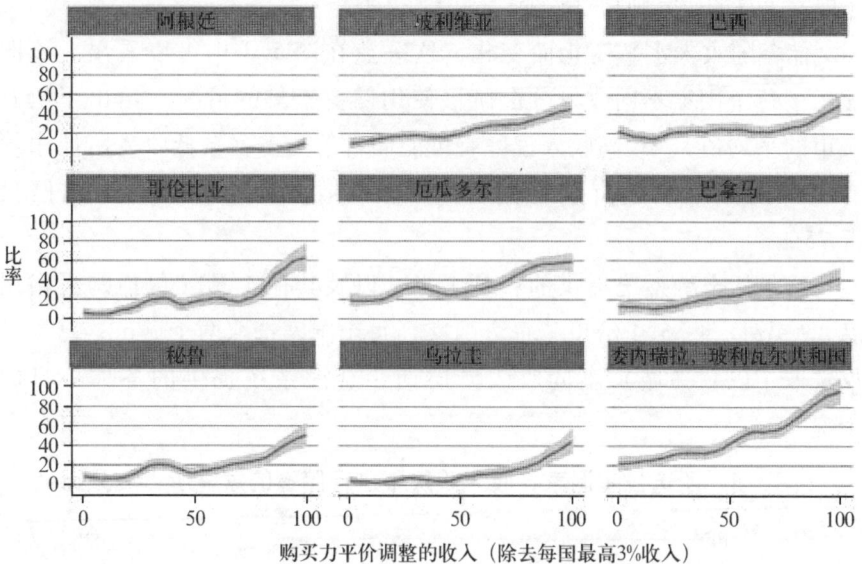

购买力平价调整的收入（除去每国最高3%收入）

来源：CAF（2010 年 a）

阶层储蓄量占总储蓄量比例时得出的规律相似，也就是说，抛开较高收入家庭使用各种储蓄工具频率更高这一事实不说，更多的使用持有现金等其他储蓄工具的家庭通常是较低收入家庭。

　　与民众进行储蓄的情况不同，在所研究的城市中，金融系统的贷款工具使用较少。表 5.4 表明，平均只有不到 19% 的受访者表示曾经申请并获得某种贷款，在马拉开波和加拉加斯市，这一比例甚至低至 7%，在蒙得维的亚，这一比例高达 30%。该表也表明，在这 19% 的受访者中，65% 的人从金融系统获得贷款，这相当于受访家庭的 12.3%。对于这些获得贷款的少数家庭来说，尽管它们也从政府、从其所供职的公司和非政府组织获得贷款，但绝大多数的融资来自金融系统。另一方面，该表也表明，相当一部分家庭表示从家人、朋友、贷款人和典当行等处获得融资。

表 5.3　至少使用一种储蓄工具的居民及其使用每种工具的情况（比率）

城市	用至少一种储蓄工具	金融系统							本币现金	其它工具			
		储蓄账户	定期存款	养老金	短期投资	股票	各类定期储蓄计划	运用金融系统		外汇现金	保险柜中现金	耐用品	非正规储蓄俱乐部
布宜诺斯艾利斯	32.1	0.7	0.3	0.0	0.0	0.0	0.5	1.6	25.5	1.2	0.3	4.9	1.8
科尔多瓦	33.1	2.6	0.5	0.0	0.0	0.0	0.5	3.5	20.6	2.5	2.5	15.1	2.0
拉巴斯	67.3	18.4	2.9	2.4	0.2	0.0	1.0	22.2	49.2	4.0	1.3	16.3	13.5
圣克鲁斯	59.1	19.6	2.5	0.2	0.0	0.2	0.5	21.2	22.6	2.4	0.5	25.7	17.2
里约热内卢	54.5	20.9	1.0	0.3	0.2	0.0	1.7	22.9	36.2	0.0	0.0	7.1	1.7
圣保罗	47.2	23.2	0.9	0.3	0.0	0.2	1.2	24.7	22.6	0.2	0.0	8.8	0.7
波哥大	52.5	18.8	1.7	3.3	0.5	1.2	2.3	23.3	26.2	0.3	0.2	15.0	13.7
麦德林	53.4	12.9	0.4	1.2	0.0	0.0	1.4	15.4	22.0	0.4	0.0	17.9	11.5
瓜亚基尔	34.4	16.0	0.3	0.2	0.0	0.0	0.5	16.8	17.8	1.2	0.0	7.8	0.3
基多	78.0	48.4	3.0	0.3	0.0	0.0	0.3	50.0	31.7	4.2	0.3	16.2	1.7
巴拿马城	67.9	20.7	2.2	0.2	0.0	0.0	0.3	22.5	47.6	0.5	0.2	16.4	6.0
阿雷基帕	59.1	15.3	2.7	2.2	0.3	0.7	0.5	19.0	33.8	2.7	0.8	20.8	20.6
利马	53.5	13.8	1.5	1.5	0.0	0.2	0.5	16.2	28.7	2.3	0.2	11.7	20.2
蒙得维的亚	43.1	8.3	3.6	1.5	0.7	0.5	0.2	11.5	21.9	5.9	1.9	22.2	0.0
萨尔托	39.8	7.4	2.0	0.8	0.2	0.0	0.2	9.2	17.6	4.3	0.5	22.7	1.3
加拉加斯	79.2	58.5	8.6	2.4	0.0	0.2	2.4	61.3	43.4	7.1	1.5	20.3	1.3
马拉开波	49.7	21.5	1.0	0.5	0.2	0.0	0.3	23.2	30.1	0.2	0.7	5.8	1.5
平均值	53.2	19.2	2.1	1.0	0.1	0.2	0.8	21.4	29.3	2.3	0.6	15.0	6.8

来源：CAF（2010a）

表 5.4　使用至少一种贷款工具的居民及其申请每一种工具的情况

城市	拥有至少一种贷款工具	各金融机构	信用卡	商人	企业	政府	非政府组织	物资银行	家人或朋友	贷款人	典当行
布宜诺斯艾利斯	10	48	3	0	0	0	2	9	26	7	0
科尔多瓦	14	82	0	0	2	4	1	1	2	6	0
拉巴斯	23	82	0	1	1	1	3	0	9	1	0
圣克鲁斯	25	84	0	2	0	0	1	0	9	2	2
里约热内卢	16	81	0	1	2	0	3	2	3	3	0
圣保罗	22	78	2	3	3	0	5	1	8	1	0
波哥大	22	68	0	3	0	2	1	2	17	5	0
麦德林	16	75	1	1	0	0	0	1	13	2	1
瓜亚基尔	17	36	0	6	16	1	1	0	4	14	0
基多	22	74	0	2	8	1	1	1	10	20	0
巴拿马城	13	31	0	4	1	0	5	7	28	20	4
阿雷基帕	30	81	0	0	1	0	2	1	11	1	1
利马	18	56	0	2	0	0	2	2	23	15	0
蒙得维的亚	30	71	0	2	9	1	1	5	9	2	1
萨尔托	28	69	1	0	19	1	1	4	4	2	0
加拉加斯	7	29	0	13	7	0	0	7	27	9	0
马拉开波	7	28	3	5	15	0	3	3	33	13	0
平均值	19	63	1	3	5	1	2	3	14	6	1

a/受访者认为最重要的工具

来源：CAF (2010a)

在小额融资系统发展较快的国家，如玻利维亚（见第四章），尽管该国人均收入低于所研究的其他国家，但正规贷款工具的使用比例相当高（超过80%的贷款用户）。其他国家，如巴西和乌拉圭，正规贷款服务的使用水平也高于地区平均水平。此外，尽管委内瑞拉玻利瓦尔共和国人均收入相对较高，但其金融系统贷款服务使用水平很低。

运用与研究储蓄情况相同的方式，也可以描绘出区域内不同收入水平使用金融系统提供的贷款工具的情况。就贷款来说，在根据各国购买力差异调整收入水平后，考察收入是否是正规贷款使用的决定性因素是很有意义的。图5.5给出了（用调查中选取的两个城市的平均值代表），不同收入阶层拥有金融系统提供的贷款的比例。该图表明，尽管高收入阶层使用水平略高，但在这些国家随着收入的变化，使用金融系统贷款的差异是很小的。

图5.5　所选拉美国家中国民收入各分配阶层使用金融机构贷款工具的情况

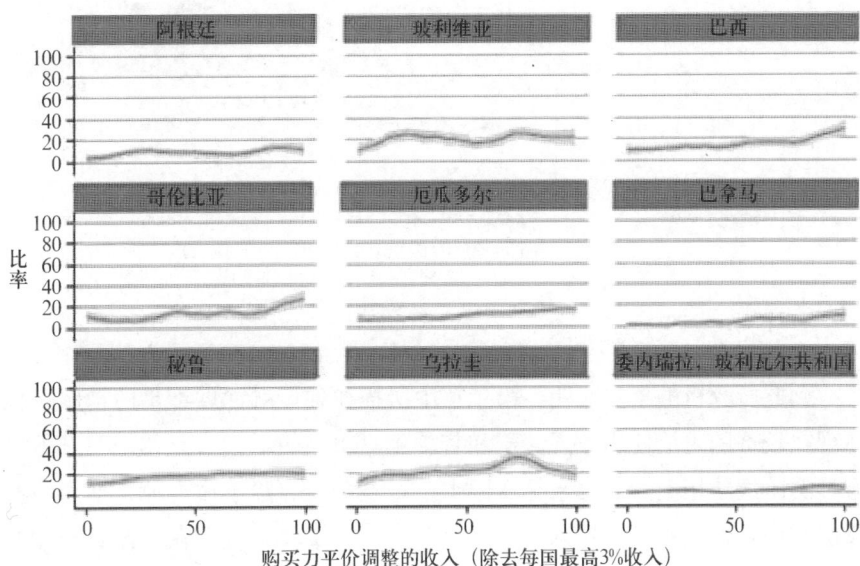

购买力平价调整的收入（除去每国最高3%收入）

来源：CAF（2010a）。

从另一方面来说，图5.6给出了与按购买力平价调整的个人收入（不包括每个国家最高的 3% 的收入）有关的贷款使用指标。可以看到，正规贷款工具的使用情况与收入间并没有明显关系。就像上文所提到的，玻利维亚尽管是调查样本中平均收入最低的国家，但其拥有很高的正规贷款使用水平，如果将其排除在外，上述规律是成立的。这再次表明，在拉丁美洲，民众收入之外的各国内部因素在决定正式贷款服务使用情况中起着核心作用。尽管在一个具体市场中，较高收入家庭似乎从金融系统获取贷款的比例略高。

图 5.6 拉美所选国家按购买力平价调整的各收入水平
居民使用金融机构贷款工具的情况

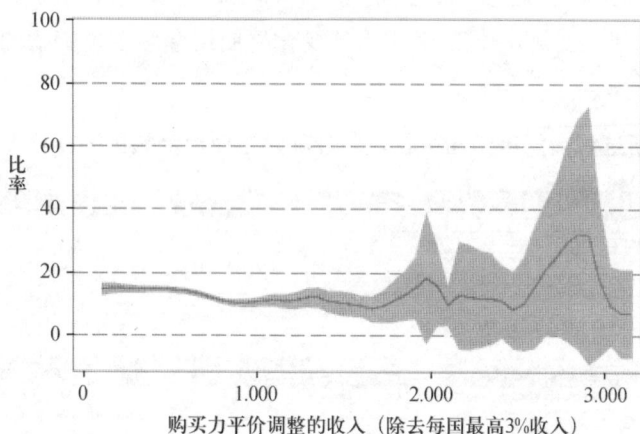

来源：CAF（2010a）。

到此所分析的事实表明，第二章中所描述的金融深度不足的情况不仅体现在较贫困阶层使用正规储蓄和贷款工具水平较低上，也体现在其他所有社会阶层使用上述工具水平有限上。这意味着，除了成本障碍使得一些家庭难以获得正规服务特别是贷款服务之外，事实上还存在与监管和宏观经济环境，或者与正规贷款服务提供者的激励机制密切相关的其他因素，制约了区域内各个收入阶层民众的金融服务可获性。

在本章的前言部分，将提供某些金融服务（特别是贷款服务）的困难归结于提供者和潜在客户间的信息不对称。例如，一家银行可能因为无法获得足够信息以确信一个家庭的还款能力和意愿，进而决定拒绝向其贷款。尽管该家庭试图向银行提供其是一个良好的还款者的信息，但如果没有第三方，如信用局的担保，这些信息未必会被银行采信。为了对分类定性这些困难打下基础，在 CAF 调查中直接询问了一些民众未能获得贷款的原因。

表 5.5 给出了申请贷款被拒的居民比率，也给出了提及最多的各项被拒原因所占的比率，包括：缺乏旁系亲属的担保、收入不够、不良贷款记录以及缺乏基本材料，如身份证和长期居住证明。

表 5.5　申请贷款遭拒的家庭情况及被拒的原因（比率）

城市	曾申请贷款被拒	拒绝发放贷款的原因（比率）						
		收入不够	无旁系亲属或担保	有不良贷款记录	没有基本证明材料	未被告知原因	其他原因	未说明原因
布宜诺斯艾利斯	23.8	40.0	3.3	3.3	6.7	6.7	26.7	13.3
科尔多瓦	15.7	65.4	7.7	3.8	0.0	0.0	7.7	3.8
拉巴斯	36.0	47.3	38.5	4.4	14.3	3.3	20.9	4.4
圣克鲁斯	26.7	18.8	39.1	10.9	12.5	4.7	10.9	12.5
里约热内卢	13.0	50.0	5.6	22.2	0.0	5.6	22.2	5.6
圣保罗	23.3	40.7	14.8	13.0	0.0	5.6	22.2	5.6
波哥大	29.9	35.9	6.4	19.2	9.0	21.8	24.4	2.6
麦德林	26.9	45.7	8.7	15.2	4.3	10.9	21.7	8.7
瓜亚基尔	14.4	28.6	38.1	14.3	4.8	14.3	23.8	4.8
基多	31.4	50.0	20.0	12.5	8.8	6.3	18.8	0.0
巴拿马城	20.1	31.7	17.1	24.4	7.3	17.1	56.1	0.0
阿雷基帕	31.6	23.7	25.8	8.6	20.4	2.2	18.3	9.7
利马	41.1	26.6	29.1	15.2	12.7	2.5	32.9	3.8
蒙得维的亚	26.9	33.7	21.1	28.4	7.4	6.3	18.9	8.4
萨尔托	19.7	62.9	16.1	9.7	9.7	3.2	17.7	3.2
加拉加斯	26.5	42.4	5.1	15.3	3.4	30.5	20.3	1.7
马拉开波	25.7	11.1	5.6	5.6	5.6	38.9	16.7	16.7
平均值	25.5	38.5	17.8	13.3	7.5	10.7	22.2	6.3

来源：CAF（2010a）

约有不到25%的家庭曾申请贷款被拒，其中各城市间的比率有比较明显的差距。例如在利马，申请贷款被拒的比率为41.1%，而在里约热内卢的被拒比率仅有13%。此外，表5.5给出了每个城市中表示从没有申请过贷款的家庭比率，以及回答因感觉"有风险"、因不喜欢"欠债"和因没有足够的收入或担保而没有申请贷款的家庭分别所占的比率。此外，表的最后一列给出了从没有申请过贷款，也不知道开办银行账户所需条件的家庭比率。

表5.6　从未申请过贷款的家庭情况及未申请的原因（比率）

城市	从未申请过贷款	因担心负债风险且/或不喜欢而未申请	因没有足够收入且/或没有足够担保而未申请	从未申请贷款且不了解开户所需条件
布宜诺斯艾利斯	78.5	80.0	25.7	22.7
科尔多瓦	71.5	66.6	31.0	24.2
拉巴斯	57.4	77.9	27.6	34.7
圣克鲁斯	59.2	69.4	22.7	34.7
里约热内卢	77.0	69.3	17.7	10.6
圣保罗	61.0	73.3	16.2	7.7
波哥大	56.6	66.7	12.6	21.1
麦德林	71.0	54.4	33.3	25.6
瓜亚基尔	75.5	74.5	30.2	16.3
基多	57.5	73.0	27.9	17.0
巴拿马城	65.3	68.1	24.1	17.9
阿雷基帕	50.8	66.9	25.9	35.2
利马	67.5	74.5	29.4	34.2
蒙得维的亚	39.3	74.7	25.3	35.6
萨尔托	46.4	75.7	26.7	25.9
加拉加斯	62.6	51.4	40.6	3.5
马拉开波	88.0	48.7	28.2	22.6
平均值	63.8	68.5	26.2	22.9

来源：CAF（2010a）。

在所研究的家庭中，平均约有 64% 从来没有申请过贷款。对于这部分人群来说，起重要作用的因素既包括偏好，也包括收入限制。实际上 70% 的家庭之所以不申请贷款，是因为这些家庭不喜欢欠债。在布宜诺斯艾利斯，80% 的家庭表示出这一偏好，而在加拉加斯和马拉开波等其他城市，一半的受访家庭表现出对借债不感兴趣。表 5.6 表明，在没有申请过贷款的家庭中，仅有约不到 23% 表示不了解开办账户所需条件。如果用这一情况来大致衡量家庭金融文化水平，这意味着，对于借贷不感兴趣不仅仅是因为缺乏信息和了解所造成的，也可以解读为对风险规避倾向强（在消费贷款方面），或个人创业热情低（在生产贷款方面）。有必要强调，类似的行为方式也出现在世界其他地区（见 Banerjee，2010），这可能对公共政策产生重要影响。

这些行为方式表明，大部分家庭被排除在贷款服务之外，是由于这些家庭决定不申请贷款。这当然也是由于家庭对获得贷款的期望很低，尽管这不是给出的主要原因。这一思路在第三章关于中小企业决策环境中有所阐述，这一思路似乎也适用于个人企业和微型公司，甚至个人消费贷款。

根据这一情况所做的初步调查分析表明，拉丁美洲相关城市的贷款服务使用水平很低主要与两方面因素有关：家庭决定将自己排除在服务之外（做出该决定是由于对不欠债的偏好及金融文化程度不高，在较小的程度上，也是由于感觉担保和收入不足），以及贷款机构拒绝向收入和担保较低、信用记录不佳的申请人贷款。考虑到贷款的限制程度对于收入分配的各阶层基本一致（见图 5.5 和图 5.6），可以认为这些因素对所有社会阶层来说都是十分重要的。

超过 50% 的居民表示拥有某种形式的储蓄，但是仅有不到 21% 的居民表示在金融机构进行储蓄。大部分居民表示，存在用某种替代方式进行储蓄，如现金、耐用品和各种非正规储蓄手段。正规和非正规储蓄工具并存使用是毫无疑问的，这表明本地区各收入阶层，特别是低收入阶层的储蓄正规化仍有很大的提升空间。收入水平明显影响着在正规金融机构开办账户的可能性，影响着通过金融系统进行储蓄的可能性，也影响着各种贷款工具的使用。但是，收入之外的其他因素对拥有账户和使用各种贷款工具也同样发挥着十分重要的作用。这些因素与每个国家或城市的监管环境、宏观经济和政策环境密切相关。这表明，金融系统所提供服务的可获性对有针对性的公共政策干预是很敏感的。

（一）旨在提高金融体系参与度的干预措施

正如此前所讨论的，提供一项金融服务所遇到第一个障碍就是由于顾客和金融机构信息不对称造成的问题。近期多项研究表明，通过参考熟人间的推荐，可以有效提高贷款的还款比率。这表明，由于利用了推荐人掌握的有利信息，这一机制有助于减少逆向选择问题（Karlan et al，2008）。同样，尽管关于潜在客户特征的部分信息可能并不容易掌握，但可以对这些信息进行记录并共享。因此，可以认为，信息共享系统的完善（如在第三章中分析的贷款信用机构）会对扩大金融服务的覆盖率产生有益的影响。在这方面，不管是对贷款市场（Karlan y Zinman，2009b，Galindo yMicco 2010 – 为本报告而做）还是保险市场（Finkelstein y Porteba，2002），都可以找到很多例证。

例如，通过研究简弗瑞邓腾（janvry et al，2008）提供的关于危地马拉实施贷款信用机构的最新信息，可以发现，掌握借款人的详细信息对金融机构具有重要影响。金融机构可以借此大幅提供筛选客户的能力，并以此扩大其市场覆盖率。不仅如此，它对客户的行为，特别是对那些签署了小组担保协议的客户的行为也有重要影响。因为各贷款小组都试图改善其人员构成。

这一研究的最突出结论如下：促进金融机构客户信息透明化的干涉措施可以大幅改善金融服务可获性，同时也能激励客户更好地履行协议规定，按期付款。事实上，目前常用的客户筛选系统（如信用评价等）可以进一步完善，因为按现行的筛选方式，很多有可能为金融机构带来利润的客户被排除在外，无法通过取得正规贷款而获益（Karlan y Zinman，2008）。

不仅是信息问题，合同中难以加入适当的激励条款以调动借款人按期还款的积极性也制约了贷款的发放。鉴于金融机构监视每一个客户的活动并迫使其履行合同的成本很高，有必要建立一个促进义务履行的激励机制，以便降低交易的道德风险。

在大部分发展中地区设计并广泛应用的模式之一是以小组为单位贷款。正如第四章中所描述的，这一模式常用于小额贷款的发放，其中履行还款义务的责任为一组人共同承担。由于实施了这一模式，小组将负责其每个成员都为履行合同尽自己的力量。该模式已被发现对于提高贷款偿还率有积极作用（Fischer，2008；Gine et al，2009；Conning，2005；Cull et al，2007；Gine y Karlan，2009）。这表明，能够提高还款可能性的合同机制可以大幅改善金融服务可获性。还有建立在其他个人激励基础上的贷款模式，如在未来获得另一笔贷款的可能（动态激励），这也能够有效提高还款率（Karlan y Zinman，2009b；Charnes y Genicot，2007 等）。

提供给潜在客户的各类贷款合同的条款，如期限、担保、利率、不按合同付款的处罚等等，这些组合起来就构成了金融机构摆上桌面的一整套激励措施，以便使客户：1. 仅在具有实际偿付能力的情况下接受贷款。2. 一旦接受贷款就尽力按期偿付。每一项条款在达到这一目标的过程中都起到了一定作用。有时候，某一方面的改善会给另一方面带来负面影响：例如，金融机构提高担保要求以改善还贷率（正向选择），将会限制较低收入阶层的盈利项目，这对提高福利具有负面作用（Boucher et al，2005 和 2008）。

因此，合同的每一项条款既可能对提高借贷关系质量且延长其可持续性产生正面作用，也可能对争取潜在客户产生不利影响。例如，Karlan 和 Zinman（2008）通过在南非进行的一项可控实验表明，贷款需求对金融机构征收的贷款利率变动的敏感程度，低于贷款需求对贷款期限变动的敏感程度。这一现象在限制现金，甚至在非正规贷款机制并存的情况下仍然存在。

比如，2003 年巴西国会通过一项法律，允许向个人提供贷款，并从从每月收入中自动扣款，这实际上是将工资转为担保。科艾略等人 2010 年的研究中记录了这一经验，并指出，这一机制明显提高了个人贷款，甚至降低了贷款利率。此外，一般认为各类土地产权对于家庭的金融服务可获性具有重要意义，因为产权为在金融系统中把房产用作担保提供了可能。然而，Galiani 和 Schargrodsky（2010a）的研究显示，在布宜诺斯艾丽斯省圣·佛朗西斯科·索拉诺社区，一组获得了小块土地正式产权的家庭改善了生活条件，但并不是通过更多地获得金融系统提供的贷款。另外，在为完成本报告而于近期进行的一项调查中，Galiani 和 Schargrodsky（2010b）表明，产权也没有提高家庭对其他金融服务的使用。

.按照这一思路，在金融工具设计领域的创新，从某种意义上讲，是一个验证和试错的过程。其中的挑战在于找到那些不仅能提高正规服务的使用，而且还能使这一使用在金融上可持续的手段。例如，为留住更多的客户或提高贷款还款率而进行的创新，很好地补充了使更多客户获得金融服务的努力。正如第四章中所强调的，贷款方面的一些条款使人感到，合同的灵活性，不仅对留住客户和提高还款率很重要，而且对提高上述金融工具对新客户的吸引力也同样重要。还有一些规定，如还款频率（Field y Pande，2008 年）或推迟履行部分还款义务的可能性（Pearlman，2010）等，对留住客户和保持贷款活动的可持续性也可能会产生重要影响，尽管对于这些议题的研究才刚刚起步。

还有一些制约金融服务可获性的因素与缺乏金融文化或家庭缺乏金融培训有关。这不仅对贷款工具的使用，还对储蓄工具的使用产生突出影响。Karlan 和 Valdivia（2009）以秘鲁为例进行的一项研究表明，对创业和管理的基本问题进行培训能显著提高长期客户和贷款还款的比率。另一方面，较近的一个实例（见第四章）反映出，同包括会计和改善管理实践内容的传统培训项目相比，小额贷款客户从以简单决策规律为重点的培训项目中获益更多。

CAF2010 年调查显示，尽管不同收入阶层的储蓄水平和贷款需求不同，但实际上所有家庭都以这样或那样的方式在使用某种机制，以便在时间上分散或提前消费。这与 Banerjee 和 Duflo（2007）有关描述是一致的。他们以 13 国的数据为基础表明，贫困家庭将收入的 56%—78% 花费在食品上，约 2% 花费在教育上，在医疗上的花费略低于教育，其余收入花费在烟、酒、庆典和耐用品（如家具、电话等）上。这一花费构成表明，所有家庭，包括最贫困的家庭，都要做出消费、储蓄和投资的决策，并为此使用正规和非正规的工具。

关于使用金融系统中储蓄工具的种种限制和障碍这一议题，从概念上说它与贷款并不相同，因为储蓄是一个客户将钱存在金融机构的机制。因此，从原理上说，逆向选择和道德风险不会以相同方式出现。家庭较少使用这些正式机制的原因可能与成本（各银行收取的费用）、不信任、金融知识不够、难以到达金融机构等问题有关。总的来说，可以认为，这些限制中的大部分对较为贫困的居民来说影响更大，尽管从本章的例证来看，这一问题不仅仅存在于低收入阶层。

从技术角度来说，正如 Rutherford（2000）指出的，当人们需要某些工具来进行经常性的小额储蓄和每隔一段时间的大额支取时，抵达金融机构或者有效地进行储蓄的成本甚至可能超过所要储蓄的金额。因此，在这种情况下，有必要通过技术手段将有关成本降至足够低，以便使这类"储蓄合同"对家庭来说是可行的。如果一个国家的平均收入低到使大多数家庭都面临这种情况，那么不仅是穷人，中等收入阶层也将被排除在金融系统之外。

同样，除了正规储蓄工具的使用，我们有必要追问一下各家庭是否有足够的储蓄应对其收入变动（包括可预期的和不可预期的变动）。可以预计，一些与认识有关的因素可能对家庭储蓄的决定有重要影响。例如，Anderson 和 Baland（2002）和 Gugerty（2007）提出，各类储蓄俱乐部（其中所有成员定期缴纳一定金额，款项汇总后轮流给予每一个成员，直至所有成员都获得款项）给各家庭提供了一个可以作为承诺机制的结构，它可以提高储户本人或其亲友在未来使用这些资源时的透明度。[1]

Ashraf 等（2006）也通过例证得出，那些有助于家庭相互承诺的储蓄工具（如那些要求首先缴纳一定数额款项的机制）对促进家庭储蓄具有显著影响。在任何情况下，对于这些机制是解决了承诺的问题，还是仅仅解决了计划和秩序的问题还不是完全明了。检验这一问题的方式是，给出一

---

[1]　这些储蓄俱乐部在拉丁美洲各城市广泛存在：CAF2010 年调查中约 80％ 的家庭反映使用某个储蓄俱乐部。

个仅提供这种秩序却不提供任何承诺的机制。例如，向储户发送短信提醒其向账户存款。通过这类实验收集到的证据显示，短信有助于储户实现其储蓄目标（Karlan et al，2009）。

目前没有明显证据证明，影响储蓄决策的每一个因素所占的比重，而证明这每一个因素对使用耐用品或现金等其他非正规机制替代金融储蓄的影响程度的证据更为缺乏。事实上，在这方面有一个正在实施的研究计划。就像在后文中看到的，对于通过不同机制进行储蓄所能产生的福利增量的例证并不是结论性的。因此，难以判断某一机制的组合是否效率不足。从本质上说，贷款也存在相似的问题：正规渠道在何种程度上可以成为非正规渠道合适的替代？这在很大程度上取决于家庭使用金融系统进行一般性的储蓄和交易所需的成本，以及储户对各机构的信任和对失去存款风险的评估。

在拉丁美洲存在多个旨在提高低收入阶层金融参与度的倡议，比如哥伦比亚的机会银行（Lozano y Gaitan，2007）和金融发展集团（COFIDE）在秘鲁发起的农村企业发展参与计划。这些倡议成功地提高了那些一直被排除在金融服务之外的，最贫穷的农村中各部门的金融参与度。尽管在本章所进行的分析中着重强调不同收入的各城市居民间的差异，但对该地区各国来说，更大的收入差异存在于城市居民和农村居民之间。因此，同针对城市地区的措施相比较，旨在提高农村地区金融参与度的措施能更有效地调整分配结构，其社会意义也更为明显。

最后，从金融服务可获性（不仅包括正规储蓄服务可获性，也包括正规贷款服务可获性）来说，有证据表明，各类金融产品的市场营销可能也是十分重要的。Bertrand 等（2010）发现，各类金融产品的包装也许比利率更为重要。例如，把提供给南非消费者贷款数额的选择从 4 个减少为 1个，贷款需求的增长程度相当于将利率下调20%。Landry 等（2006）发现，在一次美国为慈善事业筹资而发行彩票时，上门销售的推销员的魅力比彩票本身的特点更加重要。这两个例子表明，家庭对于所提供产品的感觉会收到多种形式的影响。在很多时候，这些感觉会影响家庭对可供选择的各种正规和非正规金融产品的使用。

（二）对于福利的影响

正如第四章所评论过的，那些以家庭为单位的微型企业对公司活动的账目，以及为满足家庭需要而进行花费的账目的簿记常常仅进行细微的区分。这表明，从某种形式上讲，对小额贷款影响的评估具有多方面意义。因为贷款不仅减轻了对商务的现金限制（潜在的提高了家庭未来的现金收入流），还使得家庭消费计划更容易抵御收入的临时性变化而达到预期目标。

在这方面有证据表明，小额贷款在多个重要方面对于家庭产生了积极影响：Karlan 和 Zinman（2008）发现，贷款改善了借款人的福利，并将借款人保住工作岗位的几率提高了 11 个百分点。贷款还降低了借款人陷于饥饿或处于贫困线以下的可能性，提高了借贷人的收入和风险评级。Burguess 和 Pande（2005）发现，各类农村信贷机构返还的贷款比重提高 1 个百分点，可以减少贫困 1.5 个百分点。

总之，正如公共政策的其他领域，要想确定一项公共干预政策，如扩大金融服务的覆盖率，对于家庭决策和机会的影响并不容易。因为存在其他一些因素（如创业积极性），它们不仅与贷款可获性有关，而且还与创业成功率及消费或收入等其他福利指标有关。正因为如此，需要考虑对这一影响进行估测研究的可信度。在第四章中提到的 Banerjee 等（2009）近期进行的一项很有影响的研究表明，在印度海德拉巴邦一些贫困社区（随机选取）实施的一个小额融资项目，在 15 至 18 个月后，没有对这些社区的人均月花费产生任何影响，但是却带来了耐用品投资和创业的增加。不过贷款可获性的提高带来的影响是因人而异的：在项目开始时已经进行了创业的家庭加大了对耐用品的投资，同时它对非耐用品的消费保持不变；那些有着很高创业积极性的家庭加大了对耐用品的投资，同时降低了非耐用品的消费；那些创业积极性很低的家庭加大了非耐用品的消费。

这一实例显示出，贷款使得各个家庭能够在时间上更好地对消费进行分配，从而更好地实现其预期计划。但也要看到，这些计划可能因家庭或个人的不同而存在很大差异。因为不同家庭或个人在进行自主创业时的积极性是不同的。因此，这也凸显了小额贷款总体上既可以当做生产贷款又可以当做消费贷款使用的事实。

这也表明，金融服务供给体系的某一部分存在效率低下的问题，因此当金融服务更贴近民众时，能够带来福利的改善。令人意外的是，这一判断也表明，对于低收入阶层来说，正规金融工具和非正规金融工具间存在一定程度的相互替代关系。这两种工具构成的金融服务组合也未必能够满足家庭的所有需求，因此仍有改善的空间。

尽管关于这一问题的绝大多数的直观例证都涉及贫困家庭，但有理由相信，贷款紧缩对于其他收入阶层来说也影响重大。例如，在 CAF 资助完成的一项研究中，Solis（2010）证实，在智利一项旨在为青年教育贷款提供更大便利的公共项目对提高大学学业的完成率产生了显著影响（见专栏 5.1，267 页）。同样，有证据表明，在发达国家向青年提供房贷的便利能够提高青年的地理流动和社会层级流动的可能性（Martins y Villanueva，2006）。Kubrin 和 Squires（2005）也以相同的方式证实，在美国西雅图的各个社区中，提高房贷覆盖率可以降低犯罪率：房产所有者较多的社区也是公共场所维护、各类服务提供、甚至是治安状况较好的社区。

估测储蓄对于家庭福利的影响时遇到的最大困难之一就是，该影响是通过多种方式产生的，而正规金融手段和非正规手段之间的相互替代可能是出于难以衡量的原因。事实上，多项研究都集中在干预政策对储蓄水平的影响，但这并不能排除在现实中观察到的一种储蓄手段被另一种手段替代的可能性。例如，Burguess 和 Pande（2005）发现，各类金融服务可获性有助于减少贫困，但他们无法完全区分贷款和储蓄各自所起的作用。此外，Aportela（1999）证实，1993 年起在墨西哥推广的旨在提高低收入家庭储蓄的"全国储蓄支持"项目，大幅提高了正规储蓄工具的使用。但同时，似乎没有出现非正规储蓄工具被大量替代的现象。近期另一项研究（在专栏 5.2 中将详细描述）表明，在阿根廷，放松对一组人数众多的低收入信用卡持有者的一项贷款限制，使他们更有可能降低消费的时间波动性（Ardissone et al，2010）。

不管是在学术研究著作中，还是在公共政策的讨论中，关注的焦点一般都在社会最贫困阶层金融服务可获性方面。但是有证据表明，中等收入和高收入阶层正规金融服务的使用水平也很低，这些阶层金融服务可获性的提高也会对其福利改善产生显著影响。

专栏5.1　智利的各类贷款限制

2006 年，智利开始实行一项旨在资助中学毕业生攻读大学的贷款项目。这一项目的引入是为了提高在传统大学体系中获得学业资助的机会，同时也提高私立大学系统的入学率并监督其办学质量。这个由国家联合各大学教育及金融机构推出的项目，负责提供经国家和各大学担保的教育贷款，由受资助的学生在毕业并进入劳动市场后开始偿还。要想被项目选中，学生应满足以下三个条件：（1）来自低收入家庭；（2）在质量监督委员会认证的教育机构注册；（3）在大学入学考试中取得 475 分及其以上的成绩。

以 2002 年至 2010 年的数据为基础，索里斯（2010）借助这一项目的实施评估了那些渴望进入大学的青年是否遇到了各种贷款限制。该研究工作比较了 2006 年项目正式启动之前和之后，收入相似且大学入学考试成绩在 475 分左右的学生进入各大学的情况。这一研究方式的设计能够较好地处理相关文献中经常可以看到的两类问题：样本的选取方式和所选样本的能力。

比较是按高、中、低不同收入学生群体进行的。对于中低收入学生，研究发现，项目实施后，在大学入学考试中获得 475 分左右的学生的入学数量出现了跳跃式增长。换句话说，在 2006 年后，那些刚刚超过项目要求的分数线的学生的入学数量出现加速增长。

项目引入之前，475 分左右的学生的入学数量大体保持稳定。而在项目实施之后，略超过 475 分的学生数量大幅增长：其中对于低收入学生，这一增长高达 100%；对于中等收入学生，增长达 60%；而对于高收入学生，这一跳跃式增长并不存在。在当时，项目执行前后出现的分数线附近的学生入学数量的变化被解读为中低收入的学生确实面临取得贷款的种种限制，通过实施国家担保的贷款体系，能够在一定程度上放宽这些限制。

来源：以索里斯（2010 年）研究为基础制作

专栏 5.2　阿根廷消费波动的缓和与金融服务可获性

根据永久收入理论，家庭消费取决于其永久收入。永久收入包括现期收入，以及对未来收入的预期。在不存在现金约束的条件下，家庭只有在收入发生出乎意料的变动时，才会调整其消费，因为各种可以预计的变化已经被考虑在消费计划之内了。相反，在考虑贷款约束的情况下（p. e，Deaton，1997），家庭无法将未来的收入提前用于消费，因此消费必须适应可预计的及不可预计的收入变化。

Ardissone 等（2010）利用阿根廷一家面向低收入客户的金融机构提供的一个独一无二的数据库，研究了当贷款额度发生外源性变化时，信用卡消费模式的变动。利用这一数据库，阿迪松等人还分析了家庭是否真的受到各种现金约束，以及融入金融体系是否能在一定程度上克服这些约束，并由此减轻家庭消费的波动。

这一数据库包括了该金融机构 2006 年初至 2007 年底约 7000 名客户的信息，并在每个客户特征（性别、年龄、工作状况、地区等）的基础上汇总了支出特征、额度使用、超期还款情况、购物限额等 148 类变量。这些客户中的大多数并不属于阿根廷居民中最贫困的三个阶层。

研究上述数据得出的第一个结论是，31% 的客户利用银行提供的信用卡来减轻消费的波动。也就是说，每月只偿还其债务的最低还款额（占 15%），或者由于其金融工具中不包括最低还款额，只能经常性地将还款拖到下个月（占 16%）。通过使用某种金融工具，相关家庭在一定程度上克服了其现金制约。然而这些数据透露出，尽管这些家庭能够使用信用卡，但仍面临现金制约。

在所研究的时间段中，该银行客户的贷款额度发生过两次重大变动。一次发生在 2007 年底，当时所有客户的贷款额度都被统一下调了 64%。面对这一变化，相关家庭将其消费缩减了 20%—50%。

第二次突变发生在 2008 年 8 月，当时为应对阿根廷通货膨胀，银行有区别地提高了所有客户贷款额度。额度的提升幅度视每个客户的信用记录而定，平均提升了 14%。在这种情况下，消费提高了 5% 至 30%。

正如这一研究所展示的，贫困家庭受到现金拥有量的严重束缚，这使得它们不得不将消费调整到与现期收入相适应的水平。而获得贷款工具能够在时间上减轻消费的波动，并改善福利。

来源：以 Ardissone 等（2010）研究为基础制作

五　支付方式

金融服务可获性可以成为一种进行收支交易的有效工具。与其他手段相比，其成本可能更低，安全性更高。为了初步描述拉丁美洲有关城市对不同支付手段的使用情况，表 5.7 显示了 CAF 所调查的城市中，居民对于上述工具的了解程度。调查表明，居民对于通过支票、借记卡和信用卡提供的支付服务了解程度相对较高：接近 80% 的居民接受支票作为支付手段，约 70% 的居民认识借记卡和信用卡；但是仅有不到 40% 知道账户自动扣款这一方式。这一比率在本地区的不同城市有所变化，但总的来说，对上述每种可选手段的认识水平较平均值变化不大。

表5.7　对各种支付手段的了解情况（比率）

城市	支票	借记卡	信用卡	自动扣款
布宜诺斯艾利斯	90.2	93.8	92.2	58.3
科尔多瓦	65.6	81.4	89.6	40.0
拉巴斯	52.8	35.1	33.3	16.4
圣克鲁斯	49.9	37.5	27.2	14.4
里约热内卢	93.8	95.7	96.8	80.3
圣保罗	96.5	96.2	96.2	84.8
波哥大	75.7	76.1	68.2	32.0
麦德林	69.9	60.6	42.1	17.8
瓜亚基尔	90.5	65.0	58.2	24.0
基多	81.7	58.0	53.2	25.6
巴拿马城	77.2	70.8	59.8	32.5
阿雷基帕	59.2	32.9	46.3	12.8
利马	69.7	56.8	65.0	21.0
蒙得维的亚	88.8	74.9	90.5	57.6
萨尔托	85.5	51.3	84.0	38.1
加拉加斯	93.7	95.2	90.7	52.2
马拉开波	94.7	89.8	77.0	36.4
平均值	78.5	68.9	68.8	37.9

来源：CAF（2010a）。

此外，表5.8显示了使用不同支付工具的居民比率，表5.9（见272页）给出了使用频率最高的工具。尽管支票是接受程度很高的支付手段，但居民中在现金之后使用最广泛的手段是借记卡。对于客户以及金融系统来说，借记卡与支票功能相似，但成本较低。对于收款方来说，这一手段风险也较低。在巴西、哥伦比亚和阿根廷等国，借记卡的使用率很高。这些国家政府大力倡导，推动中央政府通过电子手段实施各社会项目下对有关家庭的转移支付。在巴西，联邦经济银行正在将1200万有条件现金转移支付项目的受益者转到"家庭证券中心"中，通过电子方式将转移支付款项划到这些家庭的银行账户上。这些账户还可以向各受益人提供一系列服务，其中包括能够与维萨卡兼容的借记卡。哥伦比亚通过农业银行的移动代理和电子卡提供"家庭补贴行动"。在阿根廷，家长计划和家庭项目的补贴都是通过电子转账方式提供的（参见 Pickens et al，2009）。在委内瑞拉玻利瓦尔共和国，借记卡使用频率较高应部分归功于当地获得正规银行账户水平比地区平均水平高。

表5.8　各支付手段的使用情况（比率）

城市	支票	借记卡	信用卡	自动扣款
布宜诺斯艾利斯	2.56	22.15	11.93	3.58
科尔多瓦	1.51	22.24	21.40	1.34
拉巴斯	10.86	11.72	5.69	1.72
圣克鲁斯	3.16	7.49	2.00	0.00
里约热内卢	11.86	37.11	27.32	4.30
圣保罗	10.54	37.46	24.08	5.02
波哥大	8.78	34.25	12.22	1.89
麦德林	6.86	22.20	5.23	0.90
瓜亚基尔	10.67	4.34	3.07	0.72
基多	28.91	22.18	13.95	5.21
巴拿马城	10.68	19.20	7.35	6.68
阿雷基帕	7.67	9.37	9.88	1.53
利马	4.19	17.85	10.20	1.64
蒙得维的亚	8.32	13.64	32.61	6.32
萨尔托	5.01	8.68	42.90	2.50
加拉加斯	24.58	51.50	14.29	1.33
马拉开波	12.07	22.41	2.76	1.03
平均值	9.89	21.40	14.52	2.69

来源：CAF（2010a）。

表5.9　最常用的支付手段（比率）

城市	现金	支票	借记卡	信用卡	自动扣款
布宜诺斯艾利斯	90.67	0.33	5.00	0.83	1.00
科尔多瓦	94.00	0.17	2.83	2.33	0.00
拉巴斯	79.63	1.84	5.68	3.51	0.67
圣克鲁斯	95.69	0.33	2.49	0.66	0.33
里约热内卢	73.67	0.67	11.83	7.83	1.50
圣保罗	69.75	0.50	17.48	8.24	2.02
波哥大	74.26	0.33	15.68	2.81	0.17
麦德林	78.11	1.85	10.10	0.51	0.51
瓜亚基尔	84.74	4.31	1.00	0.83	0.33
基多	75.21	4.79	10.08	5.45	1.82
巴拿马城	86.50	1.83	7.83	1.83	0.67
阿雷基帕	89.48	1.00	4.17	1.84	0.67
利马	78.13	0.83	8.01	2.00	1.00
蒙得维的亚	88.85	0.33	2.33	5.32	1.66
萨尔托	85.48	0.83	2.34	10.52	0.33
加拉加斯	77.91	6.15	14.45	0.83	0.17
马拉开波	83.00	2.17	10.17	0.50	0.00
平均值	82.65	1.66	7.73	3.28	0.76

来源：CAF（2010a）。

　　有关政府利用各种机制对个人进行转移支付在一些情况下能够有效提高金融服务覆盖率。在墨西哥，政府向"机会项目"受益人提供金融服务银行（BANSEFI）的标准储蓄账户，其中约30%的受益人决定接受该账户（500万受益人中的150万），并最终将接受的转移款项的12%左右用于储蓄及进行投资，且在此后5年为其消费带来35%的增长（Gertler et al, 2006）。

一个明显不合逻辑的结果是，事实上 14.5% 的家庭表示使用信用卡作为支付手段（尽管只有 3.3% 的家庭将其作为最常用的支付手段），但仅有约 5% 的家庭表示使用这一手段进行贷款（表5.4）。这也许意味着，信用卡更多地是作为支付手段而不是作为信贷手段使用，这也可能是受调查者不将其作为贷款手段而是作为支付手段报告。不管怎么说，在乌拉圭、巴西等国，其使用范围似乎十分广泛；在阿根廷，其使用也较为广泛。但是，在本地区有关城市中，自动扣款手段的使用仍十分有限。

拉美各大城市中，在支付手段的使用方面最令人吃惊的现象是现金占主导地位。80% 的人表示，现金是其最常用的支付手段，部分城市这一比率超过了 90%。实际上所有城市这一比率都超过了 70%。尽管居民使用借记卡和信用卡等辅助支付方式，但仍用现金进行大部分交易，而这不仅在安全方面具有影响，甚至会影响部分支付的可验证性。

对于居民，特别是对社会底层的家庭来说，将金融系统作为支付手段使用可以作为居民银行化道路的起点。可以看出，银行化进程有助于家庭储蓄水平的提高，这在中长期能够带来生活水平的提高。这一进程对贷款的影响并不十分明显，但可以设想，对于那些渴望获得但还没有获得贷款的人来说，拥有一个银行账户能够产生有益的影响。

总的来说，家庭使用金融系统进行支付在拉美国家仍是十分有限的。作为对借记卡和信用卡等被广泛接受的手段的信息补充，表 5.10 给出了熟练使用互联网进行交易的居民比例，及其进行的交易类型。该表表明，很少一部分民众为进行交易而使用互联网。也就是说，只有平均不到 10% 的民众进行交易。加拉加斯市是一个例外，该市接近 30% 的居民使用这一手段进行金融操作。另外，总体上这类使用还仅限于查询银行账户等初级使用，只在很小的程度上用于进行支付和购物。很显然，这些数字与拥有上网条件这一因素密切相连，而这一因素在不同国家和城市变化很大。

在本地区通过支付手段的创新开启银行化拥有很大潜力，尤其是在考虑到使用金融系统进行交易的比例很低的情况下。在公共讨论中再次流行起来的创新之一是，使用手机向民众提供银行服务。国际上最著名的例子可能是肯尼亚最大的手机公司 Safaricom 实施的 M－PESA 系统，这一系统允许向手机账户储值和转账，并用所存款项进行支付。交易成本的下降对低收入家庭意义重大（CGAP，2009 年）。专栏 5.3 探讨了实行这类支付手段的几个主要要素，并特别考虑了拉美的情况。

表 5.10　使用网络进行金融交易情况（比率）

城市	余额查询	缴纳服务费	购物	汇出／接受汇款	账户间或向第三方转账	不使用
布宜诺斯艾利斯	6.5	5.1	1.8	0.5	1.8	91.2
科尔多瓦	9.1	6.4	1.7	0.3	1.7	88.7
拉巴斯	0.3	1.3	0.3	0.7	1.5	96.3
圣克鲁斯	0.8	0.2	0.3	0.5	0.5	97.7
里约热内卢	6.5	4.9	1.8	3.9	5.2	87.2
圣保罗	8.7	8.0	1.7	6.1	4.4	83.8
波哥大	13.7	10.7	3.0	1.5	5.8	81.0
麦德林	4.0	3.2	1.2	0.5	1.9	93.4
瓜亚基尔	3.5	1.8	0.3	0.3	1.5	94.8
基多	7.8	8.6	0.5	2.0	7.6	83.3
巴拿马城	6.1	3.2	2.0	1.0	0.8	91.2
阿雷基帕	1.5	3.0	0.7	2.0	2.8	91.8
利马	2.7	3.7	0.5	1.0	1.3	93.1
蒙得维的亚	4.0	2.2	3.7	0.8	2.0	91.6
萨尔托	3.5	0.7	1.5	2.2	0.5	92.1
加拉加斯	20.1	15.9	8.9	2.2	12.5	71.8
马拉开波	4.4	4.1	1.7	1.4	3.7	89.8
平均值	6.1	4.9	1.9	1.6	3.3	89.3

来源：CAF（2010a）。

专栏 5.3 推广移动金融服务的机会

使用移动电话获取部分金融服务是一项新颖的策略。目前全世界都在或多或少地使用它，为公司和个人日常交易提供便利、降低交易成本，并更好地融入正规银行系统。

一方面，称之为"增值服务"被用于改善客户与金融机构的联系方式。这些服务主要针对已经实现银行化的民众。一个能够说明这种情况的例子就是通过各金融机构网站提供服务的范围，以及这些服务扩展到手机的比率：拉美最重要的金融机构中有38%向其客户提供手机服务。在这种情况下，通过移动电话提供和发展各类金融服务旨在改善同业已存在的客户间的关系（提高客户忠诚度），及提高运营效率。那么，如何对待没有获得该服务的民众呢？

另一方面，转账服务提供了技术更新、成本更低、更能满足没有银行化的阶层需要的解决方案，其目标是使这些阶层接近正规金融体系。移动电话及其技术平台的快速普及，为提高低收入民众金融可获性提供了显著的比较优势。

从此意义上说，移动电话平台具有移动性强和覆盖面大等优势，这与花费高、保障复杂的银行网络的实体扩张形成鲜明对比。由于拥有一部带号码的手机是最重要的初期投资，这一平台的进入门槛较正规银行系统的门槛要低。这一平台最大的特点之一就是手机服务灵活多变，提供了更多创新的可能，而这也使得服务更贴近没有被银行化的阶层，因为它可以满足非常特殊的金融服务需求。

另一方面，移动电话最重要的优势也许就在于近几年其所覆盖的地域和人口有了大幅增长。这一增长在新兴国家，特别是拉丁美洲十分明显。从2001年到2007年，进入拉美的移动电话数量增加了200%。同样，可供选择的服务多样化使得这一增长不仅集中在高收入人群，也扩展到低收入人群。2007年，约60%的用户属于较低收入阶层。事实上，在本地区，每 100 名居民拥有固定电话的数量是 20 部，拥有移动电话的数量是 70 部。

鉴于移动电话覆盖广泛且适应性强，而正规银行系统缺乏深度，又十分僵化，可以参与推动的空间仍然很大。在拉丁美洲，移动电话的占有率近 70%。与此同时，仅有约 30% 的民众进入正规银行系统。对于贫困居民来说，这一现象更为明显，因为一般来说，这部分居民的金融服务可获性有限，并且是高成本、低效率，毫无特色甚至是不安全的。

通过移动电话可以提供多样的技术解决方案，以便使传统银行更贴近民众，从而使用户能够更有效地利用其有限的资源并提高资源生产率。这些服务包括商店、餐馆及其他服务机构中的移动支付、国内和国际汇款、现金管理，以及关于账户情况、储蓄和贷款运作的信息等。

在非洲和一些亚洲国家（比如菲律宾），关于这类服务的经验相对比较丰富。尽管拉丁美洲是移动电话占有率增长最快的地区之一，但在拉美这方面经验仍相对缺乏。

在拉丁美洲有以下几个例子：墨西哥和智利的移动银行支付（巴西也制定了计划），厄瓜多尔的一项国内和国际转账业务，其中仅需收款人拥有手机并能够使用相关机构的某种自动取款机就可以进行。关于非银行的各类移动支付手段，比较突出的是巴西"支付"服务的例子。这一服务允许贷款购物，而由此形成的债务独立于手机服务账单之外。同时，在巴拉圭刚刚终止了一个叫做"迪戈现金"类似服务。关于谁应该通过移动电话提供金融服务不是一个简单的问题。对它的回答取决于多个因素，其中比较突出的是每个国家的机构和法规框架。本地区的相关经验，甚至是世界范围内的经验都是多种多样的。各电信公司拥有技术平台和广泛的客户基础来推广金融服务（表 1 给出了 2007 年移动电话进入拉美部分国家的情况），但缺乏关于金融市场运行状况的信息和关于拟提供服务的相关法规信息，而各金融机构却掌握这些信息。看起来似乎当两种商务存在特点互补时，解决方案更多地在于集中力量、资源和知识，提供覆盖更广、能满足客户需要并与现行法规相协调的解决方案。

表 1　人均国内生产总值与手机进入拉美市场的情况

国　家	人均 GDP 美元（2008 年）[①]	手机号码的使用情况（2007 年）[②]
阿根廷	9885	110
玻利维亚	1173	42
巴西	4448	75
智利	6235	98
哥伦比亚	2983	89
厄瓜多尔	1745	80
墨西哥	7092	76
巴拉圭	1521	89
秘鲁	2924	77
委内瑞拉，玻利瓦尔共和国	5884	91

①2000 年不变美元
②手机号码数与居民人数的比率
来源：根据 CEPALSTAT（2010）和 Ontiverosetal（2009）研究制作。

表 5.11 给出了对这类倡议在本地区潜力的展望。此表给出了居民中通过手机进行金融交易的比率，以及表示当条件允许时准备使用这类服务的居民比率。

尽管平均只有大约 2% 的受访者使用移动电话进行金融交易（从科尔多瓦的 0% 到加拉加斯的 11.6%），但是 12.7% 的受访者回答称，如果条件允许，有兴趣使用这类服务。在一些城市这一比率超过了 25%，这意味着，对于这类服务的需求是十分重要的。可以期待，未来几年这类服务在本地区将更引人注目。

表 5.11　已通过手机使用金融服务和准备使用的情况（比率）

城市	通过手机进行货币交易	准备通过手机进行货币交易
布宜诺斯艾利斯	2.23	4.71
科尔多瓦	0.00	6.21
拉巴斯	0.67	27.07
圣克鲁斯	0.51	31.76
里约热内卢	1.76	7.71
圣保罗	1.91	7.06
波哥大	3.11	12.85
麦德林	1.02	7.22
瓜亚基尔	0.17	1.93
基多	0.99	12.94
巴拿马城	9.70	13.37
阿雷基帕	0.33	12.48
利马	0.68	11.37
蒙得维的亚	1.68	16.84
萨尔托	0.50	13.13
加拉加斯	11.59	23.56
马拉开波	1.52	6.06
平均值	2.3	12.7

来源：CAF（2010a）。

六　保险的价值

　　家庭面临着各种风险。总的来说，家庭成员的健康及工作状况，或家庭财产安全等都有可能受到不幸事件影响。它也可能会对家庭福利产生不利影响。表 5.12 表明，在拉美各城市中，家庭感到其所面临的最大风险是疾病，其次是交通事故，再次是各种财产被盗，最后是一家之主的死亡、丧失劳动收入和财产受损。一个家庭是否决定投保保险不完全是由家庭所认为的各类事件发生的可能性决定的，也取决于这些事件的影响和家庭对其的主观判断。例如，一个人感到他很有可能会感冒，但这并不一定会使他投保一份私人保险；但是如果他感到有可能会得一种十分严重的疾病，或者医治费用高昂的疾病，那么他寻求某种方式保险的可能性要大的多。因此，居民感到的各种风险的分布情况与其投保情况并不完全对应。

表5.12　居民感到各类风险的分布（比率）

城市	疾病	就业风险	家庭支柱的去世	财产丧失或损失	盗窃	交通事故
布宜诺斯艾利斯	69	37	16	12	50	36
科尔多瓦	58	25	9	3	39	16
拉巴斯	81	33	14	22	35	45
圣克鲁斯	79	18	10	8	37	27
里约热内卢	79	26	20	34	11	34
圣保罗	72	38	22	35	25	46
波哥大	86	49	51	58	52	56
麦德林	91	41	56	42	23	45
瓜亚基尔	83	28	35	36	42	47
基多	83	26	30	32	44	35
巴拿马城	85	25	46	43	18	48
阿雷基帕	74	13	10	14	38	57
利马	77	22	17	24	39	56
蒙得维的亚	64	37	31	28	53	46
萨尔托	78	25	19	30	58	56
加拉加斯	85	28	37	39	28	28
马拉开波	83	14	21	25	40	23
平均值	78	28	26	29	37	41

来源：CAF（2010a）。

关于疾病，各城市间的认知差异相对较小；在交通事故方面，各地表现出巨大差异。比如，在科尔多瓦市，只有不到 16% 的居民认为交通事故是主要风险之一；而在利马、阿雷基帕、波哥大和萨尔托，这一比率在 56% 左右。同样，调查样本包含的其他几类风险在各城市中也表现出不同比率。这反映出各地对风险的感觉不同，而这一不同又体现在家庭对于防范风险策略的选择上。

表 5.13 量化了居民对不同保险产品的认识程度，并得出，至少在识别方面，大多数居民知道存在一些针对其所面临风险的保险产品。特别是医疗保险和人身保险，对各类车辆保险的认知度也很高。尽管超过半数的家庭知道住房保险，但该保险产品在本地区仍较为陌生。各城市间关于各种保险产品的信息获取状况大体相似，只有拉巴斯、圣克鲁斯和阿雷基帕例外，这些城市中对各类保险选择的认识水平明显低于所研究的其他城市。

是否决定为上述每种风险都投一份保险产品，取决于家庭的预算约束和对各类风险发生可能性的感觉（并结合家庭所评估的每种风险的严重程度）。当然，供给条件和保险市场的监管是一个决定性因素，因为它在很大程度上决定可供选择的产品的种类及价格。另外起核心作用的因素是公共部门提供的保险。这类保险主要通过各类社保体系提供，经常要求在公共部门工作或者曾向社保体系缴纳一定数额的费用。随着公共医疗保险质量的不断提高，购买私人医疗保险的积极性就会降低。表 5.14 给出了每个城市每种保险的使用情况。

在对每种保险的认识及其使用之间存在明显的对应关系。尽管从这一信息出发无法就家庭的决策过程做出任何推断，但公共医疗保险是最为普遍的保险。其次是私人医疗保险，这一保险的使用比率远高于其他各类保险。这一现象至少与家庭认为疾病是其最大风险的情况是一致的。私人医疗保险同公共部门提供的医疗服务存在竞争，因此在公共医疗服务质量高的地方，可以预见私人保险的投保率较低。但是，在表 5.14 中可以看到一个有趣的事实，一些城市的公共医疗服务投保率很高，同时也有很高比例的家庭参与私人保险（比如波哥大、科尔多瓦和加拉加斯）。这说明，在这两种保险产品之间也可以存在一定的互补关系。

表 5.13　对保险产品的认知率

城市	公共医疗保险	私人医疗保险	住房保险	机动车险	寿险
布宜诺斯艾利斯	87.7	90.2	84.1	91.8	90.2
科尔多瓦	90.5	98.5	89.3	94.5	95.1
拉巴斯	75.8	47.6	15.7	31.8	39.1
圣克鲁斯	75.4	54.0	25.9	42.5	46.0
里约热内卢	74.9	84.6	82.5	94.0	94.6
圣保罗	85.3	93.5	83.8	95.0	95.8
波哥大	91.6	83.0	55.0	60.1	73.9
麦德林	89.2	71.7	43.6	52.2	65.6
瓜亚基尔	89.6	77.4	54.9	60.6	68.6
基多	80.2	60.0	24.1	52.9	60.0
巴拿马城	98.2	83.8	75.6	81.7	83.5
阿雷基帕	85.7	52.6	16.8	41.5	55.7
利马	93.5	73.7	34.7	57.8	68.4
蒙得维的亚	77.1	80.3	71.9	88.5	88.5
萨尔托	82.4	81.0	73.5	85.6	83.1
加拉加斯	99.5	97.7	71.6	91.2	90.3
马拉开波	97.2	95.5	71.5	85.5	85.7
平均值	86.7	77.9	57.3	71.0	75.5

来源：CAF（2010a）

除了可选择的各种保险的认知和使用间的关系，表5.14中得出的最重要的一点是本地区居民投保水平很低。仅有不到45.8%的城市居民表示拥有一份公共医疗保险，27.1%的人拥有一份私人保险，这可能代表了一国保险水平的上限，因为农村地区的保险率可能更低。

居民做出的投保各类保险的决定与其意识到的各类风险的组成情况基本上是相对应的。而最受家庭青睐的保险服务就是医疗保险。这与家庭以疾病、事故、偷盗（作为一种人身安全受到威胁的情形）为最大风险的认识密切相关。但是，民众的总体投保水平，特别是针对旨在抵御健康状况、工作状况等风险（也包括财产风险，尽管对低收入居民来说这一风险不大）的保险的投保水平明显偏低。这里给出的数字显示，在每100个家庭中，有55个无法享受公共医疗保险，而当公共医疗服务无法满足或者不足以满足需要时，10个家庭中有7个被排除在私人医疗服务范围之外。此外，每10个因事故或偷盗而失去汽车的家庭，有8个因为没有投保任何保险而无法部分挽回这一损失。

表5.14　各类保险产品的使用情况（比率）

城市	公共医疗保险	私人医疗保险	住房保险	机动车险	寿险
布宜诺斯艾利斯	31.3	32.7	11.8	26.3	25.8
科尔多瓦	56.3	43.8	9.5	21.5	36.7
拉巴斯	41.3	14.3	2.0	10.0	9.5
圣克鲁斯	34.1	13.6	2.0	10.9	6.8
里约热内卢	17.1	14.7	3.7	9.2	13.7
圣保罗	57.3	29.0	7.2	15.5	14.7
波哥大	41.3	58.5	18.3	26.4	31.8
麦德林	60.7	28.7	3.5	10.3	9.7
瓜亚基尔	26.4	10.8	1.0	5.3	9.3
基多	48.4	18.5	2.6	18.3	9.3
巴拿马城	77.2	23.8	6.2	23.8	30.0
阿雷基帕	48.3	14.0	0.8	12.3	14.6
利马	48.5	13.5	0.5	9.8	13.3
蒙得维的亚	17.5	31.1	7.0	27.8	15.1
萨尔托	29.7	31.6	7.0	33.1	14.0
加拉加斯	89.8	49.7	5.1	25.7	28.1
马拉开波	53.3	32.7	5.7	15.5	20.5
平均值	45.8	27.1	5.5	17.7	18.3

来源：CAF（2010a）

关于最贫困阶层保险服务可获性的文献常常强调，由于各贫困阶层工作和生活条件稳定性差（Dercon，2004a；Morduch，1994），收入难以保证（Lund y Nicholson），也由于其住房卫生状况不佳，更易受传染病的侵害（CAF，2007 y Case et al，2009）；因此这些阶层面临的风险要大于社会其他阶层。

　　甚至可以推断出，收入的不稳定可以转化为健康问题以及入学率和学习成绩的问题（Beegle et al，2003；Alderman et al，2002；Foster，2005）。总的来说，由于这些家庭没有能力妥善应对疾病、家庭"顶梁柱"死亡等外部事件造成的收入变动，这会给其福利带来长期影响（Dercon y Hoddinott，2004）。因此，贫困家庭常常需要更长的时间才能从这类意外中恢复过来（Jalan y Ravallion，2004）。此外，这些家庭在法律保护方面还普遍处于不利地位，而这一现象常常与家庭收入水平相联系（Field，2007）。

　　CAF2010 年调查提出，高收入阶层和低收入阶层对疾病风险的意识差别并不大。事实上，在一些城市，高收入阶层的疾病风险意识大于低收入阶层（见图 5.7）。

图 5.7　所选的每个拉美国家各收入阶层中将疾病称为
所面临主要风险之一的居民所占百分比

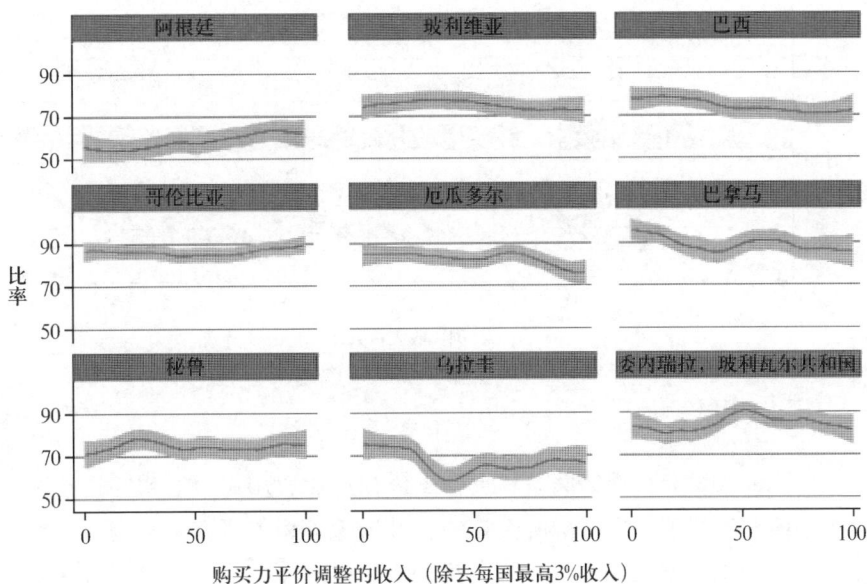

购买力平价调整的收入（除去每国最高3%收入）

来源：CAF（2010a）

　　但是，正如所预想的，高收入阶层私人保险的投保水平高于低收入阶层（见图 5.8）。表 5.15 列出了没有任何私人保险的家庭给出的不投保的理由。超过一半的受访者回答是"没有钱"；还有约 13% 的受访者表示保费太高。这似乎表明，本地区限制私人保险发展的最大障碍与可选择的各种保险产品的实际成本，或者感觉到的成本有关；还有一部分人（15.4%）表示没有投保是因为不需要；另有一部分人（12.4%）表示是因为没在意。这表明很多居民认为医疗保险并不重要，这在很大程度上与个人风险意识不高有关。

图 5.8　每个所选拉美国家收入分配各阶层投保私人医疗保险的情况

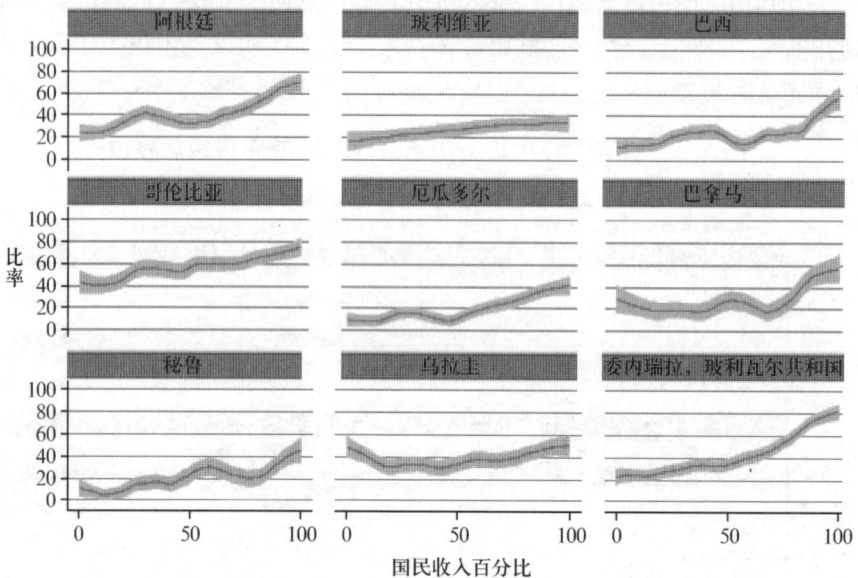

来源：CAF（2010a）

　　研究证实了非正规的储蓄和贷款手段被广泛应用。与此相同，各家庭也有一些非正规手段来抵御所面临的各种风险。相关研究文献表明，贫困家庭（也包括不贫困的家庭）通过多种方式应对风险，其中包括自我保险和各种集体分担风险的手段（Banjee，2004；Deaton，1997；Morduch，2006）。利用印度一个农村地区的有关数据，Townsend（1994）得出，各家庭使用多种个人策略来抵御所面临的健康状况和收入的突然变化，其中包括在不同地区开展农业活动、储备产品、买卖资产、向贷款人或流动摊贩借款、家庭内部借款和赠予。

表5.15 为投保相关保险的原因（比率）ª

城市	保费太高	不需要	没钱	没注意	其他
布宜诺斯艾利斯	14.0	14.9	59.4	8.5	3.2
科尔多瓦	11.8	9.4	69.4	1.2	8.2
拉巴斯	7.1	29.5	33.9	17.0	12.5
圣克鲁斯	5.9	6.4	57.1	21.0	9.6
里约热内卢	22.9	21.6	52.7	2.7	0.0
圣保罗	22.0	25.3	45.2	7.0	0.5
波哥大	7.9	5.3	47.4	36.8	2.6
麦德林	3.6	21.4	60.7	14.3	0.0
瓜亚基尔	2.4	13.0	79.2	5.2	0.2
基多	38.6	16.7	29.8	12.3	2.6
巴拿马城	7.4	8.9	73.2	8.4	2.1
阿雷基帕	26.1	13.7	34.0	19.0	7.2
利马	7.2	10.1	60.6	21.8	0.3
蒙得维的亚	20.1	22.2	42.3	11.9	3.6
萨尔托	9.2	15.1	61.0	11.5	3.1
加拉加斯	2.4	23.8	19.0	9.5	45.2
马拉开波	5.8	4.0	83.8	3.0	3.4
平均值	12.6	15.4	53.5	12.4	6.1

a/相关保险仅指医疗保险和寿险

来源：CAF（2010a）

Townsend 推断，尽管无法完全保证家庭消费，但各种非正规手段的结合能够达到一个很高的保险效果，特别是非正规贷款和各种赠予[1]。实际上关于这一议题的所有实证研究都运用农村地区的数据，大体得出了这样

---

[1] 其他关注这一议题，包括研究东南亚和非洲国家的这一问题著作包括 Jalan 和 Ravalion (2004)，Grimard (1997) 和 Ligon 等（2002）.

的结论，在上述环境下，分担风险最有效的手段是家庭内部和朋友间的借款和赠予（Udry，1994 年）。在这种情况下，公共政策面临的主要问题是通过金融系统提供的各种工具是否能替代非正规工具。

在一份恰好旨在回答这一问题的研究中，Gertler 和 Gruber（2002）利用印度尼西亚的数据，用实证得出，尽管各家庭通过调整消费，并辅以家人帮助等多种非正规的贷款来源，可以抵御较轻的疾病风险，但却无法妥善应对严重的疾病风险。事实上，这些手段只能覆盖 40% 的风险，需要采取干预政策并实施应对灾难性事件的保险系统来填补这一空白，以弥补非政府保险系统的不足。

CAF2010 年调查中包括几个与非正规保险手段有关的问题。调查询问了各家庭在遇到突发疾病或工作状况恶化等紧急情况时向谁求助，也询问了其是否在最近 12 个月中提供过这种类型的贷款。表 5.16 给出了表示将会求助家人朋友、银行、贷款人或者谁也不求助（可以假设，有自己的调整手段可供运用）的居民的比率。超过 65% 的家庭表示将向家人和朋友求助（各收入阶层都表现出这一相似的比例）。10% 多一些的家庭回答将会向银行借款，只有不到 2.8% 的家庭表示，将寻求贷款人提供的服务。接近 12% 家庭表示不会向任何人求助，这似乎说明这些家庭将通过缩减消费、负储蓄（金融负储蓄或变卖耐用品）或者提高劳动供给等方式进行调整。

表 5.16　在急需用钱时会向谁求助？（比率）

城市	家人，朋友和邻居	银行	贷款人	不向任何人求助
布宜诺斯艾利斯	68.6	2.2	0.9	19.5
科尔多瓦	73.5	7.1	0.7	11.0
拉巴斯	61.2	12.3	1.4	19.9
圣克鲁斯	69.9	7.9	2.7	8.2
里约热内卢	68.8	13.2	0.6	0.0
圣保罗	64.8	18.6	1.1	0.0

城市	家人，朋友和邻居	银行	贷款人	不向任何人求助
波哥大	68.7	9.2	1.7	10.8
麦德林	69.6	5.7	1.4	12.0
瓜亚基尔	70.8	2.8	3.3	14.3
基多	67.1	12.8	2.0	13.3
巴拿马城	67.8	7.6	10.2	10.1
阿雷基帕	63.8	14.3	0.9	15.9
利马	69.6	8.1	3.8	11.2
蒙得维的亚	55.3	13.2	2.5	16.9
萨尔托	40.9	35.8	3.8	13.8
加拉加斯	68.2	6.8	2.4	13.4
马拉开波	74.9	2.8	8.4	7.0
平均值	66.1	10.6	2.8	11.6

来源：CAF（2010a）

总的来说，不管是通过正规工具还是非正规工具，低收入阶层抵御风险的选择相对较少，这导致这些家庭在面对突发疾病或其他意外事件时，更有可能不得不减少消费。例如，在拉巴斯最贫困的五分之一家庭中，有30%表示在出现意外时，不会向任何人求助。而最富有的五分之一家庭中，这一比例仅有17.7%。同样，在加拉加斯，最贫困的五分之一家庭中的25.5%表示将直接承担费用，而最富有的五分之一中该比例仅为10%。所有这些都意味着，获得保险服务的困难可能会对分配产生重要影响。

另一方面，表5.17给出了最近12个月中借款给家人和朋友，并将借款作为非正规保险手段的一种有效运用方式的居民比率。在最近12个月中，超过14%的家庭曾借款给家人应急，11.4%借款给朋友应急，这意味着家人和朋友间的相互扶持水平很高；也表现出，不仅是对贫困家庭，对本地区各城区的所有经济社会阶层来说，非正规保险手段是十分重要的。

表 5.17　在最近 12 个月内曾借钱给他人应急的居民情况（比率）

城市	家人	朋友和邻居	没有借过
布宜诺斯艾利斯	9.7	9.3	82.6
科尔多瓦	19.6	7.4	73.5
拉巴斯	12.3	11.8	77.4
圣克鲁斯	11.0	10.8	78.5
里约热内卢	12.1	9.2	78.6
圣保罗	8.7	9.5	81.7
波哥大	14.2	14.5	73.3
麦德林	18.3	16.2	68.5
瓜亚基尔	6.5	5.5	88.6
基多	14.0	7.0	81.3
巴拿马城	17.2	19.4	66.4
阿雷基帕	16.0	11.0	74.3
利马	14.9	9.0	77.3
蒙得维的亚	17.8	14.7	70.0
萨尔托	12.1	7.7	81.1
加拉加斯	22.1	21.4	62.7
马拉开波	14.8	9.2	79.9
平均值	14.2	11.4	76.2

来源：CAF（2010a）

　　很遗憾，在拉美地区，特别是在城市地区，由于缺乏例证，很难回答这些手段与金融系统提供的各种手段结合，是否能够向家庭提供足够的保险服务，或是仍有改善的空间这一问题。从所列举的例证中的确可以推断出，尽管与较高收入阶层相比，低收入各阶层较少使用正规保险。但当低收入阶层的正规保险服务效率得以提高时，可能高收入阶层接受的服务效率也会提高。

（一）如何提高保险服务可获性

尽管关于保险的例证大部分来自对其他区域的研究，实际上所有研究都指出，各种非正规手段没有使低收入家庭完全抵御各种不可预见的事件或意外风险。关于中高收入家庭的例证十分缺乏。因此，很有必要找到合适的机制提高正规保险系统的使用水平，成为对已经广泛使用的非正规工具的补充。

已经提出，并已受到各国际组织的广泛关注和支持的一种方式（Skees et al，2004）是指数保险（index-based insurance）。其中，保险不受制于投保人所遭受的某种特定的事件，而是取决于一个与家庭福利密切相关的指数。在这方面最具代表性的例子之一就是在指定的一段时期内，当降雨被认为超出了适宜农业生产的范围，就对某组农村家庭进行补偿（比如，可参见 Gine 等（2007）。这类合同的优势在于极大地降低了核实投保人私下行为的成本，因此促进了偏远家庭保险服务的可获性。此外，可以看到这一机制对吸引贷款提高生产率也具有积极意义（Carter et al，2007）。另外，可以发现，可推断条款的引入有利于各种保险服务的使用（Radermacher et al，2006）。

这一例证所对应的是农村地区，同 CAF 所调查的城市地区相比，这些地区拥有的非正规保险机制效率相对低下。但是，在拉丁美洲的农村地区，这些经验可能意义重大。总的来说，保险公司、旨在提供小额信贷的非政府组织和公共部门在确定面向贫困社区，商业上可行的保险机制时都遇到了困难（Morduch，2006）。尽管在一些地区前景广阔，但本地区小额保险的经验仍相对缺乏（见专栏5.4）。

关于小额保险的例证表明，尽管小额保险合同的核心组成部分与一般保险合同一样，但由于其特别针对贫困居民，这类合同包括一系列重要的区别，如投保人一般没有银行账户，没有稳定的正式工作，教育程度较低等。这些要素影响了服务抵达目标居民的方式，而大部分影响在提供小额贷款时也存在。哥伦比亚机会银行的案例，或者同其他服务供应企业结成联盟向居民提供金融服务的例子表明，有必要思索一个不同的、更容易被市民接受和理解的经营模式（Radermacher et al, 2006）。一个有效降低保险公司管理成本的例子是一种无条件、无需体检就可以获得，保费合理、赔付金额相对较低的寿险，它在投保人死亡当天赔付30%的投保金额用于丧葬花费。这一产品原则上具有管理相对容易的优点，如果投保人的基数足够大，能够实现一大群人分担风险，这种产品在商业上就变得可行。

在针对低收入居民或高收入居民的医疗保险方面，很重要的一点是私人医疗服务的运营状况。因为如果所提供的私人服务是不恰当的或者质量不明，私人保险就无法起到应有的作用。另外，与此相关，高质量的公共医疗服务的提供不仅可能影响家庭投保正规保险的积极性，甚至还会影响家庭参与家人和朋友间的非正规机制的积极性（Di Tella y MacCulloch, 2002 等）。

专栏5.4　拉丁美洲的小额保险

在拉丁美洲，有1.13亿人年均收入低于3000美元，仅有不到7%的人投保了某种保险。但是，这是一个面对各种意外事件非常脆弱的群体。小额保险在这样一种风险环境中产生，通过定期收取保费向低收入人群提供保险。

尽管本地区小额保险的增长率低于发展时间更长的其他金融服务（如各种小额贷款），存在多个成功案例，为发展这一市场提供了经验。哥伦比亚的情况特别值得思考，因为它各行为主体融合的模式带来了发展的成功。在这一经验中，存在几个要素：政府的社会政策推动穷人通过机会银行和其他机构融入这一服务及其他金融服务之中；保持良好的保险市场监管环境，没有大幅收取服务费也没有控制风险溢价的价格；各公共服务公司（如CONDENSA公司）被当做重要的小额保险分配渠道使用，为各种收集保费的媒介（电子卡或智能卡、电信服务）提供技术支持，并推动制定降低分配成本和产品价格的规定。哥伦比亚的保险市场具有很强的竞争力，而这种竞争力显著推动了小额保险行业的增长。根据哥伦比亚保险公司协会（FASECOLDA）的报告，2007 年共发出 310 万份保单，这正是行业增长的反映。

本地区最成功的运作模式就是"合伙人–代理人"模式。其中各保险公司同小额金融机构、合作社或基础服务公司密切合作。在墨西哥，共享银行和 Finsol 在运用这种模式方面走在前列。共享银行每年举行一次公开竞标，不同的保险公司在产品和价格方面展开竞争，以便向该银行 60 万客户提供成本最低、最能满足其需要的小额保险。Finsol 同有限目标金融公司（SOFOL）以及阿尔格斯保险公司一起，向其贷款客户提供了一种不需要预先进行体检、保费低廉、最高赔付额达 3000 美元的寿险。这一保险在死亡当日即可赔付丧葬费用的 30%，其余费用将在之后三日内赔付。该保险使用集体分担风险的模式，确保在投保人因事故死亡时进行双倍赔付。该投保模式使其在实行的第一年就向 18 万贷款人提供了小额保险。

在本地区，合作社模式在覆盖风险方面也取得了成功。自创建以来，哥伦比亚的保险公司从 1970 年平均承保 41 家合作社及非政府组织，发展到 2008 年平均承保 1273 家单位，并向其 200 万成员提供保险。在保费总额方面，公司排在哥伦比亚保险公司的第 13 位。公司成功的根源主要在于，公司根据客户应对风险和再保险的优先需求而提供产品，并根据国际标准提供优质、高效的服务。

危地马拉的支柱保险公司通过 25 家合作社和多个独立非政府组织，成功向其 5.4 万名成员提供保险。公司在客户中取得成功的因素包括，公司选择对证券投资进行再保险；采取有效的发售会员积分的策略（包括抽奖、会员个人资料）；为续保提供特别优惠；建立有效的、能盈利的发售渠道；实现范围和规模经济。

这些合作社面临的主要挑战（由于其在保险方面缺乏经验）包括，经理的技能培训、应对未来索赔的储备基金的建立、技术支持、产品的再设计、信息处理系统的建立、新保单的发行、客户的教育、市场调研和保险统计表的发展等。尽管合作社在一些情况下取得了成功，但未来经验丰富、信息处理和风险控制系统发达的传统保险公司可能会加大进入小额保险领域。政府和其他参与者可以通过实施恰当监管（参见 Caceres y Zuluaga，2009），为风险分析、产品研发、居民金融、特别是保险方面的教育提供资金支持等方式来完善这一市场。

来源：根据 Goldberg 和 Ramanthan（2008）研究制作。

七 结 论

拉丁美洲的民众较少使用各种金融服务。从在正规金融机构中开办账户的角度衡量，从使用正规的储蓄、贷款或保险工具的角度衡量，或者甚至从使用金融系统提供的支付工具的角度衡量，同世界其他地区相比，本地区展现出较低的使用水平。这一点在第一章和第二章中都可以推断出。而在这里，特别是在贷款方面，可以得出的结论是，尽管收入水平在提高可获性方面具有重要意义，但是存在其他一些与机构和公共政策环境有关的因素，对居民可获性具有重要影响。这一现状包含的重要一点是，无法获得金融服务不仅是低收入阶层面临的主要问题，中等收入阶层，甚至在一些城市中，高收入阶层也面临这一问题。

正规服务可获性受到种种限制并不意味着家庭不使用其他种类的金融服务。本章中所进行的分析得出的最重要的经验之一就是，各收入阶层都在使用非正规金融服务，以满足正规服务无力满足，或居民无法获取正规服务来满足的需要。各界希望能够以更低的成本向家庭提供一种与非正规服务相同的（或更好的）服务的正规服务，但同时希望这种服务设计恰当，在商业上可行，不需要国家补贴。这也成为公共政策关注的焦点。

鉴于目前在认识制约金融服务可获性和使用的最大瓶颈方面仍存在许多空白，有必要推广一种对各种创新的影响进行评估的文化。不仅从社会角度来看，从私营部门自身来看，这些创新都是十分有益的。通过这种方式，私营部门能够找到商业上可行的新模式，从而扩大其业务的覆盖领域和范围。

表 A1　金融服务获取水平指标的比较：2010 年安第斯促进会调查和
Honohan2007 年研究中在一家金融机构开户的居民比率变化

国家	安第斯促进会（2010 年）两个城市	Honohan（2007 年）全国总体
阿根廷	42.5	28
玻利维亚	34.9	30
巴西	70	43
委内瑞拉	49.2	41
厄瓜多尔	51	35
秘鲁	38.5	26
委内瑞拉，玻利瓦尔共和国	70	28

来源：CAF（2010a）和 Honohan（2007）

第六章　公共银行：可行性、
分割与公司治理①

一　前　言

在鼓励金融部门促进贷款的更大可获性方面，国家应该怎么做？在讨论面向实现这一目标的公共政策时，人们习惯于强调国家必须创造一种有利的监管环境，并以此作为推动私人银行实现这一目标的最佳方式。在政策建议方面（尤其是在20世纪90年代以后，其主要特征是推动拉美国家金融部门的私有化进程和开放），往往强调国家在巩固和加强银行及金融监管体制方面的主要作用。因此，一直不存在国家通过公共银行对金融部门进行直接干预的理由。

然而，2007—2009年发生的深刻的全球金融危机表明，在信贷匮乏的时候，公共银行也可以发挥重要作用。尤其是在智利和巴西等国，公共银行与私人银行为战胜此次危机而共同努力，这一经历再次提出了以下问题：国家可以对银行进行直接干预吗？如果可以的话，是否存在某种对公共银行进行干预的更为合适的方式？国家是作为直接运营者参与，还是通过更好的监管和/或其他间接手段来解决信贷分配的问题？市场的哪些潜在缺失是国家应该通过公共银行来应对的？如果政府为了改善信贷分配和金融服务供应而决定直接运营一家银行的话，那么可显著提高效率的监管、制度及公司治理方面的要素有哪些？

为了建立一个能促进国家作为贷款和其他金融服务可获性的负责任的推动者的分析框架，回答以上问题是很重要的。实证表明，尤其是对于拉

---

① 本章由 Michael Penfold 负责撰写，获得了 Fernando Alvarez 和 Ricardo Suarez 的协作与支持。

美国家来说，国家对金融部门进行直接干预并不总是成功的；相反，公共部门的干预往往伴随着一系列不容易纠正的扭曲。一般情况下，公共银行在信贷分配方面的效率较低（La Porta et al.，2002）。因此，其经营业绩往往不如私人银行。表现相对不佳的原因是多方面的：更高的改革成本、与选举周期相联系的政治压力及更高的拖欠率（Micco et al.，2005）。然而，这一结果并不一定会使公共银行的实际存在消失；与此同时，这些机构通常有无法根据其经营业绩来专门衡量的更为广泛的职责。此外，总体来说，有关拉美国家公共银行的研究并不承认其中介结构和内部制度性因素存在巨大的差异，然而，它们对于其能否有效履行职责却可能起着非常重要的作用。

本章的目的正是为了帮助回答其中的一些问题，并试图确定问题的关键要素。首先，对能证明国家直接干预金融市场发展具有正当性的公共政策的可能原因展开讨论①。正如下文所要探讨的那样，正当性的理由是有限的，而且似乎只有在创建某些公共银行时才会出现，尤其是那些承担开发银行角色的公共银行。然而，即使政府决定运营公共银行，这些机构的成立也不能保证成功。有助于成功的三个要素是：制定公共银行的主要职责或战略目标（与特定的市场失灵有关的）；本国现有的独特的监管质量；公司治理（监管者与所有者之间的合法分割、信息披露、董事会的独立性及对账表机制，等等）的特点和程度。所有这些要素相互作用，以确保公共银行实现良好业绩，超越创建时确立的目标。

实际上，确立适当的战略目标有助于明确机构的职能，而且根据这一职能，就有可能设计具体的评价指数，与财政可持续性一起，真正有助于业绩的衡量。金融监管的质量以及对国有金融机构及非国有金融机构进行监管的法律，也是确保它们满足监管要求以实现其可行性和透明度的关键要素。最后，良好的公司治理也可以增进股东（这里指国家）和领导行政管理的高级管理人员的利益。正如下文所要陈述的那样，虽然实现这些条件不是一件容易的事，但却是确保公共干预卓有成效的核心要素。

---

① 请注意，本章与第3章进行的有关促进中小企业信贷可获性的公共政策的讨论不同，后者的任务在于确定开发银行可以发挥的主要作用。

二 制度及规定：国家在何时进行直接干预是正当的？

有大量研究体制与银行体系发展之间关系的文献（其最重要的结果如专栏6.1所示），它们表明银行体系的发展是根据金融市场深化的程度和银行服务的可获性来衡量的。国家依法行使职能的质量的重要性、法规的起源（如民法或习惯法）及扩大政治权的影响等方面是经常被提及的重要因素（Haber y Perotti, 2007；La Porta et al., 1997）。另一项有关金融部门发展的研究也强调了监管的有效性不仅取决于公共政策的设计，而且还取决于国家的体制环境（Banco Mundial, 2008）。总体而言，在金融监管方面的最佳做法的实施及其有效性直接取决于所采用的体制框架的质量。

本节的主要目的不是阐述整个金融业的监管问题，除非是为了说明与国家作为银行的主人和运营者相比，监管是一种更好的干预形式。我们的目的不是为了提供金融部门监管的领域、方式及重要性等方面的指导，而是为了提供可以潜在验证公共部门通过国有金融机构进行直接干预具有正当性的政策[①]。此外，除了创建银行的官方理由，公共银行的运转还取决于本机构的自身的组织要素，如采用良好的公司治理实践可以有效解决股东、董事会及高级管理部门等机构之间的问题。

专栏6.1 体制与金融市场的发展

大量经验证据表明经济体制在金融市场的发展中占有重要地位。特别是，所有权的巩固有助于发展中国家金融市场的深化，在有关保护投资者权益及负责保证投资者权益的体制方面尤其如此，后者指司法独立（La Porta et al., 1997, 1998；y Modigliani y Perotti, 2000）。因此，在鼓励获取信贷及金融发展的必要资本方面，政府能尽到的最大

[①] 对这些问题的更为详尽的分析，请参见 Banco Mundial（2008）和 Barth et al.（2006）。

努力就是通过加强法治来促进和保护所有权。如果没有这些基本的体制，任何以可持续的方式扩大金融可获性的努力都将失败。

同样，有证据表明还存在其他对金融市场有重要影响的体制性因素，这里指政治和法律因素。政府任意行使权力可威胁到国家的合法职能，在对政府任意行使权力具有宪法约束力的政治体系中，其金融市场要比缺乏此类制度的政治体系中的金融市场更为发达（Barth *et al.*, 2006；Haber *et al.*, 2007）。因此，国家的法律传统似乎也是一个重要因素：具有习惯法传统（盎格鲁撒克逊传统）而非罗马天主教传统（拉丁传统）的国家，其金融市场的发展往往更为深化和多样化（La Porta *et al.*, 1997）。

政治体制类型对于金融市场的进一步发展的重要性的解释是经济学研究中出现的越来越多的一个主题。政治体制类型（民主的还是专制的）似乎是很重要的，因为它可以解释金融系统为扩大一般人群的金融服务的可获性所面临的压力（Haber y Perotti, 2007）。根据这一观点，在发展中国家，尤其是在实行专制制度的国家，政治权力的集中允许操纵金融机构，因此最终限制了金融服务可获性（Rajan y Zingales, 2003）。同样，利益集团操纵金融监管使其有利于自己的利益，以便以更大的政治忠诚及更少的选举竞争为代价获得经济利益。相反，在民主国家，政治权的扩大及较少的集中对于金融部门的开放和发展施加了额外的压力（Haber y Perotti, 2007）。

总体而言，通过本部分的详尽论述可以得出如下结论：促进金融市场发展的最有效的公共政策是与宏观体制因素（所有权及权力的分配，等等）和微观体制因素（监管质量）有关的。国家应同时推进这两方面的因素，努力推动监管改革，促进金融市场的发展，但是也要了解还存在对于实现目标有决定性作用的具有体制特征的综合因素。

资料来源：作者撰写。

20世纪90年代以来，由于许多拉美国家的金融体系因表现不佳而被私有化，并进行了一系列旨在加强监管的改革，所以公共银行已经失去了作为直接运营者的空间。私有化和加强监管的进程，在提高各国金融体系的资本化、稳定性和竞争力方面取得了重要成果。1970年，平均60%以上的银行信贷资产掌握在政府手中；而到20世纪90年代中期，这一数字已降到40%左右。进入新千年的2005年，这一数字进一步降到了30%左右。有趣的是，2009年这一趋势已被扭转，政府掌握的信贷资产略有增加，所占份额超过了35%（见图6.1）。对这一趋势的改变进行准确解释也许还为时尚早；它有可能是拉美私有化周期终结及国家强化其作为金融体系直接运营者的作用的反映；也有可能是此次金融危机的后果之一，它表明这些国家为缓解危机对各国经济产生的影响而采取了适当的反周期政策。然而，无论是何种情况，公共银行在金融体系资产总额中所占份额的增加不再是新鲜的事情。

图6.1　拉美地区公共银行信贷占信贷资产总额的比重[1]

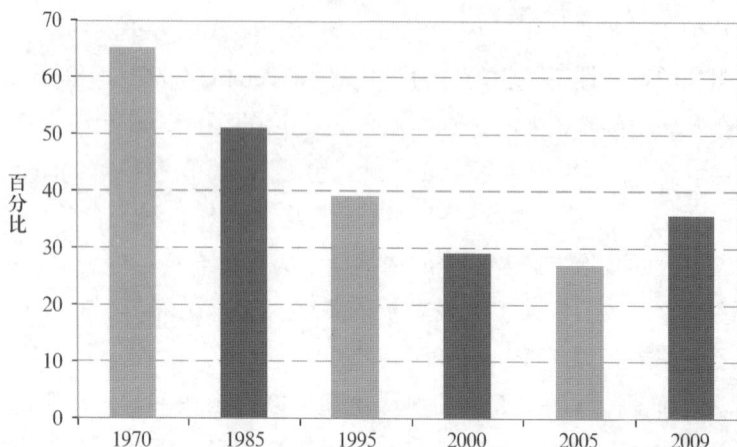

注①，根据阿根廷、巴西、智利、哥伦比亚、墨西哥和委内瑞拉以美元计价的信贷资产为基础计算得出

资料来源：以La Porta等（2002）提供的数据及2000—2009年期间的资产负债表为基础计算得出。

应当强调的是，拉美不同国家的公共银行规模有显著不同。如图6.2所示，在阿根廷和巴西，公共银行在金融体系信贷总额中所占比例分别超过了45%和40%。同样，2005—2009年，一些国家公共银行的参与已经显著提高。在委内瑞拉，公共银行参与度的提高也是显而易见的。到2005年，委内瑞拉公共银行占市场的份额只有2%，而到了2009年其所占份额已达到几乎20%。上述一些国家，尤其是阿根廷和委内瑞拉，公共银行参与度的提高反映了多次金融危机及近10年金融体系国有化的影响。而在巴西等另一些国家，公共银行参与度提高的进程则主要反映了其作为开发机构的作用日益提高。相反，在墨西哥和哥伦比亚等国，公共银行的重要性却在持续下降，而在智利，其公共银行占信贷总额的份额稳定在15%左右。

图6.2　拉美部分国家公共银行信贷资产占信贷资产总额比重的变化[a]

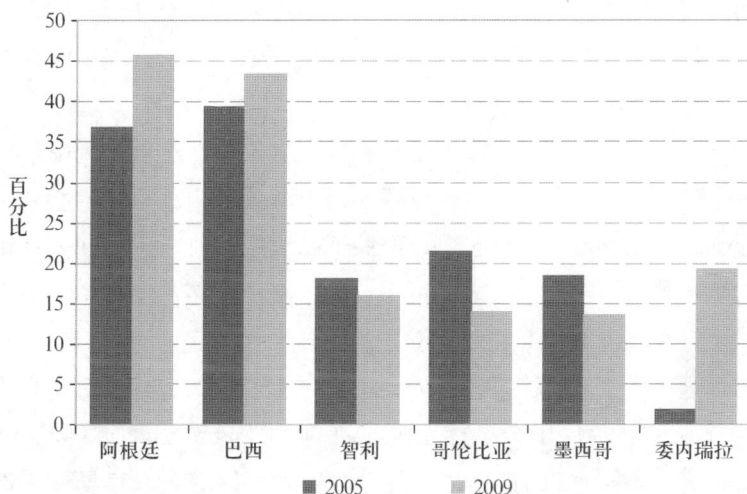

a/，根据美元化的信贷资产为基础。
资料来源：作者根据2005—2009年资产负债表为基础计算得出。

那么，哪些因素可以证明公共银行的存在是具有正当性的呢？第一个可用来说明公共银行的建立具有合法性的理由是市场的不完善。根据这一论点，发展中国家的产权制度不健全且交易成本较高，所以缺乏对私人银行扩大金融领域活动的激励措施（Gerschenkron，1962）。鉴于以上事实，这种发展主义理论认为，国家对于金融市场的萌芽及后来的转型过程都可发挥战略性作用。据此，没有国家对银行管理的直接参与，私人部门就会因体制脆弱导致可利用的资本稀缺，最终不能实现起飞（Gerschenkron，1962；Schleifer，1998）。

因此，国家就应积极干预以保证信贷的可获性并积极推动经济的发展（Stiglitz，1993）。尤其是在这些国家中，由于资本市场欠发达，私人银行提供的资金通常以融通利润率（márgenes de intermediación）高的短期资本为主，且主要针对大型企业（Titelman，2003）。因此，公共部门的干预在一定条件下有助于纠正这一趋势，使贷款更多地流向可获性较低的生产部门（MIPyME），提高长期信贷的期限，促进私人部门的投资（Titelman，2003）。然而，还存在一些与此战略相关的重要问题；尤其是，要确定金融市场发展到何种程度公共银行的存在才是必要的，公共银行的存在在多大程度上不会抑制资本市场的发展，以及一旦公共银行失去了存在的必要性，政府是否有从金融系统撤出的足够的政治动力。

这种理论最重要的一个影响是，在发展中国家，也就是说在产权制度薄弱及金融体系仍处在早期发展阶段的国家，公共银行存在的必要性更大（La Porta *et al.*，2002）。事实上，经验证据表明，收入水平和公共银行的存在是负相关的，在统计方面是很重要的。在产权制和金融体系欠发达的国家，也存在同样的相互关系。奇怪的是，同样的实证表明，公共银行的存在与远远落后于金融体系发展的经济发展水平有关，其经济增长率及生产力增长水平都落后于金融体系的发展（La Porta *et al.*，2002；Barth *et al.*，2006）。根据同样的证据，尽管公共银行可以在金融市场发展的最初阶段发挥重要作用，但是对于解决金融发展中出现的问题，它似乎并不是一种那么有效的工具。还应当指出的是，试图以不同方式衡量公共银行规模的进一步研究也得出了相似的结论（Levy Yeyati *et al.*，2004b）。

尽管主要与政治经济学观点有关，但是这一矛盾现象的存在有多种原因。最主要的原因是，公共银行有可能被其他为满足自身利益而最终偏离了金融机构的创建初衷的其他行为者所利用。例如，在选举年，政治家为了实现连任，可能迫使其他国有金融机构不顾客户的风险特点而提高信贷额度（Sapienza，2002）。实际上，公共银行可能被用作"选票购买"或

"利益购买"的工具，以实现政治家的选举目标，从而最终偏离了金融机构最初的经济目标并使金融资产出现风险。

相似的原因也可延伸到用来说明私人部门被利用的机制：经济集团可能与被迫为不同风险特征、不同潜力和不同盈利性的活动提供融资的公共银行发生冲突。东南亚一些著名的财阀是成功利用公共银行（以引导资本向促进积极的产业政策服务为理由）的多种经济集团的飞地，但在中长期内它们最终削弱了其可持续性并成为金融危机爆发的重要因素（Kang，2002）。在拉美，不同的经济集团在这种关系的掩护下成长起来，他们利用这一机制作为一种"公共利益"，以便在比市场更为有利的条件下实现杠杆化（Ross Schneider，2004）。最后，公共银行可能把信贷限额延伸至政府（没有更多的控制），这将增加宏观经济的不稳定性，因为它可能成为中央和地方政府赤字的优惠融资机制。在拉美，正如阿根廷和巴西在20世纪90年代的情况所揭示的那样，财政危机是与地区公共银行为地方政府的支出进行融资而滥用资金紧密相关（Stein，1998）。中央政府不得不对此类做法进行干预和限制，并解救地方银行，因而增加了负债，深化了这些国家的财政危机。

这些政治经济原因本身就可以解释，为什么一般情况下公共银行在信贷分配方面效率低下，甚至可能危及金融与宏观经济的稳定性。更重要的是，通常情况下，与国内外的私人银行相比，公共银行的改革成本和拖欠率较高，产品的更新换代率和盈利能力较低（La Porta *et al.*，2002；Micco *et al.*，2005；Haselmann *et al.*，2009；Levy Yeyati *et al.*，2004b；Levy Yeyati *et al.*，2007）。

经常被用来支持建立公共银行的第二个论据是它在降低信贷顺周期性方面的能力（Levy Yeyati *et al.*，2004a）。公共银行有可能被用作私人银行在因外部因素而使信贷可获性受限时的融资工具。2007—2009年全球金融危机期间，多个案例表明公共银行可以被有效用于这一目的。例如在巴西，当私人银行面对全球市场不确定而被迫减少信贷供应时，巴西国立经济和社会发展银行（*Banco Nacional de Desenvolvimento Econômico e Social*（BNDES））及巴西银行起到了提供信贷的稳定化机制的作用。鉴于该国际危机的严重程度，这种干预对于避免经济遭到进一步破坏是非常重要的。在智利发生了相同的情况，智利生产促进协会（CORFO）和国家银行为私人金融部门广泛放开信贷额度，以防止它们面对这场大规模的国际金融危机时进一步收紧信贷（尤其是针对中小企业）（参见专栏6.2）。

一些研究表明，实际上公共银行贷款的顺周期性小于私人银行，至少在发展中国家是如此（Micco y Panizza, 2006）。但是，目前还不清楚公共银行是否是降低信贷周期的合适机制，因为国家也拥有实现这一目标的政策工具。此外有证据表明，公共银行的存在降低了货币政策作为稳定化机制的效率（Cecchetti y Kraus, 2001）。值得注意的是，有关信贷的顺周期性，正如第二章所指出的那样，在周期的隐性阶段信贷的更大收缩往往发生在具有显著正外部性的特定部门，如小企业，它们恰恰构成了公共银行（尤其是开发银行）的目标部门。从这一角度看，在难以获得贷款的时代，传统的货币政策工具还有可能无法替代确保这些部门获得贷款的专业公共机构。

国家可以作为银行运营者进行直接干预的第三个理由是，必须保证所有人都能平等获得金融服务。因此，依据个人及地域平等的标准，一些条件可以阻碍私人银行扩大面向特定人口或特定区域（如农村地区或极端贫困街区）的服务，因为针对这些区域的服务成本较高，该区域居民或地区的可支配收入较低，针对他们的服务是无利可图的。在这种情况下，国家可以干预并建立专门面向这些人群和区域的银行。

专栏6.2　智利的案例：开发银行的反周期作用

2008年10月中旬，在全世界都遭受国际金融危机打击的时候，智利政府制定了一项旨在缓解危机有可能对本国经济造成的负面影响的计划。该计划重点扶持经济部门，尤其是信贷额度受到影响的中小企业。这些措施需要超过8.5亿美元资金，主要来源是通过生产促进协会（CORFO）和国家银行（BancoEstado）的融资。

该计划包括由 CORFO 出资 5 亿美元支持中小企业投资项目；批准成立针对小企业的"运营资本项目（Lineas de Capital de Trabajo）"，利用 CORFO 小企业家担保基金所具有的工具，拍卖一项 2 亿美元的运营资本项目；引进一项 1 亿美元的"非银行保理（factoring no bancario）"，以便为规模较小的企业提供新的运营资本融资，由 CORFO 负责分配实施这一金融运作的资金。

另一方面，智利参议院通过了一项用 5 亿美元对国家银行进行超资本化的议案，使小企业家担保基金（FOGAPE）增加了 1.3 亿美元。因此，国家银行的自有资本增加到近 15 亿美元，FOGAPE 的自由资本增加到 2 亿美元，由于国家银行的资本增加了 50% 以上，从而增强了为中小企业放贷的能力。

在智利政府实施的其他反周期政策中，应提及政府对中小企业的支持。2009 年，政府为技术合作服务项目（SERCOTEC）投入 810 万美元的额外资金，从而使小企业的原始资本增加了一倍；为社会投资和团结基金（FOSIS）项目投入了 240 万美元；还规定把税务负担的重新谈判的最长期限延长至 3 年；针对小企业家们想通过拖欠并从中得益的行为，政府下令立即停止任何针对他们的催缴付款或扣押的行为。

资料来源：拉丁美洲金融机构促进发展联合会（ALIDE，2009）。

电信部门（在确保偏远地区获得电信服务方面，该部门也有类似的市场失灵现象）已经设计了私人许可证制度，建立了资助私人部门的专项资金，它由监管部门直接管理以鼓励不同的运营商扩大向这些地区传输信号。同样，银行业可以为发放农村或农业①许可证提供特殊的便利条件，或者建立监管者与私人运营商合作参与的机制，以便银行拓展对这些地区和部门的服务。尽管没有关于拉美地区农村公共银行和农业公共银行的专门研究，但是某些国家的证据说明，这些银行有可能同样面对普通公共银行所面临的政治经济问题，而且不总是能为当初创建时所规定的特殊部门

---

① 还指农村小额信贷银行，事实上已经在发生，这种情况已在第四章讨论过。

提供服务。在这种形势下，私人金融机构的扩张与专门针对某些市场部门的小额信贷金融机构或私人银行的扩张一样，可以说明它们在满足这些人群的需求方面有了更大的灵活性和创新。本质上，这类问题的解决方案并不总是建立一个国有金融机构，而是使合适的工具与监管相结合。专栏6.3强调了哥伦比亚的经历，它表明为了获得成功，并不一定必须由公共部门采取措施，而是要实现公共银行与私人银行之间的互补。

专栏6.3　哥伦比亚的案例：公共和私人银行为提高偏远地区金融服务的可获性而相互补充

提高传统上不被关注的地区的覆盖率，一直是提高金融服务可获性的公共政策的核心战略。然而，历史上，传统银行对于向这些区域扩张没有多大兴趣，主要障碍是人口稀少以及居住在那里的家庭收入的减少。

近10年来，为提高传统上被排斥部门的金融服务的可获性，哥伦比亚政府采取了一系列战略，并已将私人银行作为这一计划的主要驱动者。为了鼓励私人部门的参与，政府将着眼点放在建立一个能用新渠道和低成本创造经济利益的监管框架。

非银行代理机构（Los Corresponsales No Bancarios），以下简称CNB（2006年7月7日颁布的第2233号法令）就是一个例子。通过这一新渠道，信贷机构就可以借助第三方（一般是商业机构）来提供服务，与他们的联系是通过预先获得授权的数据传输系统进行的。

私人部门在面对这一新的金融代理机构所作出的回应是其成功的关键。2007年6月至2010年7月，由私人银行建立的CNB数量占总数的比重超过了94%，这一事实表明，就金融体系的地区覆盖率而言，这些措施的影响是非常鼓舞人心的。

然而，私人银行的行为得到了公共银行的补充，他们也决定在农村地区开办分支机构和小规模的CNB。一个很好的例子是农业银行（Banco

---

Agrario）的案例。有证据表明，在哥伦比亚，在人口少于 3 万人的小市镇，像农业银行这样的公共银行比私人银行要多，甚至还有很多 CNB。总之，农业银行在小城镇的覆盖率高于私人银行，这是因为农业银行的逻辑是，如果不通过这种方式就无法为农村地区提供金融服务。

哥伦比亚的案例说明，虽然公共银行可以在促进偏远地区的金融服务可获性方面发挥重要作用，但是在适当的激励措施和体制下，私人部门也能参与区域扩张的过程，这一过程有利于过去被排斥部门的金融服务可获性。

资料来源：作者撰写。

然而，有必要强调，尽管为此目标而制定了监管措施，私人部门并不总是能满足具有重要社会经济地位的部门和市场的要求。尤其是在一些国家，私人金融部门既不能对收入最低的人群产生有效影响，也不能满足那些不属于被服务部门的企业，因此公共银行必须承担起先锋的角色。

在巴西，巴西银行是扩大非银行分支机构的主要推动者，主要目的是为了实现该银行对于城市和农村地区最贫困部门的银行化的战略目标。同样，在巴西，巴西银行和联邦经济储蓄银行已成为所谓"简化银行账户"市场的最突出的推动者，"简化银行账户"主要是针对低收入阶层，尤其是被纳入各种社会计划的用户。政府在建立一项称为"我的家、我的生活"的计划过程中，联邦经济储蓄银行也是金融体系中的主要推动者，该计划旨在召集地方政府、联邦政府、建筑公司及公共银行，共同促进最脆弱人群获得抵押贷款（见专栏6.4）。

因此，必须认识到公共银行在新市场的开发、渗透及新产品的建立方面可以发挥关键的领导作用。这并不意味着私人银行不能做（其实它们经常做），但值得注意的是，既使得到了监管方的许可，私人银行也并非总是愿意去做。出现这种情况有几个原因：这些新的市场存在较高的连带风险，由于缺乏信息导致监管方不能轻易通过改进法律框架而降低这些风险；可能是由于私人银行正在为其他更为有利可图的、及拥有更大发展潜力的市场服务，导致没有设计和销售新产品的市场中心；因缺乏基础设施和科技设施来实现合适的和有利可图的服务，导致这些新产品的销售需要付出很高的连带成本，等等。相反，具有明确职责范围的公共银行更愿意承担这些风险，甚至愿意承担新纳入服务范围的人群的商业开发所产生的成本。

专栏6.4　巴西的案例：公共银行必须改革

在拉美，有具体案例表明，公共银行已担当了革新者和开创者的角色。一个例子是，在向低收入部门渗透的过程中，公共银行起到了重要作用。拉美地区金融业发展形势的特点是社会排斥程度高、发展水平低，这是缺乏资金的人口实现银行化的重要障碍。目前，提高银行化水平对于渴望实现经济发展的国家是不可或缺的。为此，各国公共银行都已采取重要措施，努力改变现状，排除货币、地域以及阻碍公民参与金融市场等方面的障碍。

巴西的案例表明，各种公共政策的改革和创新的结果是成功的。2000年初，巴西政府制定了一项法律，允许金融机构聘用金融和非金融代理机构作为提供某些服务的工具，这成了非银行机构的成功模式。因此，从2002年开始，在巴西任何一个市镇都可以获得金融服务。目前，这些机构已成为提供这些服务的主要渠道，其数量已从2000年的63509个增加到2009年的149507个，大大超过了其他最传统的销售方式。

国有的联邦经济储蓄银行是建立CNB最多的机构。2000年制定了一项与彩票代理机构合作的计划，2003年制定了一个叫做Caixa Aquí的计划，开始在商业机构中成立代理人制度。目前，共拥有超过26200个代理机构，其中有10300个是彩票代理机构，共有16000个来自Caixa Aquí计划。

该制度的好处在于，这些非银行机构为没有银行的地区提供了金融服务，这些地区因资金匮乏而使得建立银行分行的成本很高。另一个重要方面是，这些机构向公众开放的时间多于传统的银行分支机构，此外，虽然一些地方设立了银行分行，但是它们仍可以发挥重要作用，因为人们认为它们比银行更友好，对缺乏资金的居民来说似乎门槛更低。

巴西政府的另一项创新是，2003 年建立了简化银行账户，以较低的维护成本为最受排斥的人群提供基本金融服务，其最终目的是为他们提供参与金融体系的机会。2004 年至 2009 年，在巴西中央银行注册的简化银行账户由 400 万个增加到近 1000 万个，增长率超过了 150%，以致于到 2010 年 2 月这一市场占到巴西金融体系账户总数的 7.5%，在简化账户的服务供应方面，联邦经济储蓄银行和巴西银行是这一市场的领跑者。他们最初是通过人民账户（Conta Popular）计划，后来是通过简易储蓄账户（Conta Caixa Facil）计划及家庭津贴计划来提供服务的。

资料来源：Nakane 和 de Paula（2010）。

最后一个理由是，为了保证外部性和由某些经济活动建立的溢出效应的出现，国家对银行进行直接干预是必要的。正如第三章所描述的那样，信息不对称可对金融体系的运作产生负面影响，降低那些具有巨大发展潜力的中小企业的贷款可获性。因此，为了解决这些问题，国家的直接干预是有正当性的。根据这一观点，鉴于在成功的情况下贷款对其他经济活动产生的积极影响，如果在分配金融资源时只考虑到私人利益，私人银行就不能提供某些经济活动（与研究、开发或创立企业有关的）应当获得的贷款。从以上论述中可以看出，专业公共银行可以为项目提供融资，虽然会面对更大的风险和更长的成熟期，但也会产生重要的溢出效应。这种银行，一般称为"开发银行"，它不仅需要具有融资能力还需要具有研究能力以便能够确定进行推广的部门、企业和特殊产品。在墨西哥，公共银行，尤其是国家融资银行有限公司（Nacional Financiera S. A. , NAFIN-SA），为能够满足那些不总是能获得大型私人银行服务的企业的要求，已经表现出极大的产品创新能力。事实上，正如第三章所述，NAFINSA 已设法解决了各种市场失灵现象，创建了一个进行融通的技术平台和有保障的市场，使中小企业能提前进行货单交易，改善其现金流动。这种革新促使墨西哥私人银行积极向这类企业渗透并提供服务。

可以得出结论，即通过特殊监管，私人银行有可能提供这种服务。但是，由于私人银行要寻求利润最大化，也有可能中止为这些活动需要的研究活动提供资金（Levy Yeyati *et al.*，2004a）。同样，也可以这样认为，通过财政刺激，有可能促进对这些部门的资金供应；但是，这些机制可能更难以管理，更易受到经济周期的影响，并可能助长腐败。以上所有原因，都可以成为创建更关注其战略目标的开发银行的理由。

在这类开发银行中，一个好的例子是智利的 CORFO。作为一个二级开发银行，CORFO 以推动新的具有竞争力的部门为使命，以促进出口尤其是中小企业出口为工作中心，实施了融资计划和技术援助计划以便鼓励创新、采用技术及建立新的企业。

从以上分析可以推断出，创立公共银行的理由是多方面的，政府建立的公共银行的范围很广。但是，有必要制定保证这些机构进行正常运转的制度。正如下文所要讨论的，必须对不同的公共银行进行分割，以避免犯对一系列具有明确分工的银行进行同等对待的错误。因此，虽然政府采取了对金融领域的更广泛的干预措施，但这些银行的表现也要取决于公司治理的特征。

三　公共银行的分割

公共银行习惯上被看成同一类组织（因为国家是它们共同的所有者），实际上还是应该根据其差异性进行分割（Calderón Alcas，2005）。此外，大部分试图对其表现进行考察的研究都把所有公共银行列入同一类型，而实际上它们是职责各不相同的组织。这一点尤其重要，因为正如上文所述，推动建立国有金融机构的理由不总是相同的（有反周期机制、出于平等或为了促进企业的发展而成为金融服务可获性的推动者），最终被组织的方式也是有很大差别的（零售的，或一级的和二级的）。

的确，不同职责与组织方式之间存在某种关系。例如，零售银行往往具有解决平等及可获性等问题的义务，而促进企业发展的职责则往往由二级银行承担。但是，有必要强调的是，正如下文所要阐述的那样，最好是根据公共银行最终进行组织的方式进行分割，而非根据职责进行分割，因为公共银行往往因政治及公共政策随时间推移而变化等原因而偏离其职责。

Levy Yeyati（2004a）已经认识到这一建议的重要性，因而尝试根据该金融机构所经营的资产和负债对公共银行进行分割。这些作者认为，公共银行可根据直接或间接吸引存款（负债）及直接或间接提供贷款的能力（资产）进行分割。尽管这些作者未证明这种分割是否有助于解释银行的不同表现（本章也不想尝试去解释），却阐明了这些区分的重要性。

正如上文所述，根据金融机构的职责进行分割是有可能的，例如，根据金融机构是否有明确的获得性方面的或促进企业发展方面的职责。但是，进行这种分割意味着低估新技术应用及资源配置等职责的重要性。一个零售公共银行很可能有获得性或实现平等的职责，但是这些活动与商业银行没有什么区别。此外，恰恰是由于有零售的特征，这些机构才会出现偏离其职责的风险或招致职责繁多的问题。

很明显，在零售公共银行与二级开发银行之间存在巨大差别。前者的功能如同吸引存款的私人银行，并直接通过贷款起到了中介作用，而后者为了努力实现开发银行的某种功能，必须通过其他金融机构来间接运作。列举公共银行表现不佳（在盈利性、拖欠及产品革新等方面）的经实证的文献，通常指的是这种零售银行（在拉美它们往往是最普通的、规模最大的银行）。还存在其他类型的、功能混合型的公共中介银行（bancos públicos intermedios），它们在吸引存款或直接或间接提供贷款的能力方面各不相同。这些公共银行，有些是为某些特殊经济部门直接提供贷款的机构，并不从公众中吸引存款。最后，仅以直接吸引存款和间接提供贷款（如一些农村储蓄所）为目标的公共银行也容易发生上文所述的偏离职责的行为。

有关拉美公共银行的大量研究试图确定公共银行的规模是否已经减小

了（私有化进程的结果）。但是，更重要的是要研究不同类型开发银行的专业化程度是否提高。换句话说，实际上，令人感兴趣的不仅在于相对于私人银行的公共银行的规模，更值得关注的是那些国家很可能进行干预的银行，其专业化程度是否在日益提高；或者相反，尽管公共银行的规模已经缩小，但是专业化的效果仍没有显现。下面介绍的数据恰恰是要预测是否存在这些趋势。

以拉美 66 家确定为开发银行①的公共银行为例，根据其专长进行分类，可以发现一个明显的趋势。如图 6.3 所示，拉美地区大部分公共银行的主要功能是以没有直接储蓄的一级开发银行为主，如阿根廷外贸和投资银行（Banco de Inversión y Comercio Exterior de Argentina）、委内瑞拉外贸银行（Banco de Comercio Exterior de Venezuela）以及墨西哥农村金融公司（la Financiera Rural de México），等等；此外，还有零售的开发银行，如阿根廷国家银行（Banco de la Nación Argentina）、哥斯达黎加银行（Banco de Costa Rica）、委内瑞拉工业银行（Banco Industrial de Venezuela），甚至还包括上文曾提及的哥伦比亚农业银行（Banco Agrario de Colombia）。

图 6.3　拉美地区具有开发功能的公共银行的分割（2010 年）

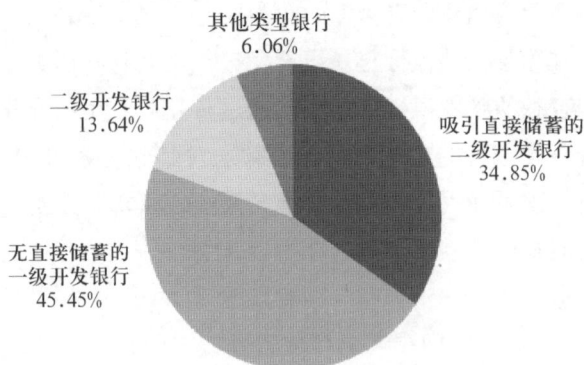

其他类型银行
6.06%

二级开发银行
13.64%

吸引直接储蓄的
二级开发银行
34.85%

无直接储蓄的
一级开发银行
45.45%

资料来源：根据网页 http://www.alide.org.pe/ 的数据绘制。

———————————

① 开发银行的案例既包括从 ALIDE 提供的资料中挑选出的银行，也包括该地区在其章程中规定了以促进发展为己任的其他重要银行。

要强调的是，在所显示的案例中（如智利的 CORFO、巴西的 BNDES、哥伦比亚的外贸银行和厄瓜多尔住房银行），只有不到 15% 的公共银行是专门的二级开发银行。这一较低的参与度表明拉美绝大部分公共金融机构直接参与了信贷分配机制。换言之，鉴于其重要性，与其他类型的银行相比，拉美地区二级开发银行似乎仍存在巨大的发展空间（Marulanda y Paredes，2005）。

开发银行专注于零售业务及作为一级银行的发展趋势可在绝大多数拉美国家得到证实；甚至在有些国家，开发银行已完全实现了专业化或几乎实现专业化，正如在拉美两个最大的经济体，即阿根廷和墨西哥所发生的那样，零售公共银行几乎垄断了整个零售市场；就第二种趋势（作为一级银行的发展趋势）来说，政府的战略核心是通过创立一级银行来促进发展（见图 6.4）。墨西哥的情况很有趣，由于没有零售公共银行，不管有没有开发的职责，阿兹特克国立银行（Nación azteca）的战略重点都显示了这一点。另一方面，在秘鲁、哥伦比亚和巴西等国，二级开发银行的积极参与已变得非常明显；在巴西，2009 年 BNDES 在金融体系信贷资产总额中的比重已超过 13%，为不同社会部门提供的贷款总额已超过 1510 亿美元。

图 6.4　部分国家具有开发职能的公共银行的分割[①]

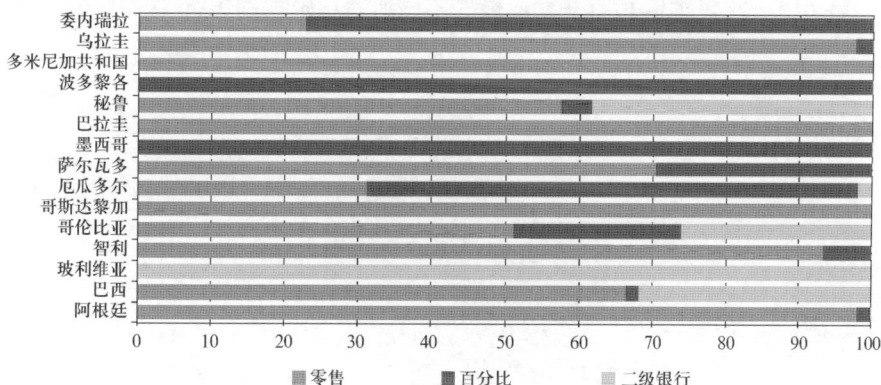

注①：根据下列国家中具有开发职能的银行的美元化的商业票据总存量计算：阿根廷、玻利维亚、巴西、智利、哥伦比亚、哥斯达黎加、厄瓜多尔、萨尔瓦多、墨西哥、巴拉圭、秘鲁、波多黎各、多米尼加共和国、乌拉圭、委内瑞拉。

资料来源：根据 2009 年资产负债表计算得出。

另一个有趣的事实是，被编入样本的一些机构，其主要职能是为促进本国发展所进行的研究提供经济或技术支持。这类机构占案例的6%以上，此外还有诸如智利技术合作服务（Servicio de Cooperación Técnica de Chile）、萨尔瓦多促进经济和社会发展基金等机构。这类机构是很重要的，因为对于当今的拉美地区来说，促进人力资本的提高和支持科技的发展是非常重要的，这类活动（将有助于提高这些国家的生产力和竞争力）是必不可少的。

在分析不同的金融体系时，另一个要素引起了极大关注，这就是出现了一些以促进本国经济和社会进步为其目标和职责的私人银行，以及一些由公共和私人共同出资而成立的银行。研究中发现的这一有趣的要素证明，通过发展金融体系而促进经济增长所采取的措施不应完全由政府执行，私人部门也可以为实现这一目标而采取直接行动。丰业银行集团旗下的智利开发银行（Banco Desarrollo en Chile）就是这一方面的例子。该银行是在支持本国低收入人群方面作用非常突出的私人银行，重点是为教育、住房、中小企业和小企业的发展提供资金。图6.5显示了拉美地区根据不同所有权进行的银行分割。

图6.5　拉美地区具有开发职能的不同所有权形式的银行（2010年）

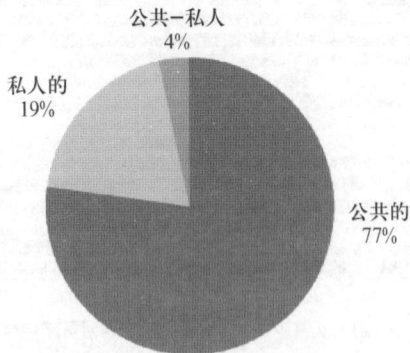

资料来源：根据网页 http://www.alide.org.pe/数据绘制。

分类完成后，确定具有开发职能的公共银行在每个国家金融体系内所占份额是很有趣的。图6.6的分析表明，对于几乎所有国家来说，公共开发银行在本国金融体系中的份额一般只占很小的一部分。有必要指出，对公共银行的规模进行衡量很可能会受到各种错误的影响，因为存在一定规模的二级开发银行的国家，因重复计算与零售公共银行的关系，有可能会过高估计它们的规模，而如果是为私人银行提供贷款，则会低估其规模。尽管存在这一问题，仍然可以确定，在巴西、哥斯达黎加和乌拉圭等国，公共开发银行占据了较大的市场份额，因为其信贷资产是整个金融体系贷款总额中的重要组成部分。

图 6.6　公共开发银行占金融体系中的份额[①]

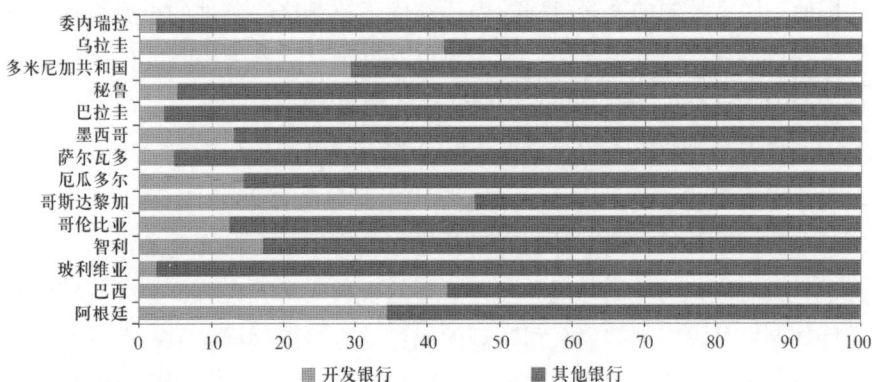

注①：以美元化的商业票据总存量为基础。
资料来源：根据 2005—2009 年资产负债平衡表为基础计算得出。

那么，公共银行在其职责范围内实现良好业绩的决定性因素是什么？其公共银行的成立具有理论依据的事实，或者政府将根据任何被认为具有战略性的目标而决定成立公共银行的事实，不能保证其在实现战略目标方面和金融可持续性方面获得成功。正如上文所述，公共银行很容易受到政治经济问题的影响，这些问题最终会破坏财政可行性，甚至会对其社会目标的实现造成负面影响。对于所谓的零售银行及一级和二级开发银行来说的确如此。为了回答这一问题，有必要着手解决某些体制上的问题，如金融领域监管环境的质量、良好的公司治理的特点，良好的公司治理可以使管理部门和股东（国家）联合起来共同实现金融机构的目标。

四　体制的质量与公司治理

有关金融市场发展的文献正确地强调了体制框架的质量是这些国家经济增长的关键因素，尤其是银行的监管框架。以监管框架为核心的体制质量和监管机构在技术和预算方面的独立性，是解释金融体系行为的主要因素（世界银行，2008）。不管银行的所有者是谁，这些因素都很重要，因为当银行的运作是在合适的体制及具有独立监管机构的条件下进行的，因此即使是国家控制的金融机构的表现都优于缺乏这些条件的金融机构。与私人银行一样，公共银行的业绩表现也取决于以运营为核心的体制框架质量的影响，这有助于其避免它们经常遇到的政治经济问题。

同样，尽管研究得很少，但是对公共银行来说，与公司治理有关的问题也是很重要的（Marulanda *et al.*，2010；Titelman，2003）。实际上可以推断，监管问题与银行内部的制度问题是相互作用的。在其他条件不变的前提下，具有良好的体制环境和公司治理的公共或私人银行，其表现将优于那些体制弱及没有强有力公司治理的银行。也可以这样认为，即一个具有良好公司治理的公共或私人银行，可以部分弥补监管框架弱的内在缺失（Titelman，2003）。不管怎样，就私人银行来说，公司治理的质量对其表现所起到的积极作用已经被广泛研究。

然而，在公司治理对公共银行业绩的影响方面的研究还很不足。就具有公共特征的金融机构来说（鉴于常常会遇到的政治风险），这类问题似乎更为棘手。公司治理可被理解成一系列规则，股东们（这里指国家）通过这些规则行使对银行的所有权和控制权。国家与管理部门分别行使所有者与行政管理者的职能，会产生管理方面的问题，这些问题不总是容易解决的（例如管理部门不总是根据国家的利益行事，而国家则有可能利用大股东地位获取有悖于小股东或企业权益的利益。）

就公共银行来说，所有权与控制的问题源自一系列扭曲和障碍，这些扭曲与障碍的存在导致与公共银行的公司治理有关的问题变得至关重要。首先，国家对公共银行行使所有权的权力经常是分散的，造成这种状况的原因是负责行使所有权的部门或机构缺乏专业化。这些部门之所以缺乏专业化，是由于国家因组织结构复杂，而分散履行其所有者职能造成的，因此不同的公共机构和组织可以同时代表国家的所有权。由于在谁代表国家方面缺乏透明度，因此公共银行的股东们很难对银行的管理进行监督，从而加剧股东、董事会和高级管理部门之间的管理问题。甚至，在缺乏明确的国有股东的情况下，所有权分散通常被管理部门所利用，他们根据自己的利益行事，并有损股东的利益。

此外，银行董事会和管理部门都能发现，企业因其本身的公共地位可能成为各级政府（中央政府、州政府或市政府）"赎回"（救助）的目标。这一简单的事实可能放纵缺乏职业道德的管理行为，也许会导致企业不履行其真正的社会和商业目标。换言之，一般来说，公共银行的管理部门受市场规律影响的方式与私人企业的管理部门不一样，因为它们在面对管理不善而造成的金融问题时有可能成为政府注资的目标，而且经常如此。另一方面，公共银行，尤其是开发银行，必须面对一个几乎不可避免的矛盾，即承担源自建行时规定的企业或社会发展目标的结果，它所造成的更大的风险与坚持对金融资产实施良好的管理之间存在矛盾。如果银行具有良好的公司治理，这种矛盾就可以得到更好的解决。

最后，如果国家，在缺乏公共管理并试图干预金融机构的日常运营时，可能利用（通过各级政府）银行作为政治庇护的工具。管理部门经常被迫偏离自己的社会、战略或商业目标，以满足政府的财政利益和被庇护者的利益，最终对银行的业绩产生负面影响。例如，政府有可能试图利用这类银行，从而提高经常性开支（通过招雇更多人员或提高贷款额度），或投资支出（通过实施严格来讲对于提高企业生产力并没有必要的投资项目，或者为政府的各种计划提供融资贷款）。换言之，为了满足其庇护或政治目标，国家可能干预金融机构的日常运营，损害其财务可行性，这并不符合银行成立时规定的职责。

因此，公共银行的公司治理目标应该是确保国家作为股东行事，使其将重点放在实现企业的经济和/或社会价值的最大化，而不是直接干预金融机构的日常运营；保证董事会和管理部门不利用（capturar）企业而伤害股东（在这里股东指的是国家）的利益，保证它们按照职责或所制定的企业目标，或社会目标行事；如果在银行内部有小股东，应保证他们获得平等对待，例如获得与大股东同样的信息；保证有一个独立的董事会，使其能确保银行不受政治压力的影响，提高管理部门的专业化水平。实现以上目标后，公司治理产生的直接利益将超过管理所产生的收益。这些利益包括提高金融机构的信用评级，扩大并使金融资源可获性变得更便宜。这方面的一个例子是秘鲁金融开发有限公司（COFIDE），该银行的管理制度规定，为提高银行在资本市场上的竞争力，必须将信用评级机构的投资级别作为主要目标。一旦明确了这一战略性目标，我们就可以理解公司治理对于获得评级机构的评级是很重要的问题（见专栏6.5）。

专栏6.5 秘鲁的案例：为提高信用评级而改善公司治理

秘鲁金融开发有限公司（COFIDE），是秘鲁重要的开发银行，它把推动放权机制下的社会经济发展作为其战略方针，通过创新的金融产品和企业服务满足特殊需求。此外，还努力使被排斥部门参与到市场和金融体系中。限制COFIDE行为的原则使其在公司治理方面达到了最优水平。因此，国际信用评级机构在对其股权结构、公司章程、董事会成员及高层管理班子履历、现有各委员会的规章制度、政策章程和条例及其他方面进行评估后，将其风险评定为投资级。

以上实践包含在COFIDE现行的好公司治理条例（Codigo de Buen Gobierno Corporativo）里，该条例由33条原则组成，同时还采取了如下措施：调整组织结构；实施人道的竞争管理模式，执行包括综合管理在内的绩效评估体系；为管理洗钱行为实行银行交易电子登记制度；制定继承计划（un plan de sucesión）；重新调整风险政策；制定关于公司治理状况的年度报告；董事会和高层管理人员在履行好公司治理守则的宣誓书上签字；及其他已完成的行动计划。

2005 年由于获得较高的风险评级，使 COFIDE 第二项代理债券的计划（Segundo Programa de Instrumentos Representativos de Deuda de COFIDE）得以成功实施，共发行债券 1.5 亿美元。该债券的发行促成了一个以新索尔计算的收益率曲线的形成，导致私人发行人对国内资本市场的更大参与，也促进了国内资本市场的进一步发展。这一事实说明，良好的公司治理对于金融机构及整个金融市场的发展都会带来巨大的好处。

　　资料来源：根据网页 http://www.cofide.com.pe 的资料编撰而成。

　　根据 OECD（2005）制定的国有企业好公司治理的框架，可以总结出一个好的银行在可治理性方面的一些关键的政策：1. 必须要有有效的法律和监管框架；2. 有明确的国家所有权职能；3. 平等的股东待遇；4. 信息披露和透明；5. 董事会的责任及其职能的行使。

　　与有效的法律和监管框架的必要性有关的层面是指如下措施，即确保法律不会混淆国家作为所有者和监管者的职能，同时国家还应对公共企业（这里指国有银行）被用作开发其他政府政策工具的过程中出现的利益冲突进行管理。法律框架还应恰当分离国有银行与监管者的不同职能，并明确规定这一类机构不能借助国家特权来获取高于其他私人银行的竞争优势，从而扭曲市场运行。为此，法律框架还应明确指出，监管者是金融部门的推动者并负责制定竞争规则，不应该在管理公共银行过程中滥用其作为具体公共政策的推进工具的职权。这一层面试图反映的问题是，监管者的独立水平、监管者与作为公共银行股东的国家之间的分离，以及公共银行必须与私人银行一样受制于同一监管法规。在可能的条件下，应避免建立专门针对公共银行的法律框架；可取的做法是公共银行应该与私人银行一样受共同的法律制约。这样做就使这些公共银行与私人银行一样，其股东、董事会、债权人、供应商及员工都能按照法律规定积极促进自己的权利与义务。

　　第二个层面指国家所有权的职能。关键是，对国有企业（这里指国有银行）行使所有权的机构应是明确易辨的，并通过股东大会和任命董事的方式为所有权的行使提供相应的制度保障。很多时候，国家对银行所有权的行使是分散的，如果不是分散的，相应的机构（部、代理处，等等）不能为行使这一职能而建立制度保障。有时，把所有权职能集中在一个不受预算束缚，或由单一部门管辖的统一实体内可能是合适的。如果做不到这一点，就必须有一个机构来协调与这些国有企业有联系的不同的公共机构的行为，并承担起所有权控制机构（UCP）的作用。在许多国家，特别是斯堪的纳维亚国家（丹麦、挪威和瑞典）、东欧国家（波兰）和欧洲的某些国家（比利时和法国），已经建立了专门从事这些问题的公共机构。这些机构有助于吸引稀缺人才，并能提供有吸引力的薪酬。甚至，在许多亚洲国家（中国、印度和越南）已经采取了这种方式。在拉美，只有秘鲁正在朝着这个方向推进，设立了国有企业活动融资的国家基金（FONAFE），一个对所有国有资产行使所有权的专门机构，这些国有资产包括国家银行。在该模式中，国有企业股份的持有者主要集中于单个行为者，因此是很容易识别的。

这一模式，尽管不完美，但比起那些监管乏力、对企业的国家所有权执行不力的部门内的模式通常要好得多，正是因为没有授予必要的权威、没有合适的人员，或分心于其他对于该部门具有战略意义而对于银行来说并不重要的职能上。换句话说，国家并没有专门的职能，因为所有权职能的行使或领域的分散，阻碍了与国有企业的公司治理有关的公共政策的发展。

对公共银行可治理性具有重要意义的第三个层面是平等对待股东。如果国家是公共企业的控股股东，尤其是在国家是银行的控股股东的情况下，应该确保在面对其他小股东时国家不会滥用权力（例如，通过追求与社会利益不符的利益、执行不当交易或改变资本结构，危害其他股东利益）。原则上，国家应该制定公平对待小股东的指导方针和原则，在如何执行这些指导方针和原则方面国家尤其应该作出努力。如果这些机构认为改变资本结构是必要的，那么这一做法对于提高它们的可信性和投资吸引力是很重要。此外，小股东的公平待遇还意味着制定同时面向所有股东的报告机制。国家与股东、董事会和管理机构一样，都不应该在获取信息方面滥用职权。任何一个股东协议都应该披露，管理部门及董事会决定与国有股东分享的所有信息，都应该直接与小股东们同时共享。

第四个层面是指透明度和信息披露。这一层面与公共企业（银行）的财务和会计信息的质量及其被及时地上交给监管者和市场主体有关。银行应根据最高的国际标准公布财务和非财务信息，应由董事会对此负责，由负责行政或财务部门的主管认证。理想的情况下，公共银行，尽管受一些特殊的法律制约，但是也应该与私人银行遵守会计规定一样，也应以相同的方式披露信息。

最后，与董事会的职能和独立性有关的层面是指下列要点：1. 懂事会作为一个集体管理机构，其主要职能应该是战略规划和机构的监管；2. 一个有独立董事参与的稳定的董事会，而银行、股东或管理部门与它之间的唯一联系应该是它们附属于董事会。以上两个层面对于保证董事会能发挥战略性作用是非常重要的；也可以保证董事会不受外部政治压力干预从而对管理实施有效监督，并提高其专业化程度。

显然，对于公共银行来说，良好的公司治理带来的好处是巨大的。对国家所有权与监管这两个职能进行明确区分，可以使公共银行及私人银行参与的市场更具活力，促进金融市场的深化。一个明确的国有股东，可以发挥健康的和富有成效的监督作用，在并不一定干预企业的日常运营的情况下，公共银行推动企业创造价值。一个正常运作并发挥领导作用的董事会可以制定正确的战略，以便职业的管理部门能够卓有成效地实施这些战略。公共银行业绩信息的传播不仅可以保证公民更好地获得信息，而且可以使企业更能吸引潜在投资者。因此，良好的公司治理意味着国有银行改善了管理、提高了开放度以及对股东和关系最紧密的亲属（员工、客户和市民）更加负责任。

本节认为，除了证明创建公共银行在理论上具有正当性之外，公共银行一旦建立，其表现就主要取决于监管框架的质量与公司治理的特征之间的相互作用。通常情况下，主要强调第一个层面（监管）的重要性，但也认为第二个层面（公司治理）可能同样重要。下文将考察实证（量和质）以便支持以上说法。

五　拉美国家开发银行公司治理的实证

本文提出了一个公司治理指数（参考上文的分析讨论），以衡量拉美地区公共银行的制度建设对发展所起的作用。该指数是依据这些金融机构在英特网上发布的信息建立的。因此，有必要强调一下，该指数的有效性主要体现在其参考性而非实际情况的反应，因为它所显示的是这些机构通过电子方式向客户、股东、投资者和公众通知的正式决定，它们是构成其公司治理的要素。在任何时候，该指数都不能验证这些政策是否真正得到了实施，甚至也不能验证在管理开发银行治理过程中是否还实施了其他非正式的活动或规则。

因此，为了分析公司治理对拉美开发银行的影响，第一个步骤是要确定一系列必须进行评估的条件。该指数的目的是衡量 OECD 制定的国有企业公司治理的层面。这些条件从原则上表明开发银行宣布要正式考虑良好的企业实践的指导方针所采取的方式。有待研究的案例包括组成拉美金融开发机构协会（ALIDE）的所有公共银行，以及那些虽以开发为目的，但并非该国际协会成员的重要金融机构，尤其是一些大国的重要金融机构，如哥伦比亚农业银行、墨西哥国民储蓄和金融服务银行，等等。

至于该指数必须要考虑到的条件、建立有效的法律和监管框架的必要性的层面，必须根据不同的标准来评估：本文所要探讨的银行的主要股东和管理各国银行监管部门的机构是否为同一个机构；从商业的角度看，银行是私人机构还是公共机构；最后，该银行是否受特殊的法律约束或是否拥有法律赋予的便利条件和/或豁免权。

为衡量是否存在国家所有权的明确职能，需考虑到下列条件：国有权是否被明确规定，也就是说，是否有一个作为主要股东的政府机构，或者所有权人是否被模糊地界定为"国家"，是否存在公开报告其股份的大众小股东，国有股东是否是一家专业机构，也就是说，国有股东是否是一个专门关注该行业的部门或机构。

对是否公平对待股东进行的评估，已考虑到如下要素：是否存在非公有制（私人的）小股东，他们是否报告自己的股份，更重要的是，这些股东的权利和义务是否被公开。后者对于寻找私人部门的潜在联盟是很重要的，因为它预先使这些机构知道它可能会通过这些金融机构参与促进经济发展的政府动议而将获得的好处。

关于透明度和信息披露，考虑到了不同的条件：确定了各机构内部进行审计的频率；编制外部审计报告；公布附加说明的财务状况及年度管理报告；存在依据财务信息规则（NIF）这一国际标准制定的会计规则；发布好公司治理守则。

对最后一个层面的分析，即衡量董事会的责任和运转，是根据大量的因素进行的，例如：每个机构是否根据法律而提前建立了董事会；决定由谁提名该董事会成员（股东大会还是国家行政机构）；在每个银行的章程和/或条令中是否确立了董事会成员的更换机制和任期。其他需要评估的方面还包括，董事会成员及其有关资料是否公布。在最后一个层面中，非常有必要了解这些机构是否拥有（在董事会内部）与银行的公共股东没有政治或经济联系的独立董事；了解由谁挑选银行总经理或董事长；确立近5年来或直到可获得该信息的日期之前的有关银行总经理或董事长的基本数据，因为通过这些数据可以了解到有关这些职位稳定性的大概情况。

上述各方面的分析结果表明，构成该指数的共有26个条件。这些条件的确立，有助于66个银行样本信息的收集。随后，根据条件是否被满足的二分法值来对该样本进行标准化。在五个层面中，其中每一个都被设置为10分值，银行可获分值取决于它符合多少个条件。如果银行符合每个层面的所有条件，就可获10分；符合一半的条件，只能得5分；然后以此类推。因此，如果每个层面的所有条件都符合，那么该指数就可获得最高分50分。

该样本中银行所得平均分为17分（最高分为50分），这表明这些机构在公司治理方面存在严重缺陷。如果撇开这一指数，从每个层面及其所得平均分看，结果也并不令人鼓舞。

根据各银行在该指数所处的不同水平（可分为低、中低、中高和高4个不同的等级），几乎一半的银行处在中低等级，而只有一家银行——巴西银行获得了高分（见图6.7）。另外，还有相当多的金融机构（占21%）获得了中高级水平，而大量的银行（占29%）在公司治理方面的表现是低级别。这一事实表明，除了导致开发银行创建的理由外，还存在制度改善的空间，以便使这些金融机构实际上可以实现它们最初创建时所规定的公共政策的目标。

图6.7　根据公司治理指数的水平制定的开发银行的百分比（2010年）

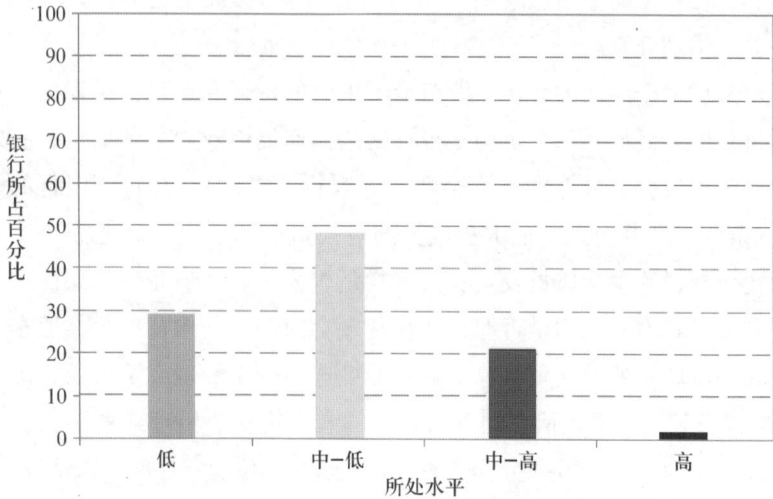

资料来源：作者绘制

值得一提的是，尽管该样本在50分的总分内只获得了17分的平均分，且只有一家银行所得分等级处在高级范围，但是也有一些银行获得了鼓舞人心的结果。这些金融机构，尽管在公司治理方面似乎没有突出的或稳定的经历，但它们正在努力改善与股东、董事会和高级管理人员之间的关系。除巴西银行之外，这类银行还包括巴西的 BNDES、阿根廷科尔多瓦银行、哥伦比亚的 Bancoldex、智利的 BancoEstado 和秘鲁的 COFIDE，等等。

考察完该指数的每个层面之后，就可以讨论这些机构中普遍存在的特殊缺陷了。因此，正如图 6.8 所显示的那样，每个层面总分为 10 分，第一个层面（法律框架）的平均得分是 5.3 分；这在各层面中是表现最好的。接下来是董事会的责任性层面，得分为 4.27，信息披露方面的层面得分为

3.66，衡量国家所有权的层面所获得分为 2.87 分。最后，该样本中开发银行在公平对待股东这一层面的得分只有 1.13 分。请注意，一般来讲，各银行表现较差的层面分别是公平对待股东、公共股东以最专业的方式执行所有权的能力、信息披露和透明度。

图 6.8 公司治理不同层面所获平均分（2010 年）

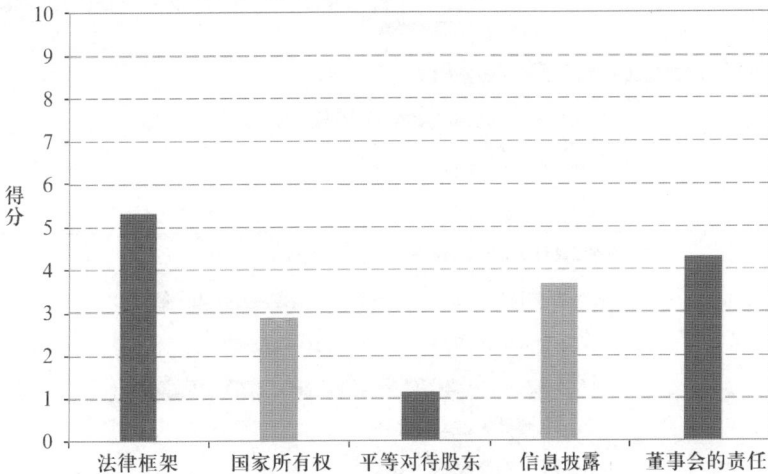

资料来源：作者绘制

　　如果对每个层面进行更仔细地分析和考察，同时考虑被评估的各种条件（见图 6.9），可以发现，在第一个层面（法律框架）中，在区分大股东与担任银行监管局的机构方面，大多数银行都尽到了义务。这是一个重要的因素，因为如果出现与之相反的情况，很可能诱使那些偏离金融机构创建初衷的行为的发生。还可以注意到，在该样本的 36% 的银行中，只有公共银行出于商业方面的考虑而执行了法律和制度规定，这些法规使它们在劳工和商业问题上有可能拥有更大的灵活性。也就是说，在管理方面它们可以有更大的操作空间。另一方面，在该样本的 65% 的银行中，开发银行获得了法律规定的利益或豁免权。后者的作用是消极的，因为它有可能导致私人同行在公司管理方面更不严格。

图 6.9 评估符合公司治理指数各层面的条件的平均值（2010 年）

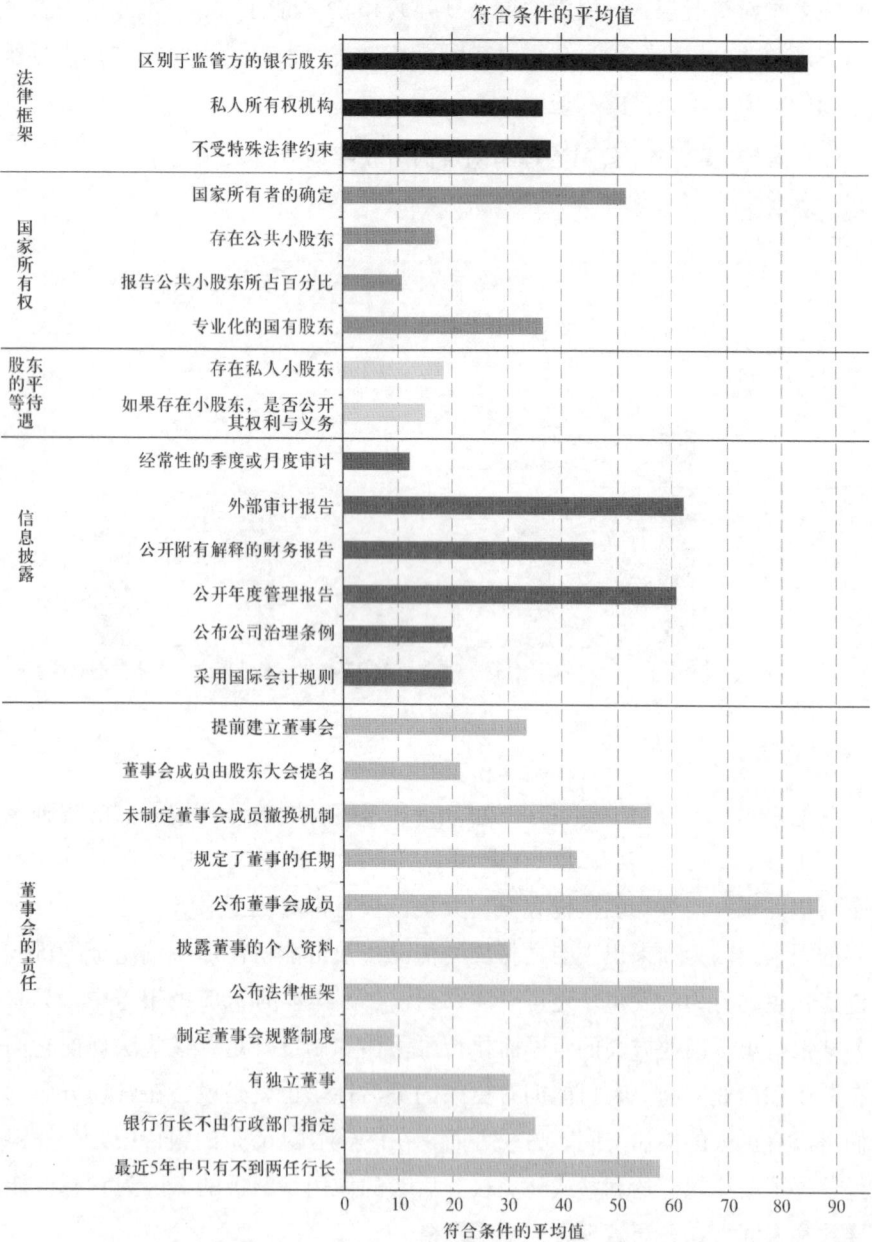

符合条件的平均值

层面	指标
法律框架	区别于监管方的银行股东
	私人所有权机构
	不受特殊法律约束
国家所有权	国家所有者的确定
	存在公共小股东
	报告公共小股东所占百分比
	专业化的国有股东
股东的平等待遇	存在私人小股东
	如果存在小股东，是否公开其权利与义务
信息披露	经常性的季度或月度审计
	外部审计报告
	公开附有解释的财务报告
	公开年度管理报告
	公布公司治理条例
	采用国际会计规则
董事会的责任	提前建立董事会
	董事会成员由股东大会提名
	未制定董事会成员撤换机制
	规定了董事的任期
	公布董事会成员
	披露董事的个人资料
	公布法律框架
	制定董事会规整制度
	有独立董事
	银行行长不由行政部门指定
	最近5年中只有不到两任行长

符合条件的平均值

资料来源：作者绘制

在分析国家所有权时，令人担忧的是，在该样本中只有50%以上的银行，明确了国有股东；同时，只有35%的银行，其国有股东是专门从事经济和金融事务的。此外，在该样本中，只有不到20%的银行有公共小股东，考虑到对银行的控制，这可能是非常重要的因素，因为如果该银行属于纯粹的公共银行，拥有各种不同政府机构作为小股东，就可以在实现银行各种活动方面保持更大的平衡。

第三个层面（平等待遇）是表现最差的，因为银行在此方面的得分在总分10分里只获得了1.13的平均分。在被评估的各方面中，股东的平等待遇被越来越少的银行所重视，因为只有18%的银行有公共或非公共小股东，只有15%的银行公布了小股东的权利和义务。公开股东的权利和义务可能成为能否吸引私人部门潜在的投资者的因素之一，因为这些机构事先就知道它们将面临什么挑战以及能带来什么利益。从长远看可能导致私人部门小股东更多地参与开发银行。这方面的一个有趣的研究案例是哥伦比亚的二级开发银行Bancoldex，它非常认真地对待股东的平等待遇问题，并已在此方面采取了令人感兴趣的措施（见专栏6.6）。

专栏6.6　BANCOLDEX案例：股东的平等待遇

银行实现好公司治理的一个基本要求是能平等对待小股东和大股东，确保他们充分享有权利和履行义务。尽管如此，对于许多银行来说，银行的章程虽然包括了这一条，但并不公开这一信息，这可能对所有股东产生负面影响，尤其是小股东及潜在的投资者。

然而，也有诸如哥伦比亚对外贸易银行（BANCOLDEX）的案例，由于存在国有小股东与非常小的私人股东，它们非常认真地采取明确的政策保证股东得到平等对待。作为加强公司治理的措施之一，BANCOLDEX制定了有关公布股东权利和义务的规章制度，同时使政治权和经济权分离，政治权指股东有权参与有关社会管理的决策，而经济权指银行股东有权根据股份的比例参加特定财年内的社会收益的分配。

为赋予其更加正式的身份，以上权力被加入到银行治理的规章制度中，该规章制度包括了从开发银行的社会章程到好公司治理条例的一整套规定，如对不同类型股东所享有的不同权利进行区分并保证这些权利得以行使的必要机制。例如，在这些规定中包括：1. 有权直接或通过代理人参加股东大会；2. 检验权，并提供规章制度所要求的信息，尤其是对决策来说很重要的信息；3. 只要自然人或法人的股份至少占5%，就有权要求提供专项审计；4. 有权根据法律规定撤股，这意味着股东可能提前与公司解约；5. 如果银行损害股东所享有的某些权利，股东有权向哥伦比亚金融监管局申诉。

另一个重要方面涉及董事会成员的构成。尽管董事会构成已经根据法律规定而提前确定，其大部分成员来自政府机构，但是必须有两名来自私人部门，一名由哥伦比亚总统指派，另一名由外贸部的出口商会指派。但是，如果个人股占注册股的比例超过5%，那么前面提到的第一名董事会成员将由股东大会绝对多数票选举，只要这一多数票中包括同样比例的个人股的支持票。如果个人股占注册股的比例超过25%，那么这两名代表都必须由股东大会选举。

BANCOLDEX采取的以上措施，明确表明了作为股东及赋予他正式身份的象征，当好的公司治理实践受到公共银行的极大重视的时候，这些措施发挥了关键作用，并最终获得了信任和声望，且成为吸引潜在的私人投资者的机制。

资料来源：根据网页 http://www.bancoldex.com 的资料编撰。

在信息披露方面，只有平均33%的条件得到满足。评估这一层面时显示出的积极方面是60%以上的银行公开外部审计报告，这一点非常重要，因为它促使独立机构不存任何偏见地审查银行财务状况并公示调查结果。但是，仍有大量具有开发职能的公共银行没有公开年度管理报告和财务状况的说明，而这些是使公众及潜在投资者了解结果的关键要素。

另一个重要事实是样本中不到20%的银行拥有和/或发布好公司治理条例。这一条例是非常重要的，因为如前所述，条例的形成促使决策过程和信息披露有了明确的规则。尽管如此，还存在像巴西银行这样的机构，它们把好公司治理条例作为近年来开展公司重构进程的重要步骤。成效是很显著的，这部分归因于为了披露财务信息、推动和促进私人部门对银行的投资而运用了科技手段（见专栏6.7）。

专栏6.7 巴西银行的案例：信息披露的重要性

近十年来，巴西银行一直是拉美地区发展最快的银行之一，到2010年8月已成为地区最大的银行，其信贷总量已超过4000亿美元，吸收的公众存款总额达1900亿美元左右，贷款拖欠率仅为4%，低于巴西整个银行系统5.8%的拖欠率。2000—2001年，为建成一个复合型银行，巴西银行进行了重组，也就是说，要获得一种法律地位，使其自动拥有所有金融、抵押、信托和证券交易功能。这意味着，从那时起，由于成本的降低、流程简化和财务管理优化，巴西银行获得了巨大的收益。

在重构过程中，关键问题之一是完善了银行的规章制度，以确保银行遵循最好的和最严格的公司治理规定，包括优先股转换成普通股。这一转换是为了提高证券市场（主要是圣保罗证券交易所，BOVESPA）的资本化水平，从而促使巴西银行于2006年加入NOVO Mercado，NO-VO Mercado是BOVESPA的分支机构，它汇集了在公司治理方面水平最高的企业。

银行已沉浸于资本市场的活力，这种活力对于银行保持现有和潜在的投资者具有重要作用；信息披露和透明度是最值得称赞的之一。根据好公司治理条例，银行有责任以透明的态度提高信誉，保证向公众提供客观、明确、可靠和及时的信息。

因此，巴西银行有一个专门面向投资者的门户网站，该网站公布了建行到其组织构成等几乎所有信息，以及从宪法和社会生活到环境和经济等方面的信息，还公布季度财务报告及一些与之相关的重要信息。该银行还利用创新的科技手段来改善信息披露，包括通过互联网（英文和葡萄牙文）视频会议，分析家和高级职员通过这种方式分析季度结果。这些视频会议拥有由投资者组成的在线观众，分析结果一出来，他们就可以参与提问和回答问题。该门户网站拥有市场分析师的数字播客（多媒体音频广播），以便公布有关银行财务状况、项目及其他对投资者和银行股东可能很有用的信息。

这一战略使巴西银行得以向国内和国际市场展现其以透明和高质量管理著称的优秀企业形象，这导致在 2008 年有史以来持续时间最长的一次金融危机中，该银行为信任它的国际资本提供了安全的避风港和保护，展示了其实力。这种信任使巴西银行在许多银行干脆倒闭的时候获得了比 2007 年多 74% 的净收益。这一成功案例表明，银行实施良好公司治理的承诺是如何在中长期内转化为充分的经济利益的。

资料来源：Nakane 和 de Paula (2010)。

最后，关于董事会的义务和职责，需要评估的主要方面之一是董事会是由股东大会选举产生还是根据法律规定提前任命的。由法律框架对此作出规定及董事会成员不由股东大会选举产生的事实，导致独立成员很难参与银行董事会。事实上，正如图 6.9 所示，在该样本中只有 21% 的银行，其董事会是由股东大会选举产生的。董事会内部不存在独立成员是公司治理的坏实践之一，因此，董事与行政机关或公共管理机构不发生联系将导致对决策过程的更大控制和独立。

该样本中只有 32% 的银行拥有非提前安排的董事会，而董事会内部有独立董事的银行也占 32%。还需要对银行总经理或董事长的选举机制进行仔细分析，他是银行的法定代表人，并且在理论上应该成为担心金融机构业绩的主要代理人之一。有必要强调以下事实，即担任这一职位的人选由董事会或股东大会直接选举出来的银行只占 35%，在其他银行中，他是由国家行政机关，即共和国总统或掌管该银行的部直接提名的。这一发现并不那么鼓舞人心，因为不由董事会选举银行行长的事实，有可能导致该提名成为政治偏好的结果，或成为不同集团或代理人利益的反应。

另一个有趣的方面是使董事会和董事长保持中立的规定。55%以上的银行没有直接撤换董事会成员或自由离开的机制，尽管这是比较乐观的发现，但是只有42%的银行制定了董事会成员职位的确切任期。这一因素可能导致巨大的不确定性，并对公司股票产生负面影响。此外，只有10%的银行有董事会制度，这种制度可保证选举的稳定性和公平性。董事会具有更大的稳定性和独立性将有助于实施有利于银行发展的中长期政策。相反，任期不确定或很短暂，将对长期政策或持续性的战略目标的实施产生较少的刺激。但是，值得注意的是，有关董事长任职期限的记录并不那么悲观，因为近5年来近60%的银行设立了一名和两名董事长。

本章的一个重要目标是对样本中开发银行的财务表现进行比较。为此，首先确定了每个银行的表现与相应的金融系统中的整体表现之间的差别，以获得各银行如何表现是好的和如何表现是不好的想法。然后，将这一结果与评估的指数相联系。

有证据表明两者之间关联度尽管很小，但却是正相关。保持这一关联度是为了说明该指数与每个银行的资本回报（ROA）与其所在金融系统（近五年来的平均值）资本回报的差距之间的关系，同时也是为了评估与股本回报（ROE）的差距的关系。对到期债券占总资产（对于拥有该信息的银行来说）比重的差异的相关性进行的评估，表明所期待的这一关系是负相关的（到期债券所占比重越小，表现越好），甚至他们之间显得更为重要（见图6.10）。[1]

在对财务变量与每个层面发生关联的敏感度进行分析后，可以发现，最高的和具有正确表征的关联度是在信息披露层面表现出来的，甚至比全球公司治理指数（índice Global de Gobierno Corporativo）与财务变量的关联度更高。此外，关联度最低的层面是董事会责任性。这项工作可能说明哪些层面在更大程度上解释了指数与金融变量之间的相互关系[2]。

---

[1] 与 ROA 与 ROE 差距的关联系数分别是 0.2312 和 0.1363，而与与不良资产占开发银行及金融体系资产总额比重差距的关联系数是 -0.5512。

[2] ROA、ROE 的差距及不良资产占开发银行及金融体系资产总额比重差距与信息披露之间的关联系数分别是 0.3494、0.4181 和 -0.3125。另一方面，它们与董事会责任层面的关联系数分别是 -0.0291、-0.0094 和 -0.0853。

图 6.10　公司治理指数与 ROA、ROE 的差距之间的关联度，与不良
　　　　资产占开发银行及金融体系资产总额比重差距之间的关联度

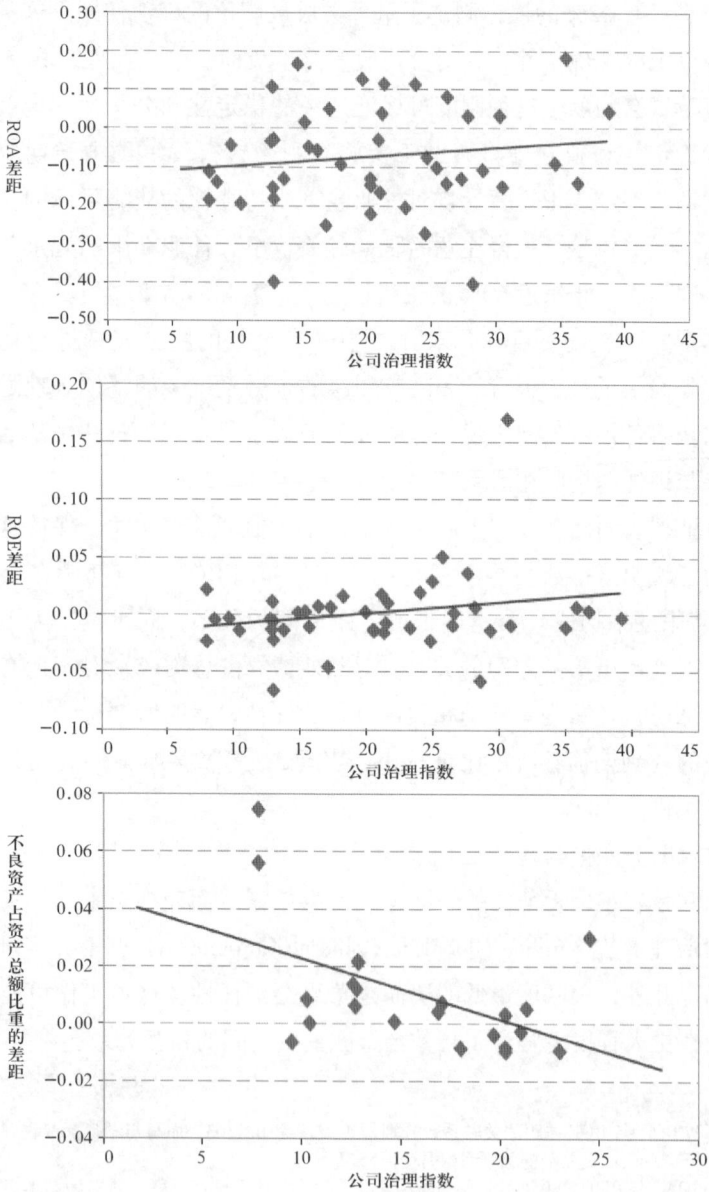

资料来源：根据 2009—2010 年资产负债表制作。

这些结果，不但不令人泄气，反而表明好的公司治理实践可以对银行的财务效率产生影响，指数与开发银行不良贷款之间的相关性尤其证明了这一点。第一种相关度较低的事实并不等于没有关系。许多金融机构，尤其是一级和二级银行，没有把尽可能产生更大的经济效益当成主要职责，而是把本质上具有更大风险的发展目标作为主要任务。无任如何，好的公司治理实践不仅有助于银行获得好的财务业绩，而且更重要的是，有助于其以正确的和有效的方式完成创建时制定的目标，并引导董事会和管理部门为实现这一目标付出努力。

六　结　论

20世纪第一个十年末的全球经济危机及对金融服务可获性问题的担忧的重现，再次激起了对公共银行作用的争论。这一次争论应该限定在存在专业化程度更高的金融工具为特征的背景下进行，这些金融工具的存在有助于创造与私人银行的互补关系，而且为推动金融服务可获性提供了干预的理由。

与习惯于对公共银行持相同看法的传统研究不同，本章承认并强调其中介结构和影响公司治理的因素的内在差异，公司治理被认为在有效履行金融机构的职责方面可以发挥重要作用。

这些内部制度性要素与职责的明晰和集中、总的监管框架相互作用，有助于干预取得成功。以公开得到的信息为依据、从不同层面对公司治理特征进行的考察，揭示了拉美国家公共银行在此方面存在的巨大缺陷。因此加强公共银行内部的制度因素应成为发展的首要任务。

相关信息的缺乏使制定公共银行公司治理的最深化的指标成为最困难的任务。此外，也很难以公开信息为依据对公司治理的质量进行正确的评定，因为良好政策的存在并不一定意味着该政策得以执行。然而，该指数尽管有局限性，却如所期待的那样表明了它与业绩的某些指标之间存在关联性。这再次肯定了研究公司治理层面的重要性。

参考文献

［1］ Acemoglu, D. （2008）. *Oligarchic vs. democratic societies*. Journal of the European Economic Association, 6 （1）, 1 – 44.

［2］ Acemoglu, D. y Johnson, S. （2005）. *Unbundling institutions*. Journal of Political Economy, 113 （5）, 949 – 995.

［3］ Acemoglu, D. , Johnson, S. y Robinson, J. （2001）. *The colonial origins of comparative development: an empirical investigation*. American Economic Review, 91 （5）, 1369 – 1401.

［4］ Afanasieff, T. , Villa, P. y Nakane, M. （2002）. *The determinants of bank interest spreads in Brazil*. （Working Paper Series N° 46）. Brasilia: Banco Central do Brasil.

［5］ Ahlin, C. y Lin, J. （2006）. *Luck or skill? MFI performance in macroeconomic context*. （Working Paper N° 132）.

［6］ Ahlin, C. , Lin, J. y Maio, M. （2010）. *Where does microfinance flourish? Microfinance institution performance in macroeconomic context*. Journal of Development Economics doi: 10. 1016/j. jdeveco. 4 （4）, Por publicar.

［7］ Akhaiven, J. , Frame, W. y White, L. （2001）. *The diffusion of financial innovation: an examination of the adoption of small business credit scoring by large banking organizations*. （Working Paper N° 2001 – 9）. Atlanta: Federal Reserve Bank of Atlanta.

［8］ Alderman, H. , Hoddinott, J. y Kinsey, B. （2002）. *Long term consequences of early childhood malnutrition* （Discussion Paper N° 168）. Washington, D. C. : International Food Policy Research Institute.

［9］ Alidri, P. , Doorn, J. , El – zoghbi, M. , Houtart, M. , Larson, D. , Nagarajan, G. y Tsilikounas, C. （2002）. *Introduction to microfinance in conflict – affected communities*. Ginebra: Organización Internacional del Trabajo y Alto Comisionado de las Naciones Unidas para los Refugiados.

［10］ Alessandrini, P. , Croci, M. y Zazzaro, A. （2008）. The geography of banking power:

the role of functional distance. *BNL Quarterly Review*, 58 (235), 129 – 167

[11] álvarez,, F. y Meléndez, M. (2010). *Banking services supply and micro firm performance: evidence from Colombia.* (Documento de trabajo N° 2010/09). Caracas: CAF.

[12] Amaral, P. y Quintin, E. (2010). *Limited enforcement, financial intermediation, and economic development: a quantitative assessment.* International Economic Review, 51 (3), 785 –811.

[13] Ananchotikul, S. y Eichengreen, B. (2008). *El engranaje de los mercados de capitales latinoamericanos.* (BIS Papers N° 36). Basilea: Bank for International Settlements.

[14] Anderson, S. y Baland, J. (2002). *The economics of ROSCAS and intra – household resource allocation.*

[15] Antelo, E. (2000). *Políticas de estabilización y de reformas estructurales en Bolivia a partir de 1985.* En Antelo, E. y Jemio J. (Eds.), Quince años de reformas estructurales en Bolivia: sus impactos sobre inversión, crecimiento y equidad. La Paz: CEPAL y UCB.

[16] Antelo, E., Crespo, C., Cupe, E., Ramírez, J. y Requena, B. (2000). Determinants of bank spreads in Bolivia.

[17] En Brock, P. y Rojas – Suárez, L. (Eds.), *Why so high? understanding interest rate spreads in Latin America.* Washington, D. C. : BID y Latin American Research Network.

[18] Aportela, F. (1999). *Effects of financial access on savings by low – income people.* Manuscrito no publicado, MIT.

[19] Arbeláez, M., Perry, G. y Becerra, A. (2010). *Estructura de financiamiento y restricciones financieras de las empresas en Colombia.* (Documento de trabajo N° 2010/07). Caracas: CAF.

[20] Ardissone, F., García, M. y Mas, F. (2010). *Análisis del impacto ante cambios en el acceso al crédito sobre familias de menores recursos de Argentina.* Trabajo presentado para optar al título de economista. Buenos Aires: Universidad Torcuato Di Tella.

[21] Arellano, M. y Bond, S. (1991). *Some tests of specification for panel data: Monte Carlo evidence and an application to employment equations.* Review of Economic Studies, 58 (2), 277 –297.

[22] Arellano, M. y Bover, O. (1995). *Another look at the instrumental – variable estimation of error – components models.* Journal of Econòmetrics, 68 (1), 29 –52.

[23] Armendáriz de Ahgion, B. y Morduch, J. (2000). *Microfinance beyond group lending.* Economics of Transition, 8 (2), 401 – 420.

[24] Armendáriz de Aghion, B. y Morduch, J. (2005). *The economics of microfinance.* Cambridge: MIT Press.

[25] Arráiz, I. , Meléndez, M. y Stucchi, R. (2010). *The effect of partial credit guarantees on job creation: the case of Colombia and the National Guarantee Fund.* Manuscrito no publicado, BID.

[26] Arreaza, A. , Castillo, L. y Martínez, M. (2007). *Expansión del crédito y calidad del portafolio bancario en Venezuela.* (Documento de Trabajo N° 92). Caracas: Banco Central de Venezuela.

[27] Arreaza, A. , Fernández, M. y Mirabal, M. (2001). *Determinantes del spread bancario en Venezuela.* Colección Banca Central y Sociedad. Caracas: Banco Central de Venezuela.

[28] Arreaza, A. , Huskey, W. y Zumeta, J. (2009). *The impact of financial repression on interest rate spreads in Venezuela.* (Documento de trabajo N° 2009/09). Caracas: CAF.

[29] Asch, L. (2000). *Credit scoring: a tool for more efficient SME lending.* SME Issues New Ideas from the World of Small and Medium Enterprises, 1 (2), 1 – 4.

[30] Ashraf, N. , Karlan, D. y Yin, W. (2006). Deposit collectors. *Advances in Economic Analysis and Policy*, 6 (2), 1483 – 83.

[31] Asociación de Instituciones de Microfinanzas de Perú (ASOMIF) (2010). http: // asomifperu. com/

[32] Asociación Latinoamericana de Instituciones Financieras para el Desarrollo (ALIDE) (2009). *El papel contracíclico de la banca de desarrollo frente a la crisis económica internacional.* (Documento de Trabajo). Lima: Secretaría de Trabajo, ALIDE.

[33] Asociación Latinoamericana de Instituciones Financieras para el Desarrollo (ALIDE) (2010). http: //www. alide. org. pe/

[34] Atje, R. y Jovanovic, B. (1993). *Stock markets and development.* European Economic Review, Elsevier, 37 (2 – 3), 632 – 640.

[35] Baas, T. y Schrooten, M. (2005). *Relationship banking and SMEs. A theoretical analysis.* (Discussion Paper N° 469). Berlin: Deutsches Institut fur Wirtschaftsforschung.

[36] Banca de las Oportunidades (2010). *Metas, resultados y logros. Resumen de operaciones*

de desembolso por modalidad de crédito. http://www. bancadelasoportunidades. gov. co/ contenido/contenido. aspx? conID = 690&catID = 300&pagID = 378

[37] Banco Interamericano de Desarrollo (BID). (2005a). *Developing entrepeneurship: experience in Latin America and worldwide.* Washington, D. C. : BID.

[38] Banco Interamericano de Desarrollo (BID). (2005b). *Unlocking credit. The quest for deep and stable bank lending.* Economic and Social Progress in Latin America Report. Washington, D. C. : BID.

[39] Banco Mundial (2006). *Microfinance in South Asia toward financial inclusion for the poor.* Washington, D. C. : Banco Mundial.

[40] Banco Mundial (2007). *Bank financing to small and medium enterprises: survey results for Argentina and Chile.* Washington, D. C. : Banco Mundial.

[41] Banco Mundial (2008). *Finance for all? Policies and pitfalls in expanding access.* World Bank Policy Research Report. Washington, D. C. : Banco Mundial.

[42] Banco Mundial (2009). World Development Indicators. http://data. worldbank. org/ data – catalog/world – development – indicators

[43] Banco Mundial (2010a). *Doing Business.* http://www. doingbusiness. org

[44] Banco Mundial (2010b). *Enterprise Surveys.* http://www. enterprisesurveys. org

[45] Banco de Comercio Exteriorde Colombia (BANCOLDEX) (2010). http://www. bancoldex. com/documentos/2541_ Codigo _ de _ buen _ gobierno _ Anexo _ 7. 5_ – _ Derechos _ y _ obligaciones_de_los_accionistas. pdf

[46] Banerjee, A. (2004). *The two poverties.* En Dercon, S. (Ed.), Insurance against poverty. Oxford: Oxford University Press.

[47] Banerjee, A. (2010). *Making sense of microfinance.* Presentación.

[48] Banerjee, A. , Duflo, E. (2007). *The economic lives of the poor.* Journal of Economic Perspectives, 21 (1), 141 – 167.

[49] Banerjee, A. , Duflo, E. , Chattopadhyay, R. y Shapiro, J. (2010). *Targeting the hardcore poor.* An impact assessment. Presentación.

[50] Banerjee, A. , Duflo, E. , Glennerster, R. y Kinnan, C. (2009). *The miracle of microfinance? Evidence from a randomized evaluation.* Cambridge: Departamento de Economía del MIT y Poverty Action Lab.

[51] Bank for International Settlements (BIS) (2010). http://bis. org/statistics/index. htm

[52] Barajas, A. , Steiner, R. y Salazar, N. (2000). *Structural reform and bank spreads in*

the Colombian banking system. En Brock, P. y Rojas – Suárez, L. (Eds.), Why so high? Understanding interest rate spread in Latin America. Washington, D. C. : BID.

[53] Barth, J. , Caprio, G. y Levine, R. (2006). *Rethinking bank regulation: Till angels govern.* Cambridge: Cambridge University Press.

[54] Beck, T. y de la Torre, A. (2007). *The basic analytics of access to financial services.* Financial Markets, Institutions and Instruments, 16 (2), 79 – 117.

[55] Beck, T. y Demirgüç – Kunt, A. (2009). *Financial Institutions and Markets Across Countries and over Time: Data and Analysis.* (World Bank Policy Research Working Paper N°4943). Washington, D. C. : Banco Mundial.

[56] Beck, T. , Demirgüç – Kunt, A. , Laeven, L. y Levine, R. (2008a). *Finance, Firm Size, and Growth.* Journal of Money, Credit and Banking, 40 (7), 1379 – 1405.

[57] Beck, T. , Demirgüç – Kunt, A. , Laeven, L. y Maksimovic, V. (2004a). *The determinants of financing obstacles.* Journal of International Money and Finance, 25 (6), 932 – 952.

[58] Beck, T. , Demirgüç – Kunt, A. y Levine, R. (2003). *Law, endowments, and finance.* Journal of Financial Economics, 70, 137 – 181.

[59] Beck, T. , Demirgüç – Kunt, A. y Levine, R. (2004b). *Finance, inequality and poverty: cross country evidence.* (NBER Working Paper N° 10. 979). Cambridge: NBER.

[60] Beck, T. , Demirgüç – Kunt, A. y Levine, R. (2009). *Financial institutions and markets across countries and over time – data and analysis.* (World Bank Policy Research Working Paper N° 4. 943). Washington, D. C. : Banco Mundial.

[61] Beck, T. , Demirgüç – Kunt, A. y Martinez, M. (2007). *Reaching out: access to and use of banking services across countries.* Journal of Financial Economics, 85 (1), 234 – 66.

[62] Beck, T. , Demirgüç – Kunt, A. y Martínez, M. (2008b). *Banking SMEs around the world: lending practices, business models, drivers and obstacles.* (Research Working Paper N°4785). Washington, D. C. : Banco Mundial.

[63] Beck, T. , Demirgüç – Kunt, A. y Maksimovic, V. (2005). *Financial and legal constraints to growth: does firm size matter?* Journal of Finance, 60 (1), 137 – 177.

[64] Beck, T. , R. Levine y N. Loayza (2000). *Finance and the Sources of Growth.* Journal of Financial Economics, 58 (1 – 2), 261 – 300.

[65] Beegle, K. , Dehejia, R. y Gatti, R. (2003). *Child labor, crop shocks, and credit constraints.* (NBER Working Paper N° 10.088). Cambridge: NBER.

[66] Benavente, J. , Galetovic, A. y Sanhueza, R. (2006). *Fogape: an economic analysis.* Manuscrito no publicado, Universidad de Chile.

[67] Berger, A. y Udell, G. (1996). *Universal banking and the future of small business lending.* En Saunders, A. y Walter, I. (Eds.), Financial System Design: The Case for Universal Banking. Homewood: Irwin Publishing.

[68] Berger, A. y Udell, G. (2002). *Small business credit availability and relationship lending: the importance of bank organizational structure.* The Economic Journal, 112 (477), 32 – 53.

[69] Berger, A. y Udell, G. (2004). *A more complete framework for SME finance.* (Working Paper N° MC 13 – 121). Washington, D. C. : Banco Mundial.

[70] Berger, A. , Frame, W. y Miller, N. (2002). *Credit scoring and the availability, price, and risk of small business credit.* (Finance and Economics Discussion Series 2002 – 26). Washington D. C. : Federal Reserve Board System (FRB).

[71] Berger, M. , Goldmark, L. y Miller – Sanabria, T. (2007). *El boom de las microfinanzas: el modelo latinoamericano visto desde adentro.* Washington, D. C. : BID.

[72] Berger, A. , Kashyap, A. y Scalise, J. (1995). *The transformation of the US banking industry: what a long, strange trip it's been.* Brookings Papers on Economic Activity, 26 (2), 55 – 218.

[73] Berger, A. , Klapper, L. y Udell, G. (2001). *The ability of banks to lend to informationally opaque small businesses.* Journal of Banking and Finance, 25 (12), 2127 – 2167.

[74] Bernanke, B. y Gertler, M. (1987). *Agency costs, collateral, and business fluctuations.* (NBER Working Paper N° 2.015). Cambridge: NBER.

[75] Bernanke, B. y Gertler, M. (1989). *Agency costs, net worth, and business fluctuations.* The American Economic Review, 79 (1), 14 – 31.

[76] Bertrand, M. , Karlan, D. , Mullainatahn, S. y Shafir, E. (2010). *Behavioral economics and marketing in aid of decision making among the poor.* Journal of Public Policy and Marketing, 25 (1), 8 – 23.

[77] Binelli, C. y Maffioli, A. (2007). *A microeconometric analysis of public support to R&D in Argentina.* International Review of Applied Economics, 21 (3), 339 – 359.

［78］ Blaine, S. (2009). *Operating efficiency: victim to the crisis?* (Microbanking bulletin N° 19). Washington, D. C. : Microfinance Information Exchange.

［79］ Bond, S. , Elston, J. , Mairesse, J. y Mulkay, B. (2003). *Financial factors and investment in Belgium, France, Germany, and the United Kingdom: a comparison using company panel data.* The Review of Economics and Statistics, 85 (1), 153 – 165.

［80］ Boucher, S. , Carter, M. y Guirkinger, C. (2005). *Risk rationing and activity choice* (Working Paper 05 – 010). Davis: Department of Agricultural and Resource Economics, University of California – Davis.

［81］ Boucher, S. , Carter, M. y Guirkinger, C. (2008). *Risk rationing and wealth effects in credit markets: theory and implications for agricultural development.* Journal of Agricultural Economics, 90 (2), 409 – 423.

［82］ Brainard, W. y Tobin, J. (1977). *Asset markets and the cost of capital.* (Cowles Foundation Paper N° 440). Essays in Honor of William Fellner, North Holland. New Haven: Cowles Foundation for Research in Economics, Yale University.

［83］ Braverman, A. y Guasch, J. (1986). *Rural credit markets and institutions in developing countries. Lessons for policy analysis from practice and modern theories.* World Development, 14 (10 – 11), 1253 – 1267.

［84］ Brock, P. y Rojas – Suárez, L. (2000). *Interest rate spreads in Latin America: facts, theories, and policy recommendations. En Brock, P. y Rojas – Suárez, L. (Eds.), Why so high?* Understanding interest rate spreads in Latin America. Washington, D. C. : BID.

［85］ Bruhn, M. y Love, I. (2009). *The economic impact of banking the unbanked. Evidence from Mexico.* (Policy Research Working Paper N° 4. 981). Washington, D. C. : Banco Mundial.

［86］ Buera, F. , Kaboski, J. y Shin Y. (2010). *Finance and development: a tale of two sectors.* Por publicar. American Economic Review.

［87］ Burguess, R. y Pande, R. (2005). *Do rural banks matter? Evidence from the Indian social banking experiment.* American Economic Review, 95 (3), 780 – 795.

［88］ Bushman, R. , Smith, A. y Zhang, F. (2008). *Investment – cash flow sensitivities are really investment – investment sensitivities.* Manuscrito no publicado, University of North Carolina.

［89］ Caballero, R. y Hammour, M. (1991). *The cleansing effect of recessions.* (NBER

Working Paper N° 3922). Cambridge: NBER.

[90] Cáceres, M. y Zuluaga, S. (2009). *Making insurance work for the poor: microinsurance policy, regulation, and supervision – Colombia Case Study.* CGAP Working Group on Microinsurance.

[91] Calderón Alcas, R. (2005). *La banca de desarrollo en América Latina y el Caribe.* (Serie Financiamiento del Desarrollo N° 157). Santiago de Chile: CEPAL.

[92] Calomiris, C. y Hubbard, G. (1988). *Imperfect information, multiple loan markets, and credit rationing.* Manuscrito no publicado, Northwestern University.

[93] Calvo, G. , Leiderman, L. , y Reinhart, C. (1993). *Capital inflows and real exchange rate appreciation in Latin America.* IMF Staff Papers, 40 (1), 108 – 151.

[94] Calvo, G. , Leiderman, L. , y Reinhart, C. (1995). *Capital inflows to Latin America with reference to the Asian experience.* En Edwards, S. (Ed.), Capital controls exchange rates, and monetary policy in the world economy. Cambridge: Cambridge University Press.

[95] Cardosso, E. (2002). *Implicit and explicit taxation of financial intermediaries in Brazil: The effect of reserve requirements on bank spreads.* Manuscrito no publicado, Georgetown University.

[96] Carrasquilla, A. y Zárate, J. (2002). *Regulación bancaria y tensión financiera: 1998 –* 2001. En Asociación Nacional de Instituciones Financieras (Ed.), El sector financiero de cara al siglo XXI, volumen I. Bogotá: ANIF

[97] Carter, M. , Galarza, F. y Boucher, S. (2007). *Underwriting area – based yield insurance to crowd – in credit supply and demand.* (Giannini Foundation of Agricultural Economics Working Paper N° 07 – 003). Berkeley: Department of Agricultural and Resource Economics, University of California.

[98] Case, A. , Lubotsky, D. y Paxson, C. (2002). *Economic status and health in childhood: the origins of the gradient.* American Economic Review, 92 (5), 1308 – 1334.

[99] Castañeda, G. , Castellanos, S. y Hernández, F. (2010). *Policies and innovations for improving financial access in Mexico.* Manuscrito no publicado, Center for Global Development.

[100] Catao, L. (1999). *Intermediation spreads in a dual currency economy: Argentina in the 1990s.* (Working Paper N° 99/90). Washington, D. C. : FMI.

[101] Cecchetti, S. y Kraus, S. (2001). *Financial structure, macroeconomic stability and monetary policy.* Manuscrito no publicado, NBER.

[102] CEPALSTAT (2010). Estadísticas Económicas (2008). http: //websie. eclac. cl/sisgen/ConsultaIntegrada. asp

[103] Cerra, V. y Saxena S. (2007). *Growth dynamics: the myth of economic recovery.* (BIS Working Papers N° 226). Basilea: Bank for International Settlements.

[104] Consultative Group to Assist the Poor (CGAP) (2008). *Who is funding microfinance? results of the first global survey of funders' microfinance portfolio.* Washington, D. C. : CGAP

[105] Consultative Group to Assist the Poor (CGAP) (2010). *Financial Access 2010 Report.* http: //www. cgap. org/p/site/c/financialindicators

[106] Chakravarty, S. y Xiang, M. (2010). *Reinvestment decisions by small businesses in emerging economies.* Manuscrito no publicado, Purdue University y University of Wisconsin.

[107] Chakravarty, S. y Yilmazer, T. (2009). *A multistage model of loans and the role of relationships.* Financial Management, 38 (4), 781 – 816.

[108] Chamberlain, D. y Walker, R. (2005). *Measuring access to transaction banking services in the Southern African customs union – an index approach.* Johannesburg: Genesis Analytics (Pty) Ltd.

[109] Chari, V. y Kehoe, P. (2009). *Confronting Models of Financial Frictions with the Data.* Manuscrito no publicado, University of Minnesota y Federal Reserve Bank of Minneapolis.

[110] Charness, G. y Genicot, G. (2007). *Informal risk sharing in an infinite – horizon experiment.* (Documento de trabajo) University of California – Santa Barbara y Georgetown University.

[111] Chong, A. y López de Silanes, F. (2007). *Corporate governance in Latin America.* (Working Paper N° 591). Washington, D. C. : BID.

[112] Clarke, G. , Xu, L. y Zou, H. (2003). *Finance and income inequality: test of alternative theories.* (World Bank Policy Research Working Paper N° 2. 984). Washington, D. C. : Banco Mundial.

[113] Claessens, S. (2006). *Access to financial services: A review of the issues and public policy objectives.* The World Bank Research Observer, 21 (2), 207 – 240.

[114] Cleary, S. (1999). *The relationship between firm investment and financial status.* The Journal of Finance, 54 (2), 673 – 692.

[115] Coelho, C. , De Mello, J. y Funchal, B. (2010). *The Brazilian payroll lending experiment.* Manuscrito no publicado, Pontifícia Universidade Catolica Do Rio de Janeiro.

[116] Cole, R. , Goldberg, L. y White, L. (1997). *Cookie – cutter versus character: the micro structure of small business lending by large and small banks.* (Working Paper Series N° 98 – 022). Nueva York: Leonard N. Stern School of Business at New York University.

[117] Collins, D. , Morduch, J. , Rutherford, S. y Ruthven, O. (2009). *Portfolios of the poor: how the world's poor live on $2 a day.* Nueva Jersey: Princeton University Press.

[118] Conning, J. (2005). *Monitoring by peers orby delegates? Joint liability loans under moral hazard.* (Hunter College Department of Economics. Working Papers N° 407). Nueva York: Department of Economics at Hunter College.

[119] Conning, J. y Udry, C. (2007). *Rural financial markets in developing countries.* Agricultural Development Farmers, Farm Production, and Farm Markets, 3 (07), 2875 – 2908.

[120] Cooper, C. y Morón, E. (2010). *Expanding financial access: the case of Peru. Selected experiences.* Lima: Centro de Investigación de la Universidad del Pacífico.

[121] Corporación Andina de Fomento (CAF) (2007). Reporte de economía y desarrollo 2007/2008. Oportunidades de desarrollo en América Latina. Caracas: CAF.

[122] Corporación Andina de Fomento (CAF) (2010a). Encuesta CAF. Caracas: CAF.

[123] Corporación Andina de Fomento (CAF) (2010b). *Encuestas de oferta de productos microfinancieros en América Latina. Caracas: CAF.*

[124] Corporación Financiera de Desarrollo (COFIDE) (2010a). http://www.cofide.com.pe

[125] Corporación Financiera de Desarrollo (COFIDE) (2010b). *Programa PRIDER.* http://www.cofide.com.pe/prider/index.html

[126] Cull, R. , Davis, L. , Lamoreaus, N. y Rosenthal, J. (2006). *Historical financing of small and medium size enterprises.* Journal of Banking and Finance, 112 (447), 1 – 16.

[127] Cull, R., Demirgüç – Kunt, A. y Morduch, J. (2007). *Financial performance and outreach: a global analysis of leading microbanks.* Economic Journal, 117 (517), F107 – F133.

[128] Cull, R., Demirgüc – Kunt, A. y Morduch, J. (2009). *Microfinance meets the market.* Journal of Economic Perspective, 23 (1), 167 – 192.

[129] De Giovanni, M. y Pasquini, R. (2010). *Access to Finance of SMEs in Argentina.* (Documento de trabajo N° 2010/08). Caracas: CAF.

[130] De Janvry, A., McIntosh, C. y Sadoulet, E. (2008). *The supply and demand side impacts of credit market information.* (Documento de trabajo). San Diego y Berkeley: University of California – Berkeley y University of California – San Diego.

[131] De la Torre, A., Gozzi, J. y Schmukler, S. (2006). *Financial development in Latin America: big emerging issues, limited policy answers.* (World Bank Policy Research Working Paper Series N° 3963). Washington, D. C. : Banco Mundial.

[132] De la Torre, A. e Ize, A. (2010). *Regulatory reform: integrating paradigms.* International finance, 13 (1), 109 – 139.

[133] De la Torre, A., Martínez, M. y Schmukler, S. (2008). *Drivers and obstacles to banking SMEs. The role of institutional framework.* (Policy Research Working Paper N° 4. 788). Washington, D. C. : Banco Mundial.

[134] De la Torre, A., Martínez, M. y Schmukler, S. (2010). *Bank involvement with SMEs: Beyond relationship lending.* Journal of Banking & Finance, 34 (2010), 2280 – 2293.

[135] De Mel, S., McKenzie, D. y Woodruff, C. (2008). *Returns to capital in microenterprises: evidence from a field experiment.* Quarterly Journal of Economics, 123 (4), 1329 – 1372.

[136] Deaton, A. (1997). *The analysis of household surveys.* Washington, D. C. : Banco Mundial.

[137] Delphos, (2008). *Bancarización en Venezuela. Un enfoque de demanda.* Caracas: Instituto Delphos.

[138] Demirgüç – Kunt, A. y Detragiache, E. (2005). *Cross – country empirical studies of banking distress: a survey.* (World Bank Policy Research Working Paper N° 3. 719). Washington, D. C. : Banco Mundial.

[139] Demirgüç – Kunt, A. y Levine, R. (1996). *Stock market development and financial*

intermediaries: stylized facts. World Bank Economic Review, 10, 291 - 322.

[140] Demirgüç - Kunt, A. y Levine, R. (2001). *Financial structure and economic growth: perspectives and lessons.* En Demirgüç - Kunt, A. y Levine, R. (Eds.) Financial structure and economic growth: A cross - country comparison of banks, markets, and development. Cambridge: MIT Press.

[141] Demirgüç - Kunt, A., Laeven, L. y Levine, R. (2003). *Regulations, market structure, institutions, and the cost of the financial intermediation.* (NBER Working Paper N° 9890). Cambridge: NBER.

[142] Demsetz, R., Saidenberg, M. y Strahan, P. (1997). *Agency problems and risk taking at banks.* (Research Papers N° 9709). Nueva York: Federal Reserve Bank of New York.

[143] Dercon, S. (2004a). *Insurance against poverty.* Oxford: Oxford University Press.

[144] Dercon, S. (2004b). *Risk, insurance, and poverty: a review.* En Dercon, S. (Ed.) Insurance against poverty. Oxford: Oxford University Press.

[145] Dercon, S. y Hoddinot, J. (2004). *Health, shocks and poverty persistence.* En Dercon, S. (Ed.) Insurance against poverty. Oxford: Oxford University Press.

[146] Di Tella, R. y MacCulloch, R. (2002). *Informal family insurance and the design of the welfare State.* The Economic Journal, 112 (481), 481 - 503.

[147] Djankov, S. (2008). *A response to "Is doing business damaging business?".* Journal of Comparative Economics, 31 (1), 595 - 619.

[148] Djankov, P., Miranda, P., Seira, E. y Sharma, S. (2008). *Who are the unbanked?* (World Bank Policy Research Working Paper N° 4.647). Washington, D. C.: Banco Mundial.

[149] Drexler, A., Fischer, G. y Schoar, A. (2010). *Keeping it simple: financial literacy and rules of thumb.* Manuscrito no publicado, MIT, LSE, Poverty Action Lab, NBER e Ideas 42.

[150] Dupas, P. y Robinson, J. (2009). *Savings constraints and microenterprise development: evidence from a field experiment in Kenya.* (NBER Working Papers, N° 14.693). Cambridge: NBER.

[151] Economática (2010). http: //www. economatica. com/

[152] Economist Intelligence Unit (EIU) (2010). *Microscopio global sobre el entorno de negocios para las microfinanzas* 2010. Londres: EIU.

[153] Eichengreen, B. , Borensztein, E. y Panizza, U. (2006). *A tale of two markets: bond market development in East Asia and Latin America.* (Occassional Paper N° 3). Hong Kong: Hong Kong Institute for Monetary Research.

[154] Edwards, S. y Vegh, C. (1997). *Banks and macroeconomic disturbances under predetermined exchange rates.* Journal of Monetary Economics, 40 (2), 239 – 278.

[155] Emran, M. , Wahhub, A. y Stiglitz, J. (2007). *Microfinance and missing markets.* Manuscrito no publicado, Columbia University.

[156] Eslava, M. , Galindo, A. , Hofstetter, M. y Izquierdo, A. , (2010). *Credit constraints, the business cycle and firm dynamics in Colombia.* Manuscrito no publicado, BID.

[157] Fazzari, S. , Hubbard, R. y Petersen, B. (1988). *Financing constraints and corporate investment.* (NBER Working Paper N° 2387). Cambridge: NBER.

[158] Fazzari, S. , Hubbard, R. y Petersen, B. (2000). *Investment – cash flow sensitivities are useful: a comment on Kaplan and Zingales.* The Quarterly Journal of Economics, 115 (2), 695 – 705.

[159] Federal Reserve Board (FRB) (2007). *Survey of Consumer Finances.* http://www. federalreserve. gov/pubs/oss/oss2/scfindex. html

[160] Federación Latinoamericana de Bancos (FELABAN) (2007). *Qué sabemos sobre la bancarización en América Latina? un inventario de las fuentes de datos y literatura.* Manuscrito no publicado, FELABAN.

[161] Federación Latinoamericana de Bancos (FELABAN), Corporación Interamericana de Inversiones (CII) y Fondo Multilateral de Inversiones (FOMIN) (2008). *Tracking sobre la predisposición de las entidades financieras de Latinoamérica y el Caribe para la financiación de las pequeñas y medianas empresas.* Actualización 2008. Manuscrito no publicado, FELABAN.

[162] Feldman, R. (1997). *Small business loans, small banks and a big change in technology called credit scoring.* The Region, septiembre, 19 – 25.

[163] Field, E. (2007). *Entitled to work: urban poverty rights and labor supply in Peru.* Quarterly Journal of Economics, 122 (4), 1561 – 1602.

[164] Field, E. y Pande, R. (2008). *Repayment frequency and default in microfinance: evidence from India.* Journal of the European Economic Association, 6 (2 – 3), 501 – 509.

[165] Fink, G. , P. Haiss, y Hristoforova, S. (2003). *Bond markets and economic growth.* (Working Paper N° 49). Vienna: Research Institute for European Affairs.

[166] Finkelstein, A. y Poterba, J. (2002). *Selection effects in the United Kingdom individual annuities market.* The Economic Journal, 112 (476), 28 – 50.

[167] Fischer, G. (2008). *Contract structure, risk sharing and investment choice.* (Documento de trabajo del N° 24). Chennai: Institute for Financial Management and Research Centre for Micro Finance.

[168] FOMIN (2008). *Microfinanzas en América Latina y el Caribe: Datos* 2008. http://idbdocs. iadb. org/wsdocs/getDocument. aspx? DOCNUM = 1673931

[169] Fostel, A. , y Kaminsky, G. (2007). *Latin America's access to international capital markets: good behavior or global liquidity?* (NBER Working Paper N° 13.194). Cambridge: NBER.

[170] Foster, A. (1995). *Prices, credit markets and child growth in low – income rural areas.* Economic Journal, 105 (430), 552 – 570.

[171] Frame, W. (1995). *FYI – examining small business lending in bank antitrust analysis.* Federal Reserve of Altanta Economic Review, 80 (2), 31 – 40.

[172] Fuentes, J. y Guzmán, C. (2002). *Qué determina los márgenes en la industria bancaria? Evidencia para Chile en los noventa.* Manuscrito no publicado, Banco Santander y Banco Central de Chile.

[173] Fuentes, R. y Basch, M. (1998). *Determinantes de los spreads bancarios: el caso de Chile.* (Working Paper N° R – 329). Washington, D. C. : BID.

[174] Galiani, S. y Schargrodsky, E. (2010a). *Property rights for the poor: effects of land titling.* Journal of Public Economics, 94 (9 – 10), 700 – 729.

[175] Galiani, S. y Schargrodsky, E. (2010b). *Titulación de tierras y acceso a crédito y servicios financieros.* (Informe preparado para CAF).

[176] Galindo, A. y Micco, A. (2010). *Information sharing and access to finance in SMEs: cross country evidence from survey data.* (Documento de trabajo N° 2010/06), Caracas: CAF

[177] Galor, O. y Zeira, J. (1993). *Income distribution and macroeconomics.* Review of Economic Studies, 60 (1), 35 – 52.

[178] Gavin, M. , y Hausmann, R. (1996). Securing stability and growth in a shock prone region: the policy challenge for Latin America. En Hausmann, R. y Riesen, H.

(Eds.), *Securing stability and growth in Latin America*. París: OECD Development Center.

[179] Gavin, M. , Hausmann, R. , Perotti, R. y Talvi, E. (1996). *Managing fiscal policy in Latin America and the Caribbean: volatility, procyclicality, and limited creditworthiness.* (Working Paper N° 326). Washington, D. C. : BID.

[180] Gelos, R. (2006). *Banking spreads in Latin America.* (Working Paper N° 0644). Washington, D. C. : FMI.

[181] Gerschenkron, A. (1962). *Economic backwardness in historical perspective.* Cambridge: Harvard University Press.

[182] Gertler, P. y Gruber, J. (2002). *Insurance consumption against illness.* American Economic Review, 92 (1), 51 – 70.

[183] Gertler, P. , Martínez, S. y Rubio – Codina, M. (2006). *Investing cash transfers to raise long term living standards.* (Policy Research Working Paper N° 3. 994). Washington, D. C. : Banco Mundial.

[184] Giné, X. , Jakiela, P. , Karlan, D. y Morduch, J. (2009). *Microfinance games.* American Economic Journal: Applied Economics, 2 (3), 60 – 95.

[185] Giné, X. y Karlan, D. (2009). *Group versus individual liability: long term evidence from Philippine Microcredit Lending Group.* (Working Paper N° 61) New Haven: Economic Department, Yale University.

[186] Giné, X. y Townsend, R. (2004). *Evaluation of financial liberalization: a general equilibrium model with constrained occupation choice.* Journal of Development Economics, 74 (2), 269 – 307.

[187] Giné, X. , Townsend, R. y Vickery, J. (2007). *Statistical analysis of rainfall insurance payouts in southern India.* American Journal of Agricultural Economics, 89 (5), 1248 – 1254.

[188] Goldberg, M. y Ramanathan, C. S. (2008). *Microinsurance matters in Latin America.* En breve, N° 138, 1 – 4.

[189] Goldsmith, R. W. (1969). *Financial structure and development.* New Haven: Yale University Press.

[190] González, A. (2008). *How many borrowers and microfinance institutions (MFIs) exist?* Washington, D. C. : Microfinance Information Exchange (MIX).

[191] González – Vega, C. y Villafani, M. (2004). *Las microfinanzas en el desarrollo del*

sistema financiero de Bolivia. La Paz: Proyecto PREMIER.

[192] Gorton, G. y Rosen, R. (1995). *Corporate control, portfolio choice, and the decline of banking.* Journal of Finance 50 (5), 1377 – 1420.

[193] Grandi, E. (2010). *Estado de las microfinanzas en Bolivia al* 2009. (Informe preparado para CAF).

[194] Grasso, F. y Banzas, A. (2006). *Determinantes del spread bancario en Argentina, un análisis de su composición y evolución* (1995 – 2005). (Documento de trabajo N° 11). Buenos Aires: Centro de Economía y Finanzas para el Desarrollo de la Argentina.

[195] Greenbaum, S. , Kanatas, G. y Venezia, I. (1989). *Equilibrium loan pricing under the bank – client relationship.* Journal for Banking & Finance, 13 (2), 221 – 235.

[196] Greene, W. (2003). *Fixed effects and bias due to the incidental parameters problem in the Tobit model.* (Papel de trabajo). Nueva York: Department of Economics, Stern School of Business at New York University.

[197] Greenwood, R. , Hanson, S. y Stein, J. (2010). *A gap – filling theory of corporate debt maturity choice.* The Journal of Finance, 65 (3), 993 – 1028.

[198] Greenwood, J. y Jovanovic, B. (1990). *Financial development, growth, and the distribution of income.* Journal of Political Economy, 98 (5), 1076 – 1107.

[199] Grimard, F. (1997). *Household consumption smoothing through ethnic ties: evidence from Cote d'Ivoire.* Journal of Development Economics, 53 (2), 391 – 422.

[200] Guaipatín, C. (2003). *Observatorio MIPYME: compilación estadística para* 12 *países de la región.* (Documento de trabajo). Washington, D. C. : BID.

[201] Gugerty, M. (2007). *You can't save alone: commitment in rotating savings and credit associations in Kenya.* Economic Development and Cultural Change, 55 (2), 251 – 282.

[202] Guinnane, T. (2001). *Cooperatives as information machines: German rural credit cooperatives, 1883 – 1914.* The Journal of Economic History, 61 (2), 366 – 389.

[203] Guinnane, T. (2002). *Delegated monitors, large and small: Germany's banking system, 1800 – 1914.* Journal of Economic Literature, 40 (1), 73 – 124.

[204] Gurley, J. y Shaw, E. (1967). *Financial structure and economic development.* Economic Development and Cultural Change, 34 (3), 333 – 346.

[205] Haber, S. , North, D. y Weingast, B. (2007). *Political institutions and financial development.* Stanford: Stanford University Press.

［206］ Haber, S. y Perotti, E. (2007). *The political economy of finance.* Manuscrito no publicado, Stanford University.

［207］ Han, L. , Fraser, S. y Storey, D. (2009). *The role of collateral in entrepeneurial finance.* Journal of Business Finance & Accounting, 36 (3 – 4), 424 – 455.

［208］ Haselmann, R. , Marsch, K. y Weder Di Mauro, B. (2009). *Real effects of bank governance: bank ownership and corporate innovation.* Manuscrito no publicado, Mainz University.

［209］ Helms, B. y Reille, X. (2004). *Los topes máximos para las tasas de interés y las microfinanzas: su evolución hasta el presente.* (Estudio especial N° 9). Washington, D. C. : CGAP.

［210］ Hishigsuren, G. (2006). *Transformation of microfinance operations from NGO to regulated MFI.* Decatur: IDEAS.

［211］ Hsieh, C. y Klenow, P. (2009). *Misallocation and Manufacturing TFP in China and India.* Quarterly Journal of Economics, 124 (4), 1403 – 1448.

［212］ Holden, P. (1997). *The enabling environment for Latin American business.* Small Enterprise Development, 7 (3), 28 – 36.

［213］ Honohan, P. (2007). *Cross – country variation in household access to financial services.* Trabajo preparado para la Conferencia Access to Finance, Washington, D. C. .

［214］ Honohan, P. (2010). *Partial credit guarantees: principles and practices.* Journal of Financial Stability, 6 (1), 1 – 9.

［215］ Information Collection and Exchage (ICE) (2003). *A microenterprise training guide.* (Publicación N°M0068). Washington, D. C. : ICE.

［216］ International Finance Corporation (IFC) (2009). *The SME banking knoweldge guide.* Washington D. C. : IFC.

［217］ Jaffee, D. y Russell, T. (1976). *Imperfect information, uncertainty, and credit rationing.* Quarterly Journal of Economics, 90 (4), 217 – 236.

［218］ Jaffee, D. y Stiglitz, J. (1990). *Credit rationing. En Friedman, B. y Hahn, F. (Eds.)* Handbook of monetary economics. Amsterdam: Elsevier Science Publication.

［219］ Jain, S. y Mansuri, G. (2003). A little at a time: *the use of regularly scheduled repayments in microfinance programs.* Journal of Development Economics, 72 (1), 253 – 279.

[220] Jalan, J. y Ravallion, M. (2004). *Household income dynamics in rural China*. En: Dercon, S. (Ed.), Insurance against poverty. Oxford: Oxford University Press.

[221] Jansson, T., Rosales, R. y Wesley, G. (2004). *Principles and practices for regulating and supervising microfinance*. Washington, D. C. : BID.

[222] Japelli, T. y Pagano, M. (2002). *Information sharing, lending and defaults: cross-country evidence*. Journal of Banking and Finance, 26 (10), 2017–2045.

[223] Jara, A., Moreno, R. y Tovar, C. (2009). *La crisis internacional y América Latina: repercusiones y políticas de respuesta*. BIS Quarterly Review, Junio.

[224] Jeanneau, S. y Tovar, C. (2006). *Domestic bond markets in Latin America: achievements and challenges*. BIS Quarterly Review, June 51–64.

[225] Jensen, M. C. y Meckling, W. H. (1976). *Theory of the firm: managerial behavior, agency costs, and ownership structure*. Journal of Financial Economics 3 (4), 305–360.

[226] Jeong, H. y Townsend, R. (2007). *Sources of TPF growth: occupational choice and financial deepening*. Economic Theory, 32 (1), 179–221.

[227] Jiménez, G. y Saurina, J. (2005). *Credit cycles, credit risk and prudential regulation*. (Documento de Trabajo N° 0531). Madrid: Banco de España.

[228] Jung W. (1986). *Financial development and economic growth: international evidence*. Economic Development and Cultural Change, 34 (2), 333–346.

[229] Kamil, H. (2004). *A new database on currency and maturity composition of firms' financial structures in Latin America*. Manuscrito no publicado, BID.

[230] Kamil, H. (2010). *A new database on the currency and maturity composition of firms' balance sheets in Latin America: 1992–2009*. Por publicar, FMI.

[231] Kamil, H. y Sengupta, R. (2010). *Financial structure and corporate performance during the global crisis: microeconomic evidence for Latin America*. (Documento de trabajo). Washington, D. C. : FMI.

[232] Kaminsky, G. y Reinhart, C. (1999). *The twin crises: causes of banking and balance of payments problems*. American Economic Review, 89 (3), 473–500.

[233] Kaminsky, G., Reinhart, C. y Végh, C. (2003). *The unholy trinity of financial contagion*. Journal of Economic Perspectives, 4 (17), 51–74.

[234] Kaminsky, G. Reinhart, C. y Végh, C. (2004). *When it rains, it pours: procyclical capital flows and macroeconomic policies*. (NBER Working Paper N° 10.780).

Cambridge：NBER.

［235］Kang, D. (2002). *Crony capitalism：corruption and development in south Korea and the Phillipines.* Cambridge：Cambridge University Press.

［236］Kaplan, S. y Zingales, L. (1995). *Do financing constraints explain why investment is correlated with cash flow?* (NBER Working Paper N° 5. 267). Cambridge：NBER.

［237］Kaplan, S. y Zingales, L. (1997). *Do investment – cash flow sensitivities provide useful measures of financing constraints?* Quarterly Journal of Economics, 112 (1), 169 – 215.

［238］Kaplan, S. y Zingales, L. (2000). *Investment – cash flow sensitivities are not valid measures of financial constraint.* (NBER Working Paper N° 7. 659). Cambridge：NBER.

［239］Karlan, D., McConnell, M., Mullainathan, S. y Zinman, J. (2009). *The salience of savings.* (Documento de trabajo). Yale University, California Institute of Technology, Harvard University, Dartmounth University.

［240］Karlan, D., Mobius, M., Rosenblat, T. y Szeidl, A. (2008). *Measuring trust in Peruvian Shantytowns.* Manuscrito no publicado, Universidad de California, Berkeley.

［241］Karlan, D. y Mullainathan, S. (2010). *Rigidity in microfinance：can one size fit all?* Disponible en http：//www. qfinance. com/financing – best – practice/rigidity – in – microfinancing – can – one – size – fit – all? full

［242］Karlan, D. y Valdivia, M. (2009). *Teaching entrepreneurship：impact of business training on microfinance institutions and clients.* Por publicar, *The Review of Economics and Statistics.*

［243］Karlan, D. y Zinman, J. (2008). *Expanding credit access：using randomized supply decisions to estimate the impacts.* Review of Financial Studies, 23 (1), 433 – 464.

［244］Karlan, D. y Zinman, J. (2009a). *Expanding microenterprise credit access：using randomized supply decisions to estimate the impacts in Manila.* (Discussion Paper N° 7. 396). Londres：Centre for Economic Policy Research.

［245］Karlan, D. y Zinman, J. (2009b). *Observing the unobservables：identifying information asymmetries with a consumer credit field experiment.* Econometrica, 77 (6), 1993 – 2008.

［246］Keeton, W. (1995). *Multi – office bank lending to small businesses：some new evidence.* Economic Review, 80 (2), 45 – 57.

[247] Kendall, J. Mylenko, N. y Ponce, A. (2010). *Measuring financial access around the world.* (Policy Research Working Paper Series N° 5.253). Washington, D. C.: Banco Mundial.

[248] Keynes, J. (1936). *Essays in Persuasion.* Nueva York: Harcourt Brace.

[249] Kiguel, M. y Podjarny, E. (2007). *Impacto de factores macro y microeconómicos en el desarrollo del Mercado de hipotecas. Reflexiones basadas en Argentina, Chile y Uruguay.* (Serie de Estudios Económicos y Sociales N° CSC – 07 – 010). Washington, D. C.: BID.

[250] King, R. y Levine, R. (1993a). *Finance and growth: Schumpeter might be right.* Quarterly Journal of Economics, 108 (3), 717 – 737.

[251] King, R. y Levine, R. (1993b). *Finance, entrepreneurship and growth: theory and evidence.* Journal of Monetary Economics, 32 (3), 513 – 542.

[252] Kiyotaki, N. y Moore, J. (1997). *Credit cycles.* Journal of Political Economy, 105 (2), 211 – 248.

[253] Kubrin, Ch. y Squires, G. (2005). *The impact of capital on crime: does access to home mortgage money reduce crime rates?* Manuscrito no publicado, George Washington University.

[254] Kumar, A. , Beck, T. , Campos, C. y Chattopadhyay, S. (2005). *Assessing financial access in Brazil.* (World Bank Working Paper N° 50). Washington, D. C.: Banco Mundial.

[255] La Porta, R. , López de Silanes, F. y Schleifer, A. (2002). *Government ownership of banks.* Journal of Finance, 57 (1), 265 – 301.

[256] La Porta, R. , López de Silanes, F. , Schleifer, A. y Vishny, R. (1997). *Legal determinants of external finance.* Journal of Finance, 52 (3), 1131 – 1150.

[257] La Porta, R. , López de Silanes, F. , Schleifer, A. y Vishny, R. (1998). *Law and finance.* Journal of Political Economy, 106 (6), 1013 – 1155.

[258] Landry, C. , Lange, A. , List, J. , Price, M. y Rupp, N. (2006). *Toward an understanding of the economics of charity: Evidence from a field experiment.* Quarterly Journal of Economics, 121 (2), 747 – 782.

[259] Larraín, F. y Quiroz, J. (2006). *Evaluación de la adicionalidad del Fondo de Garantías de Pequeñas Empresas.* Manuscrito no publicado, BancoEstado.

[260] Levenson, A. y Willard, K. (2000). *Do firms get the financing they want? Measuring*

credit rationing experienced by small businesses in the U. S. Small Business Economics, 14 (2), 83 – 94.

[261] Levine, R. (1997). *Financial development and economic growth: views and agenda.* Journal of Economic Literature, 35 (2), 688 – 726.

[262] Levine, R. (1998). *The legal environment, banks, and long – run economic growth.* Journal of Money, Credit, and Banking, 30 (3), 596 – 613.

[263] Levine, R. (1999). *Law, finance, and economic growth.* Journal of Financial Intermediation, 8 (1 – 2), 36 – 67.

[264] Levine, R. (2005). *Finance and growth: theory and evidence.* Handbook of Economic Growth, 1 (1), 865 – 934.

[265] Levine, R. , Loayza, N. y Beck, T. (2000). *Financial intermediation and growth: causality and causes.* Journal of Monetary Economics, 46, 31 – 77.

[266] Levine, R. y Zervos, S. (1998). *Stock markets, banks, and economic growth.* American Economic Review, 88 (3), 537 – 558.

[267] Levonian, M. y Soller, J. (1995). *Small banks, small loans, small business.* Manuscrito no publicado, Federal Reserve of San Francisco.

[268] Levy Yeyati, E. , Micco, A. y Panizza, U. (2004a). Es conveniente la banca estatal? El papel de los bancos estatales y de desarrollo. *Perspectivas*, 2 (2), 131 – 167.

[269] Levy Yeyati, E. , Micco, A. y Panizza, U. (2007). *A Reappraisal of state owned banks.* Economía, 7 (2), 209 – 247.

[270] Levy Yeyati, E. , Micco, A. y Yánez, M. (2004b). *Bank ownership and performance.* (Working Paper N° 518). Washington, D. C. : BID.

[271] Liberti, J. y Mian, A. (2006). *Estimating the effect of hierarchies on information use.* (Documento de trabajo). Londres: London Business School.

[272] Ligon, E. , Thomas, J. y Worrall, T. (2002). *Informal insurance arrangements with limited commitment: theory and evidence from village economies.* Review of Economic Studies, 69 (1), 209 – 244.

[273] Littlefield, E. y Kneiding, C. (2009). *The global financial crisis and its impact on microfinance.* (CGAP Focus Notes N° 52). Washington, D. C. : CGAP.

[274] Llisterri, J. (2007). *Alternativas operativas de sistemas de garantías de crédito para la MIPYME.* (Serie de informes de buenas prácticas del Departamento de Desarrollo

Sostenible). Washington, DC. : BID.

[275] Loubière, J. , Devaney, P. y Rhyne, E. (2004). *Supervising and regulating microfinance in the context of financial sector liberalization.* Reporte preparado para Tinker Foundation.

[276] Love, I. y Mylenko, N. (2003). *Credit constraints and financing constraints.* (Policy Research Working Paper N° 3142). Washington, D. C. : Banco Mundial.

[277] Love, I. y Rachinsky, A. (2008). *Corporate governance, ownership and bank performance in emerging markets: evidence from Russia and Ukraine.* Manuscrito no publicado, Banco Mundial.

[278] Lozano, N. y Gaitán, I. (2007) *El programa del gobierno colombiano "Banca de las Oportunidades".* (Microfinance Research, abril). Roma: IDLO.

[279] Lund, F. y Nicholson, J. (2004). *Chains of production, ladders of protection: social protection for workers in the informal economy.* Escuela de Estudios de Desarrolo. Durban: Universidad de Natal.

[280] Magill, J. y Meyer, R. (2005). *Microenterprises and microfinance in Ecuador: results of the 2004 baseline survey of microenterprises.* Informe preparado para USAID/Ecuador SALTO Project and Development Alternatives, Inc.

[281] Marconi, R. y Mosley, P. (2006). *Bolivia during the global crisis 1998 – 2004: Towards a macroeconomics of microfinance.* Journal of International Development, 18 (2), 237 – 61.

[282] Martins, N. y Villanueva, E. (2006). *Does limited access to mortgage debt explain why young adults live with their parents?* (Documento de trabajo del Banco de España 0628). Madrid: Banco de España.

[283] Marulanda, B. , Fajury, L. , Paredes, M. y Gómez F. (2010). *Lo bueno de lo malo en microfianzas: lecciones aprendidas de experiencias fallidas en América Latina.* Manuscrito no publicado, Calmeadow.

[284] Marulanda, B. y Otero, M. (2005). *Perfil de las microfinanzas en Latinoamérica en 10 años: visión y características.* Boston: Acción Internacional.

[285] Marulanda, B. y Paredes, M. (2005). *La evolución y perspectivas de la banca de desarrollo en Latinoamérica frente al caso colombiano.* (Serie Financiamiento del Desarrollo N° 153). Santiago de Chile: CEPAL.

[286] McIntosh, C. (2007). *Estimating treatment effects from spatial policy experiments: an*

application to Ugandan microfinance. Manuscrito no publicado, Universidad de San Diego.

[287] McKenzie, D. (2009). *Impact assessments in finance and private sector development：what have we learnt and what should we learn?* (Policy Research Working Paper N° 4944). Washington, D. C.：Banco Mundial.

[288] McKenzie, D. , Fafchamps, M. , Quinn, S. y Woodruff, C. (2010). *When is capital enough to get female microenterprises growing? Evidence from a randomized experiment in Ghana.* Manuscrito no publicado, Universidad de Oxford, Universidad de Warwick y Banco Mundial.

[289] McKenzie, D. y Woodruff, C. (2006). Do entry costs provide an empirical basis for poverty traps? Evidence from Mexican microenterprises. *Economic Development and Cultural Change*, 55 (1), 3 –42.

[290] McKenzie, D. y Woodruff, C. (2008). *Experimental evidence on returns to capital and access to finance in Mexico.* World Bank Economic Review, 22 (3), 457 –482.

[291] McKinnon, R. I. (1973). *Money and capital in economic development.* Washington, D. C.：The Brookings Institution.

[292] Meléndez, M. (2010). *El acceso al financiamiento de la pequeña y mediana empresa en Colombia：retos de la política pública.* (Documento de Trabajo N° 2011/10). Caracas：CAF.

[293] Memmel, C. , Schmieder, C. y Stein, I. (2008). *Relationship lending – empirical evidence for Germany.* Economic and Financial Report 2008/01. Luxemburgo：European Investment Bank.

[294] Mendoza, E. G. (1995). *The terms of trade, the real exchange rate, and economic fluctuations.* International Economic Review, 36 (1), 101 –137.

[295] Mercieca, S. , Schaeck, K. y Wolfe, S. (2010). *Bank market structure, competition and SME financing relationships in European regions.* Journal of Financial Services Research, 36 (2 –3), 137 –155.

[296] Mester, L. (1997). *What's the point on credit scoring?* Federal Reserve Bank of Philadelphia Business Review, Septiembre/Octubre, 3 – 16.

[297] Meyer, R. (2002). *The demand for flexible microfinance products：lessons from Bangladesh.* Journal of International Development, 14 (3), 251 –368.

[298] Micco, A. y Panizza, U. (2005). *Public banks in Latin America.* Trabajo preparado

para la Conferencia Public Banks in Latin America: Myth and Reality Inter – American Development Bank, 25 de febrero.

[299] Micco, A. y Panizza, U. (2006). *Bank ownership and lending behavior.* Economics Letters 93 (2), 248 – 254.

[300] Micco, A. y Panizza, U. y Yañez, M. (2005). *Bank ownership and performance: does politics matter?* (Documento de Trabajo N° 356). Santiago de Chile: Banco Central de Chile.

[301] Microcredit Summit Campaign. (2009). *State of the microcredit Summit Campaign Report* 2009. Washington, D. C.

[302] Microfinance Information Exchange (MIX) (2010). *Indicators for microfinance institutions.* http: //www. mixmarket. org/mfi/indicators

[303] MIDEPLAN (2010). *Encuesta Casen* 2009. http: //www. mideplan. gob. cl/casen/index. html

[304] Miller, M. (2005). *Credit reporting systems around the globe: the state of the art in public credit registries and private credit reporting firms. En Miller, M. (Ed.),* Credit reporting systems and the international economy. Washington, D. C. : Banco Mundial.

[305] Miller, M. y Rojas, D. (2004). I*mproving access to credit for SMEs: an empirical analysis for the viability of pooled data SME credit scoring models in Brazil, Colombia & Mexico.* (Technical Working Paper). Washington, D. C. : Banco Mundial.

[306] Modigliani, F. y Miller, M. (1958). *The cost of capital, corporation finance and the theory of investment.* The American Economic Review, 48 (3), 261 – 297.

[307] Modigliani, F. y Perotti, E. (2000). *Security markets versus bank finance: legal enforcement and investor protection.* International Review of Finance, 1 (2), 81 – 96.

[308] Morawczynski, O. y Pickens, M. (2009). *Poor people using mobile financial services: observations on customer usage and impact from M – PESA.* CGAP Brief, agosto, 1 – 4.

[309] Morduch, J. (1994). *Poverty and vulnerability.* American Economic Review, 84 (2), 221 – 225.

[310] Morduch, J. (1998). *Does microfinance really help the poor? New evidence from flagship programs in Bangladesh.* (Working Paper N° 198). Princeton: Woodrow Wilson School of Public and International Affairs at Princeton University.

[311] Morduch, J. (2006). *Micro – insurance: the next revolution? What have we learned about poverty? En Banerjee, A. , Bénabou, R. y Mookherjee, D. (Eds.),*

Understanding Poverty. Nueva York: Oxford University Press.

[312] Mosley, P. (2001). *Microfinance and poverty in Bolivia*. Journal of Development studies, 37 (49), 201 – 132.

[313] Nakamura, L. (1993). Commercial bank information: implications for the structure of banking. En Klausser, M. y White, L. (Eds.), *Structural Change in Banking*. Homewood: Business One Irwin, 131 – 160.

[314] Nakane, M. y de Paula, B. (2010). Policy innovations to improve access to financial services: The case of Brazil. Trabajo preparado para el taller CGD Policy innovations to improve access to financial services: learning from case studies.

[315] Navajas, S., Conning, J. y González – Vega, C. (2003). Lending technologies, competition and consolidation in the market for microfinance in Bolivia. *Journal of International Development*, 15 (6), 747 – 770.

[316] Navajas, S. y Tejerina, L. (2006). *Las microfinanzas en América Latina y el Caribe. Cuál es la magnitud del mercado?* Washington, D. C. : BID.

[317] Nelson, C., Mknelly, B., Stack, K. y Yanovitch, L. (1996). *Village banking: the state of the practice*. New York: UNIFEM.

[318] Neusser, K. y Kugler, M. (1998). Manufacturing growth and financial development: evidence from OECD countries. *Review of Economics and Statistics*, 80 (4), 638 – 646.

[319] Organization para la Cooperación y el Desarrollo Económico (OCDE) (2006). *The SME Financing Gap, Volume* 1: *Theory and evidence*. París: OECD.

[320] Organización para la Cooperación y el Desarrollo Económico (OCDE) (2005). *OECD guidelines on corporate governance for state owned enterprises*. París: OCDE.

[321] Ontiveros, E., Martín, A., Fernández, S., Rodríguez, I. y López, V. (2009). *Telefonía móvil y desarrollo financiero en América Latina*. Madrid: Fundación Telefónica y Editorial Ariel.

[322] Ouyang, M. (2005). The scarring effect of recessions. *Journal of Monetary Economics*, 56 (2), 184 – 199.

[323] Ouyang, M. (2010). *Virtue of bad times and financial market frictions*. (Documento de trabajo). Irvine: University of California.

[324] Pearlman, S. (2010). *Flexibility matters: do more rigid loan contracts reduce demand for microfinance?* (Documento de Trabajo N° 2010/10) Caracas, CAF.

[325] Peek, J. y Rosengren, E. (1996). Small business credit availability: how important is size of lender? En *Universal banking: financial system design reconsidered*. Ed. por por Saunders, A. y Walter, I. Chicago, 628 – 655.

[326] Peterson, M. y Rajan, R. (1994). *The benefits of lending relationships: evidence from small business data*. Journal of Finance, 49 (1), 3 – 37.

[327] Pickens, M., Porteous, D. y Rotman, S. (2009). *Banking the poor via G2P payments*. (Documento de CGAP N° 58). Washington, D. C. : CGAP.

[328] Quispe – Agnoli, M. y Vilán, D. (2008). *Financing trends in Latin America*. (BIS Papers N° 36). Basilea: BIS.

[329] Radermacher, R., Dror, I. y Noble, G. (2006). *Challenges and strategies to extend health insurance to the poor. En Churchill, C. (Ed)*. Protecting the poor: a microinsurance compendium. Ginebra: Munich Re Foundation y OIT.

[330] Rajan, R. y Zingales, L. (1998). *Financial dependence and growth*. The American Economic Review, 88 (3), 559 – 586.

[331] Rajan, R. y Zingales, L. (2003). *The great reversals: the politics of financial development in the 20th century*. Journal of Financial Economics, 69 (1), 5 – 50.

[332] Rajdeep, S. y Craig, A. (2008). *The microfinance revolution: an overview*. Federal Reserve Bank of Saint Louis Review, 90 (1), 9 – 30.

[333] Ramírez, A. (2004). *The microfinance experience in Latin America and the Caribbean*. Trabajo presentado en el taller Modalities of microfinance delivery in Asia: LAEBA research conference on microfinance in Latin American and Asia. Manila, Filipinas.

[334] Reille, X. y Forster, S. (2008). *Foreign capital investment in microfinance – balancing social and financial returns*. (Focus Note N° 44). Washington, D. C. : CGAP.

[335] Reinhart, C. y Reinhart, V. (2010). *After the fall*. (NBER Working Paper N° 16. 334). Cambridge: NBER.

[336] Repetto, G. y Denes, A. (2007). *Access to financial services in Argentina: a national survey*. (IFC Bulletin N° 33). Washington, D. C. : IFC.

[337] Rioja, F. y Valev, N. (2004a). Does one size fit all: a reexamination of the finance and growth relationship. *Journal of Development Economics*, 74 (2), 429 – 447.

[338] Rioja, F. y Valev, N. (2004b). *Finance and the Sources of Growth at Various Stages of Economic Development*. Economic Inquiry, 42 (1), 127 – 140.

[339] Rocha, H. , Barría, A. y Quevedo, E. (1997). *Innovación y exportación. La soledad de las PYMES.* Manuscrito no publicado, Universidad Austral de Chile.

[340] Rojas – Suárez, L. (2007). *The provision of banking services in Latin America: obstacles and recommendations.* (Working Paper N° 124). Washington, D. C. : Center for Global Development.

[341] Rojas – Suárez, L. (2010). *Promoviendo el acceso a los servicios financieros: qué nos dicen los datos sobre bancarización en América Latina?* (Estudio preparado para CAF y FELABAN).

[342] Ross Schneider, B. (2004). *Business politics and the state in 20th century Latin America.* New York: Cambridge University Press.

[343] Rutherford, S. (2000). *The need to save. En* The poor and their money. Nueva Deli: Oxford University Press.

[344] Rutherford, S. (2004). *Grameen II at the end of* 2003: *a "grounded view" of how Grameen's new initiative in progressing in the villages.* (Working Paper) Kenya: MicroSave.

[345] Rutherford, S. (2010). *Designing savings and loan products.* (Working Paper) Kenya: MicroSave.

[346] Sanguinetti, P. (2006). *The determinants of innovation and R&D expenditures in Argentina: evidence from a firm level survey.* Manuscrito no publicado, Universidad Torcuato Di Tella.

[347] Sapienza, P. (2002). *What do state – owned firms maximize? Evidence from the Italian banks.* (CEPR Discussion Papers N° 3. 168). London: CEPR.

[348] Sengupta, R. y Aubuchon, C. (2008). *The Microfinance revolution: An overview.* Federal Reserve Bank of St. Louis Review, 90 (1), 9 – 30.

[349] Sharpe, S. (1990). *Switching costs, market concentration, and prices: the theory and its empirical implications in the bank deposit market.* (Finance and Economics Discussion Series 138), Washington D. C. : Board of Governors of the Federal Reserve System.

[350] Shaw, E. (1973). *Financial deepening in economic development.* Nueva York: Oxford University Press.

[351] Schleifer, A. (1998). *State versus private ownership.* Journal of Economic Perspectives, 12 (4), 133 – 150.

[352] Schumpeter, J. (1942). *Capitalismo, socialismo y democracia.* Nueva York: Harper, 1947.

[353] Silwal, A. (2003). *Repayment performance of Nepali village banks.* Tesis de grado de Políticas Públicas presentada en cumplimiento parcial del Programa de Honor. Universidad de Swarthmore.

[354] Skees, J., Varangis, P. y Larson, D. (2004). *Can financial markets be tapped to help poor people cope with weather risks?* En Dercon, S. (Ed.) Insurance against poverty. Oxford: Oxford University Press.

[355] Smith, S. (2002). *Village banking and maternal and child health.* World Development, 30 (4), 707 – 723.

[356] Solís, A. (2010). *Credit constraints for higher education.* Por publicar. CAF.

[357] Solo, T. y Manroth, A. (2006). *Access to financial services in Colombia. The "unbanked" in Bogotá.* (World Bank Policy Research Working Paper N° 3.834). Washington, D. C. : Banco Mundial.

[358] Stein, E. (1998). *Fiscal decentralization and government size in Latin America.* (Working Paper Series N° 368). Washington, D. C. : BID.

[359] Stein, J. (2002). *Information production and capital allocation: decentralized vs. hierarchical firms.* Journal of Finance, 57 (5), 1891 – 1921.

[360] Stephanou, C. y Rodríguez, C. (2008). *Bank financing to small and medium – sized enterprises (SMEs) in Colombia.* (Policy Research Working Paper N° 4.481). Washington, D. C. : Banco Mundial.

[361] Stiglitz, J. (1990). *Peer monitoring and credit markets.* The World Bank Economics Review, 4 (3), 351 – 366.

[362] Stiglitz, J. (1993). *The role of the state in financial markets.* Actas de World Bank Conference on Development Economics. Washington, D. C. : Banco Mundial.

[363] Stiglitz, J. y Weiss, A. (1981). *Credit rationing in markets with imperfect information.* American Economic Review, 71 (3), 393 – 410.

[364] Strahan, P. y Weston, J. (1998). *Small business lending and the changing structure of the banking industry.* Journal of Banking & Finance, 22 (6 – 8), 821 – 845.

[365] Tandelilin, E., Kaaro, H., Mahadwartha, P. y Supriyatna. (2007). *Corporate governance, risk management and bank performance: does type of ownership matter?* (EADN Working Paper N° 34). Manila: EADN.

[366] Tapia, W. y Yermo, J. (2008). *Fees in individual account pension systems: a cross - country comparison.* (Working Papers on Insurance and Private Pensions N° 27). París: (OCDE).

[367] Tejerina, L. y Navajas, S. (2007). *Las microfinanzas en América Latina y el Caribe Cuál es la magnitud del mercado?* (Serie de informes de buenas prácticas del Departamento de Desarrollo Sostenible). Washington, D. C. : BID.

[368] Tejerina, L. y Westley, G. (2007). *Financial services for the poor. Household survey sources and gaps in borrowing and saving.* (Technical Papers Series, Sustainable Development Department). Washington, D. C. : BID.

[369] Tian, L. (2001). *Bank lending, corporate governance and government ownership in China.* Manuscrito no publicado, Universidad de Pekín.

[370] Titelman, D. (2003). *La banca de desarrollo y el financiamiento productivo.* (Serie Financiamiento del Desarrollo N° 137). Santiago de Chile: CEPAL.

[371] Tobin, J. (1969). *A general equilibrium approach to monetary theory.* Journal of Money, Credit and Banking, 1 (1), 15 - 29.

[372] Tong, H. y Wei, S. (2009). *The composition matters: capital inflows and liquidity crunch during a global economic crisis.* (NBER Working Paper N° 15207). Cambridge: NBER.

[373] Tovar, C. (2007). *Banks and the changing nature of risks in Latin America and the Caribbean.* (BIS Papers N° 33). Basilea: Bank of International Settlements.

[374] Tovar, C. y Quispe - Agnoli, M. (2008). *New financing trends in Latin America.* (BIS Papers N° 36). Basilea: Bank of International Settlements.

[375] Townsed, R. (1994). *Risk and insurance in village India.* Econometrica, 62 (3), 539 - 591.

[376] Turnovsky, S. y Chattopadhyay, P. (2003). *Volatility and growth in developing economies: some numerical results and empirical evidence.* Journal of International Economics, 59 (2), 267 - 295.

[377] Udry, C. (1994). *Risk and insurance in a rural credit market: an empirical investigation in northen Nigeria.* Review of Economic Studies, 61 (3), 495 - 526.

[378] USAID - MIDAS (2007). *Encuesta de mercado de crédito informal en Colombia.*

[379] Valdivia, M. (2010). *Business training for entitled female microentrepreneurs: an experimental impact evaluation.* Por publicar, CAF.

[380] Valenzuela, L. (2001). *Getting the recipe right: the experiences and challenges of commercial bank downscales.* Manuscrito no publicado, Microenterprise Best Practices.

[381] Valenzuela, L. (2009). *El financiamiento de las PYMES en México,* 2000 – 2007: *el papel de la banca de desarrollo.* (Serie Financiamiento del Desarrollo N° 207). Santiago de Chile: CEPAL.

[382] Villar, L., Salamanca, D. y Murcia, A. (2005). *Crédito, represión financiera y flujo de capitales en Colombia:* 1974 – 2003. (Borradores de Economía), Bogotá: Banco de la República.

[383] Vogel, R. y Adams, D. (1997). *Costs and benefits of loan guarantee programs.* The Financier, 4 (1 – 2).

[384] Waterfield, C. y Duval, A. (1996). *CARE savings and credit sourcebook.* Nueva York: Pact Publications.

[385] Westley, G. (2004). *A tale of four village banking programs. Best practice in Latin America.* Manuscrito no publicado, BID.

[386] Westley, G. (2006). *Strategies and structures for commercial banks in microfinance.* Washington, D. C. : BID.

[387] Whited, T. (1992). *Debt liquidity constraints, and corporate investment: evidence from panel data.* Journal of Finance, 47 (4), 1425 – 1460.

[388] Zambrano Sequín, L. (2003). *Competencia monopolística y sistema bancario en Venezuela.* Manuscrito no publicado, Banco Mercantil.

[389] Zambrano Sequín, L., Vera L. y Faust A. (2001). *Determinantes del spread financiero en Venezuela: un enfoque de ecuaciones simultáneas.* Revista BCV, 15 (2).

译者后记

  CAF—拉丁美洲开发银行是一个业务涵盖整个拉美和加勒比地区的重要金融机构。它成立于 1970 年，现有 18 个成员国和 14 家参股的私人银行，总部设在委内瑞拉首都加拉加斯。2010 年 9 月 17 日，CAF 执行主席恩里克·加西亚先生率团访问中国社科院拉丁美洲研究所，并与拉美所所长郑秉文博士和副所长吴白乙博士进行了会谈。双方最终达成协议，决定定期翻译出版该集团的年度《经济发展报告》中文版，并在华共同举办每年一届 CAF – ILAS 研讨会，及开展合作研究并互派人员。在此基础上，双方又签署了长期合作的框架协议。

  今年翻译出版的 CAF2011 年度发展报告《面向发展：推动拉美金融服务的可获性》。该报告全面、系统地介绍了拉美金融业的发展，重点分析了金融服务可获性对拉美中小企业和社会不同阶层的影响。尤其是探讨了全球金融危机后，中小企业贷款和金融服务可获性方面所面临的问题。该报告在对主要样板国家进行了专项调查的基础上，对相关数据进行了分析，指出拉美国家正规和非正规融资渠道并存的原因。报告还分析了拉美国家为提高金融服务可获性所做的努力与尝试。这一研究成果对我们了解拉美国家金融业现状及前景，学习和借鉴其经验具有较大的参考价值。

  本报告翻译小组由 6 人组成：黄乐平（序言和封底及第一章）、赵丽红（第二章）、刘波（第三章）、李婕（第四章）、姜涵（第五章）、方旭飞（第六章）。本人负责该项目的协调工作，对全部译文进行了校订。武小琦负责全书体例和格式的统一。所有人员为本书在很短时间内得以较好地完成而倍加辛苦、勤奋地工作。我对他们表示由衷的感谢。

  我也要向中国社会科学院拉丁美洲研究所的领导对此项工作给予的重视和支持致谢。郑秉文所长专门抽看了本报告的中文译稿，其他所领导也对本书工作给予了具体指导。本所科研处的各位同志为本书的翻译和出版做了大量的外联工作；当代世界出版社的编辑、排版公司的工作人员为本书能高质量地按时出版做了认真细致的工作；本报告在翻译、出版过程中得到了 CAF 的全力支持和协助，其集团秘书安德雷斯·卢赫雷斯承担了许多具体工作。对此，我也要向他们表示最真诚的谢意。

但是，由于时间紧、专业性强，书中的错误也在所难免，敬请各位读者谅解。

吴国平

2012 年 2 月 16 日